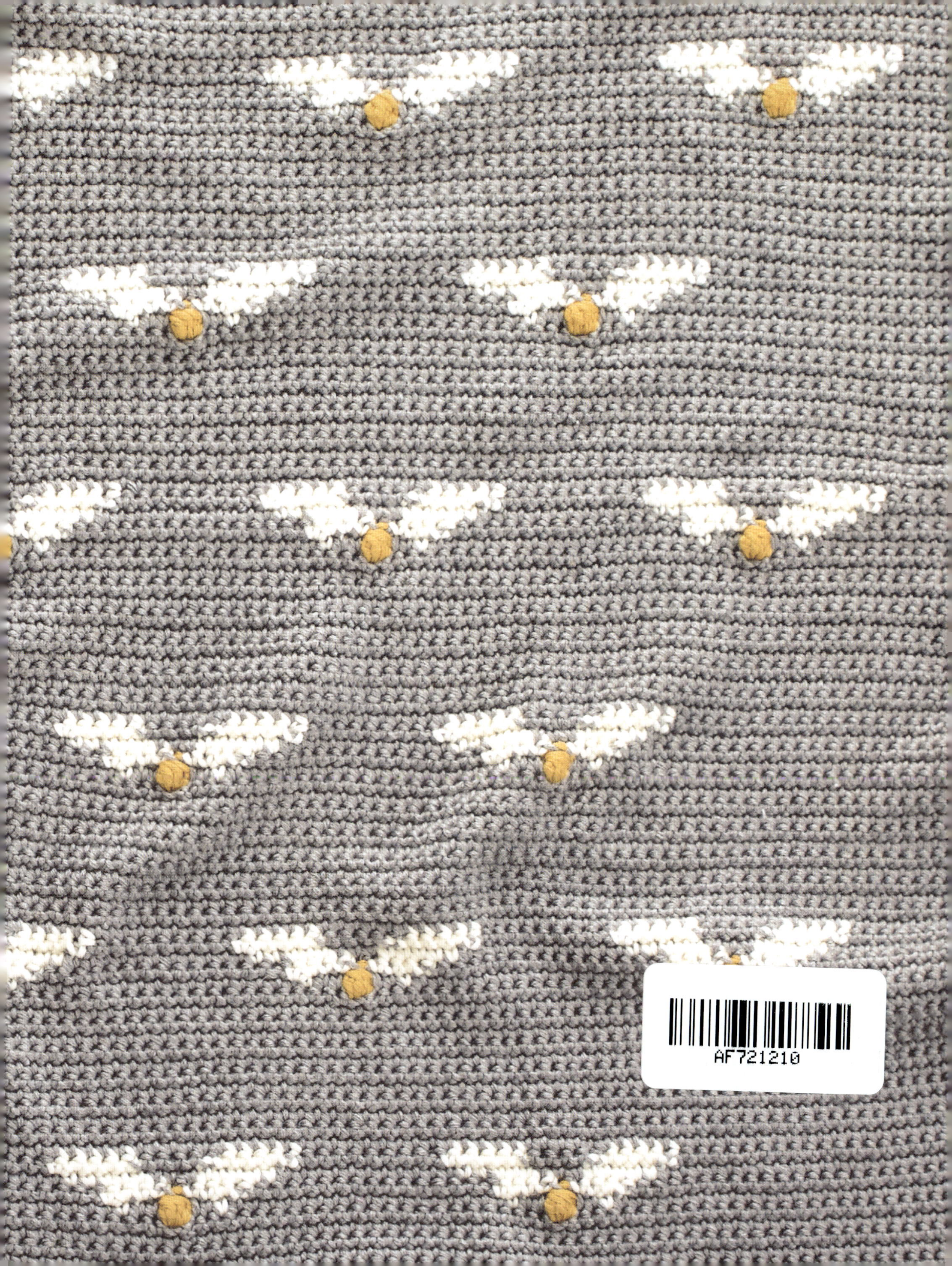

AUS DEN FILMEN MIT

Harry Potter™

ZAUBERHAFT HÄKELN

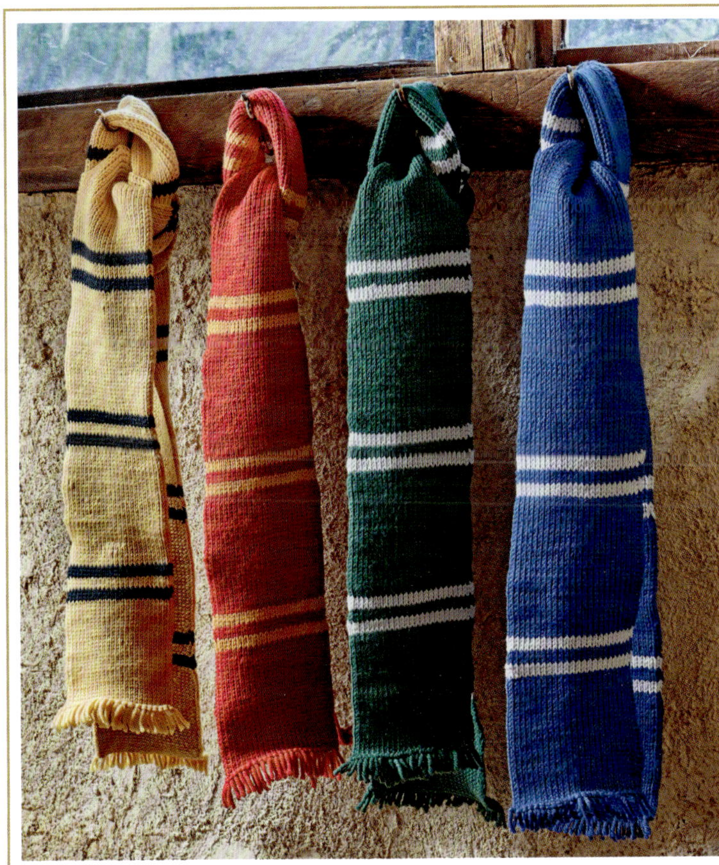

CREATED BY INSIGHT EDITIONS, LP

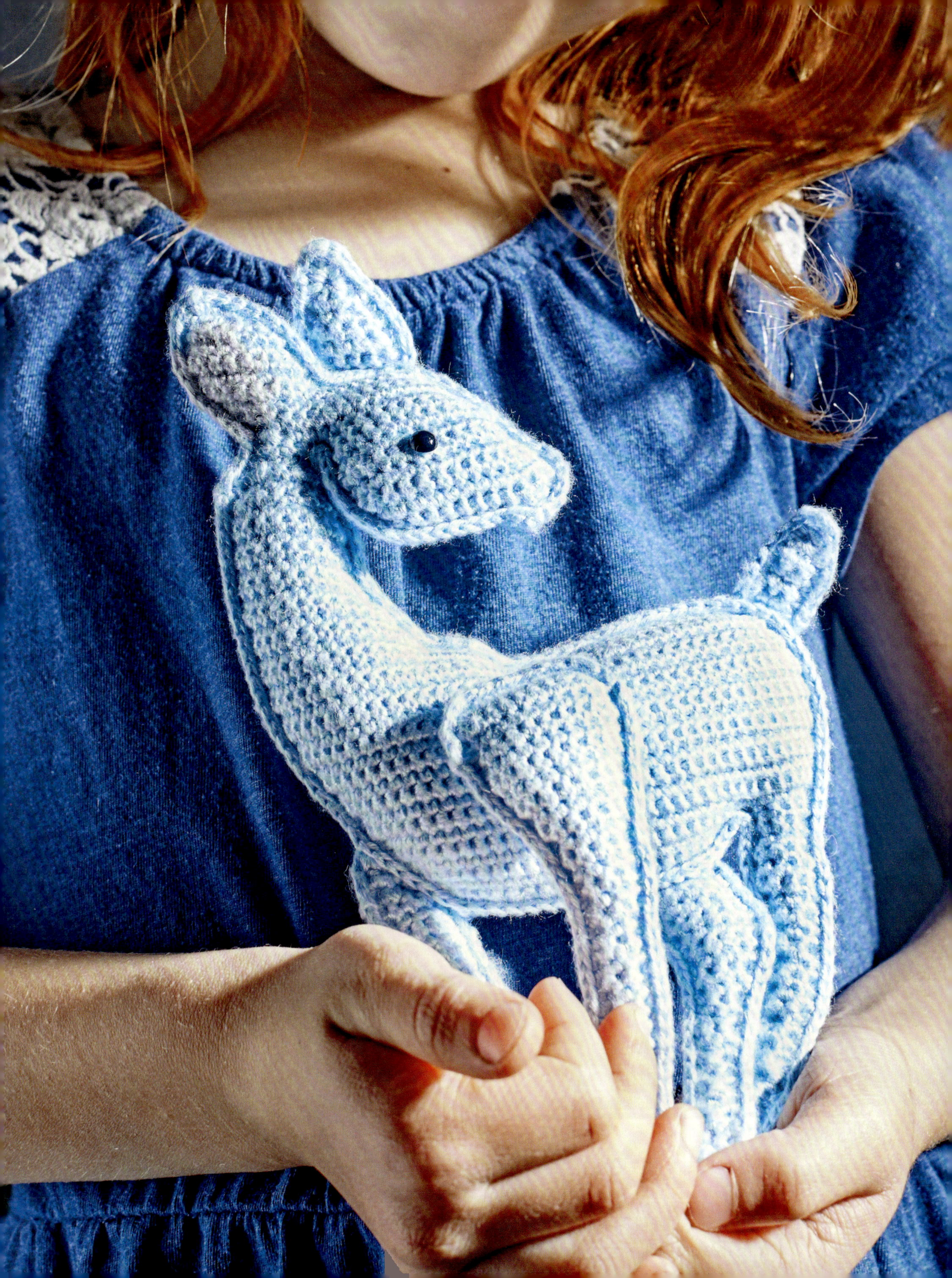

Aus den Filmen mit

Harry Potter™

Zauberhaft Häkeln

Das offizielle Harry-Potter-Häkelbuch

Lee Sartori

Fotos von Ted Thomas

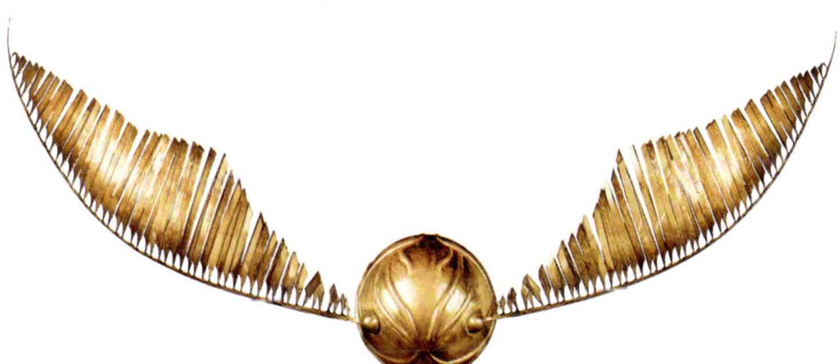

INHALT

SCHWIERIGKEITSGRADE

ϟ EINSTEIGER
ϟϟ MITTEL
ϟϟϟ ANSPRUCHSVOLL

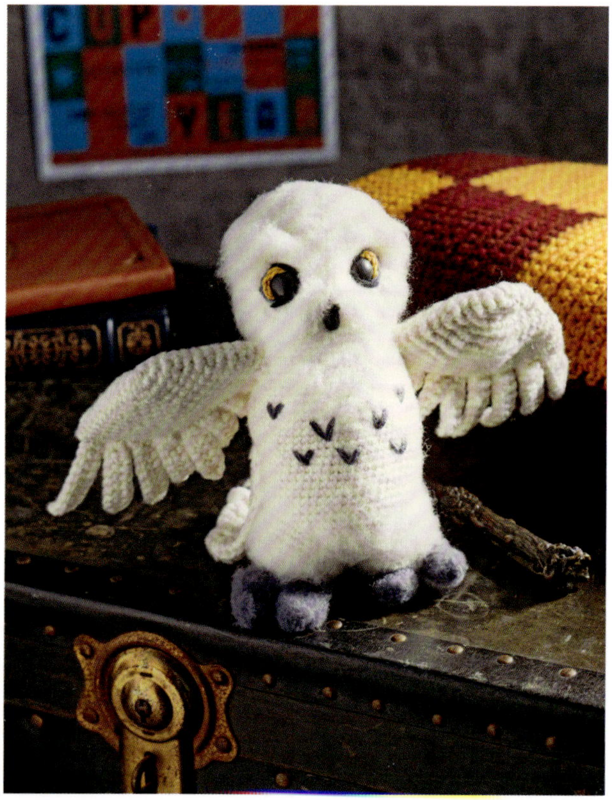

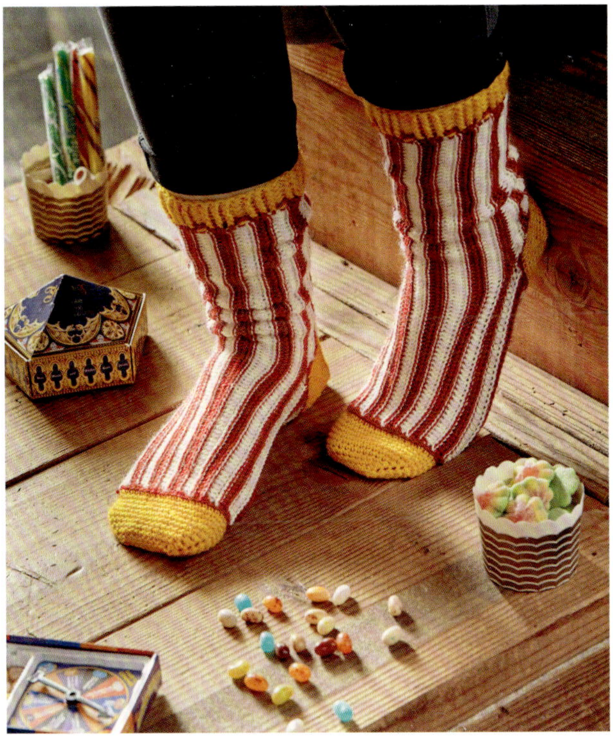

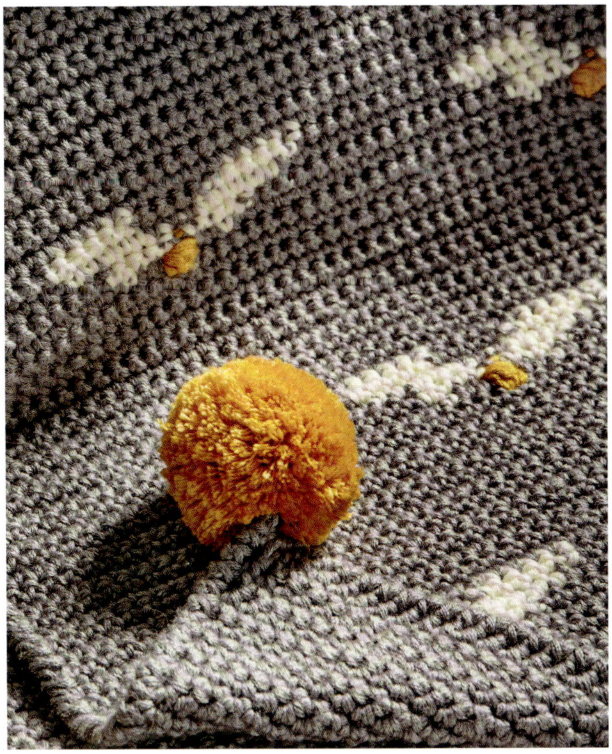

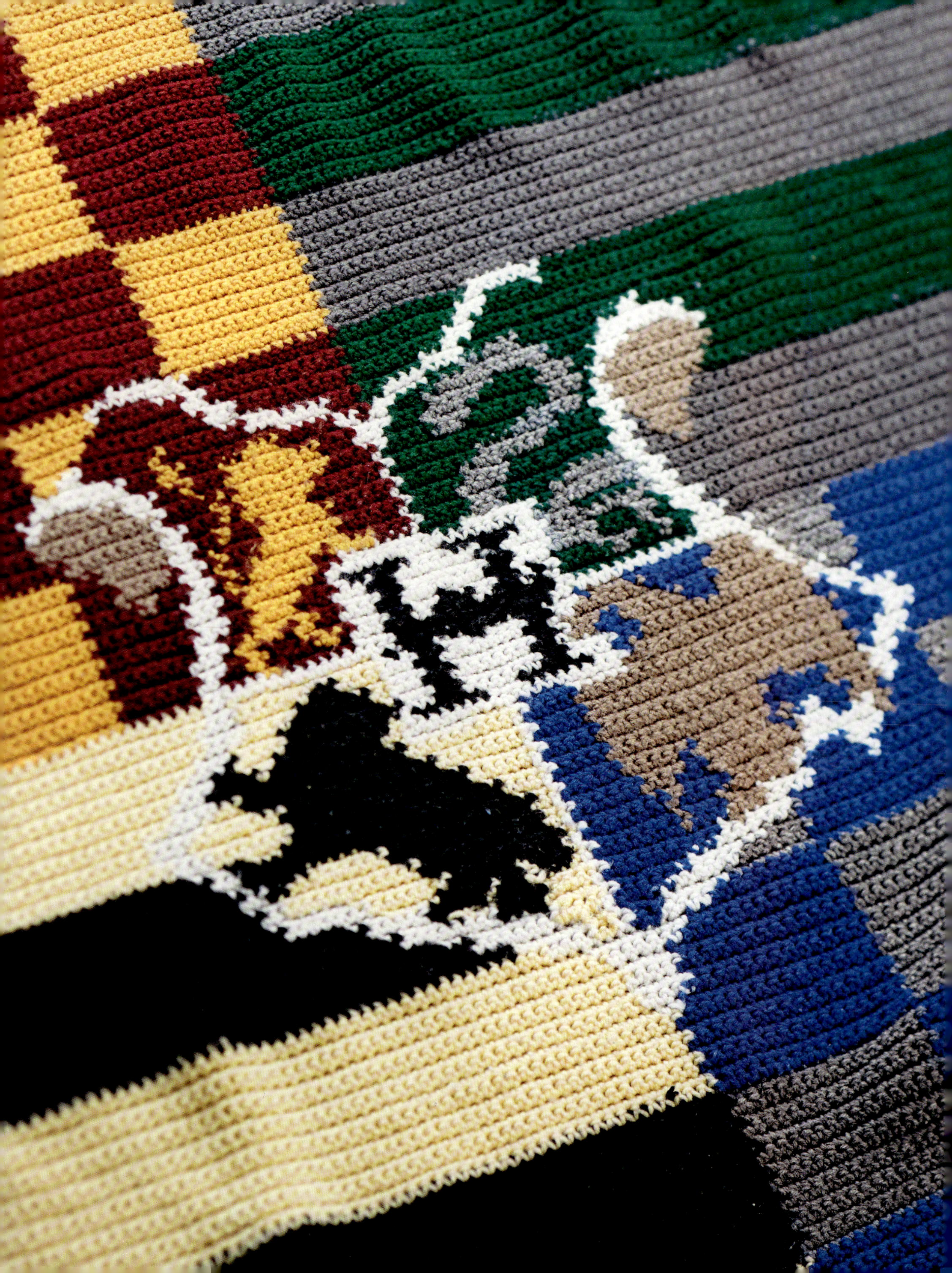

Einleitung

Für Fans aus aller Welt sind die Harry-Potter-Filme ein wirklich magisches Erlebnis, das sie in eine faszinierende Welt von geheimen Zauberschulen, mythischen Kreaturen, verzauberten Objekten, jungen und alten Helden, Abenteuern, Freundschaft und Liebe entführt. Während die Fans sich überall an den wunderbaren Filmen erfreuen, entdecken wir Häkelbegeisterte außerdem noch etwas ganz Besonderes, wenn wir die Filme ansehen. Während die Magie sich entfaltet fangen Amigurumi-Künstler an sich vorzustellen, wie sie die bemerkenswerten Kreaturen Masche für Masche nachhäkeln könnten. Wer gerne Kleidungsstücke häkelt schaut sich die Pullover und Kostüme seiner Lieblingsfigur genau an und überlegt sich, wie sie zusammengesetzt sind. Und jeder von uns hat schon Ideen für die eine oder andere Decke gefunden.

Das offizielle Harry-Potter-Häkelbuch ist bis zum Rand gefüllt mit den verschiedensten Projekten, für die die Inspiration direkt aus den Filmen stammt. Zu entdecken gibt es wunderbare, beeindruckende Amigurumis wie Fawkes (Seite 17) und den sprechenden Hut (Seite 11). Oder man kann sich fantastische Nachbildungen von Kostümen herbeizaubern, wie Lunas kurze Jacke (Seite 83). Umgeben Sie sich mit Raritäten und Erinnerungsstücken, wie der Decke „Fuchsbau" (Seite 125) oder den Kesseln für Zaubertränke (Seite 155).

In jedem Teil des Buchs finden sich Projekte für alle Häkelbegeisterten, von den Einsteigern bis zu den Könnern wie auch ein ganzes Füllhorn an Techniken, die man ausprobieren kann, von Intarsienhäkelei bis zu aufgehäkelten Kettmaschen und Tunesischer Häkelei. Zusätzlich zu den detaillierten Anleitungen finden sich faszinierende Einblicke in die Welt hinter den Kulissen, Concept Art und Bilder aus den Filmen, die Einblicke in das Entstehen der epischen Filme gewähren.

Es wird schwer sein, sich zu entscheiden, mit welchem Projekt man beginnen möchte, ob es nun vielleicht Dumbledores Mütze (Seite 109) oder Dobby (Seite 47) sein soll. Aber für welches Projekt auch immer Sie sich entscheiden, Sie sollten es sich an Ihrem Lieblings-Häkelplatz mit einem warmen Getränk bequem machen und einen Harry-Potter-Film-Marathon vorbereitet haben. Nehmen Sie Nadel und Faden zur Hand und widmen Sie sich der ganz Häkel-Zauberei.

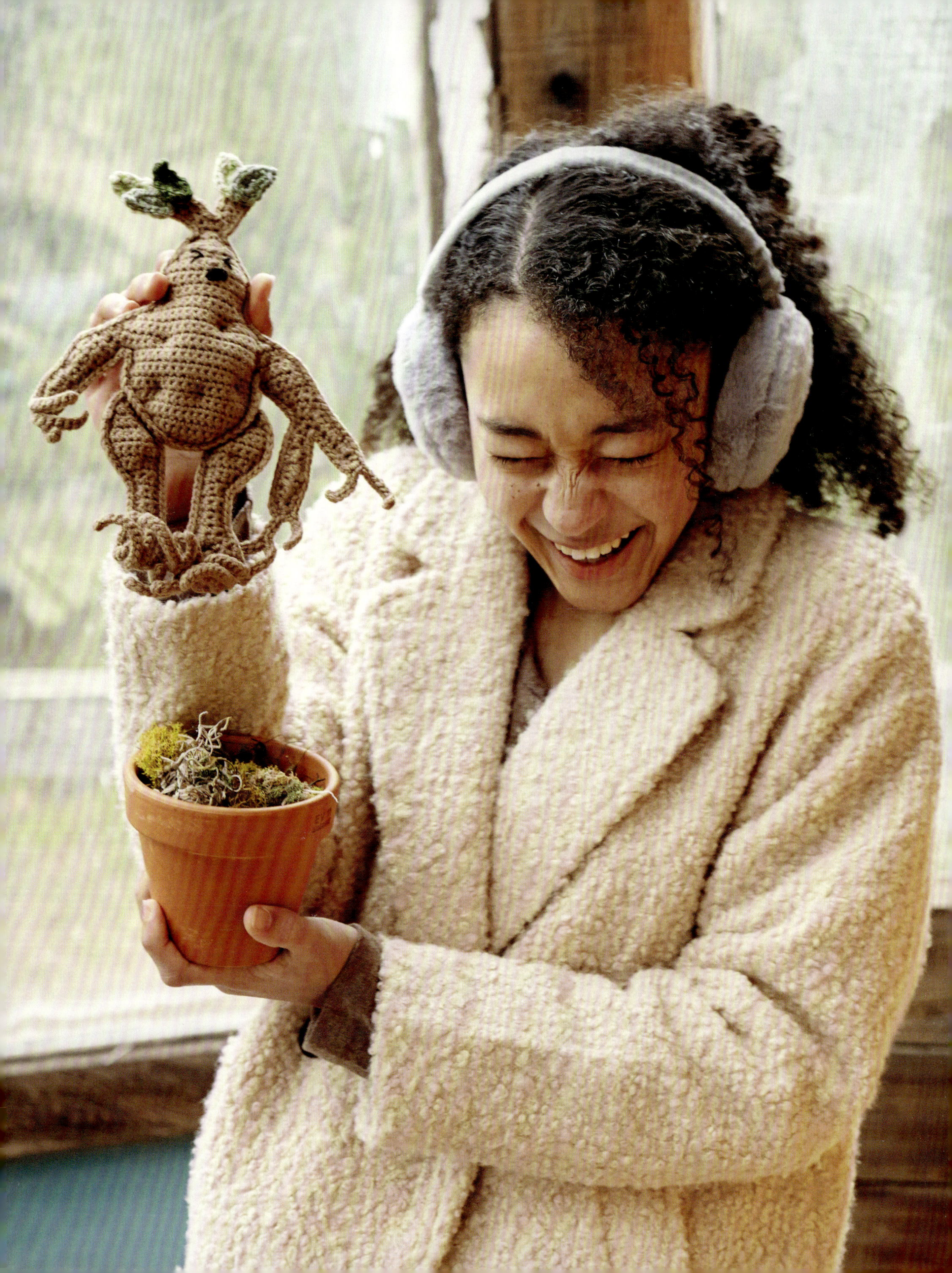

Accio Amigurumi!

„Etwas weniger Geplauder, bitte. Ich hab ne echte Überraschung, für euch Kinder. Wird ne tolle Stunde. Also folgt mir."

Rubeus Hagrid in *Harry Potter und der Gefangene von Askaban*

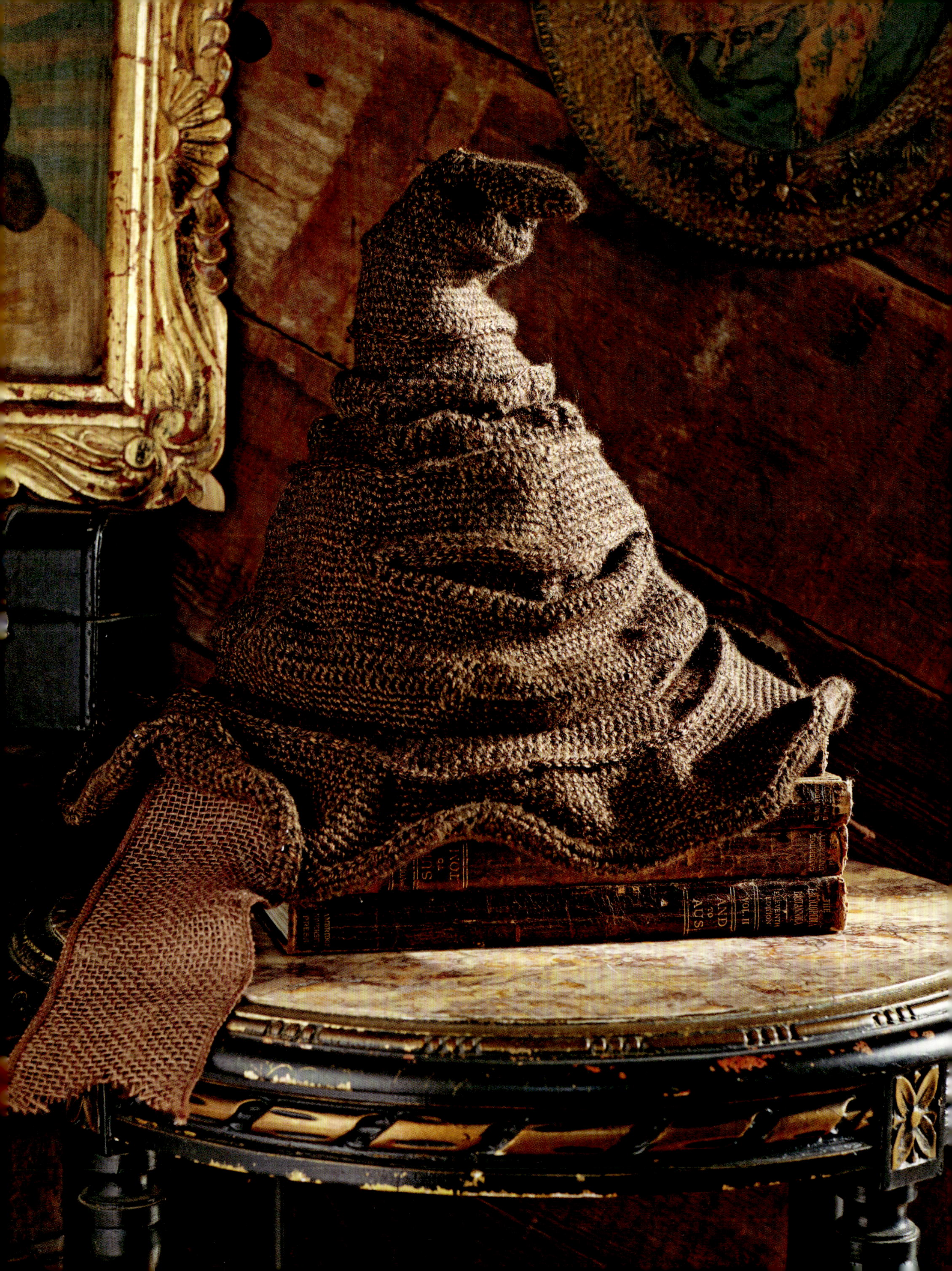

Der sprechende Hut

Design: **LEE SARTORI**

SCHWIERIGKEITSGRAD ⚡⚡⚡

In den Harry-Potter Filmen ist der sprechende Hut ein magisches, mitfühlendes Wesen, das dafür zuständig ist, die neuen Schüler am ersten Abend in die zu ihnen passenden Hogwarts-Häuser einzuteilen. Ursprünglich war geplant, eine Marionette als sprechenden Hut zu verwenden und den Schauspielern auf den Kopf zu setzen. Nachdem diese Marionette in einigen Szenen ausprobiert worden war, wurde jedoch beschlossen, dass eine digitale Animation die bessere Lösung dafür wäre, den Hut zum Leben zu erwecken. Der Hut, der in den Filmen zu sehen ist, ist eine Kombination aus dem Lederhut, den Judianna Markovsky designt hat, und digitaler Animation. Als der Regisseur Chris Columbus vom Leiter der Abteilung für Spezialeffekte Robert Legato gefragt wurde: „Und wo soll der Mund zum Sprechen nun sein?" schaute er ihn nur an und sagte: „Nun, sie hat den Hut hergestellt, du bringst ihn zum Sprechen."

Der gehäkelte Hut wird von oben nach unten in Runden gehäkelt, wobei verschiedene Häkelmaschen verwendet werden. Während die Arbeit voranschreitet biegt und faltet sich der Hut und es entstehen die Details seiner besonderen Kennzeichen, wie die schwungvollen und ausdrucksstarken Augenbrauen, die tiefliegenden Augen und ein breiter Mund, der über einer weiten Krempe liegt. In der vorletzten Runde wird zum Stabilisieren ein Draht in die Krempe mit eingehäkelt. Und dann geht's auf zum Eingeteilt werden in das passende Haus.

GRÖSSE
Einheitsgröße

FERTIGE GRÖSSE
Umfang der Krempe: 84 cm
Höhe (ohne Krempe): 39,5 cm

GARN
Mittlere Garnstärke (worsted/aran), hier: Lion Brand Heartland (100 % Acryl; 230 m/142 g Strang, das entspricht ca. 80 m/50 g): in der Farbe 126 Sequoia, 3 Stränge (= ca. 450 g)

NADELN
- Häkelnadel 4,0 mm oder passende Größe zum Erreichen der Maschenprobe

ZUBEHÖR
- Maschenmarkierer
- Wollnadel
- Basteldraht
- Rupfenband, 10 cm breit

MASCHENPROBE
18 fM und 20 Rd = 10 cm x 10 cm

HINWEISE
- Der Hut wird in Spiral-Rd gehäkelt, wenn nichts anderes angegeben ist. Den Rd-Anfang mit einem MM kennzeichnen.
- Zum Schließen einer Rd 1 Km in die 1. M der Rd häkeln.
- Der Hut wird von oben nach unten gehäkelt.

SPEZIALMASCHEN
Relief-fM/hStb/DStb: Mit der Häkelnd von vorn nach hinten und wieder nach vorn um den Fuß der Masche der Vor-Rd einstechen, 1 Schlinge holen und die benötigte Grundmasche wie gewohnt häkeln.

MUND-EINSATZ

Rd 1: 30 Lm anschl, 1 hStb in die 2. Lm von der Nd aus und in jede folgende Lm bis zur letzten Lm, 3 hStb in die letzte Lm; die Arbeit drehen und weiter in die Unterseite der Lm-Kette 28 hStb häkeln, 3 hStb in die letzte Lm, Rd mit 1 Km schließen (= 62 hStb).

Rd 2: 1 Lm, 2x [30 hStb, 1 hStb zun], Rd mit 1 Km schließen (= 64 hStb).

Rd 3-6: 1 Lm, in jede M 1 hStb, Rd mit 1 Km schließen.

Arbeit beenden. Mund-Einsatz zur Seite legen.

HUTKÖRPER

Rd 1: 2 Lm anschl, 3 fM in die 2. Lm von der Nd aus (= 3 fM).

Rd 2: [1 fM zun] wdh (= 6 fM).

Rd 3: 3x [1 fM zun, 1 fM] (= 9 fM).

Rd 4: 3x [1 fM zun, 2 fM] (= 12 fM).

Rd 5: 3x [1 fM zun, 3 fM] (= 15 fM).

Rd 6: 3x [1 fM zun, 4 fM] (= 18 fM).

Rd 7-13: fM häkeln.

Rd 14: Relief-fM arb (= 18 Relief-fM).

Rd 15: In jede Relief-fM 2 fM (= 36 fM).

ERSTE FALTE

Rd 16: In jede fM 1 Relief-hStb von vorn (= 36 Relief-hStb).

Die Arbeit nach oben zur Spitze des Huts falten. Nicht wenden. Weiter die erste Falte häkeln.

Rd 17: [4 fM, 2 fM zus abm] wdh (= 30 fM).

Rd 18: [3 fM, 2 fM zus abm] wdh (= 24 fM).

Rd 19: [1 hStb zun, 3 hStb] wdh (= 30 hStb).

Rd 20: [1 hStb zun, 4 hStb] wdh (= 36 hStb).

Rd 21: hStb häkeln.

Die Arbeit nach unten falten um die Falte zu beenden.

Rd 22: fM arb (= 36 fM).

VERKÜRZTE REIHEN

MM in die letzte gehäkelte M einhängen.

R 1 (Hinr): 12 fM, wenden (= 12 fM).

R 2-5: 1 Lm, 12 fM, wenden.

R 6 (Rückr): 1 Lm, 12 fM, nicht wenden, über die R-Enden mit 5 fM zur markierten M zurückhäkeln, 1 Km in die markierte M, wenden (= 17 fM).

Rd 23 (Vorderseite der Arbeit): 1 Lm, 1 fM in die markierte M, die M als Rd-Beginn markieren, 5 fM über die R-Enden der vR, 12 fM der vR, 5 fM in die anderen R-Enden der vR, 23 fM (= 46 fM).

Rd 24-29: fM häkeln.

Rd 30: 1 fM zun, 1 fM in jede weitere M (= 47 fM).

Rd 31: 1 fM zun, 1 fM in jede weitere M (= 48 fM).

Rd 32: hStb häkeln (= 48 hStb).

Rd 33: fM häkeln, dabei nur ins hintere M-Glied einstechen (= 48 fM).

Rd 34-35: fM häkeln.

Rd 36: [1 fM zun, 7 fM] wdh (= 54 fM).

Rd 37: [1 fM zun, 8 fM] wdh (= 60 fM).

Rd 38: hStb häkeln (= 60 hStb).

Rd 39: [8 fM, 2 fM zus abm] wdh (= 54 fM).

Rd 40: fM häkeln.

Rd 41: fM häkeln; MM nicht entfernen.

AUGENBRAUEN

Rd 42: [1 Relief-DStb zun, 8 Relief-DStb] wdh, Rd mit 1 Km schließen (= 60 Relief-DStb).

Rd 43: [1 fM zun, 9 fM] wdh (= 66 fM).

Arbeit beenden.

VERKÜRZTE REIHEN

An der markierten M der 41. Rd beginnend 15 M nach rechts abzählen, MM entfernen und für den Rd-Beginn unterhalb des Beginns der 12 M der vorherigen vR einhängen.

R 1 (Hinr): In die M der 41. Rd einstechen und 1 fM in die nächste fM arb, dann je 1 fM in die nächsten 11 fM, wenden (= 12 fM).

R 2-5: 1 Lm, 12 fM, wenden.

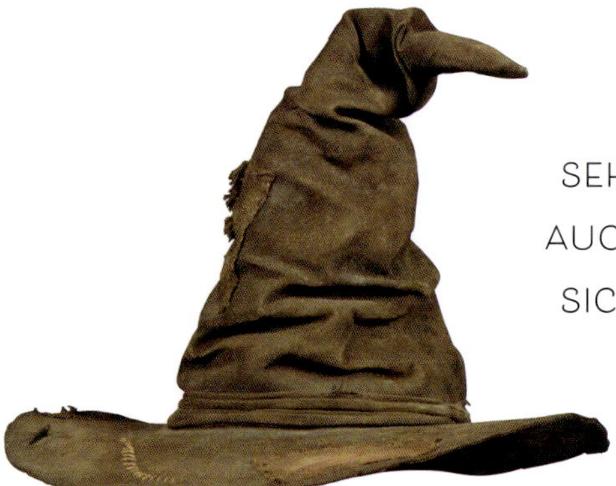

„Hmm, schwierig, äußerst schwierig. Ich sehe bei dir sehr viel Mut. Im Köpfchen hast du auch was. Ich sehe Talent, oh ja. Und den Drang, sich zu beweisen. Aber wo stecke ich dich hin?"

Der Sprechende Hut in *Harry Potter und der Stein der Weisen*

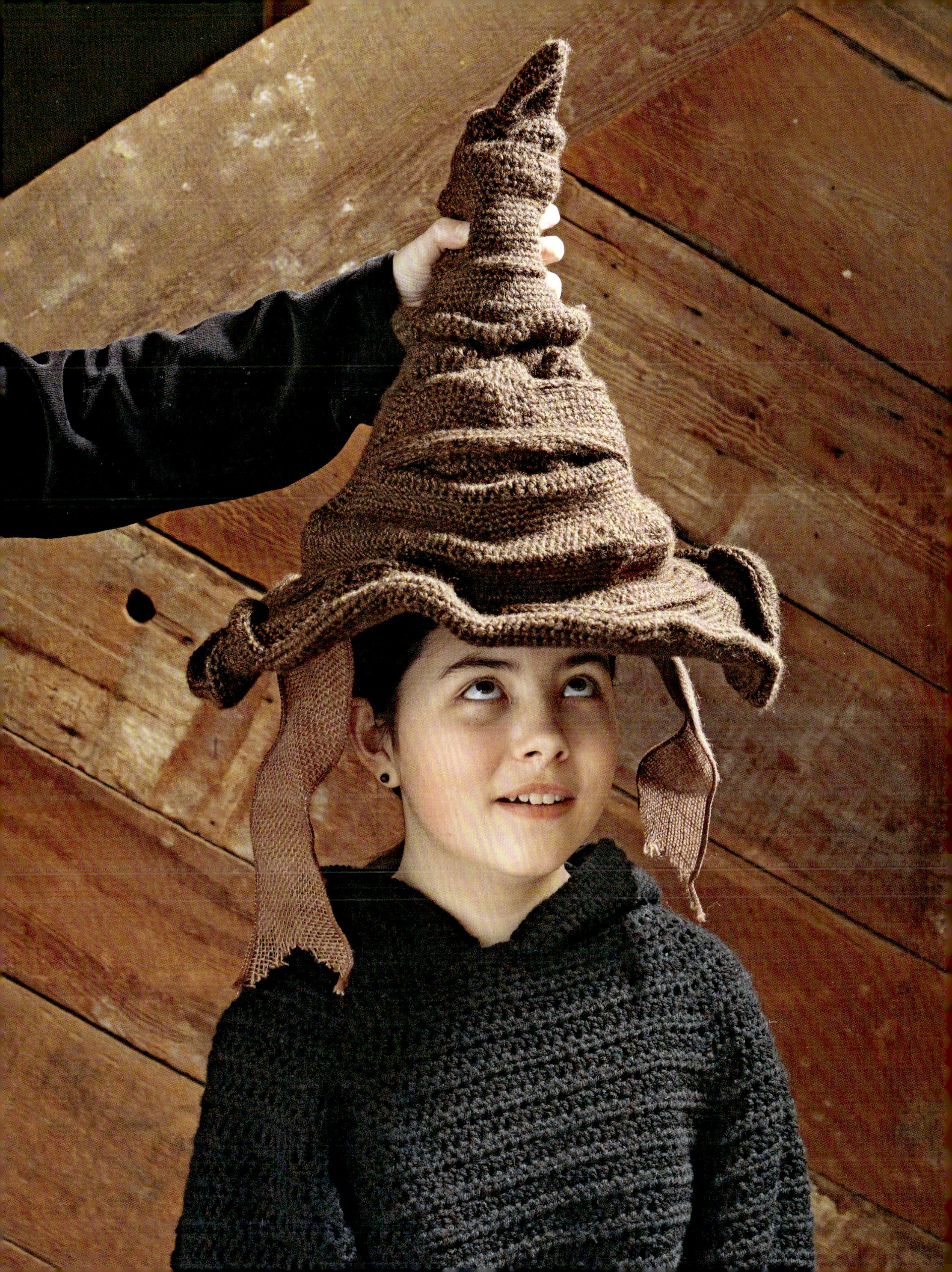

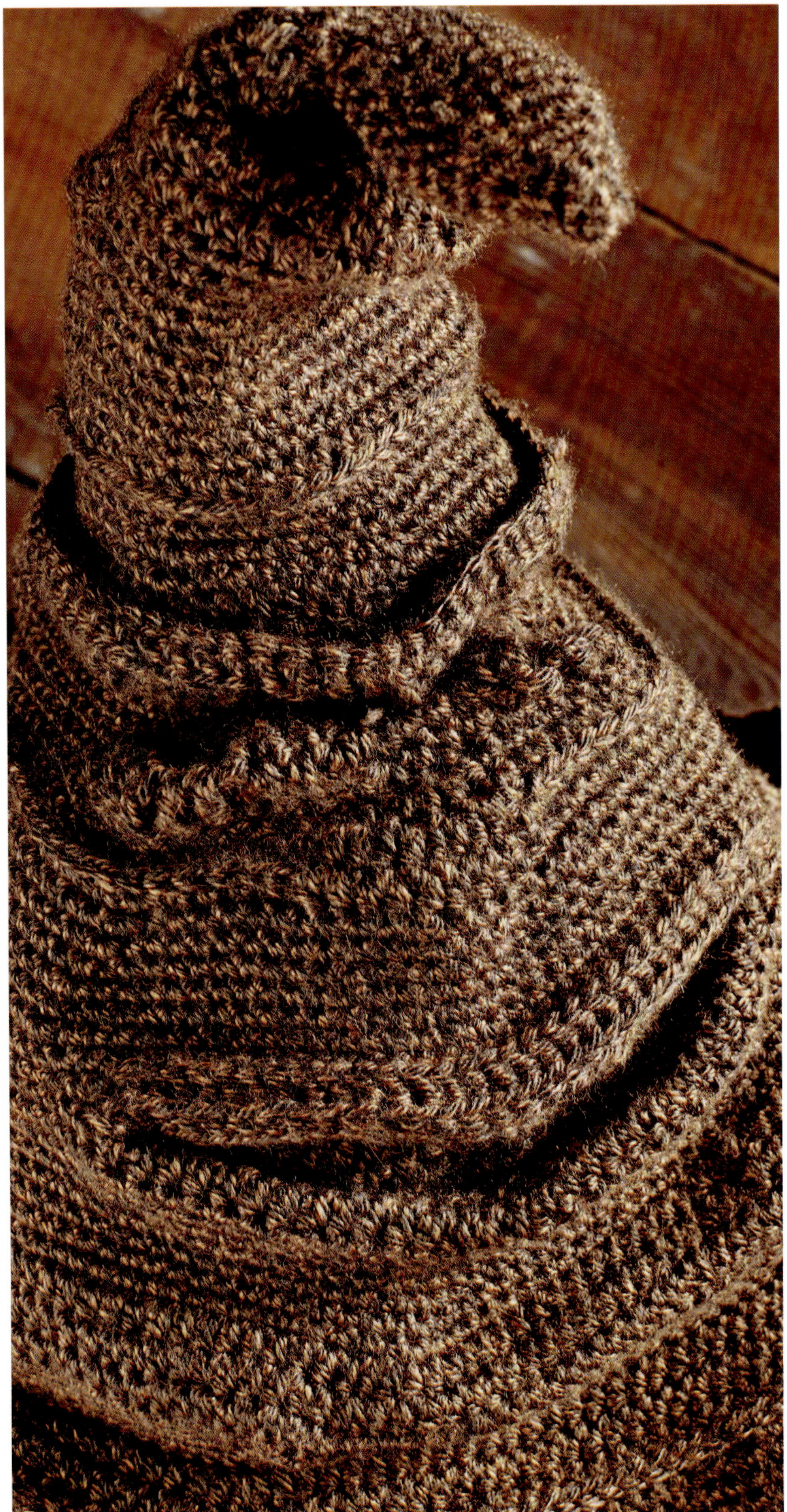

R 6: 1 Lm, 12 fM, nicht wenden, über die R-Enden mit 5 fM zur markierten M zurückhäkeln, 1 Km in die markierte M, wenden (= 17 fM).

Rd 44: Wie nach den vorigen vR in die R-Enden und die M der vR, dann in die restlichen M der 41. Rd je 1 fM arb (= 64 M).

AUGEN, NASE UND MUND

Rd 45: 35 fM, *1 Stb, 2 DStb in die nächste fM, 3 DStb in die nächste fM, 2 DStb in die nächste fM, 1 Stb**, 4 hStb, von * bis ** wdh, 15 fM (= 72 M).

Rd 46: 35 fM, 9 DStb, 4 fM, 9 DStb, 15 fM (= 72 M).

Rd 47: 3x [1 fM zun, 11 fM], 1 fM zun, 7 fM, 4 hStb, 2x [1 fM zun, 11 fM] (= 78 M).

Rd 48: 48 fM, 1 hStb, 2x 1 hStb zun, 1 hStb, 26 fM (= 80 M).

Rd 49: 48 fM, 1 hStb, 4x 1 hStb zun, 1 hStb, 26 fM (= 84 M).

Rd 50: Nur in das hintere M-Glied einstechen: 3x [1 fM zun, 13 fM], 1 fM zun, 5 fM, 10 hStb, 1 fM zun, 13 fM, 1 fM zun, 11 fM (= 90 M).

Die Augen nach innen schieben, um vertiefte Höhlungen zu formen.

Rd 51: [1 fM zun, 14 fM] wdh (= 96 fM).

Rd 52: [1 fM zun, 15 fM] wdh (= 102 fM).

Rd 53: In jede M 1 fM.

Rd 54: [1 fM zun, 16 fM] wdh (= 108 fM).

Rd 55: In jede M 1 fM.

Rd 56: [1 fM zun, 17 fM] wdh (= 114 fM).

Rd 57: 62 fM, 32 Relief-hStb (= obere Lippe), 20 fM (= 114 M).

Mund-Einsatz parallel zu den 32 M der oberen Lippe platzieren. Den Einsatz mit verschließbaren MM an der Lippe befestigen.

Rd 58: 62 fM, je 1 hStb in die unteren 32 M des Mund-Einsatzes, die nächsten 32 Relief-hStb übergehen, 20 fM.

Mit einem Garnrest von der linken Seite der Arbeit aus die restlichen

32 M des Mund-Einsatzes mit Km mit den unbehäkelten 32 M von Rd 57 verbinden. Mund-Einsatz nach innen schieben, um eine Vertiefung zu formen.
Rd 59: [1 fM zun, 18 fM] wdh (= 120 fM).
Rd 60: fM häkeln.
Rd 61: [1 fM zun, 19 fM] wdh (= 126 fM).
Rd 62: [1 fM zun, 20 fM] wdh (= 132 fM).
Rd 63: [1 fM zun, 21 fM] wdh (= 138 fM).
Rd 64: [1 fM zun, 22 fM] wdh (= 144 fM).
Rd 65: [1 fM zun, 23 fM] wdh (= 150 fM).

ZWEITE FALTE

Rd 66: [1 hStb zun, 24 hStb] wdh (= 156 hStb).
Rd 67: [1 hStb zun, 25 hStb] wdh (= 162 hStb).
Rd 68: [1 hStb zun, 26 hStb] wdh (= 168 hStb).
Rd 69: [26 fM, 2 fM zus abm] wdh (= 162 fM).
Rd 70: [25 fM, 2 fM zus abm] wdh (= 156 fM).
Rd 71: [24 fM, 2 fM zus abm] wdh (= 150 fM).
Die Rd mit hStb nach unten zu einer Falte legen.
Rd 72 und 73: fM häkeln.
Rd 74: Relief-fM häkeln.
Rd 75-77: Rd 66-68 wdh.
Rd 78: fM häkeln, dabei nur ins hintere M-Glied einstechen (= 168 fM).

KREMPE

Hinweis: Während der Arbeit die Stiche durch Dehnen ausfächern und die Krempe formen.

Rd 79: [1 fM zun, 27 fM] wdh (= 174 fM).
Rd 80: [1 fM zun, 28 fM] wdh (= 180 fM).
Rd 81: [1 fM zun, 29 fM] wdh (= 186 fM).
Rd 82: [15 fM, 1 fM zun, 15 fM] wdh (= 192 fM).
Rd 83: [15 fM, 1 fM zun, 16 fM] wdh (= 198 fM).
Rd 84: [1 fM zun, 32 fM] wdh (= 204 fM).
Rd 85: [1 fM zun, 33 fM] wdh (= 210 fM).
Rd 86: [15 fM, 1 fM zun, 19 fM] wdh (= 216 fM).
Rd 87: [15 fM, 1 fM zun, 20 fM] wdh (= 222 fM).
Rd 88: [1 fM zun, 36 fM] wdh (= 228 fM).
Rd 89: [1 fM zun, 37 fM] wdh (= 234 fM).
Rd 90: [15 fM, 1 fM zun, 23 fM] wdh (= 240 fM).
Rd 91: [15 fM, 1 fM zun, 24 fM] wdh (= 246 fM).
Rd 92: hStb häkeln (= 246 hStb).
Rd 93: Basteldraht an die Arbeit halten und hStb um den Draht herum arb.
Rd 94: In jede M 1 Krebs-M.
Arbeit beenden.

FERTIGSTELLUNG

Fadenenden vernähen.

Mit der Woll-Nd und Garn innen rechts und links da, wo der Hutkörper und die Krempe aufeinander treffen, je ein 25,5 cm langes Stück Rupfenband annähen. Die Bandenden V-förmig zuschneiden. Die Bänder sollten über die Ohren hängen und die Enden knapp über die Schultern fallen.

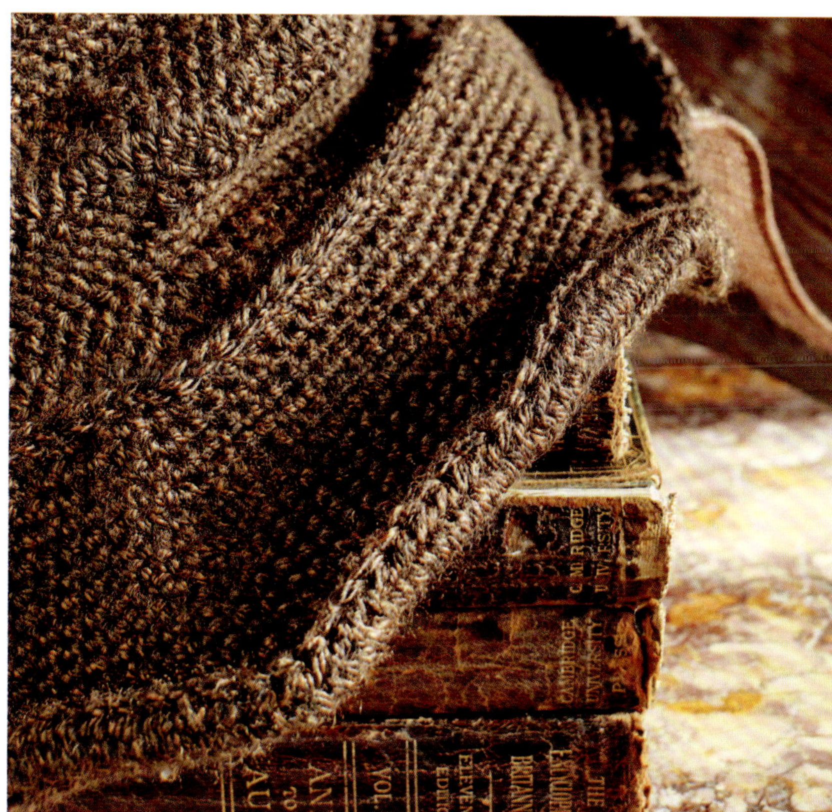

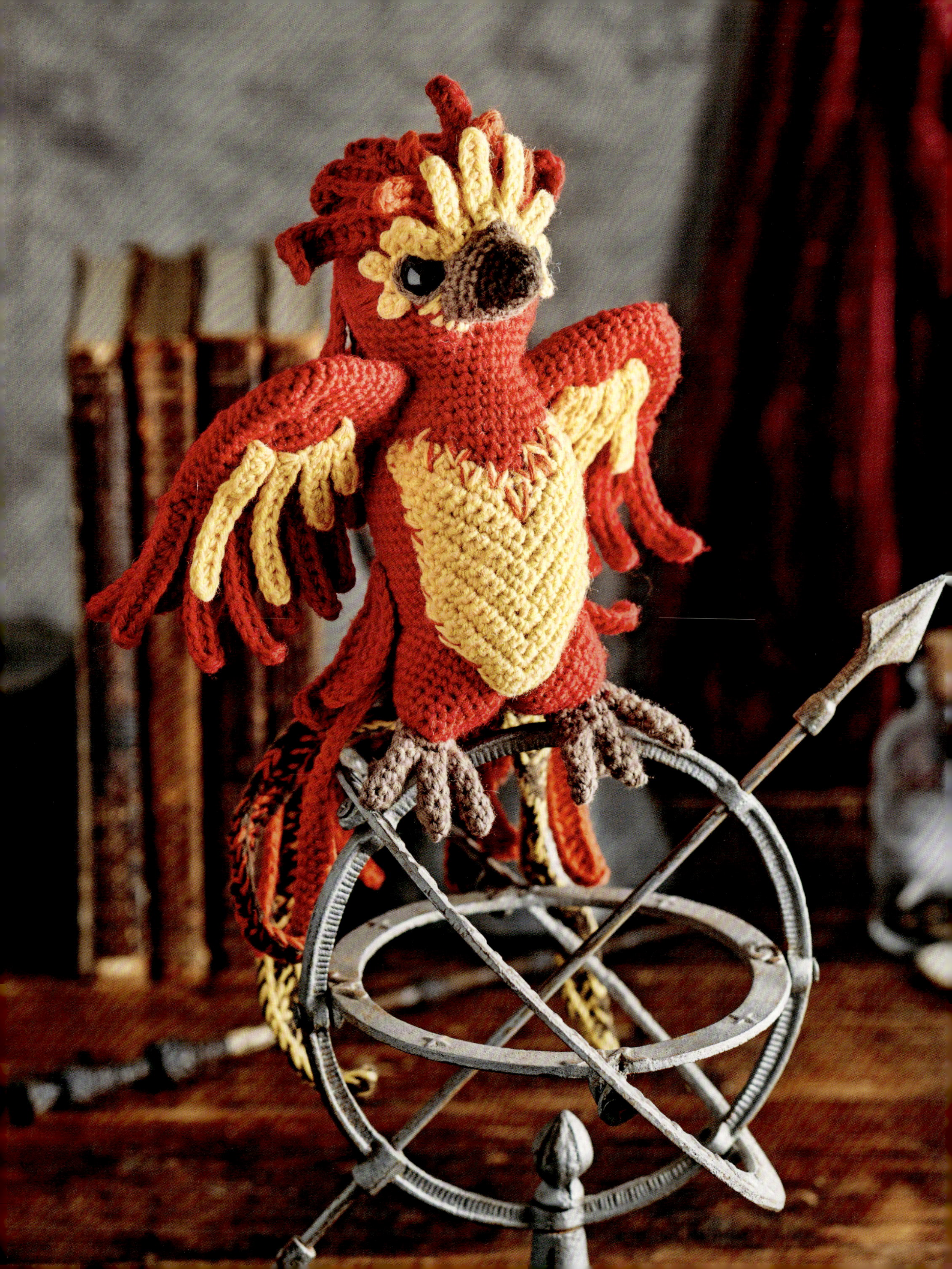

FAWKES

Design: **EMMA SCANGA**

SCHWIERIGKEITSGRAD ⚡⚡⚡

Fawkes ist ein Phönix, eine magische Kreatur, der in Flammen aufgeht, wenn die Zeit zu sterben für ihn gekommen ist und der dann aus der Asche wiedergeboren wird. Er ist Professor Dumbledores geliebter Gefährte und hilft sowohl dem Schulleiter wie auch Harry bei verschiedenen schrecklichen Anlässen in den Filmen. Fawkes kann mit seinen Tränen Wunden heilen und seine Federn haben magische Eigenschaften. Tatsächlich war es Dumbledore bekannt, dass eine von Fawkes Schwanzfedern das Herzstück von Harry Potters Zauberstab und eine andere das von Lord Voldemorts bildete.

Für seinen Entwurf von Fawkes holte sich der Concept Künstler Adam Brockbank die Inspiration aus Darstellungen des Phönix in der klassischen Mythologie, verbunden mit der Beobachtung lebender Vögel. „Es war klar, dass Fawkes die Farben des Feuers haben würde“, sagt Brockbank. „Fawkes Kopf ist hauptsächlich in gebranntem Orange und dunklen Rottönen gehalten, während seine Unterseite von Schattierungen in Gold dominiert wird.“

Diese Amigurumi-Version von Fawkes zeigt ihn in seinen frühen Phasen, während er noch wächst. Seine opulente Krone aus Federn hebt seine tiefen, weisen Augen hervor. Fawkes hat verstellbare Flügel und eine Menge wunderschöne, lange Schwanzfedern, die sich hinter ihm her schlängeln. Fügen Sie ein paar letzte gestickte Details auf seiner Brust hinzu, um diesen geliebten Gefährten lebendig zu machen.

GRÖSSE

Einheitsgröße

FERTIGE GRÖSSE

Höhe: 23 cm

Flügelspanne: 23 cm

GARN

Mittlere Garnstärke (worsted), hier: Cascade Yarns 220 Merino (100 % Merinowolle; 200 m/100 g Strang)

Farbe A: 09 True Red, 1 Strang

Farbe B: 43 Daffodil, 1 Strang

Farbe C: 34 Nutmeg, 1 Strang

Farbe D: 38 Ganache, 1 Strang

Farbe E: 04 Pureed Pumpkin, 1 Strang

NADELN

- Häkelnadel 3,25 mm oder passende Größe zum Erreichen der Maschenprobe

ZUBEHÖR

- Wollnadel
- Stecknadeln
- Sicherheitsaugen, ø 15 mm
- Polyesterfüllwatte

MASCHENPROBE

20 fM und 23 R = 10 cm x 10 cm

Die Maschenprobe ist bei einem Amigurumi nicht entscheidend; wichtig ist, dass die Maschen eng genug sind, damit die Füllung durch das fertige Projekt nicht durchschimmert.

HINWEISE

- Einige Teile werden in Rd, andere in R gehäkelt. Für die Teile in Rd werden Spiral-Rd gehäkelt; diese Rd werden nicht geschlossen.
- Sortieren Sie die Federn in Gruppen, um sie leichter zusammensetzen zu können.
- Stecken Sie die Teile zuerst mit Stecknadeln zusammen, damit Sie sie vor dem Nähen noch verschieben und die Position korrigieren können.
- Einige Teilen müssen 2fädig gearbeitet werden; benutzen Sie trotzdem für alle Teile die gleiche Nd-Stärke.
- Der abgebildete Fawkes hat Drähte in seinen Flügeln und Füßen, damit man ihn gut aufstellen kann. Legen Sie nach Wunsch Draht ein, bevor Sie Flügel und Füße zusammennähen.

SPEZIALMASCHEN

Lm-Höcker: Die Lm-Kette umdrehen und in die Höcker, die in der Mitte der Lm-Kette entlanglaufen, einstechen.

KÖRPER

Rd 1: In A in einen Fadenring 6 fM arb; Rd nicht schließen (= 6 fM).
Rd 2: [1 fM zun] wdh (= 12 fM).
Rd 3: [1 fM, 1 fM zun] wdh (= 18 fM).
Rd 4: [1 fM, 1 fM zun] wdh (= 27 fM).
Rd 5: fM häkeln.
Rd 6: [2 fM, 1 fM zun] wdh (= 36 fM).
Rd 7: fM häkeln.
Rd 8: [5 fM, 1 fM zun] wdh (= 42 fM).
Rd 9: fM häkeln.
Rd 10: [6 fM, 1 fM zun] wdh (= 48 fM).
Rd 11: 18 fM, 1 Lm, 1 fM übergehen, 10 fM, 1 Lm, 1 fM übergehen, 18 fM.
Rd 12: 18 fM, 1 fM in die Lm, 10 fM, 1 fM in die Lm, 18 fM.
Rd 13: fM häkeln.
Rd 14: [4 fM, 2 fM zus abm] wdh (= 40 fM).
Rd 15: [8 fM, 2 fM zus abm] wdh (= 36 fM).
Vor dem Weiterhäkeln die Sicherheitsaugen in den Lm-Aussparungen der 11. Rd anbringen.
Rd 16: [4 fM, 2 fM zus abm] wdh (= 30 fM).
Rd 17-20: fM häkeln.
Den Kopf fest ausstopfen.
Rd 21: [4 fM, 1 fM zun] wdh (= 36 fM).
Rd 22: fM häkeln.
Rd 23: [5 fM, 1 fM zun] wdh (= 42 fM).
Rd 24: fM häkeln.
Rd 25: [6 fM, 1 fM zun] wdh (= 48 fM).
Rd 26-30: fM häkeln.
Rd 31: [10 fM, 2 fM zus abm] wdh (= 44 fM).
Rd 32: fM häkeln.
Rd 33: [9 fM, 2 fM zus abm] wdh (= 40 fM).
Rd 34-39: fM häkeln.
Rd 40: [6 fM, 2 fM zus abm] wdh (= 35 fM).
Rd 41-43: fM häkeln.
Rd 44: [3 fM, 2 fM zus abm] wdh (= 28 fM).
Rd 45: [2 fM, 2 fM zus abm] wdh (= 21 fM).
Den Körper fest ausstopfen.
Rd 46: [1 fM, 2 fM zus abm] wdh (= 14 fM).
Rd 47: Stets 2 fM zus abm (= 7 fM).
Faden zum Nähen lang abschneiden. Die Öffnung zunähen.

SCHNABEL

Rd 1: In D in einen Fadenring 5 fM arb; Rd nicht schließen (= 5 fM).
Rd 2: 2x 1 fM zun, 3 fM (= 7 fM).
Rd 3: 2x 1 fM zun, 4 fM, 1 fM zun (= 10 fM).
Rd 4: 1 fM zun, 1 fM, 1 fM zun, 7 fM (= 12 fM).
Rd 5: fM häkeln.
Faden D abschneiden.
Rd 6: In C 3x 1 fM zun, 8 fM, 1 fM zun (= 16 fM).
Rd 7: 9 fM, 1 fM zun, 1 fM, 1 fM zun, 4 fM (= 18 fM).
Rd 8: [2 fM, 1 fM zun] wdh (= 24 fM).
Rd 9: 1 fM, 7 Km, die nächsten 2 M übergehen, 12 fM, die letzten 2 M übergehen.
1 Km in die M, die die erste M der nächsten Rd wäre. Faden lang abschneiden, sodass der Schnabel damit an den Körper genäht werden kann.

AUGENRAND (2X)

In C 8 Lm anschl. Arbeit beenden. Fadenenden verknoten und damit eine Schlaufe herstellen.

BEINE (2X)

Rd 1: In A in einen Fadenring 12 fM arb; Rd nicht schließen (= 12 fM).
Rd 2: [2 fM, 1 fM zun] wdh (= 16 fM).
Rd 3 und 4: fM häkeln.
Rd 5: [3 fM, 1 fM zun] wdh (= 20 fM).
Rd 6: [4 fM, 1 fM zun] wdh (= 24 fM).
Rd 7: [5 fM, 1 fM zun] wdh (= 28 fM).
Rd 9: fM häkeln.
Faden zum Annähen an den Körper lang abschneiden.

„Professor, Sir, Ihr Vogel. Ich konnte nichts dagegen tun. Er hat plötzlich gebrannt."

Harry Potter in *Harry Potter und die Kammer des Schreckens*

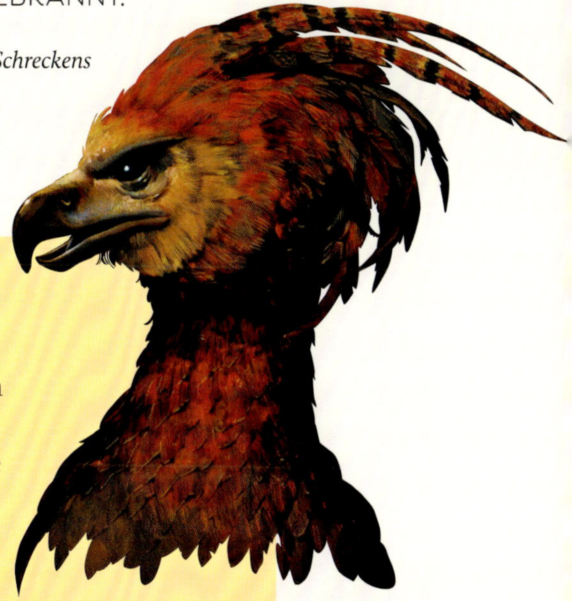

Hinter den Kulissen

Fawkes wurde in einigen Szenen digital dargestellt, in anderen wurde er von einer lebensgroßen steuerbaren Puppe, die verschiedene Bewegungen ausführen konnte, gespielt. Die Puppe war so lebensecht, dass der Schauspieler Richard Harris, der in den ersten 2 Filmen Professor Dumbledore spielte, anfangs glaubte, es wäre ein lebendiger, dressierter Vogel.

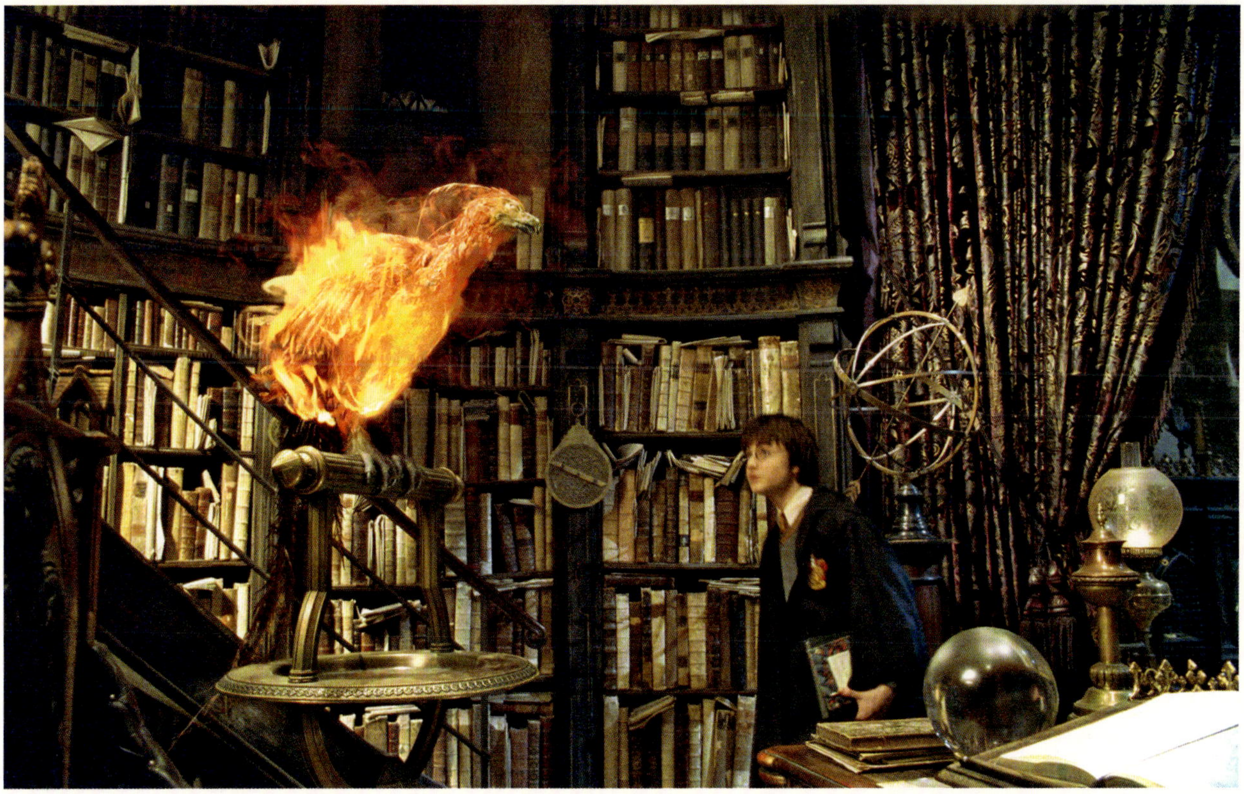

GANZ OBEN: Entwurfsskizze von Fawkes von Adam Brockbank OBEN: Harry lernt den Phönix Fawkes kennen in *Harry Potter und die Kammer des Schreckens*

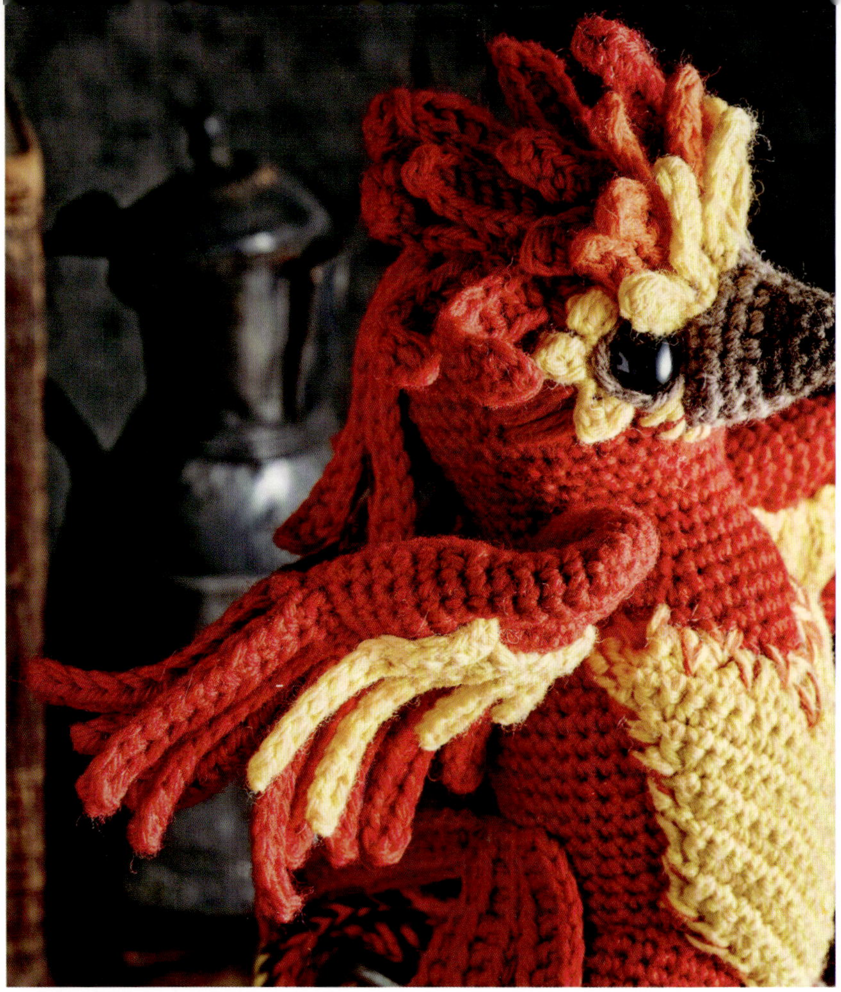

Lm lockerer gearbeitet werden, damit die Häkelnd gut passt.

Rd 14: Die fM stets ins vordere M-Glied der Vor-Rd arb: 3x [1 fM, 11 Lm, wenden, 11 hStb in die Lm-Höcker, 1 fM], 3x [1 fM, 9 Lm, wenden, 9 hStb in die Lm-Höcker, 1 fM], 1 fM, 7 Lm, wenden, 7 hStb in die Lm-Höcker, 2 fM, 5 Lm, wenden, 5 hStb in die Lm-Höcker, 1 fM, [1 fM, 3 hStb, 2 Stb, 3 hStb, 1 fM] jeweils in beide M-Glieder, 1 fM, 5 Lm, wenden, 5 hStb in die Lm-Höcker, 2 fM, 7 Lm, wenden, 7 hStb in die Lm-Höcker, 1 fM, 3x [1 fM, 9 Lm, wenden, 9 hStb in die Lm-Höcker, 1 fM], 3x [1 fM, 11 Lm, wenden, 11 hStb in die Lm-Höcker, 1 fM] (= 16 Federn).

Faden lang abschneiden. Flügel so zur Hälfte falten, dass das Garnende an einer Seite hängt und die Federn aufeinander liegen. Flach hinlegen und die freien hinteren M-Glieder mit dem Garnende zus-nähen; die 10 M, die in beide M-Glieder gehäkelt wurden, bleiben zum Annähen an den Körper offen. Garnrest zum späteren Weiternähen hängen lassen. Flügel nach Wunsch leicht ausstopfen.

FÜSSE (2x)

Rd 1: In C in einen Fadenring 4 fM arb; Rd nicht schließen (= 4 fM).

Rd 2-6: fM häkeln.

Rd 7: [1 fM zun] wdh (= 8 fM).

Rd 8: [3 fM, 1 fM zun] wdh (= 10 fM).

Rd 9: [4 fM, 1 fM zun] wdh (= 12 fM).

Rd 10 und 11: fM häkeln.

Rd 12: 1 fM, 4 M übergehen, 2 fM, 4 M übergehen, 1 fM (= 4 fM).

Rd 13-17 (mittlere Zehe): fM häkeln.

Arbeit beenden und die Zehenspitze zusammennähen.

Hinweis: Die Füße auszustopfen ist optional. Stopfen Sie den Fuß hier aus, falls gewünscht.

Für die anderen zwei Zehen auf beiden Seiten der fertigen mittleren Zehe jeweils an den in Rd 12 übergangenen 4 fM neu anschlingen und 4 fM häkeln. Rd 13-17 wdh. Arbeit beenden und die Zehenspitzen jeweils zusammennähen. Fadenende ins Innere des Fußes ziehen.

FLÜGEL (2x)

Rd 1: In A in einen Fadenring 6 fM arb; Rd nicht schließen (= 6 fM).

Rd 2: [1 fM zun] wdh (= 12 fM).

Rd 3: [1 fM, 1 fM zun] wdh (= 18 fM).

Rd 4: fM häkeln.

Rd 5: [2 fM, 1 fM zun] wdh (= 24 fM).

Rd 6: [3 fM, 1 fM zun] wdh (= 30 fM).

Rd 7: fM häkeln.

Rd 8: [4 fM, 1 fM zun] wdh (= 36 fM).

Rd 9: [5 fM, 1 fM zun] wdh (= 42 fM).

Rd 10-13: fM häkeln.

Hinweis: Jetzt werden Federn gehäkelt, indem Lm-Ketten angeschlagen und dann in die Lm-Höcker gehäkelt wird; den ersten Höcker nicht übergehen. Dafür muss möglicherweise die letzte

BRUSTEMBLEM

Hinweis: Es gibt hier keine Wende-Lm; für jede R direkt in die 1. M von der Häkelnd aus arb.

In B 19 Lm anschl.

R 1: In jeden Lm Höcker einstechen (den ersten Höcker nicht übergehen) und 9 fM in die Lm-Höcker, 3 fM in den nächsten Lm-Höcker, 9 fM in die Lm-Höcker, wenden (= 21 fM).

R 2: 2 fM zus abm, 8 fM, 3 fM in die nächste fM, 8 fM, 2 fM zus abm.

R 3-11: R2 wdh.

R 12: 2 fM zus abm, 8 fM, 1 fM zun, 8 fM, 2 fM zus abm (= 20 fM).

Faden zum Annähen an den Körper lang abschneiden.

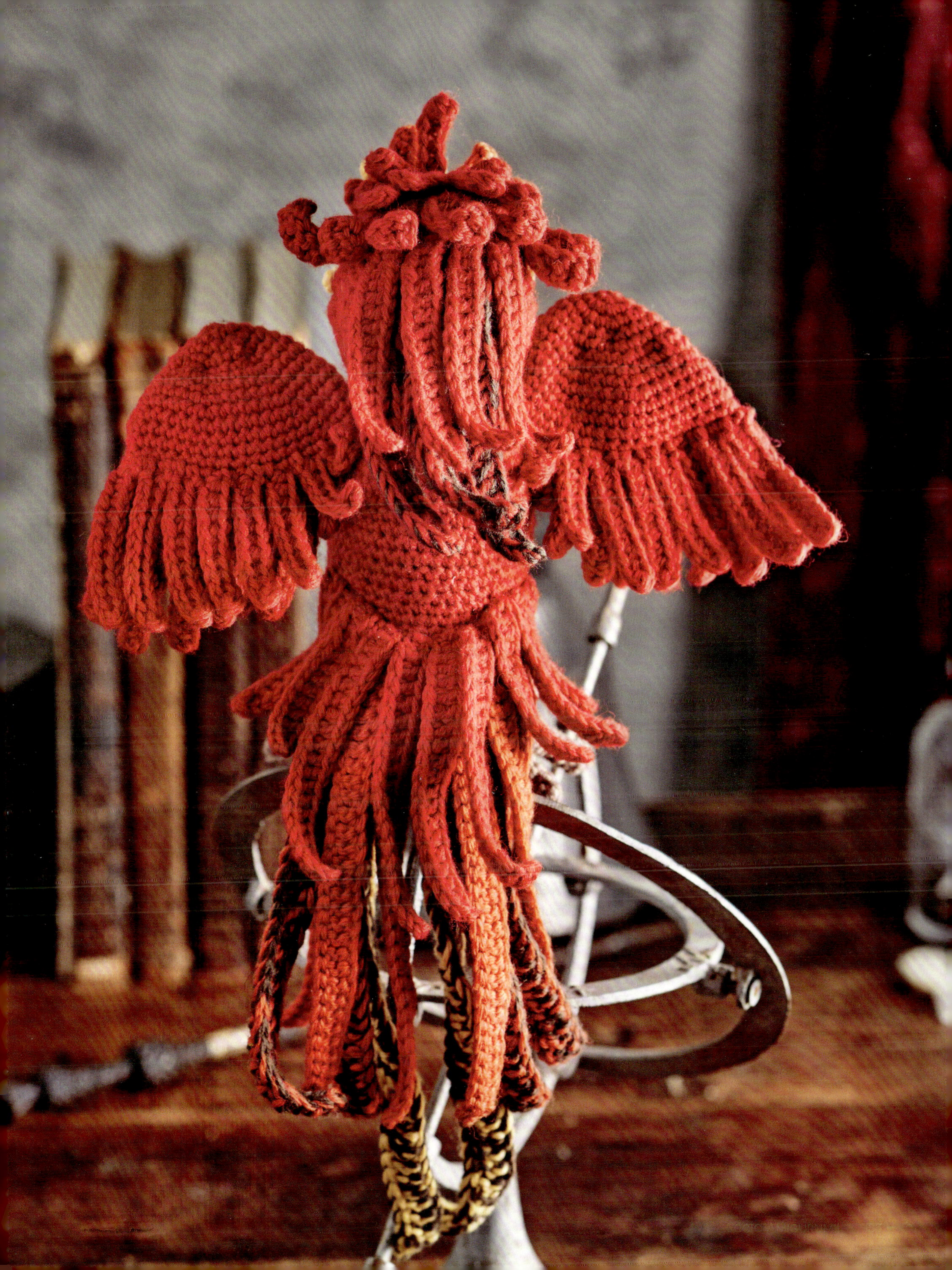

KOPFFEDERN

Hinweis: Jede R ergibt 1 Feder.

FEDERN A (JE 1X IN B, E UND A)

R 1: 5 Lm anschl, wenden, 3 hStb und 2 fM in die Lm-Höcker.
R 2: 7 Lm anschl, wenden, 5 hStb und 2 fM in die Lm-Höcker.
R 3 und 4: R2 wdh.
R 5: R1 wdh.
Faden zum Annähen an den Kopf lang abschneiden.

FEDERN B (1X IN A)

R 1: 11 Lm anschl, wenden, 1 fM, 7 Stb und 3 hStb in die Lm-Höcker.
R 2: 7 Lm anschl, wenden, 1 fM, 4 Stb und 2 hStb in die Lm-Höcker.
R 3-5: R2 wdh.
R 6: R1 wdh.
Faden zum Annähen an den Kopf lang abschneiden.

FEDERN C (1X IN A)

R 1: 9 Lm anschl, wenden, 1 fM und 8 Stb in die Lm-Höcker.
R 2-5: R1 wdh.
Faden zum Annähen an den Kopf lang abschneiden.

FEDERN D (1X IN A)

R 1: 18 Lm anschl, wenden, 1 fM, 1 hStb, 12 Stb und 4 hStb in die Lm-Höcker.
R 2-4: R1 wdh.
Faden zum Annähen an den Kopf lang abschneiden.

FEDERN E (1X MIT JE 1 FADEN A UND D ZUS)

R 1: 18 Lm anschl, wenden, 1 fM, 12 Stb, 3 hStb und 2 fM in die Lm-Höcker.
R 2 und 3: R1 wdh.
Faden zum Annähen an den Kopf lang abschneiden.

FEDERN F (2X IN B)

R 1: 2 Lm anschl, wenden, 1 hStb und 1 fM in die Lm-Höcker.
R 2: 3 Lm anschl, wenden, 1 hStb und 2 fM in die Lm-Höcker.
R 3: R1 wdh.
Faden zum Annähen um die Augen lang abschneiden.

FLÜGELFEDERN

Hinweis: Jede R ergibt 1 Feder.

FEDERN G (2X IN B)

R 1: 11 Lm anschl, wenden, 1 fM und 10 hStb in die Lm-Höcker.
R 2: R1 wdh.
R 3: 7 Lm anschl, wenden, 1 fM und 6 hStb in die Lm-Höcker.
R 4: 5 Lm anschl, wenden, 5 hStb in die Lm-Höcker.
Faden zum Annähen unter den Flügeln lang abschneiden.

SCHWANZ-FEDERN

FEDERN H (1X IN A)

R 1: 13 Lm anschl, wenden, 1 fM, 11 Stb und 1 hStb in die Lm-Höcker.
R 2 und 3: R1 wdh.
R 4: 20 Lm anschl, wenden, 1 fM, 18 Stb und 1 hStb in die Lm-Höcker.
R 5-7: R4 wdh.
R 8-10: R1 wdh.
Faden zum Annähen an den Körper lang abschneiden.

FEDERN I (1X IN E)

R 1: 30 Lm anschl, wenden, 1 fM, 28 Stb und 1 hStb in die Lm-Höcker.
R 2-6: R1 wdh.
Faden zum Annähen an den Körper lang abschneiden.

FEDERN J (1X MIT JE 1 FADEN E UND D ZUS)

R 1: 30 Lm anschl, wenden, 3 fM, 26 Stb und 1 hStb in die Lm-Höcker.
R 2-4: R1 wdh.
Faden zum Annähen an den Körper lang abschneiden.

FEDERN K (1X MIT JE 1 FADEN B UND D ZUS)

R 1: 38 Lm anschl, wenden, 3 fM und 35 Stb in die Lm-Höcker.
R 2: R1 wdh.
Faden zum Annähen an den Körper lang abschneiden.

ZUSAMMEN-SETZEN

AUGENRAND

Knoten der Schlaufe am inneren Punkt des Auges anlegen. Mit dem Garnrest jeden 2. Lm-Höcker an den Rand des Auges nähen. Ebenso für das 2. Auge.

SCHNABEL

Schnabel zwischen den Augen platzieren und die ersten 6 M nach der Km direkt entlang Rd 14 des Kopfs annähen. Den oberen Teil des Schnabels in umgekehrter U-Form zwischen die Augen nähen. Schnabel vor dem Schließen der Naht ausstopfen.

BEINE

Die Garnenden der Beine an der letzten Rd des Körpers anlegen. Beine dort feststecken. Der gegenüberliegende äußere Rand der Beine wird etwa 9 Rd höher am Körper liegen. Dadurch wird vorn und hinten am Körper eine V-Form gebildet, die beim Positionieren von Schwanzfedern und Brustemblem hilft. Beine an den unteren Körper nähen, dabei vor dem Schließen der Naht ausstopfen.

FÜSSE

Die Beine zeigen nach dem Annähen nach außen. Füße direkt unter den Beinen platzieren und feststecken, sodass der Phönix frei stehen kann. Füße mit Garn C an die Beine nähen.

BRUSTEMBLEM

Die untere Spitze zwischen den Beinen platzieren, dafür die die von den Beinen gebildete V-Form nutzen. Die oberen Ecken auf die Seiten des Körpers ausrichten. Mit dem Garnende an den Körper nähen.

Hinweis: Es wird dringend empfohlen, vor dem weiteren Zusammensetzen alle restlichen Teile (Federn und Flügel) zu spannen, damit sich die Federn nicht zu sehr kräuseln.

FLÜGEL

Mit dem restlichen Garnende die noch offenen 10 M zwischen Rd 20 und Rd 23, direkt über den Spitzen des Brustemblems, an den Körper nähen.

FLÜGELFEDERN

Federn G an der Unterseite der Flügel anbringen. Die längeren Federn liegen am äußeren Rand, die kürzeren näher am Körper. Mit dem Garnende die Basis der Federn annähen. Jede Feder in der Mitte punktuell befestigen. Garnenden ins Innere der Flügel ziehen.

AUGENFEDERN

Federn F jeweils am äußeren Rand der Augen neben den Augenringen platzieren. Augenringe nicht überdecken. Mit den Garnenden am Auge annähen. Garnenden ins Innere des Körpers ziehen.

KOPFFEDERN

Alle Federn werden an der Basis des jeweiligen Sets an den Kopf genäht; nicht die ganzen Federn annähen. Federn A in Farbe B direkt über dem Schnabel zwischen den Augen anbringen. Alle anderen Federn werden hinter und unter diesem ersten Set platziert. Stecken Sie die Federn zuerst mit Stecknadeln fest, um sie zu arrangieren. Beginnend mit den Federn A in Farbe B ist die Reihenfolge der Federn auf dem Kopf:

Federn A (Farbe B, am Schnabel befestigt, mit 5 Federn)
Federn A (Farbe E, mit 5 Federn)
Federn A (Farbe A, mit 5 Federn)
Federn B (Farbe A, mit 6 Federn)
Federn C (Farbe A, mit 5 Federn)
Federn D (Farbe A, mit 4 Federn)
Federn E (Farbe A und D, mit 3 Federn)

Mit den Garnenden der einzelnen Federn jeweils die Basis der Federn annähen. Garnenden ins Innere des Körpers ziehen.

SCHWANZFEDERN

Alle Federn werden an der Basis des jeweiligen Sets an den Rücken genäht; nicht die ganzen Federn annähen. Federn K direkt oben auf der V-Form der Beine auf dem Rücken anbringen. Alle anderen Schwanzfedern werden über diesem ersten Set platziert. Stecken Sie die Federn zuerst mit Stecknadeln fest, um sie zu arrangieren. Beginnend mit den Federn K als unterstes Set an den Beinen ist die Reihenfolge der Schwanzfedern:

Federn K (Farbe B und D, mit 2 Federn, mittig zwischen den Beinen befestigt)
Federn J (Farbe E und D, mit 4 Federn, über Federn K)
Federn I (Farbe E, mit 6 Federn, über Federn J)
Federn H (Farbe A, mit 10 Federn, oberstes Set)

Mit den Garnenden der einzelnen Federn jeweils die Basis der Federn annähen. Garnenden ins Innere des Körpers ziehen.

EXTRA DETAILS

Weitere Federn in verschiedenen Farben aufsticken. Dazu in B um den Schnabel, in B und E zusammen um das Brustemblem und in A um die Augenfedern sticken.

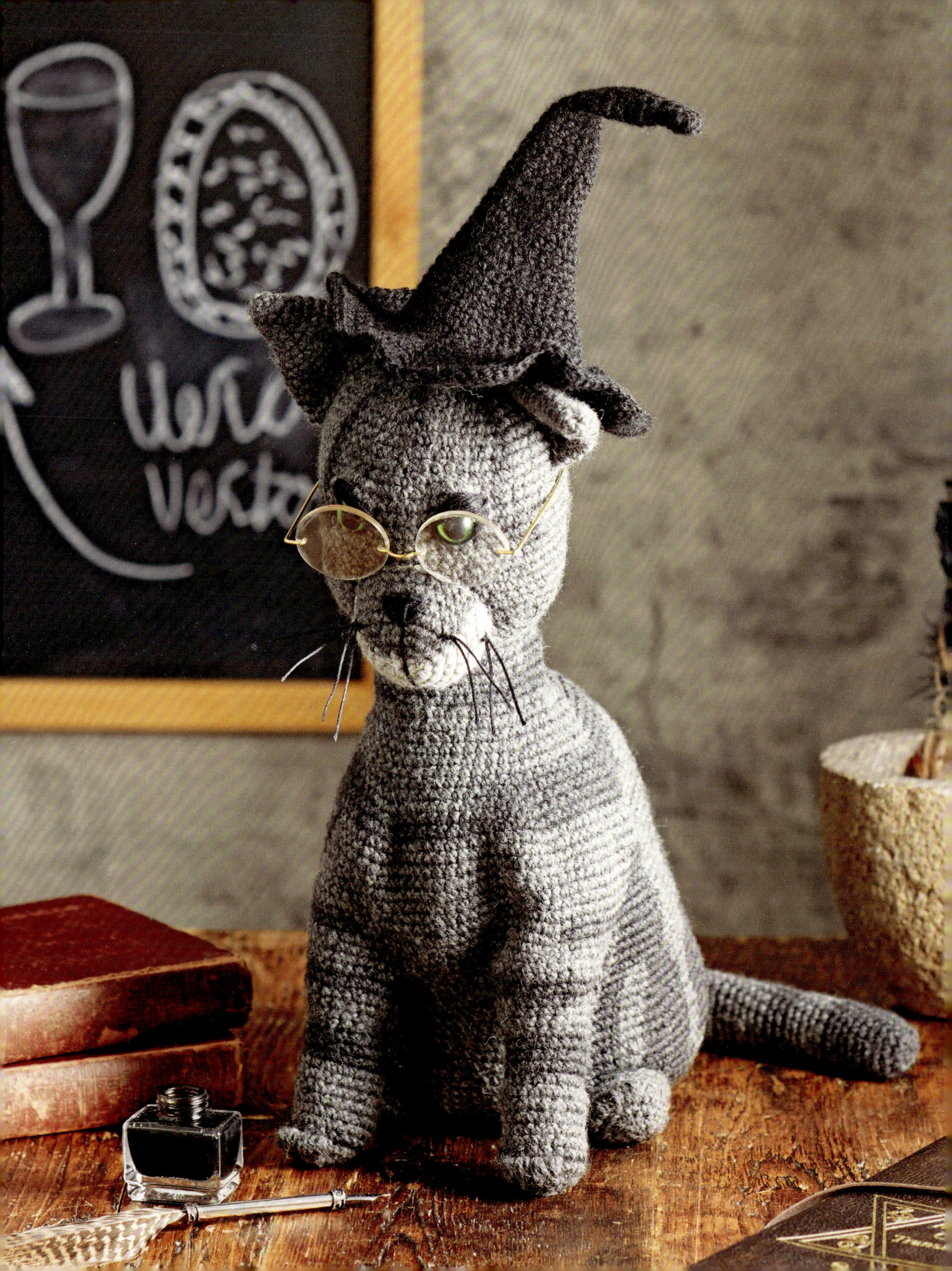

Professor McGonagalls Animagus

Design: **MARANATHA ENOIU**

SCHWIERIGKEITSGRAD ⚡⚡

Am ersten Tag des Unterrichts in Verwandlungen im Film *Harry Potter und der Stein der Weisen* sind Harry, Ron und ihre Klassenkameraden verblüfft, Professor McGonagall in ihrer Animagus-Form zu sehen: eine wunderschöne grau getigerte Katze. Das ist aber nicht das einzige Mal, dass Professor McGonagall in dieser Form erscheint. Früher im Film kann man ihre Animagus-Form dabei sehen, wie sie das Zuhause der Familie Dursley im Ligusterweg einige Zeit lang beobachtet, bevor Professor Dumbledore mit dem Baby Harry ankommt. Wenn Professor McGonagall nicht in ihrer Animagus-Form erscheint, trägt sie üblicherweise ihren hohen Hexenhut und eine schöne grüne Robe. Sie ist eine außergewöhnlich begabte Hexe, streng aber gerecht und sie hat ihre Schüler ausgezeichnet unter Kontrolle.

Diese verschmitzte Interpretation von Professor McGonagalls Animagus-Form entsteht durch wunderschöne Intarsienhäkelei, die die Musterung im Fell der Katze hervorhebt. Die Katze sitzt in einer aufmerksamen Haltung da, bereit, jede Form von Problemen zu entdecken. Setzen Sie dieser hinreißenden Katze einen Hexenhut als Tribut an Professor McGonagall auf und lassen Sie sie auch auf Ihr Haus ein wachsames Auge halten.

GRÖSSE

Einheitsgröße

FERTIGE GRÖSSE

Höhe: 34,5 cm

GARN

Mittlere Garnstärke (worsted), hier: Berroco Ultra Wool (100 % superwash Wolle; 200 m/100 g Knäuel)

Farbe A: 33170 Granite, 2 Knäuel

Farbe B: 33113 Black Pepper, 1 Knäuel

Farbe C: 33108 Frost, 1 Knäuel

Mittlere Garnstärke (worsted), hier: Lion Brand Pound of Love (100 % Acryl; 918 m/448 g Knäuel, das entspricht ca. 205 m/100 g)

Farbe D: 153 Black, 1 Knäuel

NADELN

- Häkelnadel 4,0 mm oder passende Größe zum Erreichen der Maschenprobe

ZUBEHÖR

- Maschenmarkierer
- Wollnadel
- Grüne Sicherheitsaugen, ø 15 mm
- Polyesterfüllwatte
- Schwarzes Häkelgarn
- 10 cm breite ovale Puppenbrille

MASCHENPROBE

20 fM und 20 Rd = 10 cm x 10 cm

Die Maschenprobe ist bei einem Amigurumi nicht entscheidend; wichtig ist, dass die Maschen eng genug sind, damit die Füllung durch das fertige Projekt nicht durchschimmert.

HINWEISE

- Einen MM einhängen, um den Rd-Beginn zu markieren.
- Alle Teile werden einzeln gearbeitet und dann an den Körper genäht.

SPEZIALMASCHE

Noppe: 1 U, einstechen und 1 Schlinge holen, 4x [1 U, in die gleiche M einstechen und 1 Schlinge holen] (= 11 Schlingen auf der Nd), alle Schlingen zus abm.

„EHRLICH, WIE OFT BEKOMMT MAN DIE CHANCE ALS ZAUBERER IN GROSSARTIGEN KLAMOTTEN HERUMZULAUFEN?"

Dame Maggie Smith darüber, Professor McGonagall darzustellen

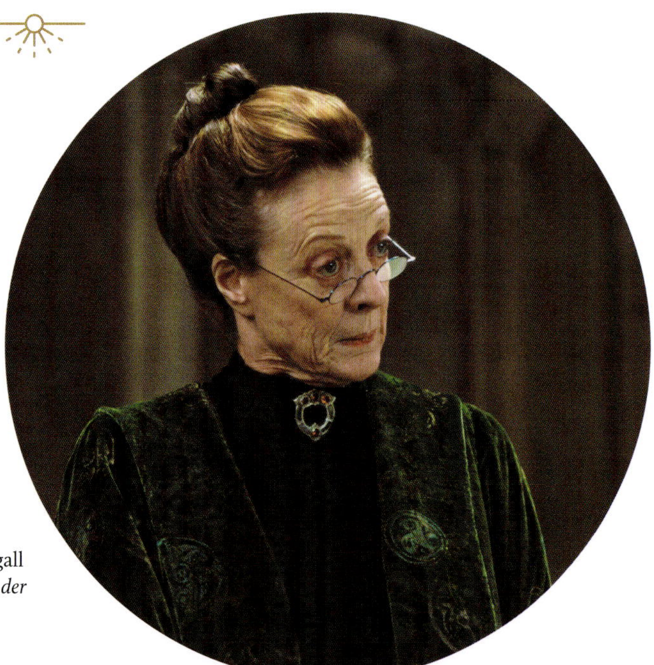

RECHTS: Dame Maggie Smith als Professor McGonagall in *Harry Potter und der Orden des Phönix.*

KÖRPER

Am Hals beginnen.

40 Lm in A anschl und mit 1 Km zur Rd schließen, dabei darauf achten, dass die Lm-Kette nicht verdreht ist.

Rd 1: In jede Lm 1 fM (= 40 fM).

Rd 2: In B 3 fM häkeln; in A 2 fM arb; in B 9 fM häkeln; in A 19 fM arb; in B 7 fM häkeln.

Rd 3: In B 4 fM häkeln; in A 1 fM arb; in B 10 fM häkeln; in A 17 fM arb; in B 8 fM häkeln.

Rd 4: In B 18 fM häkeln; in A 11 fM arb; in B 11 fM häkeln.

Rd 5: In B 23 fM häkeln; in A 3 fM arb; in B 14 fM häkeln.

Rd 6: In B 4 fM häkeln; in A 3 fM arb, 1 fM zun, 4 fM häkeln; in B 3 fM arb, 1 fM zun; in A 3x [7 fM häkeln, 1 fM zun] (= 45 fM).

Rd 7: In B 1 fM zun, 3 fM häkeln; in A 1 fM zun, 3 fM arb, 1 fM zun, 1 fM häkeln; in B 11 fM arb; in A 16 fM häkeln, 2x [1 fM zun, 3 fM] (= 50 fM).

Rd 8: In B 2 fM häkeln, 3x 1 fM zun; in A 7x 1 fM zun, 38 fM arb (= 60 fM).

Rd 9: In B 8 fM häkeln; in A 52 fM arb.

Rd 10-11: In B 8 fM häkeln; in A 52 fM arb.

Rd 12: In B 8 fM häkeln; in A 1 fM arb, 1 fM zun, 3 fM häkeln; in B 6 fM arb, 1 fM zun, 9 fM häkeln, 1 fM zun, 6 fM arb; in A 3 fM häkeln, 1 fM zun, 7 fM arb; in B 2 fM häkeln, 1 fM zun, 9 fM arb, 1 fM zun (= 66 fM).

Rd 13: In B 8 fM häkeln; in A 2 fM arb, 1 fM zun, 3 fM häkeln; in B 7 fM arb, 1 fM zun, 10 fM häkeln, 1 fM zun, 6 fM arb; in A 4 fM häkeln, 1 fM zun, 7 fM arb; in B 3 fM häkeln, 1 fM zun, 10 fM arb, 1 fM zun (= 72 fM).

Rd 14: In B 4 fM häkeln; in A 7 fM arb, 1 fM zun, 3 fM häkeln; in B 8 fM arb, 1 fM zun, 11 fM häkeln, 1 fM zun, 10 fM arb; in A 1 fM häkeln, 1 fM zun, 7 fM arb; in B 4 fM häkeln, 1 fM zun, 11 fM arb, 1 fM zun (= 78 fM).

Rd 15: In B 3 fM häkeln; in A 9 fM arb, 1 fM zun, 1 fM häkeln; in B 5 fM arb; in A 6 fM häkeln, 1 fM zun; in B 3 fM arb; in A 5 fM häkeln; in B 4 fM arb, 1 fM zun, 3x [12 fM, 1 fM zun] (= 84 fM).

Rd 16: In B 2 fM häkeln; in A 11 fM arb, 1 fM zun, 2 fM häkeln; in B 4 fM arb; in A 7 fM häkeln, 1 fM zun; in B 3 fM arb; in A 5 fM häkeln; in B 5 fM arb, 1 fM zun, 3x [13 fM, 1 fM zun] (= 90 fM).

Rd 17: In A 9 fM häkeln; in B 1 fM arb; in A 4 fM häkeln, 1 fM zun, 2 fM arb; in B 4 fM häkeln; in A 8 fM arb, 1 fM zun; in B 3 fM häkeln; in A 11 fM arb, 1 fM zun, 6 fM häkeln; in B 1 fM arb; in A 7 fM häkeln, 1 fM zun, 2x [14 fM, 1 fM zun] (= 96 fM).

Rd 18: In A 8 fM häkeln; in B 3 fM arb; in A 7 fM häkeln; in B 4 fM arb; in A 10 fM häkeln; in B 3 fM arb; in A 18 fM häkeln; in B 2 fM arb; in A 41 fM häkeln.

Rd 19: In A 8 fM häkeln; in B 3 fM arb; in A 8 fM häkeln; in B 4 fM arb; in

A 9 fM häkeln; in B 3 fM arb; in A 17 fM häkeln; in B 2 fM arb; in A 42 fM häkeln.

Rd 20: In A 7 fM häkeln; in B 5 fM arb; in A 9 fM häkeln; in B 4 fM arb; in A 7 fM häkeln; in B 3 fM arb; in A 16 fM häkeln; in B 2 fM arb; in A 43 fM häkeln.

Rd 21: In A 7 fM häkeln; in B 5 fM arb; in A 9 fM häkeln; in B 4 fM arb; in A 7 fM häkeln; in B 3 fM arb; in A 15 fM häkeln; in B 2 fM arb; in A 40 fM häkeln; in B 4 fM arb.

Rd 22: In A 6 fM häkeln; in B 6 fM arb; in A 9 fM häkeln; in B 4 fM arb; in A 7 fM häkeln; in B 3 fM arb; in A 14 fM häkeln; in B 2 fM arb; in A 41 fM häkeln; in B 4 fM arb.

Rd 23: In A 6 fM häkeln; in B 6 fM arb; in A 9 fM häkeln; in B 4 fM arb; in A 7 fM häkeln; in B 3 fM arb; in A 13 fM häkeln; in B 2 fM arb; in A 42 fM häkeln; in B 4 fM arb.

Rd 24: In A 6 fM häkeln; in B 6 fM arb; in A 3 fM häkeln, 1 fM zun, 5 fM arb; in B 4 fM häkeln; in A 6 fM arb, 1 fM zun; in B 3 fM häkeln; in A 12 fM arb; in B 1 fM zun; in A 2x [15 fM, 1 fM zun], 12 fM häkeln; in B 3 fM arb, 1 fM zun (= 102 fM).

Rd 25: In A 6 fM häkeln; in B 7 fM arb; in A 3 fM häkeln, 1 fM zun, 6 fM arb; in B 2 fM häkeln; in A 8 fM arb, 1 fM zun; in B 3 fM häkeln; in A 12 fM arb; in B 1 fM häkeln, 1 fM zun, 13 fM arb; in A 3 fM häkeln, 1 fM zun, 16 fM arb, 1 fM zun; in B 16 fM häkeln, 1 fM zun (= 108 fM).

Rd 26: In A 6 fM häkeln; in B 7 fM arb; in A 4 fM häkeln, 1 fM zun, 6 fM arb; in B 2 fM häkeln; in A 9 fM arb, 1 fM zun; in B 3 fM häkeln; in A 12 fM arb; in B 2 fM häkeln, 1 fM zun, 14 fM arb; in A 3 fM häkeln, 1 fM zun, 17 fM arb, 1 fM zun; in B 17 fM häkeln, 1 fM zun (= 114 fM).

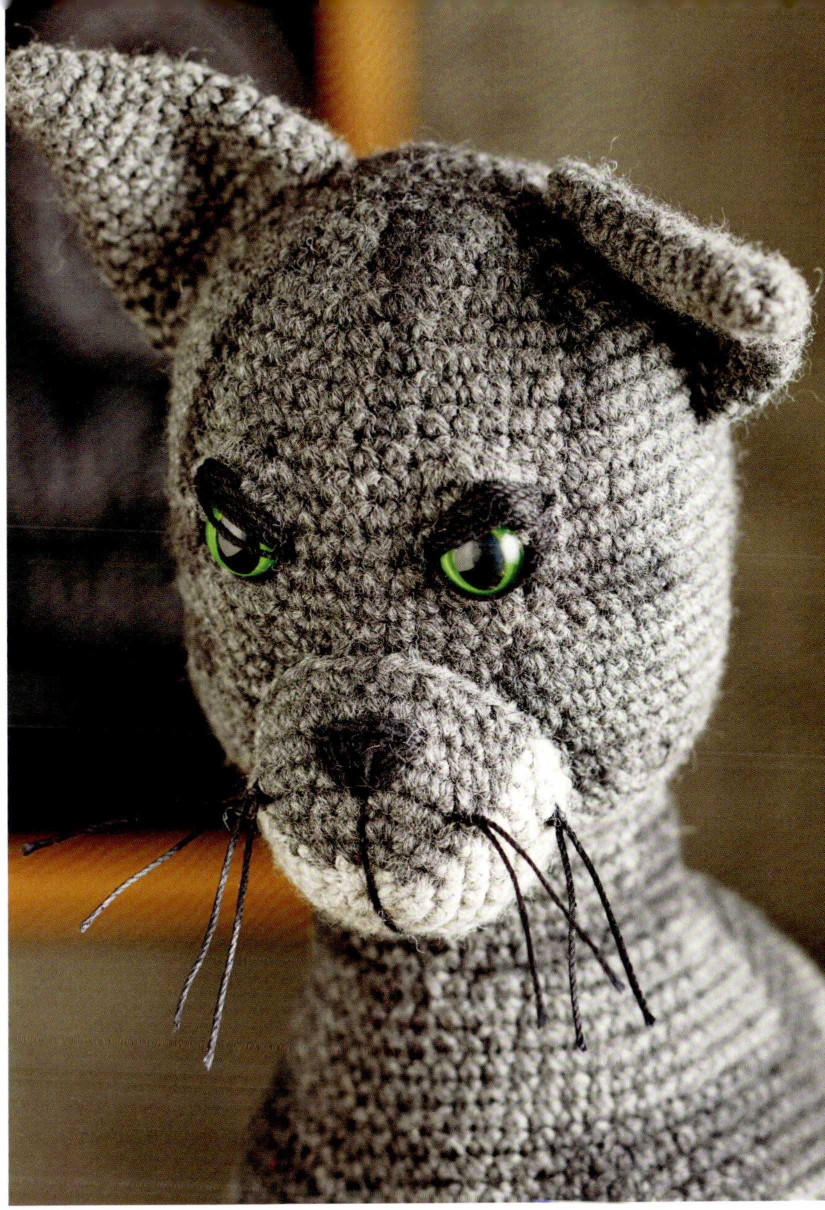

Rd 27: In A 6 fM häkeln; in B 7 fM arb; in A 12 fM häkeln; in B 2 fM arb; in A 11 fM häkeln; in B 3 fM arb; in A 66 fM häkeln; in B 7 fM arb.

Arbeit für die Beine teilen:

Rd 28: In A 6 fM häkeln; in B 7 fM arb; in A 12 fM häkeln; in B 2 fM arb; in A 11 fM häkeln; in B 3 fM arb; in A 15 fM häkeln, MM einhängen, 20 fM arb, 10 Lm häkeln; 1 Km in die mit MM markierte M arb.

ERSTES VORDERBEIN

Rd 1: In A 1 fM in jede der 20 fM und 10 Lm häkeln (= 30 fM).

Rd 2-3: In B in jede fM 1 fM arb (= 30 fM).

Rd 4: In A 5x [4 fM, 2 fM zus abm] (= 25 fM).

Rd 5: In A 5x [3 fM, 2 fM zus abm] (= 20 fM).

Rd 6: In A fM häkeln.

Rd 7-10: In B fM häkeln.

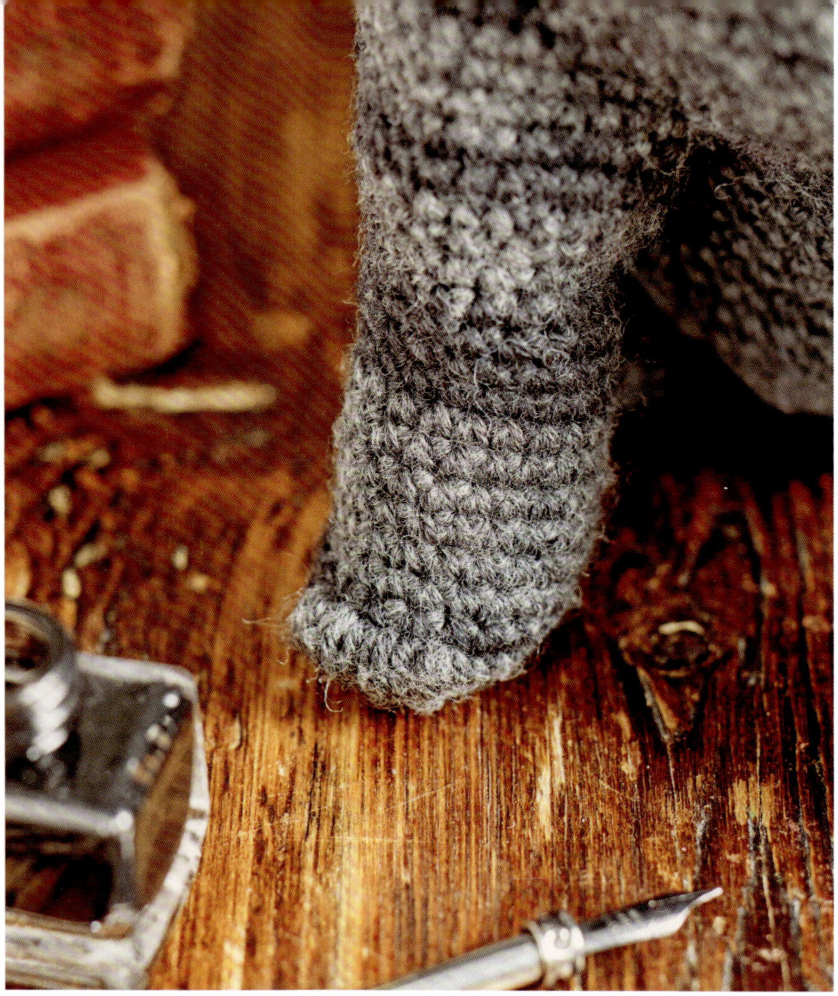

Rd 11-16: In A fM häkeln.
Rd 17: In B fM häkeln.

Weiter fM arb bis zur Mitte der Rückseite des Beins.

Rd 18: In A 8 fM häkeln, 4 Noppen arb, 8 fM häkeln.

Rd 19: In A [2 fM zus abm] wdh (= 10 fM).

Rd 20: In A [2 fM zus abm] wdh (= 5 fM).

Das Bein ausstopfen.

ZWEITES VORDERBEIN

Faden A mit 1 Km in die nächste unbearbeitete M der 28 Rd anschlingen, 1 fM in die gleiche M häkeln, 2 fM zus abm, 2x [1 fM, 2 fM zus abm], MM einhängen, 20 fM häkeln, 10 Lm arb, 1 Km in die mit MM markierte M häkeln.

Die Rd 1-20 vom ersten Vorderbein wdh. Zweites Bein ausstopfen.

KÖRPER WEITERHÄKELN

Hinweis: Den Körper während des Häkelns ausstopfen.

Faden an der als Rd-Beginn markierten M von Rd 28 anschlingen und MM einhängen.

Rd 1: In A 6 fM häkeln; in B 7 fM arb; in A 12 fM häkeln; in B 2 fM arb; in A 11 fM häkeln; in B 3 fM arb; in A 14 fM häkeln, 1 fM in die Eck-M des Beins von Rd 28 arb, 1 fM in die Rückseite jeder Lm häkeln, 1 fM in die Eck-M des Beins von Rd 28 arb, 5 fM häkeln, 1 fM in die Eck-M des Beins von Rd 28 häkeln, 1 fM in die Rückseite jeder Lm arb, 1 fM in die Eck-M des Beins von Rd 28 häkeln, 2 fM arb; in B 7 fM häkeln (= 93 fM).

Rd 2: In A 6 fM häkeln; in B 7 fM arb; in A 12 fM häkeln; in B 2 fM arb; in A 11 fM häkeln; in B 3 fM arb; in A 45 fM häkeln; in B 7 fM arb.

Rd 3: In A 6 fM häkeln; in B 7 fM arb; in A 12 fM häkeln; in B 2 fM arb; in A 11 fM häkeln; in B 3 fM arb; in A 25 fM häkeln, 2x [2 fM zus abm, 1 fM], 2 fM zus abm, 12 fM häkeln; in B 7 fM arb (= 90 fM).

Rd 4: In A 6 fM häkeln; in B 7 fM arb; in A 12 fM häkeln; in B 2 fM arb; in A 11 fM häkeln; in B 3 fM arb; in A 24 fM häkeln, 2x [2 fM zus abm, 1 fM], 2 fM zus abm, 10 fM arb; in B 7 fM häkeln (= 87 fM).

Rd 5: In A 6 fM häkeln; in B 7 fM arb; in A 12 fM häkeln; in B 2 fM arb; in A 11 fM häkeln; in B 3 fM arb; in A 38 fM häkeln; in B 3 fM arb; in A 3 fM häkeln; in B 2 fM arb.

Rd 6: In B 2 fM häkeln; in A 6 fM arb; in B 4 fM häkeln; in A 13 fM arb; in B 6 fM häkeln; in A 6 fM arb; in B 11 fM häkeln; in A 31 fM arb; in B 3 fM häkeln; in A 3 fM arb; in B 2 fM häkeln.

Rd 7: In B 2 fM häkeln; in A 6 fM arb; in B 4 fM häkeln; in A 5 fM arb, 1 M zun, 6 fM häkeln, 1 M zun; in B 6 fM arb; in A 1 fM zun, 5 fM häkeln; in B 11 fM arb; in A 31 fM häkeln; in B 3 fM arb; in A 3 fM häkeln; in B 2 fM arb (= 90 fM).

Rd 8: In B 4 fM häkeln; in A 2 fM arb; in B 6 fM häkeln; in A 2 fM arb, 1 M zun, 12 fM häkeln; in B 2 fM arb, 1 fM zun, 3 fM häkeln; in A 7 fM arb; in B 4 fM häkeln, 1 fM zun, 6 fM arb; in A 8 fM häkeln, 1 fM zun, 14 fM arb, 1 fM zun, 7 fM häkeln; in B 3 fM arb; in A 3 fM häkeln; in B 1 fM arb, 1 fM zun (= 96 fM).

Rd 9: In B 4 fM häkeln; in A 2 fM arb; in B 6 fM häkeln; in A 16 fM arb; in B 7 fM häkeln; in A 7 fM arb; in B 12 fM häkeln; in A 33 fM arb; in B 3 fM häkeln; in A 3 fM arb; in B 3 fM häkeln.

Rd 10: In B 4 fM häkeln; in A 2 fM arb; in B 6 fM häkeln; in A 3 fM arb, 1 M zun, 12 fM häkeln; in B 3 fM arb, 1 fM zun, 3 fM häkeln; in A 7 fM arb; in B 5 fM häkeln, 1 fM zun, 6 fM arb; in A 9 fM häkeln, 1 fM zun, 15 fM arb, 1 fM zun, 7 fM häkeln; in B 3 fM arb; in A 3 fM häkeln; in B 2 fM arb, 1 fM zun (= 102 fM).

Rd 11: In B 4 fM häkeln; in A 2 fM arb; in B 6 fM häkeln; in A 17 fM arb; in B 8 fM häkeln; in A 7 fM arb; in B 13 fM häkeln; in A 35 fM arb; in B 3 fM häkeln; in A 3 fM arb; in B 4 fM häkeln.

Rd 12: In B 4 fM häkeln; in A 2 fM arb; in B 6 fM häkeln; in A 7 fM arb, 1 M zun, 9 fM häkeln; in B 1 fM arb, 1 fM zun, 6 fM häkeln; in A 4 fM arb, 1 fM zun, 2 fM häkeln; in B 13 fM arb; in A 35 fM häkeln; in B 3 fM arb; in A 3 fM häkeln; in B 4 fM arb (= 105 fM).

Rd 13: In B 4 fM häkeln; in A 2 fM arb; in B 6 fM häkeln; in A 18 fM arb; in B 9 fM häkeln; in A 8 fM arb; in B 13 fM häkeln; in A 35 fM arb; in B 3 fM häkeln; in A 3 fM arb; in B 4 fM häkeln.

Rd 14: In B 4 fM häkeln; in A 2 fM arb; in B 6 fM häkeln; in A 9 fM arb, 1 M zun, 5 fM häkeln, 1 fM zun, 2 fM arb; in B 7 fM häkeln, 1 fM zun, 1 fM arb; in A 3 fM häkeln, 1 fM zun, 4 fM arb; in B 13 fM häkeln; in A 35 fM arb; in B 3 fM häkeln; in A 3 fM arb; in B 4 fM häkeln (= 109 fM).

Rd 15: In B 4 fM häkeln; in A 2 fM arb; in B 6 fM häkeln; in A 20 fM arb; in B 10 fM häkeln; in A 9 fM arb; in B 13 fM häkeln; in A 35 fM arb; in B 3 fM häkeln; in A 3 fM arb; in B 4 fM häkeln.

Rd 16: In B 4 fM häkeln; in A 2 fM arb; in B 6 fM häkeln; in A 13 fM arb, 1 M zun, 5 fM häkeln, 1 fM zun; in B 5 fM arb, 1 fM zun, 4 fM häkeln; in A 9 fM arb; in B 13 fM häkeln; in A 35 fM arb; in B 3 fM häkeln; in A 3 fM arb; in B 4 fM häkeln (= 112 fM).

Rd 17-18: In B 6 fM häkeln; in A 28 fM arb; in B 11 fM häkeln; in A 9 fM arb; in B 4 fM häkeln; in A 54 fM arb.

Rd 19: In B 6 fM häkeln, 2 fM zus abm, 4 fM arb; in A 2 fM häkeln, 2 fM zus abm, 2x [6 fM, 2 fM zus abm], 2 fM arb; in B 4 fM häkeln, 2 fM zus abm, 5 fM arb; in A 1 fM häkeln, 2 fM zus abm, 8x [6 fM, 2 fM zus abm] (= 98 fM).

Rd 20: In B 11 fM häkeln; in A 19 fM arb; in B 10 fM häkeln; in A 7 fM arb; in B 4 fM häkeln; in A 39 fM arb; in B 8 fM häkeln.

Rd 21: In B 5 fM häkeln, 2 fM zus abm, 4 fM arb; in A 1 fM häkeln, 2 fM zus abm, 2x [5 fM, 2 fM zus abm], 2 fM häkeln; in B 3 fM arb, 2 fM zus abm, 5 fM häkeln, 2 fM zus abm; in A 5 fM arb, 2 fM zus abm; in B 3 fM häkeln; in A 2 fM arb, 2 fM zus abm, 5x [5 fM, 2 fM zus abm]; in B 5 fM häkeln, 2 fM zus abm (= 84 M).

Rd 22: In B 10 fM häkeln; in A 16 fM arb; in B 10 fM häkeln; in A 6 fM arb; in B 3 fM häkeln; in A 33 fM arb; in B 6 fM häkeln.

Rd 23: In B 2x [4 fM, 2 fM zus abm]; in A 2x [4 fM, 2 fM zus abm], 2 fM häkeln; in B 2 fM arb, 2 fM zus abm, 4 fM häkeln, 2 fM zus abm; in A 4 fM arb, 2 fM zus abm; in B 3 fM häkeln; in A 1 fM arb, 2 fM zus abm, 5x [4 fM, 2 fM zus abm]; in B 4 fM häkeln, 2 fM zus abm (= 70 M).

Rd 24: In B 10 fM häkeln; in A 12 fM arb; in B 8 fM häkeln; in A 5 fM arb; in B 3 fM häkeln; in A 27 fM arb; in B 5 fM häkeln.

Rd 25: In B 2x [3 fM, 2 fM zus abm]; in A 2x [3 fM, 2 fM zus abm], 2 fM häkeln; in B 1 fM arb, 2 fM zus abm, 3 fM häkeln, 2 fM zus abm; in A 3 fM arb, 2 fM zus abm; in B 3 fM häkeln, 2 fM zus abm; in A 5x [3 fM, 2 fM zus abm]; in B 3 fM arb, 2 fM zus abm (= 56 M).

Rd 26: In B 8 fM häkeln; in A 10 fM arb; in B 6 fM häkeln; in A 4 fM arb; in B 4 fM häkeln; in A 20 fM arb; in B 4 fM häkeln.

Rd 27: In B 2x [2 fM, 2 fM zus abm]; in A 2x [2 fM, 2 fM zus abm], 2 fM häkeln; in B 2 fM zus abm, 2 fM arb, 2 fM zus abm; in A 2 fM häkeln, 2 fM zus abm; in B 2 fM arb, 2 fM zus abm; in A 5x [2 fM, 2 fM zus abm]; in B 2 fM arb, 2 fM zus abm (= 42 M).

Rd 28: In B 14x [1 fM, 2 fM zus abm] (= 28 M).

Rd 29: In B 7x [2 fM, 2 fM zus abm] (= 21 M).

Rd 30: In B 7x [1 fM, 2 fM zus abm] (= 14 M).

Rd 31: In B [2 fM zus abm] wdh (= 7 M). Arbeit beenden.

KOPF

In B einen Fadenring legen.

Rd 1: 6 fM in den Fadenring (= 6 fM).

Rd 2: [1 fM zun] wdh (= 12 fM).

Rd 3: [1 fM, 1 fM zun] wdh (= 18 fM).

Rd 4: In B 2 fM häkeln, 1 fM zun; in A 2 fM arb, 1 fM zun; in B 2x [2 fM, 1 fM zun]; in A 2 fM häkeln, 1 fM zun; in B 2 fM arb, 1 fM zun (= 24 fM).

Rd 5: In B 2 fM häkeln; in A 1 fM arb, 1 fM zun, 3 fM häkeln, 1 fM zun, 2 fM arb; in B 1 fM häkeln; in A 1 fM zun;

in B 3 fM arb; in A 1 fM zun; in B 1 fM häkeln; in A 2 fM arb, 1 fM zun, 3 fM häkeln, 1 fM zun (= 30 fM).

Rd 6: In B 2 fM häkeln; in A 2 fM arb, 1 fM zun, 4 fM häkeln, 1 fM zun, 2 fM arb; in B 1 fM häkeln; in A 1 fM arb, 1 fM zun; in B 3 fM häkeln; in A 1 fM arb, 1 fM zun; in B 1 fM häkeln; in A 3 fM arb, 1 fM zun, 4 fM häkeln, 1 fM zun (= 36 fM).

Rd 7: In B 2 fM häkeln; in A 3 fM arb, 1 fM zun, 5 fM häkeln, 1 fM zun, 3 fM arb; in B 1 fM häkeln; in A 1 fM arb, 1 fM zun; in B 2 fM häkeln; in A 3 fM arb, 1 fM zun; in B 1 fM häkeln; in A 4 fM arb, 1 fM zun, 5 fM häkeln, 1 fM zun (= 42 fM).

Rd 8: In B 2 fM häkeln; in A 4 fM arb, 1 fM zun, 6 fM häkeln, 1 fM zun, 3 fM arb; in B 1 fM häkeln; in A 2 fM arb, 1 fM zun, 1 fM häkeln; in B 1 fM arb; in A 4 fM häkeln; in B 1 fM zun; in A 2x [6 fM, 1 fM zun] (= 48 fM).

Rd 9: In B 2 fM häkeln; in A 5 fM arb, 1 fM zun, 7 fM häkeln, 1 fM zun, 3 fM arb; in B 1 fM häkeln; in A 3 fM arb, 1 fM zun, 1 fM häkeln; in B 1 fM arb; in A 5 fM häkeln; in B 1 fM zun; in A 2x [7 fM, 1 fM zun] (= 54 fM).

Rd 10: In B 2 fM häkeln; in A 6 fM arb, 1 fM zun, 8 fM häkeln, 1 fM zun, 3 fM arb; in B 1 fM häkeln; in A 4 fM arb, 1 fM zun, 1 fM häkeln; in B 1 fM arb; in A 6 fM häkeln; in B 1 fM zun; in A 2x [8 fM, 1 fM zun] (= 60 fM).

Rd 11: In B 2 fM häkeln; in A 21 fM arb; in B 1 fM häkeln; in A 7 fM arb; in B 1 fM häkeln; in A 6 fM arb; in B 2 fM häkeln; in A 20 fM arb.

Rd 12: In B 2 fM häkeln; in A 21 fM arb; in B 1 fM häkeln; in A 7 fM arb; in B 1 fM häkeln; in A 6 fM arb; in B 2 fM häkeln; in A 20 fM arb.

Rd 13: In B 2 fM häkeln; in A 21 fM arb; in B 1 fM häkeln; in A 7 fM arb; in B 1 fM häkeln; in A 6 fM arb; in B 2 fM häkeln; in A 20 fM arb.

Rd 14: In B 2 fM häkeln; in A 2 fM arb; in B 1 fM häkeln; in A 18 fM arb; in B 1 fM häkeln; in A 14 fM arb; in B 1 fM häkeln; in A 16 fM arb; in B 1 fM häkeln; in A 4 fM arb (= 60 fM).

Rd 15: In B 2 fM häkeln; in A 2 fM arb; in B 1 fM häkeln; in A 18 fM arb; in B 1 fM häkeln; in A 3 fM arb, 2x [3 fM in 1 fM], 5 fM häkeln, 2x [3 fM in 1 fM], 2 fM arb; in B 1 fM häkeln; in A 16 fM arb; in B 1 fM häkeln; in A 4 fM arb (= 68 fM).

Rd 16: In B 2 fM häkeln; in A 2 fM arb; in B 1 fM häkeln; in A 18 fM arb; in B 1 fM häkeln; in A 8 fM arb, 1 fM zun, 5 fM häkeln, 1 fM zun, 7 fM arb; in B 1 fM häkeln; in A 16 fM arb; in B 1 fM häkeln; in A 4 fM arb (= 70 fM).

Rd 17: In B 2 fM häkeln; in A 2 fM arb; in B 1 fM häkeln; in A 22 fM arb, 3x 2 fM zus abm, 1 fM zun, 5 fM häkeln, 1 fM zun, 3x 2 fM zus abm, 2 fM arb; in B 1 fM häkeln; in A 16 fM arb; in B 1 fM häkeln; in A 4 fM arb (= 66 fM).

Rd 18: In B 2 fM häkeln; in A 2 fM arb; in B 1 fM häkeln; in A 18 fM arb; in B 6 fM häkeln; in A 2x 2 fM zus abm, 1 fM zun, 2 fM arb, 1 fM zun, 2x 2 fM zus abm, 1 fM häkeln; in B 5 fM arb; in A 14 fM häkeln; in B 1 fM arb; in A 4 fM häkeln (= 64 fM).

Rd 19: In B 2 fM häkeln; in A 2 fM arb; in B 1 fM häkeln; in A 15 fM arb; in B 5 fM häkeln; in A 3 fM arb, 2 fM zus abm, 9 fM häkeln, 2 fM zus abm, 1 fM arb; in B 5 fM häkeln; in A 12 fM arb; in B 5 fM häkeln (= 62 fM).

Rd 20: In B 1 fM häkeln; in A 3 fM arb; in B 1 fM häkeln; in A 14 fM arb; in B 4 fM häkeln; in A 5 fM arb, 2 fM zus abm, 6 fM häkeln, 2 fM zus abm, 5 fM arb; in B 4 fM häkeln; in A 10 fM arb; in B 5 fM häkeln (= 60 fM).

Sicherheitsaugen zwischen der 17. und 18. Rd anbringen.

Rd 21: In A 4 fM häkeln; in B 1 fM arb; in A 32 fM häkeln; in B 1 fM arb; in A 17 fM häkeln; in B 5 fM arb.

Rd 22: In A 4 fM häkeln; in B 1 fM arb; in A 19 fM häkeln; in B 2 fM arb; in A 11 fM häkeln; in B 1 fM arb; in A 17 fM häkeln; in B 4 fM arb; in A 1 fM häkeln.

Rd 23: In A 4 fM häkeln; in B 1 fM arb; in A 14 fM häkeln; in B 7 fM arb; in A 12 fM häkeln; in B 1 fM arb; in A 16 fM häkeln; in B 5 fM arb.

Rd 24: In B 1 fM häkeln; in A 3 fM arb; in B 1 fM häkeln; in A 33 fM arb; in B 1 fM häkeln; in A 16 fM arb; in B 5 fM häkeln.

Rd 25: In B 2 fM häkeln; in A 2 fM arb; in B 1 fM häkeln; in A 34 fM arb; in B 2 fM häkeln; in A 14 fM arb; in B 5 fM häkeln.

Rd 26: In B 3 fM häkeln; in A 1 fM arb; in B 1 fM häkeln; in A 36 fM arb; in B 2 fM häkeln; in A 12 fM arb; in B 5 fM häkeln.

Rd 27: In B 3 fM häkeln; in A 38 fM arb; in B 6 fM häkeln; in A 8 fM arb; in B 5 fM häkeln.

Rd 28: In A 4 fM häkeln; in B 1 fM arb; in A 5 fM häkeln, 2 fM zus abm, 3x [10 fM, 2 fM zus abm], 8 fM arb; in B 2 fM häkeln, 2 fM zus abm (= 55 fM).

Rd 29: In A 5 fM häkeln; in B 1 fM arb; in A 3 fM häkeln, 2 fM zus abm, 3x [9 fM, 2 fM zus abm], 4 fM arb; in B 1 fM häkeln; in A 3 fM arb; in B 1 fM häkeln, 2 fM zus abm (= 50 fM).

RECHTS: Professor McGonagall präsidiert ihrem Erstklässler Verwandlungsunterricht in ihrer Animagusform in *Harry Potter und der Stein der Weisen.*

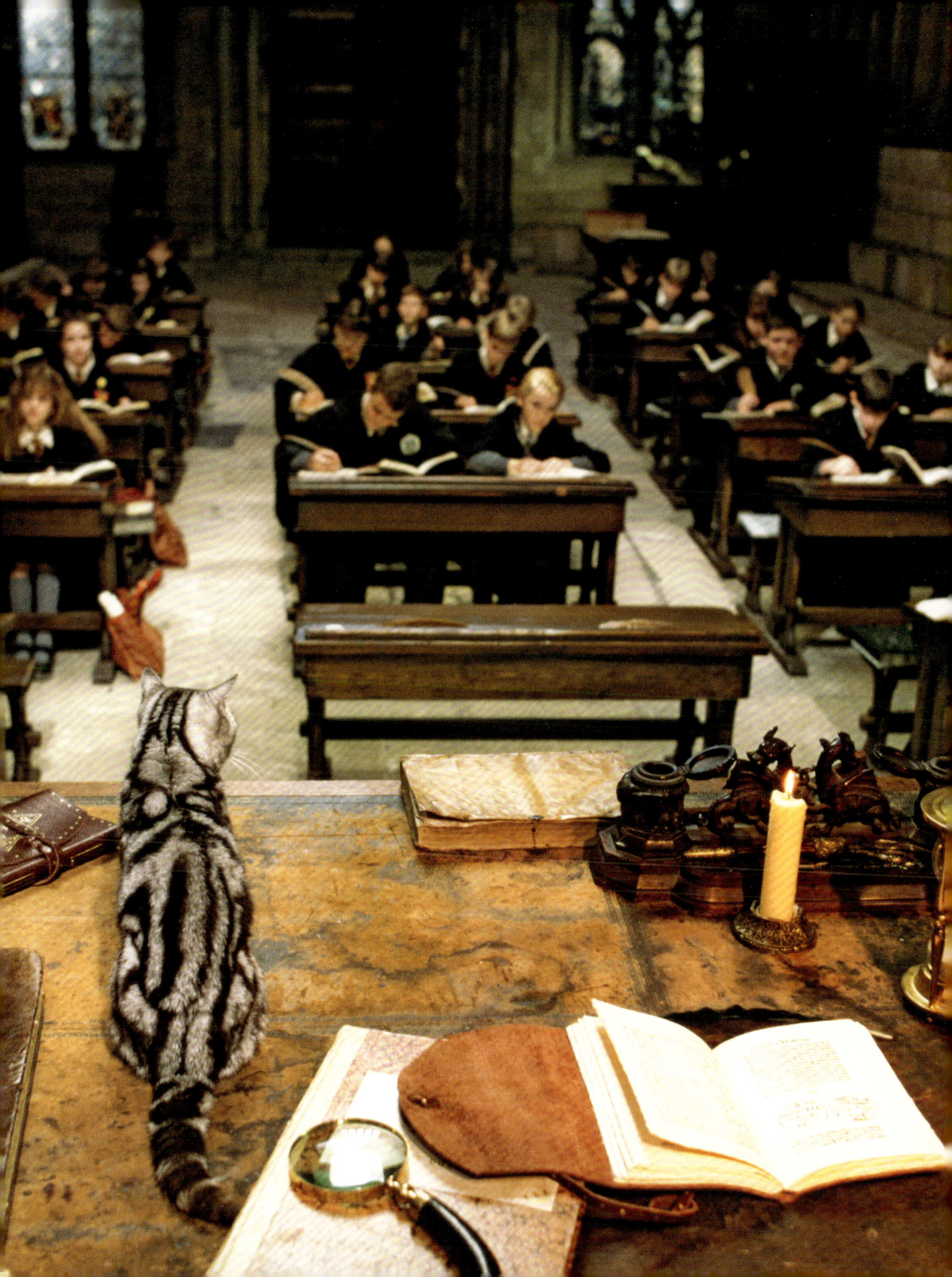

Rd 30: In A 4x [8 fM, 2 fM zus abm], 3 fM häkeln; in B 3 fM arb; in A 2 fM häkeln; in B 2 fM zus abm (= 45 fM).
Rd 31: In A 4x [7 fM, 2 fM zus abm], 2 fM häkeln; in B 5 fM arb, 2 fM zus abm (= 40 fM).
Kopf fest ausstopfen.
Rd 32: In A 4x [6 fM, 2 fM zus abm], 2 fM häkeln; in B 4 fM arb, 2 fM zus abm (= 35 fM).
Rd 33: In A 4x [5 fM, 2 fM zus abm], 2 fM häkeln; in B 3 fM arb, 2 fM zus abm (= 30 fM).
Rd 34: In A 4x [4 fM, 2 fM zus abm], 2 fM häkeln; in B 2 fM arb, 2 fM zus abm (= 25 fM).
Rd 35: In A 4x [3 fM, 2 fM zus abm], 2 fM häkeln; in B 1 fM arb, 2 fM zus abm (= 20 fM).
Rd 36: In A [2 fM zus abm] wdh (= 10 M).
Rd 37: In A [2 fM zus abm] wdh (= 5 M).
Arbeit beenden.

OHREN (2X)

In A einen Fadenring legen.
Rd 1: 6 fM in den Fadenring (= 6 fM).
Rd 2: fM häkeln.
Rd 3: 3x [1 fM, 1 fM zun] (= 9 fM).
Rd 4: fM häkeln.
Rd 5: 3x [2 fM, 1 fM zun] (= 12 fM).
Rd 6: fM häkeln.
Rd 7: 4x [2 fM, 1 fM zun] (= 16 fM).
Rd 8: fM häkeln.
Rd 9: 4x [3 fM, 1 fM zun] (= 20 fM).
Rd 10: fM häkeln.
Rd 11: 4x [4 fM, 1 fM zun] (= 24 fM).
Rd 12: fM häkeln.
Rd 13: 4x [5 fM, 1 fM zun] (= 28 fM).
Faden zum Annähen lang abschneiden. Nicht ausstopfen. Ohren flach zuslegen.

SCHWANZ

In B einen Fadenring legen.
Rd 1: 8 fM in den Fadenring (= 8 fM).
Rd 2: [1 fM zun] wdh (= 16 fM).
Rd 3-10: fM häkeln.
Rd 11-14: In A fM häkeln.
Rd 15-17: In B fM häkeln.
Rd 18-25: In A fM häkeln.
Rd 26-27: In B fM häkeln.
Rd 28-40: In A fM häkeln.
Schwanzspitze ausstopfen. Faden zum Annähen lang abschneiden.

HINTERFÜSSE (2X)

In A 11 Lm anschl.
Rd 1: 1 fM in die 2. Lm von der Nd aus und in jede der folgenden 8 Lm, 4 fM in die letzte Lm, je 1 fM in die Unterseite der Lm, 2 fM in die übergangene Anfangs-Lm (= 24 fM).
Rd 2: 12x [1 fM, 1 fM zun] (= 36 fM).
Rd 3: 16 fM häkeln, 4x 1 fM zun, 16 fM arb (= 40 fM).
Rd 4: 18 fM häkeln, 4 Noppen arb, 18 fM häkeln.
Rd 5: [2 fM zus abm] wdh (= 20 fM).
Rd 6: fM häkeln.
Rd 7: 8 fM häkeln, 2x 2 fM zus abm, 8 fM arb (= 18 fM).
Rd 8: 5 fM häkeln, 4x 2 fM zus abm, 5 fM arb (= 14 fM).
Rd 9: [2 fM zus abm] wdh (= 7 fM).
Die Spitze des Fußes an den Zehen ausstopfen und die Hinterseite flach lassen. Faden zum Annähen lang abschneiden.

SCHNAUZE

In C einen Fadenring legen.
Rd 1: 10 fM in den Fadenring (= 10 fM).
Rd 2: In C 3x [1 fM, 1 fM zun]; in A 2x [1 fM, 1 fM zun] (= 15 fM).
Rd 3: In C 3x [2 fM, 1 fM zun]; in A 2x [2 fM häkeln, 1 fM zun] (= 20 fM).
Rd 4: In C 3x [3 fM häkeln, 1 fM zun]; in A 2x [3 fM, 1 fM zun] (= 25 fM).
Rd 5: In C 3x [4 fM, 1 fM zun]; in A 2x [4 fM, 1 fM zun] (= 30 fM).
Rd 6: In C 3x [5 fM, 1 fM zun]; in A 2x [5 fM, 1 fM zun] (= 35 fM).
Rd 7-8: In C 21 fM häkeln; in A 14 fM arb (= 35 fM).
Faden zum Annähen lang abschneiden.

HUT

In D einen Fadenring legen.
Rd 1: 4 fM in den Fadenring häkeln (= 4 fM).
Rd 2-4: fM häkeln.
Rd 5: [1 fM zun] wdh (= 8 fM).
Rd 6-7: fM häkeln.
Rd 8: 2x [3 fM häkeln, 1 fM zun] (= 10 fM).
Rd 9-11: fM häkeln.
Rd 12: fM häkeln, dabei nur ins hintere M-Glied einstechen.
Rd 13: fM häkeln.
Rd 14: 2x [4 fM, 1 fM zun] (= 12 fM).
Rd 15: fM häkeln.
Rd 16: 3x [3 fM, 1 fM zun] (= 15 fM).
Rd 17-20: fM häkeln.
Rd 21: 3x [4 fM, 1 fM zun] (= 18 fM).

Rd 22: fM häkeln.
Rd 23: 3x [5 fM, 1 fM zun] (= 21 fM).
Rd 24: 3x [6 fM, 1 fM zun] (= 24 fM).
Rd 25-26: fM häkeln.
Rd 27: 3x [7 fM, 1 fM zun] (= 27 fM).
Rd 28: 3x [8 fM, 1 fM zun] (= 30 fM).
Rd 29: fM häkeln.
Rd 30: 3x [9 fM, 1 fM zun] (= 33 fM).
Rd 31: 3x [10 fM, 1 fM zun] (= 36 fM).
Rd 32: fM häkeln.
Rd 33: 3x [11 fM, 1 fM zun] (= 39 fM).
Rd 34: 3x [12 fM, 1 fM zun] (= 42 fM).
Rd 35: fM häkeln.
Rd 36: 3x [13 fM, 1 fM zun] (= 45 fM).
Rd 37: 3x [14 fM, 1 fM zun] (= 48 fM).
Rd 38: fM häkeln.
Rd 39: 12x [3 fM, 1 fM zun] (= 60 fM).
Rd 40: 12x [4 fM, 1 fM zun] (= 72 fM).
Rd 41: 12x [5 fM, 1 fM zun] (= 84 fM).
Rd 42: 12x [6 fM, 1 fM zun] (= 96 fM).
Rd 43: 12x [7 fM, 1 fM zun] (= 108 fM).
Rd 44: fM häkeln.
Faden abschneiden. Für eine gebogene Spitze den Hut in Rd 12 falten und festnähen.

ZUSAMMEN-SETZEN

Fadenenden vernähen.

Mit der Woll-Nd und dem schwarzen Häkelgarn mit Spannstichen um die Augen herum sticken. Hals des Körpers ausstopfen. Kopf an den Körper nähen.

Ohren auf den Kopf und Schwanz an die Rückseite des Körpers nähen. Hinterfüße unter den Körper nähen. Schnauze an den Kopf nähen.

Nase und eine nach unten gehende Linie mit schwarzem Häkelgarn aufsticken. Für die Schnurrhaare 4 je 10 cm lange Stücke schwarzes Häkelgarn abschneiden. Jedes Stück um 1 M fädeln und verknoten. Mit schwarzem Häkelgarn eine Linie von der unteren Nasenspitze bis zum unteren Rand der Schnauze sticken.

Der Katze Brille und Hut aufsetzen.

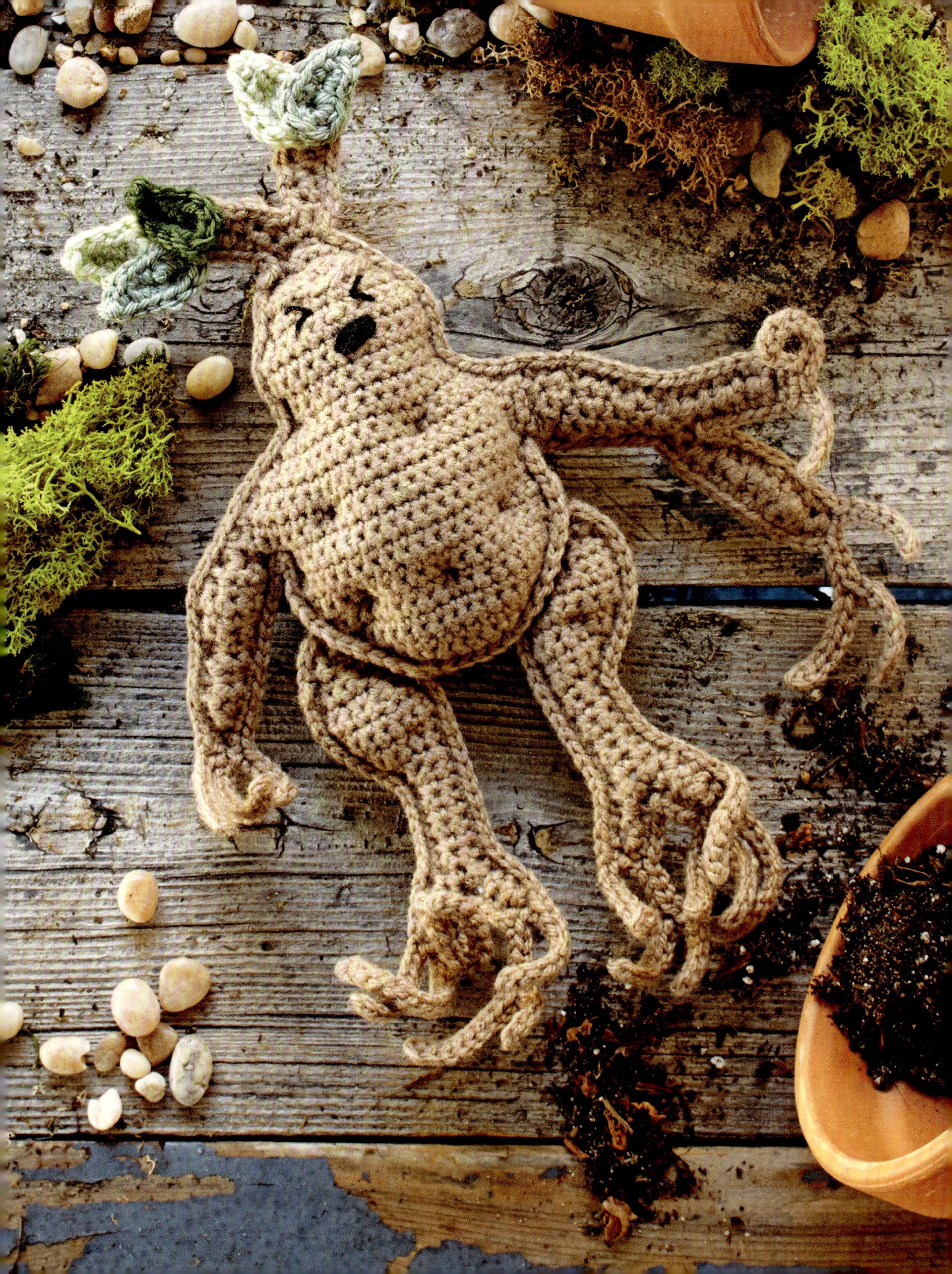

Mandragora

Design: **JILLIAN HEWITT**

SCHWIERIGKEITSGRAD ⚡⚡

In *Harry Potter und die Kammer des Schreckens* nehmen die Zweitklässler an einer Stunde in Kräuterkunde teil, in der sie alles über die Mandragora-Wurzel lernen. Diese magische Pflanze hat oben Blätter und darunter eine Wurzel, die, wenn man sie freilegt, wie ein herumzappelndes, übelgelauntes Baby aussieht. Die Schüler müssen sehr gut aufpassen, wenn sie die Madragoras freilegen, denn ihre Schreie sind für Menschen tödlich!

Obwohl die Mandragoras im Film *Harry Potter und die Kammer des Schreckens* im Wesentlichen wie Babys aussehen „mussten sie etwas an sich haben, das nicht zu liebenswert war“ erklärt der Designer der Kreaturen-Effekte Nick Dudman. „Sie durften keine knuddeligen Teddybären sein, weil sie ja letztendlich zerstört werden, um einen Zaubertrank herzustellen; also haben wir sie zu schreienden, verschrumpelten Dingern gemacht“. Insgesamt hat das Team für Kreaturen-Effekte und Make-up über fünfzig animierte Mandragora-Puppen hergestellt, die oben in den Blumentöpfen saßen und von Hand von unter den Tischen aus gesteuert wurden.

Bedecken Sie immer Ihre Ohren, wenn Sie diese Amigurumi-Mandragora fertigstellen! Diese magische Kreatur besteht aus einfachen Häkelmaschen, aber die Details lassen sie wirklich lebensecht erscheinen. Sie wird in zwei Teilen gearbeitet und zusammengenäht – und sieht aus, als würde sie jeden Moment anfangen zu schreien.

GRÖSSE

Einheitsgröße

FERTIGE GRÖSSE

Höhe: 28 cm

Breite: 23 cm

GARN

Mittlere Garnstärke (DK weight), hier: Patons Astra (100 % Acryl; 122 m/50 g Knäuel)

Farbe A: Medium Tan, 1 Knäuel

Mittlere Garnstärke (worsted), hier: Patons Canadiana (100 % Acryl; 187 m/100 g Knäuel)

Farbe B: Dark Green Tea, Rest

Farbe C: Medium Green Tea, Rest

Farbe D: Cherished Green, Rest

NADELN

- Häkelnadel 2,75 mm oder passende Größe zum Erreichen der Maschenprobe

ZUBEHÖR

- Schwarzes Häkelgarn
- Polyesterfüllwatte
- Wollnadel

MASCHENPROBE

12 fM und 13 R mit Farbe A = 5 cm x 5 cm

Die Maschenprobe ist bei einem Amigurumi nicht entscheidend; wichtig ist, dass die Maschen eng genug sind, damit die Füllung durch das fertige Projekt nicht durchschimmert.

HINWEISE

- Das Amigurumi wird in flachen Teilen von unten nach oben gehäkelt.
- Zuerst wird jedes Bein zusammengesetzt, indem beide Teile zusammen gehalten und an den Rändern mit fM zusammengehäkelt werden. Die Wurzeln werden beim Zusammensetzen gearbeitet. Dann wird das Teil ausgestopft.
- Arme und Körper werden in einem Stück gehäkelt. Für den Körper werden beide Teile zusammen gehalten und an den Rändern mit fM zusammengehäkelt. Die Wurzeln werden beim Zusammensetzen gearbeitet. Die Beine werden beim Zusammensetzen mit eingearbeitet. Dann wird das Teil ausgestopft.
- Beim Arbeiten der Vorderseite der Figur sollten alle Garnenden auf der Rückseite liegen. Beim Arbeiten der Rückseite sollten alle Garnenden auf der Vorderseite liegen, sodass alle Garnenden beim Zusammensetzen auf der Innenseite liegen.
- Die Lm am Ende jeder R wird nicht als M gezählt.

LINKES BEIN

* In A 3 Lm anschl.

R 1: In die 2. Lm von der Nd aus und in die letzte Lm je 1 fM (= 2 fM).

R 2: fM häkeln.

Faden abschneiden. Ab * wdh, jedoch Faden nicht abschneiden. 1 Lm, wenden, weiter mit R3. Über beide Teile häkeln, um sie zu verbinden.

R 3: 1 fM, 1 fM zun, in das 2. Teil 2 fM, 1 Lm, wenden (= 5 fM über beide Teile).

R 4: 2 fM zus abm, 1 fM, 2 fM zus abm (= 3 fM).

R 5-10: fM häkeln, 1 Lm, wenden.

R 11: 1 fM zun, 2 fM, 1 Lm, wenden (= 4 fM).

R 12: 2 fM zus abm, 2x 1 fM zun, 1 Lm, wenden (= 5 fM).

R 13: 1 fM zun, 4 fM, 1 Lm, wenden (= 6 fM).

R 14: 5 fM, 1 fM zun, 1 Lm, wenden (= 7 fM).

R 15: 6 fM, 1 fM zun, 1 Lm, wenden (= 8 fM).

R 16: 2 fM zus abm, 5 fM, 1 fM zun, 1 Lm, wenden.

R 17: 4 fM, 2x 2 fM zus abm, 1 Lm, wenden (= 6 fM).

R 18: 2 fM zus abm, 4 fM, 1 Lm, wenden (= 5 fM).

R 19: 3 fM, 2 fM zus abm, 1 Lm, wenden (= 4 fM).

R 20: 2 fM zus abm, 2 fM, 1 Lm, wenden (= 3 fM).

R 21: 1 fM, 2 fM zus abm, 1 Lm, wenden (= 2 fM).

R 22: 2 fM zus abm (= 1 fM).

Für das 2. Beinteil ab * bis R 22 wdh, beide Teile genau aufeinander legen, sodass auf der Vorderseite die gebogene äußere Beinseite rechts liegt. Durch beide Teile einstechen und alle M an der oberen linken Seite des Beins zus-häkeln. Weiter die Seite zus-häkeln bis zur unteren Ecke des 1. Segments, dann wie folgt arb:

R 1: 10 Lm, wenden, 1 Km in die 2. Lm von der Nd aus und in jede weitere Lm, 1 Km in die M unten am Beinsegment (= 9 Km).

R 2: 13 Lm für die Hauptwurzel, wenden, je 1 Km in die 2. Lm von der Nd aus und 6 weitere Lm, 7 Lm für die Nebenwurzel, je 1 Km in die 2. Lm von der Nd aus und alle weiteren Lm der Nebenwurzel, je 1 Km in die letzten 5 Lm der Hauptwurzel (= 18 Km), 1 Km in die M unten am Beinsegment.

Die Beinteile weiter verbinden bis zur unteren Ecke des 2. Beinsegments, dann wie folgt arb:

R 1: 10 Lm für die Hauptwurzel, wenden, je 1 Km in die 2. Lm von der Nd aus und 6 weitere Lm, 8 Lm für die Nebenwurzel, je 1 Km in die 2. Lm von der Nd aus und 6 weitere Lm der Nebenwurzel, je 1 Km in die letzten 2 Lm der Hauptwurzel (= 16 Km), 1 Km in die M unten am Beinsegment.

R 2: 15 Lm, wenden, 1 Km in die 2. Lm von der Nd aus und in jede weitere Lm (= 14 Km), 1 Km in die M unten am Beinsegment.

R 3: 10 Lm, wenden, 1 Km in die 2. Lm von der Nd aus und in jede weitere Lm (= 9 Km), 1 Km in die M unten am Beinsegment.

Damit beginnen, das Bein auszustopfen. Weiter ausstopfen, während das Bein weiter zus-gehäkelt wir, dabei nach je 3-4 M stopfen. Bis zum Anfang mit Km zus-häkeln. Fadenenden vernähen.

Das rechte Bein ebenso arb. Beim Zushäkeln des rechten Beins sollte auf der Vorderseite die gebogene äußere Beinseite links liegen, damit die Beine gegengleich sind.

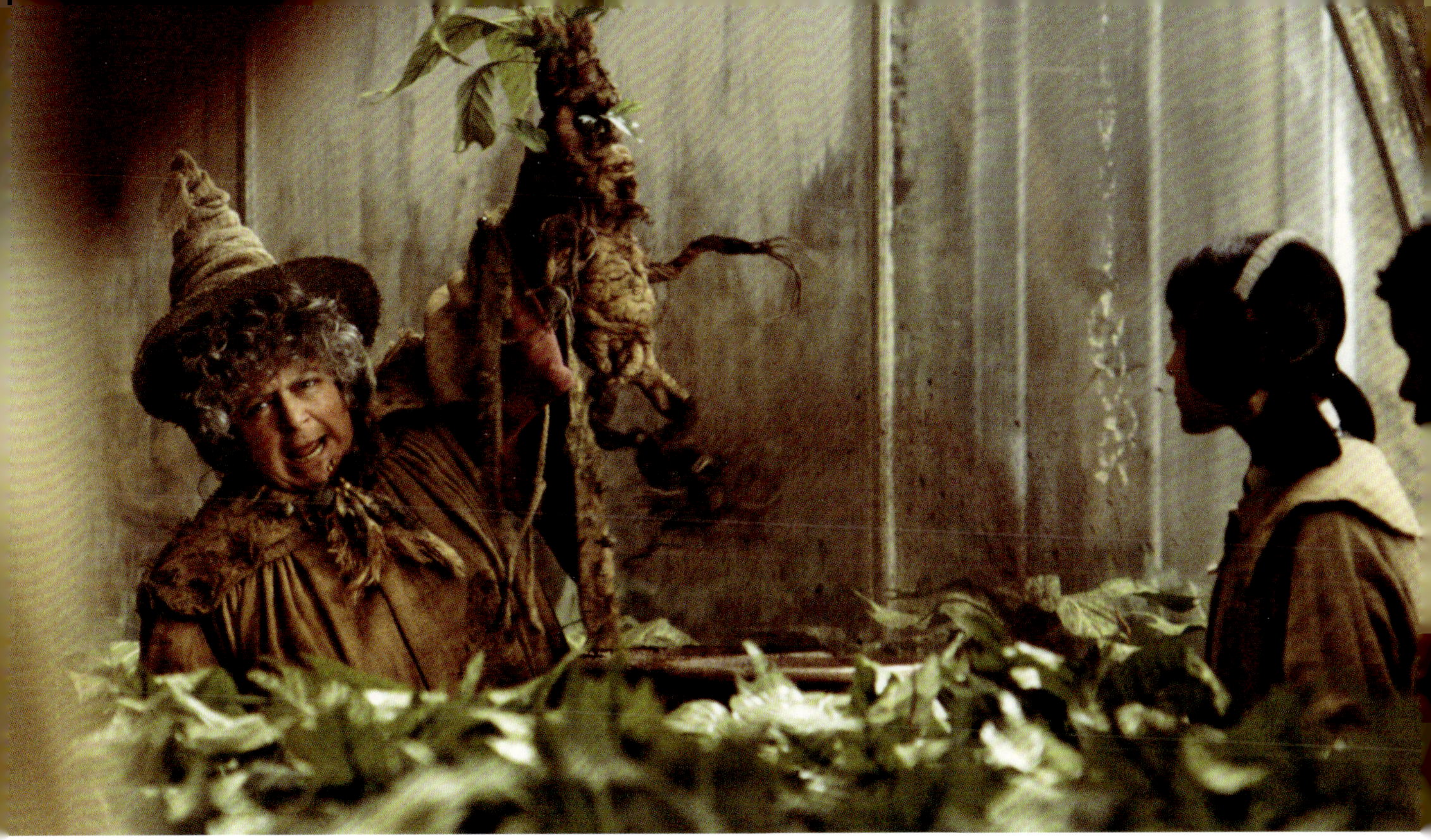

OBEN: Professor Sprout demonstriert in *Harry Potter und die Kammer des Schreckens* in einer Kräuterkundestunde, wie man eine Mandragora umtopft.

LINKER ARM
(2 TEILE ARB)

SEGMENT 1

In A 2 Lm anschl.

R 1: 1 fM in die 2. Lm von der Nd aus, 1 Lm, wenden (= 1 fM).

R 2: 1 fM zun, 1 Lm, wenden (= 2 fM).

R 3: 2 fM zus abm, nochmals 1 fM in die 2. M, 1 Lm, wenden (= 2 fM).

R 4: 2 fM, 1 Lm, wenden (= 2 fM).

R 5: 2 fM zus abm, nochmals 1 fM in die 2. fM.

Arbeit beenden. Teil zur Seite legen.

SEGMENT 2

In A 3 Lm anschl.

R 1: In die 2. Lm von der Nd aus und in die letzte Lm je 1 fM, 1 Lm, wenden (= 2 fM).

R 2: 1 fM, 2 fM zus abm, dabei für die erste der 2 fM nochmals in die 1. M einstechen, 1 Lm, wenden.

R 3: 2 fM zus abm, nochmals 1 fM in die 2. M, 1 Lm, wenden.

R 4-5: R 2 und 3 wdh.

R 6: 2 fM zus abm, nochmals 1 fM in die 2. M, 1 Lm, wenden.

R 7-9: R 2 und 3 wdh, enden mit R 2.

Segment 2 links neben Segment 1 positionieren, beide Teile mit dem Faden an der rechten Seite. In R 10 über Segment 1 und 2 häkeln, um sie zu verbinden:

R 10: 2 fM in Segment 1, 2 fM in Segment 2, 1 Lm, wenden (= 4 fM über die 2 Segmente)

R 11: 2 fM zus abm, 2 fM, 1 Lm, wenden (= 3 fM).

R 12: 1 fM zun, 2 fM zus abm, 1 Lm, wenden.

R 13: 2 fM, 1 fM zun, 1 Lm, wenden (= 4 fM).

R 14: 1 fM zun, 1 fM, 2 fM zus abm, 1 Lm, wenden.

R 15: 3 fM, 1 fM zun, 1 Lm, wenden (= 5 fM).

R 16: 1 fM zun, 4 fM, 1 Lm, wenden (= 6 fM).

R 17: 2 fM zus abm, 4 fM, 1 Lm, wenden (= 5 fM).

R 18: 1 fM zun, 4 fM, 1 Lm, wenden (= 6 fM).

Arbeit beenden.

RECHTER ARM
(2X)

In A 2 Lm anschl.

R 1: 1 fM in die 2. Lm von der Nd aus, 1 Lm, wenden (= 1 fM).

R 2: 1 fM zun, 1 Lm, wenden (= 2 fM).

R 3: 1 fM zun, 1 fM, 1 Lm, wenden (= 3 fM).

R 4: 2 fM zus abm, 1 fM zun, 1 Lm, wenden.

R 5: fM häkeln, 1 Lm, wenden.

R 6: 2 fM zus abm, 1 fM zun, 1 Lm, wenden.

R 7: fM häkeln, 1 Lm, wenden.

R 8: 1 fM zun, 2 fM, 1 Lm, wenden (= 4 fM).
R 9: 1 fM zun, 3 fM, 1 Lm, wenden (= 5 fM).
R 10: fM häkeln, 1 Lm, wenden.
R 11: 1 fM zun, 2 fM, 2 fM zus abm, 1 Lm, wenden.
R 12: 2x 2 fM zus abm, 1 fM, 1 Lm (= 3 fM).
Arbeit beenden. Teil zur Seite legen.

BAUCH (2X)

In A 8 Lm anschl.
R 1: 1 fM in die 2. Lm von der Nd aus und in jede folgende Lm, 1 Lm, wenden (= 7 fM).
R 2: 2x 1 fM zun, 3 fM, 2x 1 fM zun, 1 Lm, wenden (= 11 fM).
R 3: 1 fM zun, 9 fM, 1 fM zun, 1 Lm, wenden (= 13 fM).
R 4: 1 fM zun, 11 fM, 1 fM zun, 1 Lm, wenden (= 15 fM).
R 5: 1 fM zun, 13 fM, 1 fM zun, 1 Lm, wenden (= 17 fM).
R 6: 1 fM zun, 15 fM, 1 fM zun, 1 Lm, wenden (= 19 fM).
R 7: fM häkeln, 1 Lm, wenden.
R 8: 1 fM zun, 17 fM, 1 fM zun, 1 Lm, wenden (= 21 fM).
R 9-10: fM häkeln, 1 Lm, wenden.
R 11: 2 fM zus abm, 17 fM, 2 fM zus abm, 1 Lm, wenden (= 19 fM).
R 12: fM häkeln.
Arbeit beenden.

KÖRPER (2X)

Die Körperteile wie folgt anordnen: Rechter Arm mit der gebogenen äußeren Seite links außen, Bauch, dann linker Arm mit Segment 1 rechts und Segment 2 links. Weiterhäkeln und in der nächsten R alle Teile verbinden:
R 1: Über den linken Arm 2 fM zus abm, 3 fM, 1 fM zun, über den Bauch 19 fM, über den rechten Arm 1 fM zun, 2 fM zus abm, 1 Lm, wenden (= 28 fM über rechten Arm, Bauch und linken Arm).
R 2: 26 fM, 2 fM zus abm, 1 Lm, wenden (= 27 fM).
R 3: 2 fM zus abm, 23 fM, 2 fM zus abm, 1 Lm, wenden (= 25 fM).
R 4: 21 fM, 2x 2 fM zus abm, 1 Lm, wenden (= 23 fM).
R 5: 2 fM zus abm, 19 fM, 2 fM zus abm, 1 Lm, wenden (= 21 fM).
R 6: 2 fM zus abm, 17 fM, 2 fM zus abm, 1 Lm, wenden (= 19 fM).
R 7: 2 fM zus abm, 15 fM, 2 fM zus abm, 1 Lm, wenden (= 17 fM).
R 8: 2x 2 fM zus abm, 11 fM, 2 fM zus abm, 1 Lm, wenden (= 14 fM).
R 9: 2x 2 fM zus abm, 6 fM, 2x 2 fM zus abm, 1 Lm, wenden (= 10 fM).
R 10: 1 fM zun, 8 fM, 1 fM zun, 1 Lm, wenden (= 12 fM).
R 11: fM häkeln, 1 Lm, wenden.
R 12: 1 fM zun, 10 fM, 1 fM zun, 1 Lm, wenden (= 14 fM).
R 13: fM häkeln, 1 Lm, wenden.
R 14: 2 fM zus abm, 10 fM, 2 fM zus abm, 1 Lm, wenden (= 12 fM).
R 15: 2 fM zus abm, 8 fM, 2 fM zus abm, 1 Lm, wenden (= 10 fM).
R 16: 2 fM zus abm, 6 fM, 2 fM zus abm, 1 Lm, wenden (= 8 fM).
R 17-18: fM häkeln, 1 Lm, wenden.
R 19: 2 fM zus abm, 4 fM, 2 fM zus abm, 1 Lm, wenden (= 6 fM).
R 20: 2x 3 fM zus abm, 1 Lm, wenden (= 2 fM).
R 21: fM häkeln, 1 Lm, wenden.
R 22: 2x 1 fM zun, 1 Lm, wenden (= 4 fM).
Den ersten Kopfast beginnen:
R 23: 1 fM zun, restliche M unbehäkelt lassen, 1 Lm, wenden (= 2 fM).
R 24: fM häkeln, 1 Lm, wenden.
R 25: 1 fM, restliche M unbehäkelt lassen, 1 Lm, wenden (= 1 fM).
R 26: 1 fM zun, 1 Lm, wenden (= 2 fM).
R 27: 1 fM, restliche M unbehäkelt lassen, 1 Lm, wenden (= 1 fM).
R 28-29: fM häkeln, 1 Lm, wenden.
Arbeit beenden.
Teil wenden, sodass der erste Kopfast links liegt. In die unbehäkelte M in R 22 einstechen und R 23-29 für den zweiten Kopfast wdh.
Arbeit beenden.

BLATT (1X IN B, JE 2X IN C UND D)

Rd 1: 5 Lm anschl, 1 Km in die 2. Lm von der Nd aus, 2 fM in die nächsten 2 Lm, 6 hStb in die letzte Lm, in die Unterseite der Lm-Kette 2 fM, 1 Km, 1 Lm, Rd mit 1 Km in die 1. Km schließen (= 13 M).
Arbeit beenden. Fäden vernähen.

ZUSAMMEN-SETZEN

GESICHT

Mit schwarzem Häkelgarn 2 querliegende V zwischen R 13 und 15 auf ein Körperteil sticken.
Für den Mund mit schwarzem Häkelgarn mehrere Spannstiche über 3 M in R 11 und 12 sticken.
Für die Augenbrauen in A quer über den Augen eine leicht V-förmige R Km aufhäkeln. Arbeit beenden.

KÖRPER UND BEINE

2 Fäden von 30,5 cm in A abschneiden und zunächst zur Seite legen.
Die 2 Körperteile genau aufeinander legen; die Vorderseite sollte oben liegen.
Links oben am Kopf neben den Kopfästen beginnen und die Teile am Rand mit fM zus-häkeln, dabei stets durch beide Teile einstechen. Bis zum unteren Ende des rechten Arms arb, dann wie folgt weiterarb:
R 1: 9 Lm, 1 Km in die 2. M von der Nd aus und in jede weitere Lm (= 8 Km), 1 Km unten in den Arm.

R 2: 10 Lm, 1 Km in die 2. M von der Nd aus und in jede weitere Lm (= 9 Km), 1 Km unten in den Arm.

R 3: 7 Lm, 1 Km in die 2. M von der Nd aus und in jede weitere Lm (= 6 Km), 1 Km unten in den Arm.

Die Teile um den Arm weiter zus-häkeln. Arm ausstopfen.

Das rechte Bein zwischen die 2 Körperteile schieben. Mit einem der 2 zur Seite gelegten Fäden A das Bein zwischen den Körperteilen festnähen, dafür durch alle 3 Teile (vorderes Körperteil, Bein und hinteres Körperteil) stechen. Garnende nach innen ziehen.

Körperteile weiter zus-häkeln. Über das Bein hinweg nur in den Rand des vorderen Körperteils einstechen, da dieser Bereich bereits zusammengenäht ist. Teile weiter bis zur unteren Mitte des Bauchs zus-häkeln. Das linke Bein ebenso wie das rechte Bein zwischen die Körperteile schieben und mit dem zweiten der zur Seite gelegten Fäden A festnähen.

Körperteile weiter zus-häkeln bis zum unteren Ende des ersten Asts des linken Arms, dann wie folgt weiterarb:

R 1: 12 Lm, je 1 Km in die 2. M von der Nd aus und in 6 weitere Lm (Hauptwurzel), 9 Lm, je 1 Km in die 2. M von der Nd aus und die 7 weiteren Lm, je 1 Km in die letzten 4 Lm der Hauptwurzel (= 19 Km), 1 Km unten in den ersten Ast.

R 2: 8 Lm, 1 Km in die 2. M von der Nd aus und in jede weitere Lm (= 7 Km), 1 Km unten in den ersten Ast.

Körperteile entlang der anderen Seite des ersten Asts und bis zum unteren Ende des zweiten Asts weiter zus-häkeln. Ersten Ast ausstopfen.

Am unteren Ende des zweiten Asts wie folgt weiterarb:

R 1: 7 Lm, 1 Km in die 2. M von der Nd aus und in jede weitere Lm (= 6 Km), 1 Km unten in den zweiten Ast.

R 2: 9 Lm, 1 Km in die 2. M von der Nd aus und in jede weitere Lm (= 8 Km), 1 Km unten in den zweiten Ast.

Körperteile entlang der anderen Seite des zweiten Asts und des Arms weiter zus-häkeln. Zweiten Ast und Arm ausstopfen.

Über Körper und Kopf und um die Kopfäste weiterhäkeln, dabei das Teil weiter fest ausstopfen. Wenn Sie mit dem Ausstopfen zufrieden sind, die Rd mit 1 Km in die 1. M schließen. Arbeit beenden. Garnende mit der Woll-Nd ins Innere des Körpers ziehen.

FERTIGSTELLEN

Blätter an die Kopfäste nähen. Fadenenden vernähen.

Mit einem Faden A an verschiedenen Stellen des Bauchs und der Beine Vertiefungen anbringen wie folgt:

Mit der Wollnadel durch eine M der Vorderseite und der Rückseite stechen und Faden A durchziehen, dabei auf der Vorderseite ein langes Fadenende hängen lassen. Dieses Fadenende auf der Vorderseite des Amigurumi durch die benachbarte M und auf der Rückseite durch die gleiche M wie vorher ziehen. Fadenenden auf der Rückseite fest anziehen, um eine Vertiefung zu erzeugen, und verknoten. Knoten nach innen ziehen. Für die gewünschte Anzahl Vertiefungen wdh. Fadenenden nach innen ziehen.

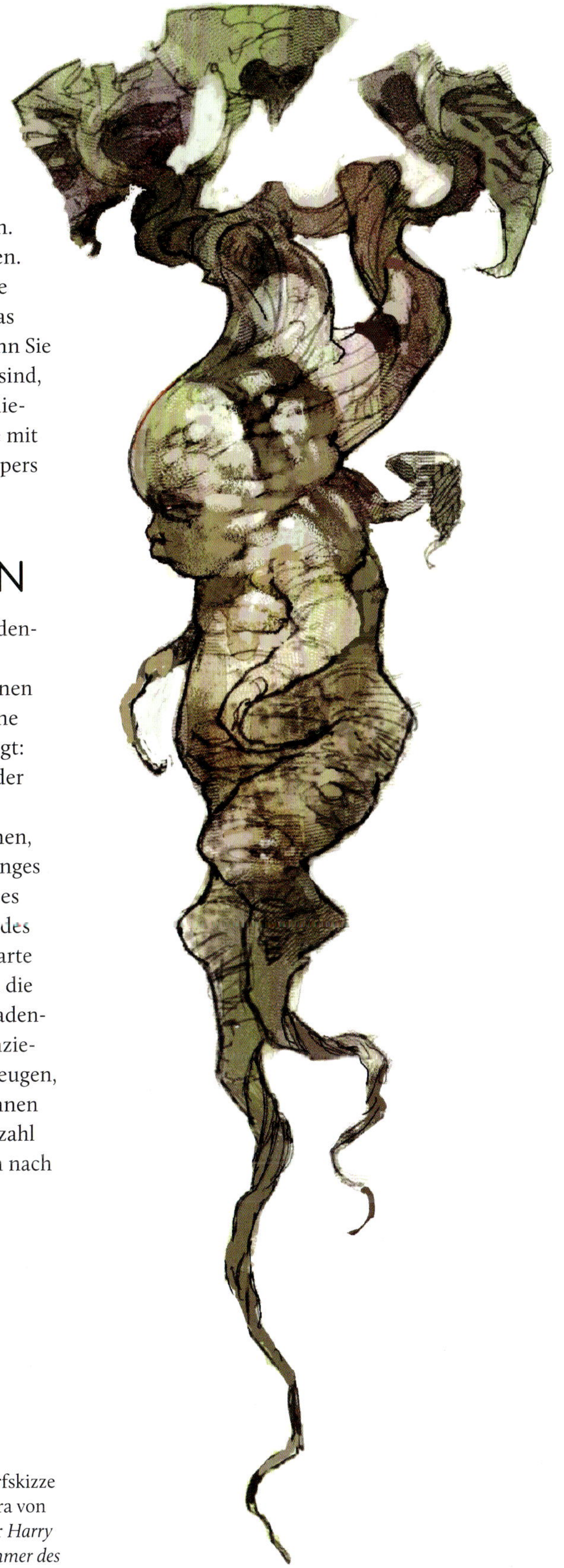

RECHTS: Entwurfskizze für die Mandragora von Dermot Power für *Harry Potter und die Kammer des Schreckens*

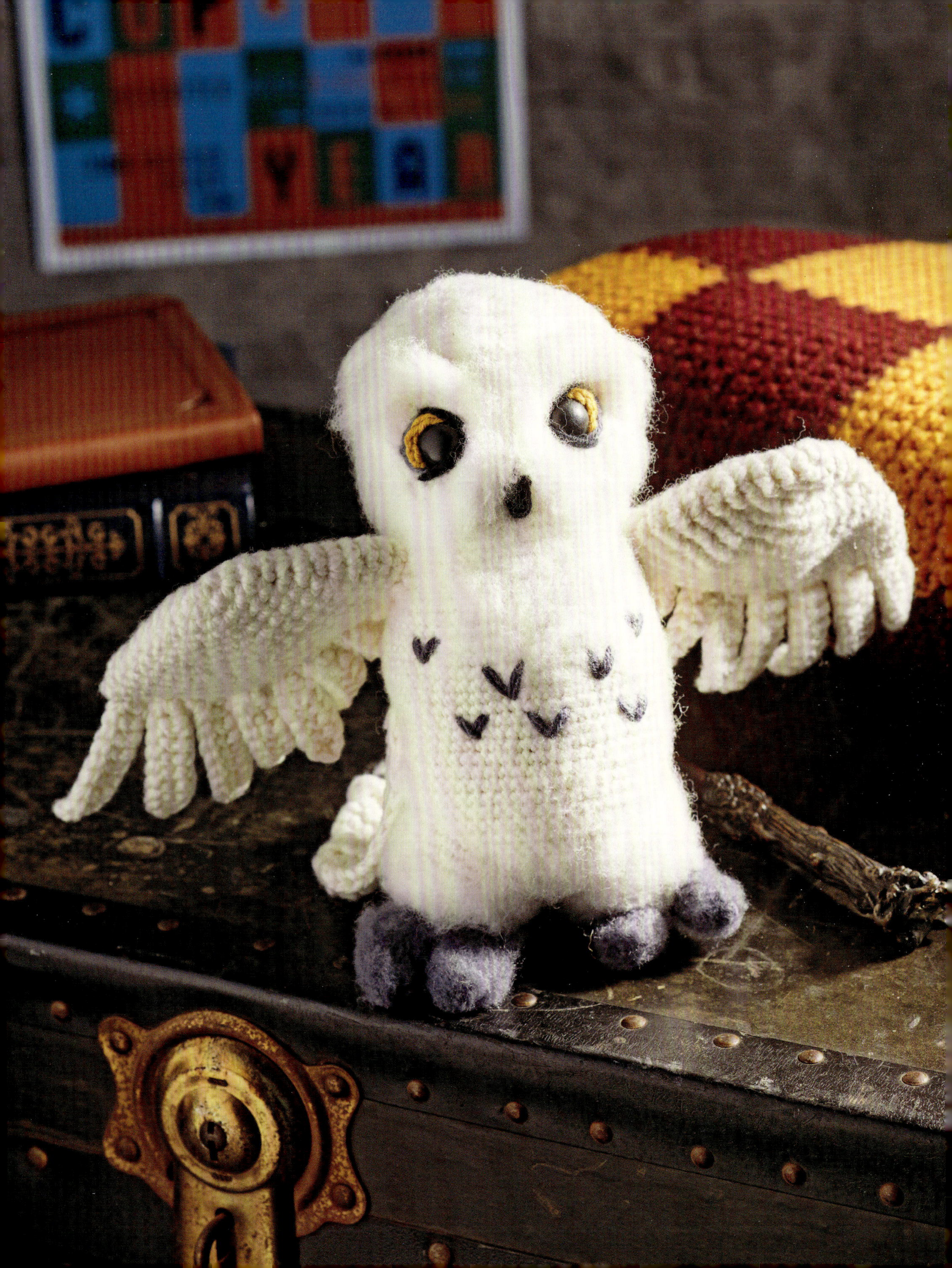

Hedwig

Design: **EMMA SCANGA**

SCHWIERIGKEITSGRAD ϟϟϟ

Hedwig ist Harry Potters Haustier und Gefährte; Hagrid hat sie in Eeylops Eulenkaufhaus als Geburtstagsgeschenk für Harry gekauft. Ihre schneeweißen Federn und bernsteinfarbenen Augen geben ihr eine sanfte und weise Persönlichkeit. Wenn Hedwig mit Harry in Hogwarts ist, liefert sie Post aus, besucht Harry in seinem Schlafsaal und verbringt auch Zeit mit den anderen Schul-Eulen in Hogwarts Eulerei. Produktions-Designer Stuart Craig ließ sich für die Kulisse der Hogwarts Eulerei von einer Felsformation in Inverness inspirieren. Er gab sich große Mühe sicherzustellen, dass alle verschiedenen Eulen angenehm in dieser Kulisse leben konnten. „Die Eulen sind unterschiedlich groß“ erklärt Craig, „aber wir haben nachgemessen und Sitzstangen designt, die die optimale Form zum Greifen für sie haben“, obwohl in den Filmen die Hälfte der Sitzstangen entweder leer oder mit künstlichen Eulen besetzt sind.

Dieses in Runden gehäkelte Amigurumi ist eine bezaubernde Nachbildung von Harrys geliebter Freundin. Teile ihres Körpers werden ausgebürstet, um sie ein bisschen weich erscheinen zu lassen und die überlappenden Federn nachzuempfinden. Zuletzt werden kleine Details auf Hedwig gestickt, um diesem besonderen Spielzeug den letzten Schliff zu geben.

GRÖSSE

Einheitsgröße

FERTIGE GRÖSSE

Höhe: 23 cm

Flügelspanne: 25,5 cm

GARN

Mittlere Garnstärke (worsted), hier: Sugar Bush Bold (100 % extra fine superwash Merino; 176 m/100 g Knäuel)

Farbe A: Fresh Snow, 2 Knäuel

Farbe B: Rockies, 1 Knäuel

Farbe C: Prairie Gold, 1 Knäuel

Farbe D: Georgian Grey, 1 Knäuel

NADELN

- Häkelnadel 3,25 mm oder passende Größe zum Erreichen der Maschenprobe

ZUBEHÖR

- Stecknadeln
- Wollnadel
- Schwarze Sicherheitsaugen, 15 mm
- Polyesterfüllwatte
- Fellbürste oder Wollbürste

MASCHENPROBE

22 fM und 23 R mit Farbe A = 10 cm x 10 cm

Die Maschenprobe ist bei einem Amigurumi nicht entscheidend; wichtig ist, dass die Maschen eng genug sind, damit die Füllung durch das fertige Projekt nicht durchschimmert.

SPEZIALMASCHEN

Lm-Höcker: Die Lm-Kette umdrehen und in die Höcker, die in der Mitte der Lm-Kette entlanglaufen, einstechen.

HINWEISE

- Einige Teile werden in Rd, andere in R gehäkelt. Bei jedem Teil ist die benutzte Technik angegeben.
- Stecken Sie die Teile zuest mit Stecknadeln zusammen, damit Sie sie vor dem Nähen noch verschieben und die Position korrigieren können.
- Einige Teilen werden 2fädig gearbeitet, benutzen Sie trotzdem für alle Teile die gleiche Nd-Stärke.
- Das Bürsten ist optional, aber das Ergebnis rechtfertigt die Mühe. Fellbürsten erzielen das beste Ergebnis.
- Die abgebildete Hedwig hat Drähte in ihren Flügeln und Füßen, damit man sie aufstellen kann. Legen Sie nach Wunsch Draht ein, bevor Sie Flügel und Füße zusammennähen.

AUGENSCHEIBEN (2X)

Rd 1: In A in einen Fadenring 12 fM häkeln (den Ring nicht völlig zus-ziehen; das Sicherheitsauge muss noch hindurch passen); Rd nicht schließen (= 12 fM).
Rd 2: [1 fM zun] wdh (= 24 fM).
Rd 3: fM häkeln.
Rd 4: [1 hStb, 1 hStb zun] wdh, Rd mit 1 Km in das 1. hStb schließen (= 36 hStb).
Faden zum Annähen lang abschneiden. Mit einer Fellbürste den gesamten Rand der Augenscheibe bürsten. Zur Seite legen.

KÖRPER

Rd 1: In A in einen Fadenring 8 fM häkeln; Rd nicht schließen (= 8 fM).
Rd 2: [1 fM zun] wdh (= 16 fM).
Rd 3: [1 fM, 1 fM zun] wdh (= 24 fM).
Rd 4: [2 fM, 1 fM zun] wdh (= 32 fM).
Rd 5: fM häkeln.
Rd 6: [3 fM, 1 fM zun] wdh (= 40 fM).
Rd 7: fM häkeln.
Rd 8: [4 fM, 1 fM zun] wdh (= 48 fM).
Rd 9-12: fM häkeln.
Rd 13: 18 fM, 1 Lm, 1 M übergehen, 10 fM, 1 Lm, 1 M übergehen, 18 fM.
Rd 14: 18 fM, 1 fM in die Lm, 10 fM, 1 fM in die Lm, 18 fM.
Rd 15-18: fM häkeln.
Rd 19: [14 fM, 2 fM zus abm] wdh (= 45 fM).
Rd 20-22: fM häkeln.
In der Mitte jeder Augenscheibe 1 Sicherheitsauge platzieren, dann die Sicherheitsaugen mit der Augenscheibe in die Lm-Aussparungen von Rd 13 stecken. Sicherheitsaugen mit den beiliegenden Sicherungsscheiben befestigen. Die Fadenenden der Augenscheiben müssen seitlich am Kopf parallel zu Rd 13 liegen. Den Körper weiterhäkeln.
Rd 23: [4 fM, 1 fM zun] wdh (= 54 fM).
Kopf fest ausstopfen.
Rd 24-28: fM häkeln.
Rd 29: [5 fM, 1 fM zun] wdh (= 63 fM).
Rd 30-33: fM häkeln.
Rd 34: [7 fM, 2 fM zus abm] wdh (= 56 fM).
Rd 35-46: fM häkeln.
Rd 47: [2 fM, 2 fM zus abm] wdh (= 42 fM).
Rd 48: fM häkeln.
Rd 49: [1 fM, 2 fM zus abm] wdh (= 28 fM).
Rd 50: [2 fM, 2 fM zus abm] wdh (= 21 fM).
Körper zu Ende ausstopfen.
Rd 51: [1 fM, 2 fM zus abm] wdh (= 14 fM).
Rd 52: [2 fM zus abm] wdh (= 7 fM).
Faden zum Annähen lang abschneiden. Öffnung zus-nähen.

AUGENRAND (2X)

In C 5 Lm anschl. Faden zum Annähen lang abschneiden.

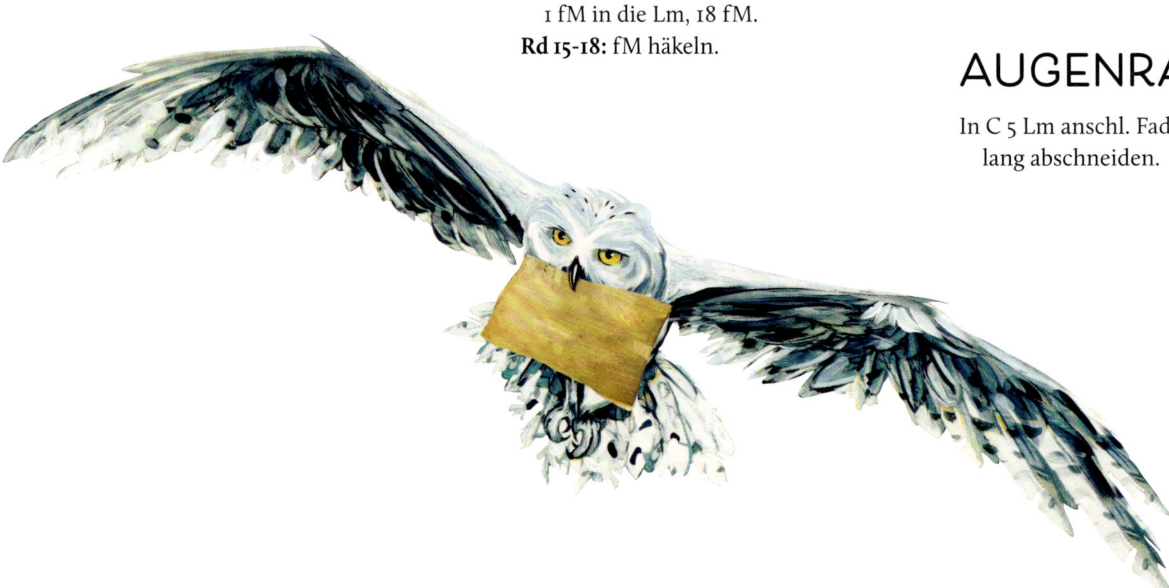

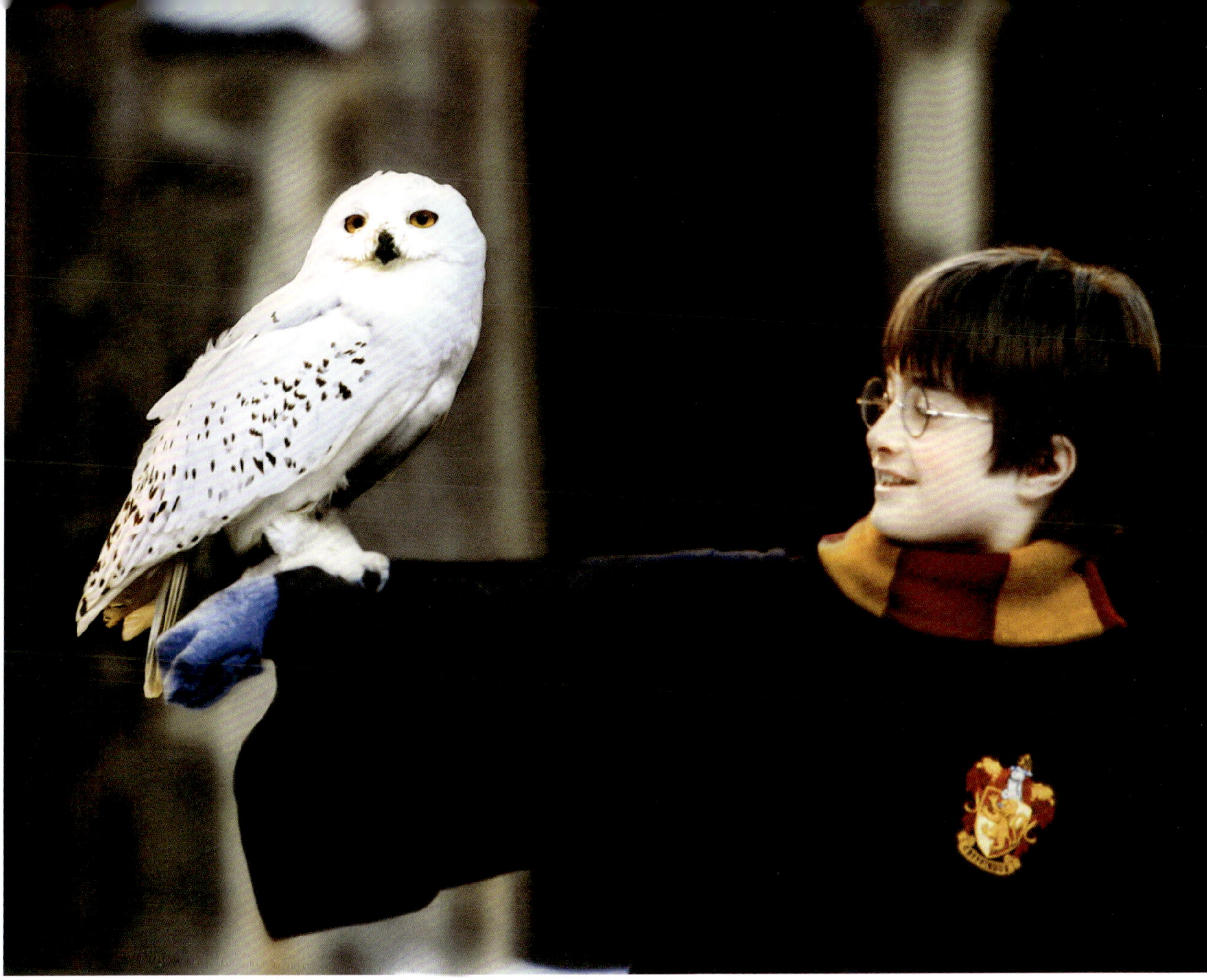

OBEN: Harry Potter und Hedwig in *Harry Potter und der Stein der Weisen*

BEINE (2X)

Rd 1: In A in einen Fadenring 12 fM häkeln; Rd nicht schließen (= 12 fM).
Rd 2: [2 fM, 1 fM zun] wdh (= 16 fM).
Rd 3: [1 fM, 1 fM zun] wdh (= 24 fM).
Rd 4: fM häkeln.
Rd 5: [1 fM, 1 fM zun] wdh (= 36 fM).
Rd 6-8: fM häkeln.
Faden zum Annähen an den Körper lang abschneiden.

FÜSSE (2X)

Rd 1: In D in einen Fadenring 8 fM häkeln; Rd nicht schließen (= 8 fM).
Rd 2-6: fM häkeln.
Rd 7: [1 fM, 1 fM zun] wdh (= 12 fM).
Rd 8: [2 fM, 1 fM zun] wdh (= 16 fM).
Rd 9: [3 fM, 1 fM zun] wdh (= 20 fM).
Rd 10-11: fM häkeln.
Rd 12: 5 fM, 10 fM übergehen, 5 fM (= 10 fM).
Rd 13-17: fM häkeln.
Rd 18: [2 fM zus abm] wdh (= 5 fM).
Faden abschneiden. Zehenspitze zusnähen.

Hinweis: Die Füße auszustopfen ist optional. Stopfen Sie den Fuß hier aus, falls gewünscht.

Für die andere Zehe an den übergangenen 10 fM von Rd 11 neu anschlingen und 10 fM häkeln. Rd 13-17 wdh. Ausstopfen ist optional, aber nicht zwingend notwendig. Arbeit beenden und die Zehenspitze zusammennähen. Fadenende in den Fuß ziehen, dann den ganzen Fuß bürsten.

FLÜGEL 1

Rd 1: Mit 2 Fäden A zusammen in einen Fadenring 6 fM arb; Rd nicht schließen (= 6 fM).
Rd 2: [1 fM zun] wdh (= 12 fM).
Rd 3: [1 fM, 1 fM zun] wdh (= 18 fM).
Rd 4: fM häkeln.
Rd 5: [2 fM, 1 fM zun] wdh (= 24 fM).
Rd 6: [3 fM, 1 fM zun] wdh (= 30 fM).
Rd 7: fM häkeln.
Rd 8: [4 fM, 1 fM zun] wdh (= 36 fM).
Rd 9: [5 fM, 1 fM zun] wdh (= 42 fM).
Rd 10-11: fM häkeln.

Hinweis: Jetzt werden Federn gehäkelt, indem Lm-Ketten angeschlagen und dann in die Lm-Höcker gehäkelt wird; den ersten Höcker nicht übergehen. Dafür muss möglicherweise die letzte

Lm lockerer gearbeitet werden, damit die Häkelnd gut passt.

Rd 12: 4x [1 fM, 9 Lm, wenden, {1 fM, 7 Stb, 1 hStb} in die Lm-Höcker, 1 fM in die nächste M der Rd], 2x [1 fM, 7 Lm, wenden, {1 fM, 5 Stb, 1 hStb} in die Lm-Höcker, 1 fM in die nächste M der Rd], 2x [1 fM, 5 Lm, wenden, {1 fM, 4 hStb} in die Lm-Höcker, 1 fM in die nächste M der Rd], 26 fM in die restlichen M der Rd.

Faden zum Annähen lang abschneiden. Flügel so zur Hälfte falten, dass das Garnende neben der ersten größten Feder liegt. Flach hinlegen und mit dem Garnende die letzten 18 M von Rd 12 an die Federn nähen, dabei am Rand der letzten kleinsten Feder enden. Die restlichen 8 M bleiben zum Annähen an den Körper offen. Flügel nach Wunsch leicht ausstopfen.

FLÜGEL 2

Rd 1-11 von Flügel 1 wdh.

Rd 12: 26 fM, 2x [1 fM, 5 Lm, wenden, {1 fM, 4 hStb} in die Lm-Höcker, 1 fM in die nächste M der Rd], 2x [1 fM, 7 Lm, wenden, {1 fM, 5 Stb, 1 hStb} in die Lm-Höcker, 1 fM in die nächste M der Rd], 4x [1 fM, 9 Lm, wenden, {1 fM, 7 Stb, 1 hStb} in die Lm-Höcker, 1 fM in die nächste M der Rd].

Faden zum Annähen lang abschneiden. Flügel so zur Hälfte falten, dass das Garnende neben der ersten größten Feder liegt. Flach hinlegen und mit dem Garnende die ersten 18 M von Rd 12 an die Federn nähen, dabei am Rand der letzten kleinsten Feder enden. Die restlichen 8 M bleiben zum Annähen an den Körper offen. Flügel nach Wunsch leicht ausstopfen.

SCHWANZ-FEDERN A (2X)

Hinweis: Die Wende-Lm am Ende jeder R wird nicht als M gezählt.

Mit 2 Fäden A zusammen 14 Lm anschl.

R 1: In jeden Lm-Höcker 1 hStb (= 14 hStb).

R 2: 11 hStb, 1 hStb zun, 1 Lm, wenden (die letzten 2 hStb unbehäkelt lassen) (= 13 hStb).

R 3: 12 hStb, 1 hStb zun, 1 Lm, wenden (= 14 hStb).

R 4-7: R 2 und 3 wdh.

Faden zum Annähen an den Körper lang abschneiden.

Die 2 Schwanzfedern gegengleich nebeneinander legen, sodass eine V-Form entsteht und mittig eine R leicht überlappt. Die 2 Teile dort, wo die inneren Federn überlappen, zusstecken. Die langen Garnenden zum Nähen hängen lassen.

SCHWANZ-FEDERN B (2X)

Hinweis: Die Wende-Lm am Ende jeder R wird nicht als M gezählt.

Mit je 1 Faden A und D zus 14 Lm anschl.

R 1: In jeden Lm-Höcker 1 hStb (= 14 hStb).

R 2: 11 hStb, 1 hStb zun, 1 Lm, wenden (die letzten 2 hStb unbehäkelt lassen) (= 13 hStb).

R 3: 12 hStb, 1 hStb zun, 1 Lm, wenden (= 14 hStb).

R 4-5: R 2 und 3 wdh.

Faden zum Annähen an den Körper lang abschneiden.

ZUSAMMEN-SETZEN

BEINE

Die Garnenden der Beine an der letzten Rd des Körpers anlegen. Beine dort feststecken. Der gegenüberliegende äußere Rand der Beine wird etwa 9 Rd höher am Körper liegen. Dadurch wird vorn und hinten am Körper eine V-Form gebildet. Beine an den unteren Körper nähen, dabei vor dem Schließen der Naht ausstopfen.

KÖRPER BÜRSTEN

Den Kopf (Augenscheiben hochklappen, um die Sicherheitsaugen vor Kratzern zu schützen), die Brust und den unteren Teil der Eule (beide Beine und den unteren Bauch, wo die Beine angenäht sind) kräftig bürsten. Diese Teile sollten so flauschig wie möglich werden. Auch die Bereiche um und hinter den Augenscheiben bürsten.

FÜSSE

Füße mit den 2 Zehen nach vorn direkt unter den Beinen platzieren, sodass die Eule frei stehen kann. Mit Stecknadeln fixieren. Füße mit Garn D oder A an die Beine nähen.

Hinweis: Es wird dringend empfohlen, vor dem weiteren Zusammensetzen die Flügel und Schwanzfedern zu spannen, damit sich die Federn nicht zu sehr kräuseln.

FLÜGEL

Mit den Garnenden vom Zus-nähen der Flügel die noch offenen 8 M zwischen Rd 20 und Rd 23 an den Körper nähen.

AUGENSCHEIBEN

Scheiben mit den Garnenden von Rd 13 über 10 M von der Seite des Kopfs bis unter den Augen annähen. Nur diesen äußeren Teil der Augenscheibe annähen und entlang Rd 3 nähen. Innere Ränder der Augenscheiben in der Mitte des Gesichts zus-drücken. Die Scheiben mit 3-4 Stichen zus-nähen, um den Nasenrücken zu bilden. Mit dem restlichen Garn den obersten Punkt der Scheibe über dem Auge punktuell befestigen. Fadenenden nach innen ziehen.

AUGENRAND

Augenrand am äußeren Rand des Auges anlegen. Mit dem Garnrest jeden 2. Lm-Höcker an den Rand des Auges nähen. Ebenso für das 2. Auge.

SCHWANZFEDERN

Schwanzfedern B gegengleich nebeneinander legen. Federn etwa 3-4 R über dem oberen Rand der Beinnähte an den Rücken nähen. Federn auf halber Höhe punktuell so zus-nähen, dass eine R leicht überlappt. Schwanzfedern A ca. 3-4 R über Schwanzfedern B annähen.

SCHNABEL

Mit B ein schmales Dreieck sticken, das unterhalb und zwischen den Augen beginnt und über 4 Rd nach unten geht. Die untere Spitze des Schnabels sollte etwa auf Höhe der unteren Kanten der Augenscheiben liegen.

EXTRA DETAILS

Weitere Federn in D auf die Brust und in B auf die Flügel sticken. Über die Nähte der Beine und im Gesicht nachbürsten. Für weitere Akzente die Augen in B und D umsticken.

„ICH KANN DICH NICHT RAUSLASSEN, HEDWIG! DU WEISST, ICH DARF AUSSERHALB DER SCHULE NICHT ZAUBERN."

Harry Potter in *Harry Potter und die Kammer des Schreckens*

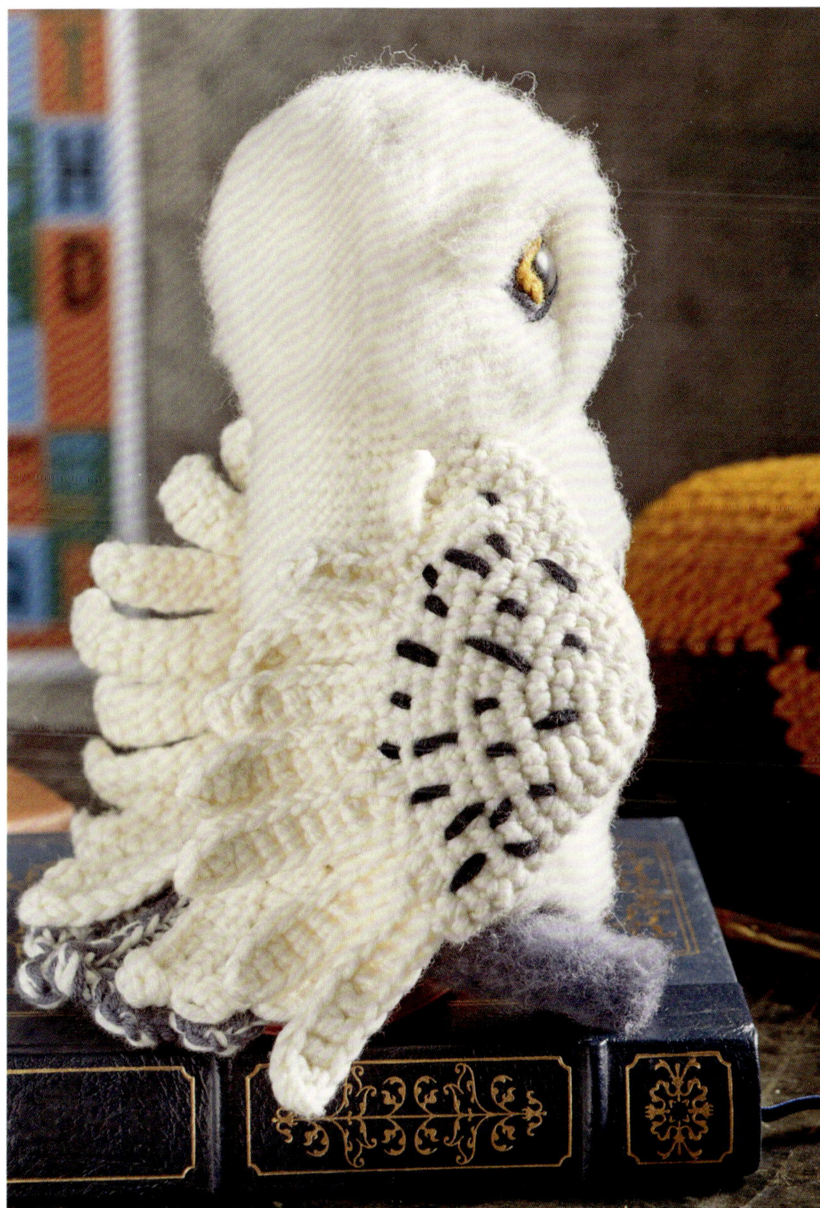

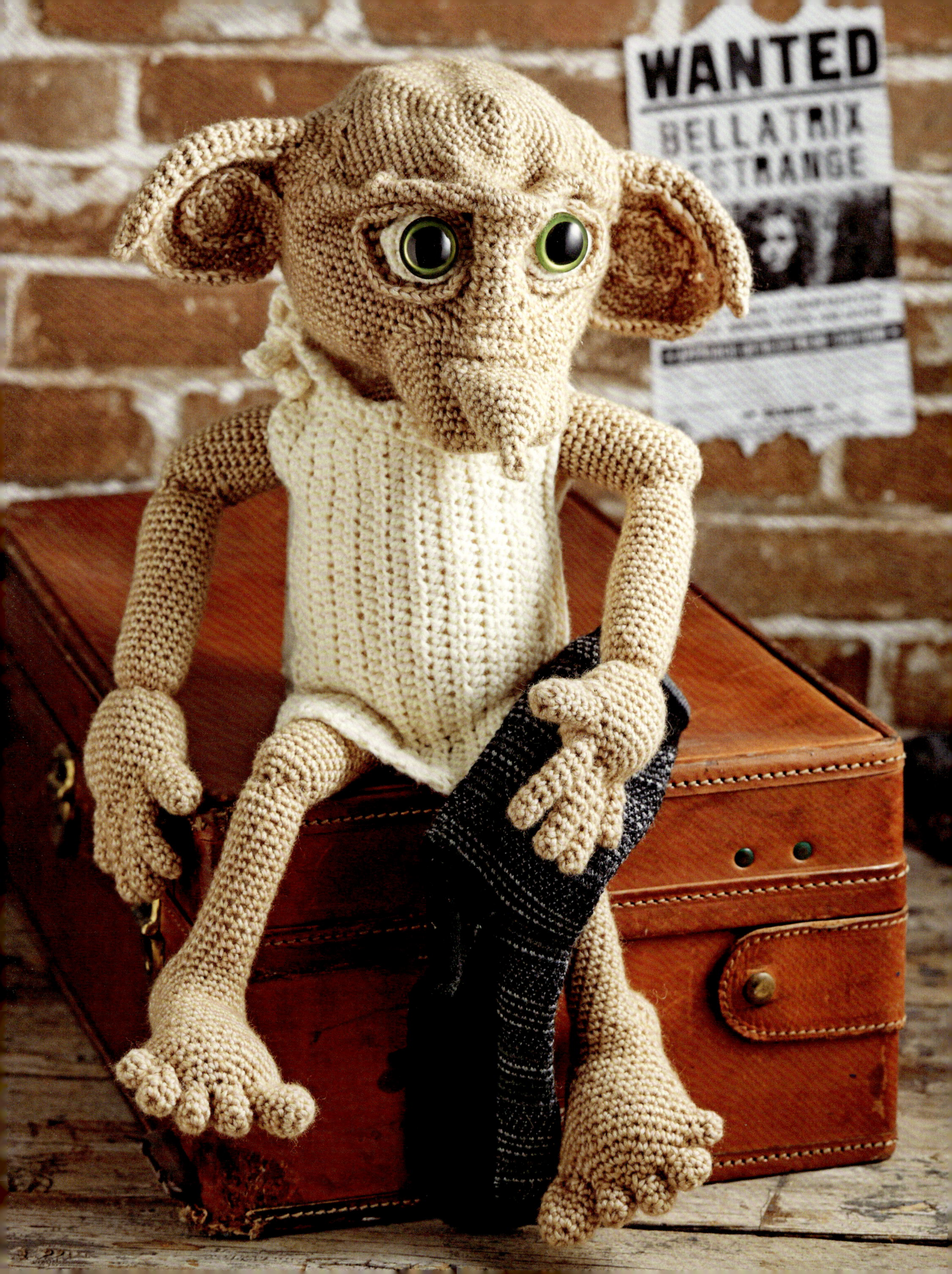
WANTED
BELLATRIX
ESTRANGE

Dobby

Design: **LEE SARTORI**

SCHWIERIGKEITSGRAD ⚡⚡

Dobby ist ein Hauself, der den Malfoys, einer schwarzen Zauberer-Familie, dient. Er handelt gegen den Willen seiner Meister, indem er Harry Potter in *Harry Potter und die Kammer des Schreckens* findet, warnt und sich mit ihm anfreundet. Er wird in den Filmen ein loyaler und vertrauenswürdiger Verbündeter von Harry. Dobbys Versklavung durch die Malfoys endet abrupt, als Lucius Malfoy ihm aus Versehen eine Socke gibt, was ihn nach den Gesetzen der Zauberer frei lässt. Nach seiner Freilassung führt Dobby ein glückliches Leben und hilft seinen Freunden, wo er nur kann.

In den Filmen wurde Dobby digital zum Leben erweckt, er wurde jedoch auch von einem Schauspieler dargestellt, um das Computer Graphics-Modell in die gespielten Szenen zu integrieren. „Die Leute mussten eine Beziehung zu Dobby aufbauen, damit sie mit ihm mitfühlen konnten, wenn er stirbt", sagt der Verantwortliche für visuelle Effekte Tim Burke. „Wenn Dobby nicht so aussehen würde, als hätte er eine Seele, hätten wir am Ende der Filme die Trauer verloren. Toby Jones hat uns eine brillante Vorlage geliefert und die ausgezeichneten Animatoren von Framestore haben den hochemotionalen Moment wunderbar umgesetzt."

Unser Dobby ist in vielen Einzelteilen gearbeitet, die dann zusammengesetzt werden. Jedes Teil wird in Spiralrunden in einfachen Formen gearbeitet, um Dobbys Besonderheiten zu betonen. Dobby wird von einem einfachen Lumpenhemd umhüllt und strahlend grüne Kunstaugen machen ihn lebendig.

GRÖSSE

Einheitsgröße

FERTIGE GRÖSSE

Höhe: 53,5 cm

GARN

Mittlere Garnstärke (DK weight), hier: Berroco Arno (57 % Baumwolle, 43 % Merinowolle; 145 m/50 g Knäuel)

Farbe A: 5003 Biscotti, 4 Knäuel

Farbe B: 5002 Cream, 3 Knäuel

NADELN

- Häkelnadel 2,75 mm oder passende Größe zum Erreichen der Maschenprobe

ZUBEHÖR

- Wollnadel
- Maschenmarkierer
- Polyesterfüllwatte
- Grüne Sicherheitsaugen, ø 25 mm
- Pfeifenputzer
- Rundholzstab, ø 6 mm, 15 cm lang

MASCHENPROBE

10 fM und 12 R = 5 cm x 5 cm

Die Maschenprobe ist bei einem Amigurumi nicht entscheidend; wichtig ist, dass die Maschen eng genug sind, damit die Füllung durch das fertige Projekt nicht durchschimmert.

HINWEIS

- Die Teile werden in Spiral-Rd gehäkelt; diese Rd werden nicht geschlossen.

KOPF

In A einen Fadenring legen.
Rd 1: 6 fM in den Ring arb (= 6 fM).
Rd 2: [1 fM zun] wdh (= 12 fM).
Rd 3: [1 fM zun, 1 fM] wdh (= 18 fM).
Rd 4: [1 fM zun, 2 fM] wdh (= 24 fM).
Rd 5: [1 fM zun, 3 fM] wdh (= 30 fM).
Rd 6: [1 fM zun, 4 fM] wdh (= 36 fM).
Rd 7: [1 fM zun, 5 fM] wdh (= 42 fM).
Rd 8: [1 fM zun, 6 fM] wdh (= 48 fM).
Rd 9: [1 fM zun, 7 fM] wdh (= 54 fM).
Rd 10: [1 fM zun, 8 fM] wdh (= 60 fM).
Rd 11: [1 fM zun, 9 fM] wdh (= 66 fM).
Rd 12: [1 fM zun, 10 fM] wdh (= 72 fM).
Rd 13: [1 fM zun, 11 fM] wdh (= 78 fM).
Rd 14: [1 fM zun, 12 fM] wdh (= 84 fM).
Rd 15: [1 fM zun, 13 fM] wdh (= 90 fM).
Rd 16-34: fM häkeln (= 90 fM).
Rd 35: [13 fM, 2 fM zus abm] wdh (= 84 fM).
Rd 36: [12 fM, 2 fM zus abm] wdh (= 78 fM).
Rd 37: [11 fM, 2 fM zus abm] wdh (= 72 fM).
Rd 38: [10 fM, 2 fM zus abm] wdh (= 66 fM).
Rd 39: [9 fM, 2 fM zus abm] wdh (= 60 fM).
Rd 40: [8 fM, 2 fM zus abm] wdh (= 54 fM).
Rd 41: [7 fM, 2 fM zus abm] wdh (= 48 fM).
Rd 42: [6 fM, 2 fM zus abm] wdh (= 42 fM).
Den Pfeifenputzer von innen durch die M von Rd 23 schieben, dabei verteilt etwa 14 M auslassen und dafür das Ende des Pfeifenputzers immer wieder aus den M und wieder hinein ziehen. Enden des Pfeifenputzers verdrehen, um die M zusammenzuschieben und Vertiefungen für die Augen zu erzeugen. Kopf leicht ausstopfen.
Rd 43: [5 fM, 2 fM zus abm] wdh (= 36 fM).
Rd 44: [4 fM, 2 fM zus abm] wdh (= 30 fM).
Rd 45: [3 fM, 2 fM zus abm] wdh (= 24 fM).
Rd 46: [2 fM, 2 fM zus abm] wdh (= 18 fM).
Rd 47: [1 fM, 2 fM zus abm] wdh (= 12 fM).
Rd 48: [2 fM zus abm] wdh (= 6 fM).
Arbeit beenden.

AUGEN (2X)

In B 2 Lm anschl.
Rd 1: 6 fM in die 2. Lm von der Nd aus (= 6 fM).
Rd 2: [1 fM zun] wdh (= 12 fM).
Rd 3: [1 fM zun, 1 fM] wdh (= 18 fM).
Rd 4: [1 fM zun, 2 fM] wdh (= 24 fM).
Rd 5: [2 fM, 2 fM zus abm] wdh (= 18 fM).
Faden zum Annähen lang abschneiden. Sicherheitsauge in die Mitte von Rd 1 stecken.
In A an einer beliebigen M anschlingen.
Rd 6: 1 Lm (zählt nicht als M), 2x [2 Relief-fM von vorn, 5 Relief-hStb von vorn, 2 Relief-fM von vorn].
Rd 7: [1 Relief-hStb von vorn zun] wdh (= 36 Relief-hStb).
Rd 8: hStb häkeln (= 36 hStb).
Arbeit beenden. Fadenenden vernähen. Rd 6-8 nach oben zum Auge hin umfalten.
Augen in den passenden Vertiefungen anbringen, dabei Rd 6-8 der Augen nach oben abstehen lassen. Für die Augenbrauen oberhalb der Augen etwa 10 Rd des Kopfs zusammendrücken und die Falten mit A zus-nähen.

MUND

In A 10 Lm anschl.
Rd 1: 1 fM in die 2. Lm von der Nd aus und in die nächsten 7 Lm, 3 fM in die nächste Lm, Arbeit wenden, 8 fM, 3 fM in die letzte Lm (= 22 fM).
Rd 2: 9 fM, 3 fM in die nächste M, 10 fM, 3 fM in die nächste M, 1 fM (= 26 M).
Rd 3: fM häkeln.
Rd 4: 10 fM, 3 fM in die nächste M, 12 fM, 3 fM in die nächste M, 2 fM (= 30 M).
Rd 5: fM häkeln.
Rd 6: 11 fM, 3 fM in die nächste M, 14 fM, 3 fM in die nächste M, 3 fM (= 34 M).
Rd 7: fM häkeln.
Rd 8: 12 fM, 1 fM zun, 16 fM, 1 fM zun, 4 fM (= 36 M).
Rd 9: [1 hStb zun, 5 hStb] wdh (= 42 hStb).
Faden zum Annähen lang abschneiden. Mund leicht ausstopfen.

NASE

In A 2 Lm anschl.
Rd 1: 3 fM in die 2. Lm von der Nd aus (= 3 fM).
Rd 2: 1 fM zun, 2 fM (= 4 fM).
Rd 3: 1 fM zun, 3 fM (= 5 fM).
Rd 4: 1 fM zun, 4 fM (= 6 fM).
Rd 5: [1 fM zun, 1 fM] wdh (= 9 fM).
Rd 6: [1 fM zun, 2 fM] wdh (= 12 fM).
Rd 7: [1 fM zun, 1 fM] wdh (= 18 fM).
Rd 8-13: fM häkeln.
Rd 14: 6 fM, die übrigen 12 M übergehen (= 6 fM).
Rd 15: fM häkeln (Nasenloch eingearbeitet).
Faden zum Annähen lang abschneiden.
Rd 16: In die übergangenen M von Rd 14 häkeln und 3 M übergehen, 6 fM, 3 M übergehen (= 6 fM).
Rd 17: fM häkeln (Nasenloch eingearbeitet).
Faden zum Annähen lang abschneiden.
R 18: In die übergangenen M von Rd 14 häkeln und an der letzten M eines Nasenlochs anschlingen, in diese M 1 fM arb, je 1 fM in die 3 übergangenen M, 1 fM in die 1. M des gegenüberliegenden Nasenlochs, wenden (= 5 fM).
R 19-32: 1 Lm, fM häkeln, wenden (= 5 fM).
Faden zum Annähen lang abschneiden.
Jedes Nasenloch zus-nähen. Nase leicht ausstopfen.

„HARRY POTTER DARF AUF GAR KEINEN FALL IN DIE HOGWARTS SCHULE FÜR HEXEREI UND ZAUBEREI ZURÜCKKEHREN."

Dobby in *Harry Potter und die Kammer des Schreckens*

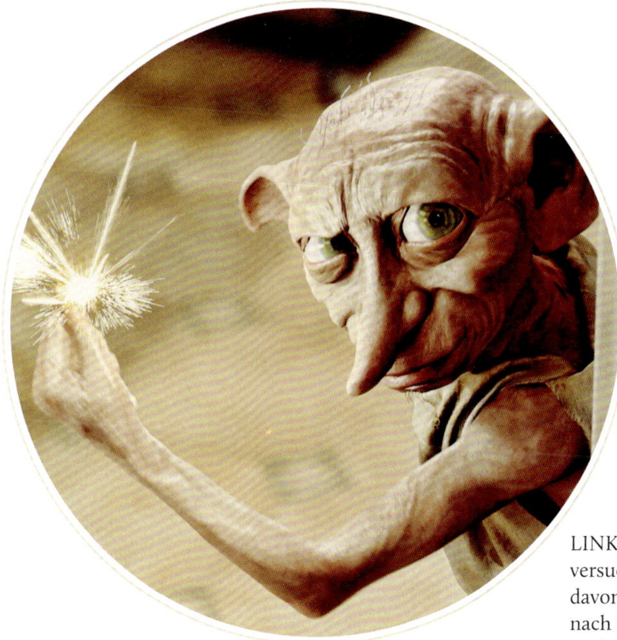

LINKS: Dobby versucht Harry Potter davon abzuhalten, nach Hogwarts zurückzukehren in *Harry Potter und die Kammer des Schreckens*

ÄUSSERES OHR (2X)

In A 2 Lm anschl.

Rd 1: 3 fM in die 2. Lm von der Nd aus (= 3 fM).

Rd 2: 1 fM zun, 2 fM (= 4 fM).

Rd 3: 1 fM zun, 3 fM (= 5 fM).

Rd 4: 1 fM zun, 4 fM (= 6 fM).

Rd 5-21: fM häkeln.

Rd 22: [1 fM zun] wdh (= 12 fM).

Rd 23: [1 fM zun, 1 fM] wdh (= 18 fM).

Rd 24: [1 fM zun, 2 fM] wdh (= 24 fM).

Rd 25: [1 fM zun, 3 fM] wdh (= 30 fM).

Faden zum Annähen lang abschneiden.

INNERES OHR (2X)

In A 2 Lm anschl.

Rd 1: 6 fM in die 2. Lm von der Nd aus (= 6 fM).

Rd 2: [1 fM zun] wdh (= 12 fM).

Rd 3: [1 fM zun, 1 fM] wdh (= 18 fM).

Rd 4: [1 fM zun, 2 fM] wdh (= 24 fM).

Rd 5: [1 fM zun, 3 fM] wdh (= 30 fM).

Rd 6: 1 fM zun, 8 fM, 1 fM zun, 5 fM, 5 hStb, 1 Lm, 5 hStb, 5 fM (= 22 fM, 10 hStb, 1 Lm-Bogen).

Rd 7: 1 fM zun, 10 fM, 1 fM zun, 5 fM, 5 hStb, [1 hStb, 1 Lm, 1 hStb] in den Lm-Bogen, 5 hStb, 5 fM (= 24 fM, 12 hStb, 1 Lm-Bogen).

Rd 8: 1 fM zun, 12 fM, 1 fM zun, 5 fM, 6 hStb, [1 hStb, 1 Lm, 1 hStb] in den Lm-Bogen, 6 hStb, 5 fM (= 26 fM, 14 hStb, 1 Lm-Bogen).

Faden zum Annähen lang abschneiden.

OHR-INNENTEIL (2X)

R 1: In A einen langen Faden hangen lassen und 20 Lm anschl. Arbeit beenden. Ohr-Innenteil U-förmig um Rd 4 des inneren Ohrs legen und annähen.

KÖRPER

In B einen Fadenring legen.

Rd 1: 6 fM in den Ring arb (= 6 fM).

Rd 2: [1 fM zun] wdh (= 12 fM).

Rd 3: [1 fM zun, 1 fM] wdh (= 18 fM).

Rd 4: [1 fM zun, 2 fM] wdh (= 24 fM).

Rd 5: [1 fM zun, 3 fM] wdh (= 30 fM).

Rd 6: [1 fM zun, 4 fM] wdh (= 36 fM).

Rd 7: [1 fM zun, 5 fM] wdh (= 42 fM).

Rd 8: [1 fM zun, 6 fM] wdh (= 48 fM).

Rd 9: [1 fM zun, 7 fM] wdh (= 54 fM).

Rd 10: [1 fM zun, 8 fM] wdh (= 60 fM).

Rd 11-32: fM häkeln.

Zu Farbe A wechseln.

Rd 33-35: fM häkeln.

Rd 36: [8 fM, 2 fM zus abm] wdh (= 54 fM).

Rd 37: [7 fM, 2 fM zus abm] wdh (= 48 fM).

Rd 38: [6 fM, 2 fM zus abm] wdh (= 42 fM).

Rd 39: [5 fM, 2 fM zus abm] wdh (= 36 fM).

Rd 40: [4 fM, 2 fM zus abm] wdh (= 30 fM).

Körper fest ausstopfen.

Rd 41: [3 fM, 2 fM zus abm] wdh (= 24 fM).

Rd 42: [2 fM, 2 fM zus abm] wdh (= 18 fM).

Rd 43-46: fM häkeln.

Faden zum Annähen lang abschneiden. Körper fest ausstopfen. Zum Stabilisieren den Holzstab am Nacken und nach oben in den Kopf einschieben. Etwa 2 Rd des Kopfs in den Körper schieben und den Körper an den Kopf nähen.

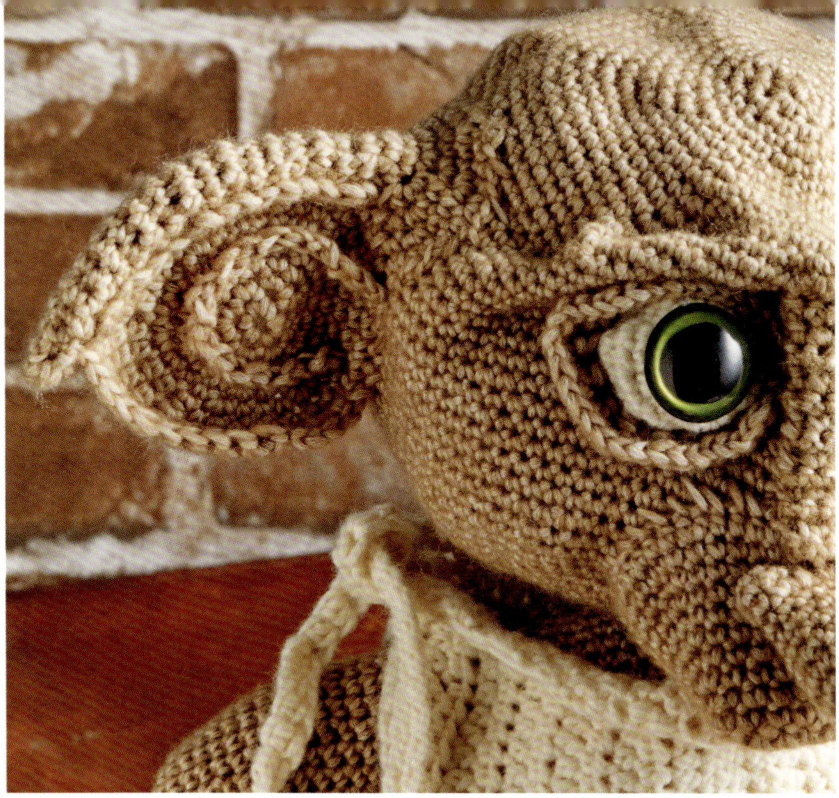

HEMD (2X)

In B 61 Lm anschl.

R 1: 1 hStb in die 2. Lm von der Nd aus und in jede folgende Lm, wenden (= 60 hStb).

R 2: 1 Lm (zählt nicht als M), 40 hStb, die übrigen 20 M unbehäkelt lassen (Bindeband), wenden (= 40 hStb).

R 3-22: 1 Lm, hStb häkeln, wenden.

Faden abschneiden und vernähen.

Nach Fertigstellen des zweiten Teils die Bindebänder am oberen Rand jedes Teils aufeinanderlegen und die Seiten der Teile zus-nähen, dabei jeweils am unteren Rand beginnen. Über die ersten 25 M beide Teile mit Km verbinden, dann 10 Km nur in den hinteren Teil arb (Armausschnitt) und die letzten 5 M beider Teile mit Km verbinden. Arbeit beenden. Bindebänder zur Schleife binden. Hemd mit der Schleife auf der rechten Schulter auf den Körper ziehen.

OBERE ARME UND BEINE (4X)

In A einen Fadenring legen.

Rd 1: 6 fM in den Ring arb (= 6 fM).

Rd 2: [1 fM zun] wdh (= 12 fM).

Rd 3: [1 fM zun, 1 fM] wdh (= 18 fM).

Rd 4-20: fM häkeln.

Faden zum Annähen lang abschneiden. Teile fest ausstopfen.

FÜSSE (2X)

In A einen Fadenring legen.

Rd 1: 6 fM in den Ring arb (= 6 fM).

Rd 2: [1 fM zun] wdh (= 12 fM).

Rd 3: [1 fM zun, 1 fM] wdh (= 18 fM).

Rd 4: [1 fM zun, 2 fM] wdh (= 24 fM).

Rd 5: [1 fM zun, 3 fM] wdh (= 30 fM).

Rd 6: [1 fM zun, 4 fM] wdh (= 36 fM).

Rd 7: fM häkeln.

Rd 8: [2 fM zus abm, 16 fM] wdh (= 34 fM).

Rd 9: [2 fM zus abm, 15 fM] wdh (= 32 fM).

Rd 10: [2 fM zus abm, 14 fM] wdh (= 30 fM).

Rd 11: [2 fM zus abm, 13 fM] wdh (= 28 fM).

Rd 12: [2 fM zus abm, 12 fM] wdh (= 26 fM).

Rd 13: [2 fM zus abm, 11 fM] wdh (= 24 fM).

Rd 14-18: fM häkeln.

Rd 19: 3 fM, 6 Lm, 6 M übergehen, 15 fM (= 18 fM, 6 Lm).

Rd 20: In jede fM und jede Lm 1 fM (= 24 fM).

Rd 21: fM häkeln.

Rd 22: [2 fM, 2 fM zus abm] wdh (= 18 fM).

Rd 23: [1 fM, 2 fM zus abm] wdh (= 12 fM).

Rd 24: [2 fM zus abm] wdh (= 6 fM).

Arbeit beenden. Teil leicht ausstopfen. Restliche M zus-nähen.

UNTERE BEINE (2X)

In A an der ersten übergangenen M von Rd 18 des Fußes anschlingen.

Rd 25: 6 fM in die übergangenen M, 6 fM in die Lm von Rd 19; zur Rd schließen (= 12 fM).

Rd 26-42: fM häkeln.

Faden zum Annähen lang abschneiden. Teil fest ausstopfen.

GROSSE ZEHEN (2X)

In A einen Fadenring legen.

Rd 1: 6 fM in den Ring arb (= 6 fM).

Rd 2: [1 fM zun] wdh (= 12 fM).

Rd 3-6: fM häkeln.

Faden zum Annähen lang abschneiden.

MITTLERE ZEHEN (6x)

In A einen Fadenring legen.
Rd 1: 6 fM in den Ring arb (= 6 fM).
Rd 2: [1 fM zun, 1 fM] wdh (= 9 fM).
Rd 3: fM häkeln.
Faden zum Annähen lang abschneiden.

KLEINE ZEHEN (2x)

In A einen Fadenring legen.
Rd 1: 6 fM in den Ring arb (= 6 fM).
Rd 2: fM häkeln.
Faden zum Annähen lang abschneiden.

HÄNDE UND UNTERE ARME (2X)

In A einen Fadenring legen.
Rd 1: 6 fM in den Ring arb (= 6 fM).
Rd 2: [1 fM zun] wdh (= 12 fM).
Rd 3: [1 fM zun, 1 fM] wdh (= 18 fM).
Rd 4: [1 fM zun, 2 fM] wdh (= 24 fM).
Rd 5: [1 fM zun, 3 fM] wdh (= 30 fM).
Rd 6: fM häkeln.
Rd 7: 2x [2 fM zus abm, 13 fM] (= 28 fM).
Rd 8: fM häkeln.
Rd 9: 2x [2 fM zus abm, 12 fM] (= 26 fM).
Rd 10: fM häkeln.
Rd 11: 2x [2 fM zus abm, 11 fM] (= 24 fM).
Hand leicht ausstopfen.
Rd 12-28: fM häkeln.
Unteren Arm fest ausstopfen.
Faden zum Annähen lang abschneiden.

KLEINE FINGER (2x)

In A einen Fadenring legen.
Rd 1: 6 fM in den Ring arb (= 6 fM).
Rd 2-5: fM häkeln.
Faden zum Annähen lang abschneiden.

MITTLERE FINGER (6x)

In A einen Fadenring legen.
Rd 1: 6 fM in den Ring arb (= 6 fM).
Rd 2-7: fM häkeln.
Faden zum Annähen lang abschneiden.

DAUMEN (2x)

In A einen Fadenring legen.
Rd 1: 6 fM in den Ring arb (= 6 fM).
Rd 2: [1 fM zun, 1 fM] wdh (= 9 fM).
Rd 3-6: fM häkeln.
Faden zum Annähen lang abschneiden.

ZUSAMMENSETZEN

Die äußeren Ohren knapp über den Augenbrauen an die Seiten des Kopfes nähen. Innere Ohren an die äußeren Ohren und die Seiten des Gesichts nähen. Der untere Rand des inneren Ohrs sollte leicht eingefaltet werden. An beiden Seiten des Körpers an der Schulter einen Arm annähen. Beine unten an den Körper nähen. Die untern Beine nach unten abgewinkelt an die oberen Beine nähen. Die großen Zehen oben am inneren Rand an die Füße nähen. Je 3 mittlere Zehen oben mittig an jeden Fuß nähen. Die kleinen Zehen oben am äußeren Rand an die Füße nähen. Den unteren Arm für den Ellbogen im rechten Winkel an den oberen Arm nähen. Einen Faden A von etwa 10,5 cm bei Rd 12 um das Handgelenk wickeln und fest zusammenziehen. Finger und Daumen nebeneinander an den oberen Rand der Hände nähen. Den Mund unten ans Gesicht nähen. Die Nase zwischen den Augen und über dem Mund annähen. Fadenenden nach innen ziehen.

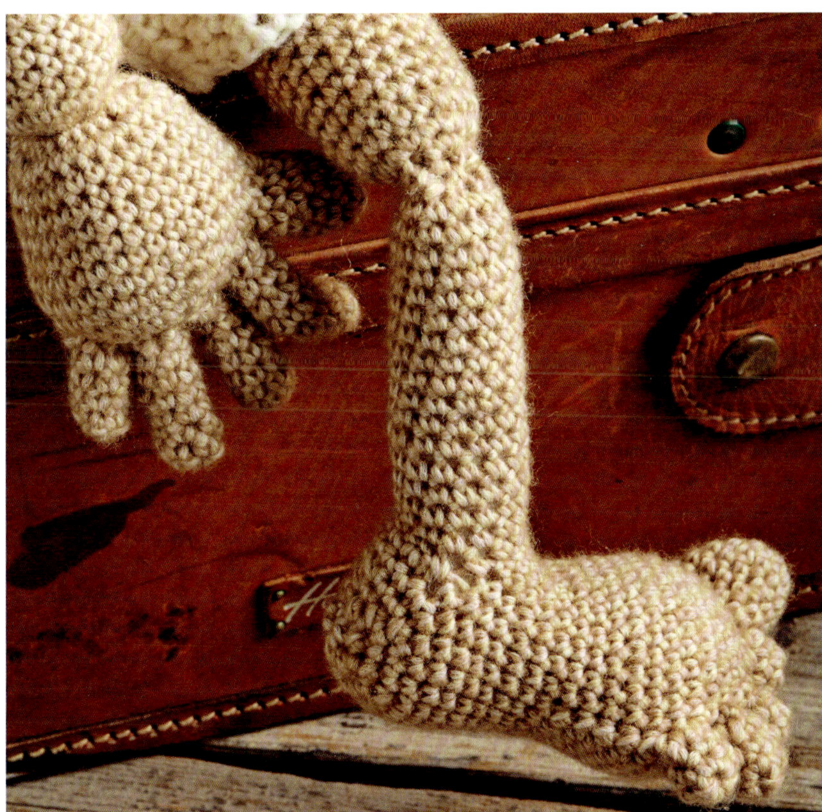

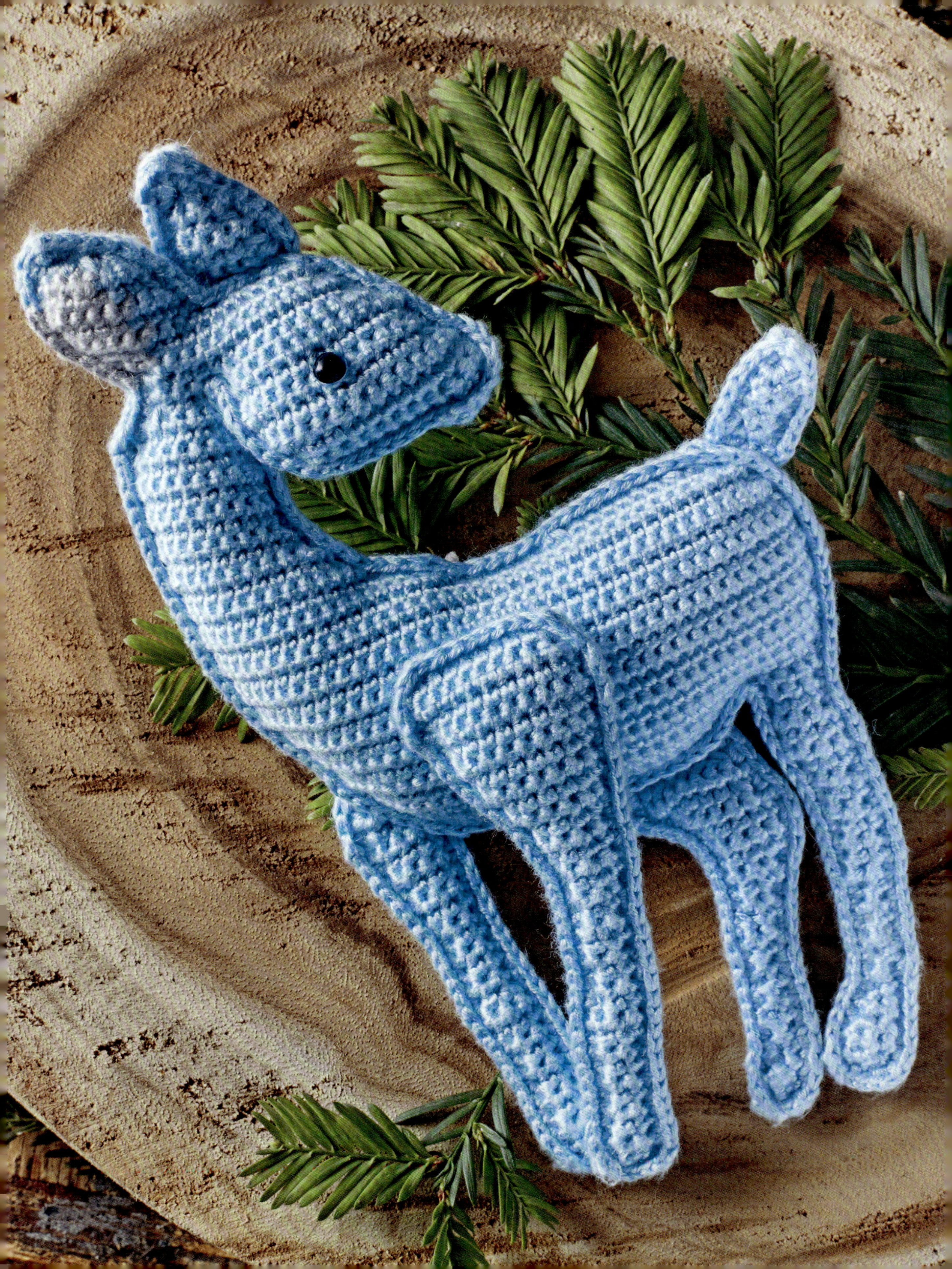

PATRONUS

Design: **JILLIAN HEWITT**

SCHWIERIGKEITSGRAD ⚡⚡

Expecto Patronum ist in der Welt der Zauberer einer der berühmtesten und mächtigsten Verteidigungs-Zaubersprüche und wird üblicherweise zur Abwehr von Dementoren benutzt. Wenn der Zauber gewirkt wird, springt ein Patronus in der Form einer Kreatur oder eines Tieres, zu dem die Hexe oder der Zauberer eine besondere Bindung hat, aus dem benutzten Zauberstab hervor. Harry lernt mit Hilfe von Professor Lupin in *Harry Potter und der Gefangene von Askaban*, wie man einen Patronus herbeizaubert. Später erfährt Harry, dass der Patronus seiner Mutter ein Reh war, ebenso wie der von Professor Snape, der es wegen seiner lebenslangen Liebe zu ihr zaubert. Es ist Snapes Patronus, der Harry in *Harry Potter und die Heiligtümer des Todes – Teil 1* zum Schwert von Gryffindor führt, eine von viele Gelegenheiten, bei denen Snape Harry zu Hilfe kommt, ohne dass der junge Zauberer das weiß.

Dieses Patronus-Reh ist aus einem schimmernden blauen Garn gestaltet, um die ätherische Gestalt der Patronusse in den Harry Potter Filmen einzufangen. Nachdem Sie seine einfachen Formen gehäkelt und zusammengenäht haben, bringen Sie ein Sicherheitsauge an, um diesem eleganten Amigurumi den letzten Schliff zu geben.

GRÖSSE
Einheitsgröße

FERTIGE GRÖSSE
Höhe: 19 cm (ohne Geweih)
Breite: 12,5 cm

GARN
Mittlere Garnstärke (DK weight), hier: Lion Brand Truboo (100 % Rayon aus Bambus; 220 m/100 g Strang)
Farbe A: 105 Light Blue, 1 Strang
Farbe B: 149 Silver, Rest

NADELN
- Häkelnadel 2,25 mm oder passende Größe zum Erreichen der Maschenprobe

ZUBEHÖR
- Schwarzes Sicherheitsauge, 6 mm
- Polyesterfüllwatte
- Maschenmarkierer
- Wollnadel

MASCHENPROBE
9 fM und 9 R = 2,5 cm x 2,5 cm
Die Maschenprobe ist bei einem Amigurumi nicht entscheidend; wichtig ist, dass die Maschen eng genug sind, damit die Füllung durch das fertige Projekt nicht durchschimmert.

HINWEISE

- Das Amigurumi wird in flachen Teilen von unten nach oben gehäkelt.
- Drei der vier Beine werden hergestellt, indem 2 Teile gehäkelt werden, die dann aufeinandergelegt und rundum mit fM zus-gehäkelt werden. Die Beine werden von links nach rechts mit B1 bis B4 bezeichnet. Das vierte Bein und der Körper werden in einem Teil gehäkelt. Für den Körper werden die 2 Teile aufeinandergelegt und rundum mit fM zus-gehäkelt. Das Ohr, der Schwanz und die restlichen Beine werden beim Zusammensetzen mit eingearbeitet. Dann wird das Teil ausgestopft. Das Geweih ist optional und wird am Ende angenäht.
- Beim Arbeiten der Vorderseite der Figur sollten alle Garnenden auf der Rückseite liegen. Beim Arbeiten der Rückseite sollten alle Garnenden auf der Vorderseite liegen, sodass alle Garnenden beim Zusammensetzen auf der Innenseite liegen.
- Die Lm am Ende jeder R wird nicht als M gezählt.
- Für einen Farbwechsel den letzten Stich vor dem Wechsel wie folgt arb: Mit der Häkelnd einstechen, 1 U bilden und eine Schlinge durchziehen, mit der neuen Fb 1 U bilden und durch die Schlingen ziehen. Die erste M in der neuen Fb wie gewohnt häkeln.

ERSTES BEIN (B1)

* In A 4 Lm anschl.

R 1: 1 fM in die 2. Lm von der Nd aus und in jede folgende Lm, 1 Lm, wenden (= 3 fM).

R 2-8: fM häkeln, 1 Lm, wenden.

R 9: 2 fM, 1 fM zun, 1 Lm, wenden (= 4 fM).

R 10: fM häkeln, 1 Lm, wenden.

R 11: 2 fM zus abm, 2 fM, 1 Lm, wenden (= 3 fM).

R 12-16: fM häkeln, 1 Lm, wenden.

R 17: 2 fM, 1 fM zun, 1 Lm, wenden (= 4 fM).

R 18-19: fM häkeln, 1 Lm, wenden.

R 20: 1 fM zun, 3 fM, 1 Lm, wenden (= 5 fM).

R 21: fM häkeln, 1 Lm, wenden.

R 22: 3 fM, 2 fM zus abm, 1 Lm, wenden (= 4 fM).

R 23: 2x 2 fM zus abm, nochmals 1 fM in die letzte M, 1 Lm, wenden (= 3 fM).

R 24: 1 fM zun, 2 fM zus abm, 1 Lm, wenden.

R 25: 3 fM zus abm (= 1 fM).

Arbeit beenden.

Für das 2. B1-Teil von * bis R 25 wdh. Beide Teile genau aufeinander legen, dabei sicherstellen, dass beide Anfangsfäden links liegen. Am oberen linken Rand beginnend durch beide Teile einstechen. Bis zum unteren Rand (Huf) beide Teile mit fM zus-häkeln, dann in beide Ecken wie folgt häkeln:

Ecke: [1 fM, 1 Lm, 1 fM] in 1 M arb.

Weiter die gegenüberliegende Seite und den oberen Rand zus-häkeln, dabei das Teil nach je 3-4 M ausstopfen. Zuletzt noch nachstopfen. Rd mit 1 Km in die 1. fM schließen. Arbeit beenden. Teil zur Seite legen.

ZWEITES BEIN (B2)

* In A 4 Lm anschl.

R 1: 1 fM in die 2. Lm von der Nd aus und in jede folgende Lm, 1 Lm, wenden (= 3 fM).

R 2-8: fM häkeln, 1 Lm, wenden.

R 9: 1 fM zun, 2 fM, 1 Lm, wenden (= 4 fM).

R 10: fM häkeln, 1 Lm, wenden.

R 11: 2 fM, 2 fM zus abm, 1 Lm, wenden (= 3 fM).

R 12-14: fM häkeln, 1 Lm, wenden.

R 15: 1 fM zun, 2 fM, 1 Lm, wenden (= 4 fM).

R 16: 2 fM zus abm, 2 fM, 1 Lm, wenden (= 3 fM).

R 17: fM häkeln, 1 Lm, wenden.

R 18: 2 fM, 1 fM zun, 1 Lm, wenden (= 4 fM).

R 19-20: fM häkeln, 1 Lm, wenden.

R 21: 3 fM, 1 fM zun, 1 Lm, wenden (= 5 fM).

R 22-23: fM häkeln, 1 Lm, wenden.

R 24: 1 fM zun, 3 fM, 1 Lm, 1 fM zun, wenden (= 7 fM).

R 25: fM häkeln, 1 Lm, wenden.

R 26: 1 fM zun, 6 fM, 1 Lm, wenden (= 8 fM).

R 27: 7 fM, 1 fM zun, 1 Lm, wenden (= 9 fM).

R 28: 8 fM, 1 fM zun, 1 Lm, wenden (= 10 fM).

R 29-30: fM häkeln, 1 Lm, wenden.

R 31: 9 fM, 1 fM zun, 1 Lm, wenden (= 11 fM).

R 32: 9 fM, 2 fM zus abm, 1 Lm, wenden (= 10 fM).

R 33: fM häkeln.

Arbeit beenden.

Für das 2. B2-Teil von * bis R 33 wdh. Beide Teile genau aufeinander legen, dabei sicherstellen, dass beide Anfangsfäden links liegen. Am oberen linken Rand beginnend durch beide Teile einstechen. Bis zum unteren Rand (Huf) beide Teile mit fM zus-

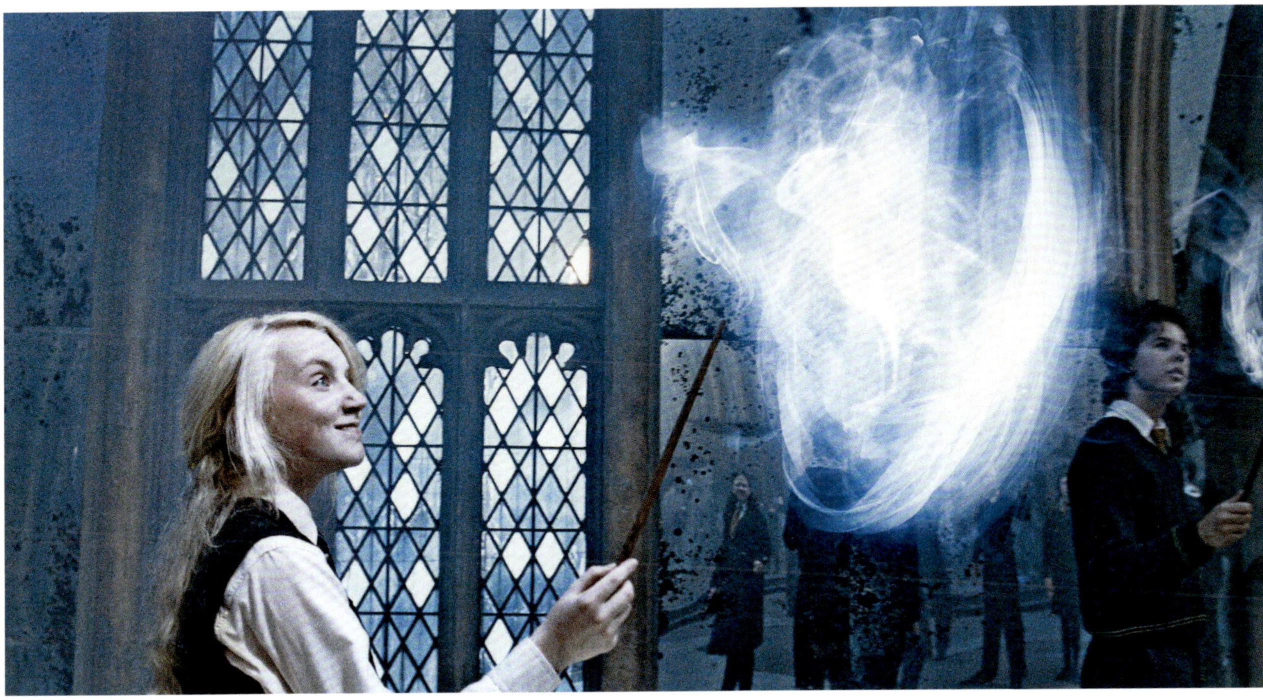

OBEN: Luna Lovegood übt ihren Patronus-Zauber bei einem Treffen von Dumbledores Armee in *Harry Potter und der Orden des Phönix*.

häkeln, dann in beide Ecken wie folgt häkeln:

Ecke: [1 fM, 1 Lm, 1 fM] in 1 M arb.

Weiter die gegenüberliegende Seite und den oberen Rand zus-häkeln, dabei das Teil nach je 3-4 M ausstopfen. Zuletzt noch nachstopfen. Rd mit 1 Km in die 1. fM schließen. Arbeit beenden. Teil zur Seite legen.

DRITTES BEIN (B3)

* In A 4 Lm anschl.

R 1: 1 fM in die 2. Lm von der Nd aus und in jede folgende Lm, 1 Lm, wenden (= 3 fM).

R 2: 2 fM zus abm, 1 fM zun, 1 Lm, wenden.

R 3: 1 fM, 2 fM zus abm, 1 Lm, wenden (= 2 fM).

R 4: fM häkeln, 1 Lm, wenden.

R 5: 1 fM, nochmals in die gleiche M einstechen und diese fM mit der nächsten fM zus abm, 1 Lm, wenden.

R 6: fM häkeln, 1 Lm, wenden.

R 7-9: R 5 und 6 wdh, dann R 5 nochmals wdh

R 10: 1 fM, 1 fM zun, 1 Lm, wenden (= 3 fM).

R 11: 1 fM, 2 fM zus abm, 1 Lm, wenden (= 2 fM).

R 12: 1 fM, 1 fM zun, 1 Lm, wenden (= 3 fM).

R 13: fM häkeln, 1 Lm, wenden.

R 14: 2 fM, 1 fM zun, 1 Lm, wenden (= 4 fM).

R 15: 1 fM zun, 3 fM, 1 Lm, wenden (= 5 fM).

R 16: fM häkeln, 1 Lm, wenden.

R 17: 4 fM, 1 fM zun, 1 Lm, wenden (= 6 fM).

R 18: 1 fM zun, 3 fM, 2 fM zus abm, 1 Lm, wenden.

R 19: 2 fM zus abm, 2 fM, 2x 1 fM zun, 1 Lm, wenden (= 7 fM).

R 20: 1 fM zun, 6 fM, 1 Lm, wenden (= 8 fM).

R 21: 2 fM zus abm, 6 fM (= 7 fM).

Arbeit beenden.

Für das 2. B3 Teil von * bis R 21 wdh. Beide Teile genau aufeinander legen, dabei sicherstellen, dass beide Anfangsfäden links liegen. Am oberen linken Rand beginnend durch beide Teile einstechen. Bis zum unteren Rand (Huf) beide Teile mit fM zus-häkeln, dann in beide Ecken wie folgt häkeln:

Ecke: [1 fM, 1 Lm, 1 fM] in 1 M arb.

Weiter die gegenüberliegende Seite und den oberen Rand zus-häkeln, dabei das Teil nach je 3-4 M ausstopfen. Zuletzt noch nachstopfen. Rd mit 1 Km in die 1. fM schließen. Arbeit beenden. Teil zur Seite legen.

SCHWANZ

* In A 2 Lm anschl.

R 1: 1 fM in die 2. Lm von der Nd aus, 1 Lm, wenden (= 1 fM).

R 2: 3 fM in 1 M, 1 Lm, wenden (= 3 fM).

R 3-5: fM häkeln, 1 Lm, wenden.

R 6: fM häkeln.

Arbeit beenden.

Für das 2. Schwanz-Teil von * bis R 6 wdh. Beide Teile genau aufeinanderlegen, dabei sicherstellen, dass beide Anfangsfäden links liegen. Am oberen linken Rand beginnend durch beide Teile einstechen. Beide Teile bis zur Schwanzspitze mit fM zus-häkeln, dann in die Spitze wie folgt häkeln:

Schwanzspitze: [1 fM, 2 Lm, 1 fM] in 1 M arb.

Weiter die gegenüberliegende Seite und den breiten Rand des Schwanzes zus-häkeln. Teil ausstopfen. Rd mit 1 Km in die 1. fM schließen. Arbeit beenden. Teil zur Seite legen.

OHR

* In A 7 Lm anschl.

R 1: 1 fM in die 2. Lm von der Nd aus und in jede folgende Lm, 1 Lm, wenden (= 6 fM).

R 2: 2 fM zus abm, 4 fM (= 5 fM).

R 3: fM häkeln, 1 Lm, wenden.

R 4: 2 fM zus abm, 3 fM, 1 Lm, wenden (= 4 fM).

R 5: 2 fM, 2 fM zus abm, 1 Lm, wenden (= 3 fM).

R 6: 2 fM zus abm, 1 fM, 1 Lm, wenden (= 2 fM).

R 7: 1 fM, restliche M unbehäkelt lassen (= 1 fM).

Arbeit beenden.

Für das 2. Ohr-Teil von * bis R 7 wdh. Beide Teile genau aufeinander legen, dabei sicherstellen, dass beide Anfangsfäden links liegen. Am oberen linken Rand beginnend durch beide Teile einstechen. Beide Teile bis zum unteren Rand mit fM zus-häkeln, dann in beide Ecken wie folgt häkeln:

Ecke: [1 fM, 1 Lm, 1 fM] in 1 M arb.

Weiter die gegenüberliegende Seite zus-häkeln, dabei das Teil nach je 3-4 M ausstopfen. Bei Erreichen der Ohrspitze wie folgt häkeln:

Ohrspitze: [1 fM, 2 Lm, 1 fM] in 1 M arb.

Teil nochmals nachstopfen. Rd mit 1 Km in die 1. fM schließen. Arbeit beenden. Teil zur Seite legen.

KÖRPER

KOPF

In A 4 Lm anschl.

R 1: 1 fM in die 2. Lm von der Nd aus und in jede folgende Lm, 9 Lm, wenden (= 3 fM, 9 Lm).

R 2: 1 fM in die 2. Lm von der Nd aus und in jede folgende Lm, 2 fM, 1 fM zun, 1 Lm, wenden (= 12 fM).

R 3: 11 fM, 1 fM zun, 1 Lm, wenden (= 13 fM).

R 4: 1 fM zun, 10 fM, 2 fM zus abm, 1 Lm, wenden.

R 5: 2 fM zus abm, 10 fM, 1 fM zun, 1 Lm, wenden.

R 6-7: fM häkeln, 1 Lm, wenden.

R 8: 2 fM zus abm, 9 fM, 2 fM zus abm (= 11 fM).

Arbeit beenden. Teil zur Seite legen.

Viertes Bein (B4)

In A 5 Lm anschl.

R 1: 1 fM in die 2. Lm von der Nd aus und in jede folgende Lm, 1 Lm, wenden (= 4 fM).

R 2: fM häkeln, 1 Lm, wenden.

R 3: 2 fM zus abm, 2 fM, 1 Lm, wenden (= 3 fM).

R 4: fM häkeln, 1 Lm, wenden.

R 5: 2 fM zus abm, 1 fM, 1 Lm, wenden (= 2 fM).

R 6: 1 fM, nochmals in die gleiche M einstechen und diese fM mit der nächsten fM zus abm, 1 Lm, wenden.

R 7: fM häkeln, 1 Lm, wenden.

R 8: 1 fM, nochmals in die gleiche M einstechen und diese fM mit der nächsten fM zus abm, 1 Lm, wenden.

R 9-11: fM häkeln, 1 Lm, wenden.

R 12: 1 fM zun, 1 fM, 1 Lm, wenden (= 3 fM).

R 13-15: fM häkeln, 1 Lm, wenden.

R 16: 1 fM zun, 2 fM zus abm, 1 Lm, wenden.

R 17: fM häkeln, 1 Lm, wenden.

R 18: 1 fM zun, 2 fM zus abm, 1 Lm, wenden.

R 19: 2 fM, 1 fM zun, 1 Lm, wenden (= 4 fM).

R 20: 1 fM zun, 3 fM, 1 Lm, wenden (= 5 fM).

R 21: fM häkeln, 1 Lm, wenden.

R 22: 3 fM, 2 fM zus abm, 1 Lm, wenden (= 4 fM).

R 23: fM häkeln, 1 Lm, wenden.

R 24: fM häkeln.

Arbeit beenden. Teil zur Seite legen.

BAUCH

In A 17 Lm anschl.

R 1: 1 fM in die 2. Lm von der Nd aus und in jede folgende Lm, 1 Lm, wenden (= 16 fM).

R 2: 2x 1 fM zun, 12 fM, 2x 1 fM zun, 1 Lm, wenden (= 20 fM).

R 3: 1 fM zun, 18 fM, 1 fM zun, 1 Lm, wenden (= 22 fM).

Das vierte Bein B4 links vom Körper platzieren, dabei liegt der Endfaden von B4 links. In der nächsten R über beide Teile häkeln und damit B4 mit dem Körper verbinden.

R 4: 2x 1 fM zun, 19 fM, 1 fM zun in die M des Körpers, 3 fM, 1 fM zun in die M des Beins, 1 Lm, wenden (= 30 fM).

R 5: 29 fM, 1 fM zun, 1 Lm, wenden (= 31 fM).

R 6: 30 fM, 1 fM zun, 1 Lm, wenden (= 32 fM).

R 7: 31 fM, 1 fM zun, 1 Lm, wenden (= 33 fM).

R 8: 1 fM zun, 32 fM, 1 Lm, wenden (= 34 fM).

R 9: fM häkeln, 1 Lm, wenden.
R 10: 1 fM zun, 32 fM, 1 fM zun, 1 Lm, wenden (= 36 fM).
R 11: 35 fM, 1 fM zun, 1 Lm, wenden (= 37 fM).
R 12: fM häkeln, 1 Lm, wenden.
R 13: 36 fM, 1 fM zun, 1 Lm, wenden (= 38 fM).
R 14: fM häkeln, 1 Lm, wenden.
R 15: 2 fM zus abm, 35 fM, 1 fM zun, 1 Lm, wenden.
R 16: fM häkeln, 1 Lm, wenden.
R 17: 2 fM zus abm, 36 fM, 1 Lm, wenden (= 37 fM).
R 18: 1 fM zun, 34 fM, 2 fM zus abm, 1 Lm, wenden.
R 19: 2 fM zus abm, MM in die vorherige M einhängen, 35 fM, 1 Lm, wenden (= 36 fM).
R 20: 18 fM, restliche M unbehäkelt lassen, 1 Lm, wenden (= 18 fM).
R 21: 2 fM zus abm, 16 fM, 1 Lm, wenden (= 17 fM).
R 22: 12 fM, 2 fM zus abm, restliche M unbehäkelt lassen, 1 Lm, wenden (= 13 fM).
R 23: 2 fM zus abm, 11 fM, 1 Lm, wenden (= 12 fM).
R 24: 1 fM zun, 7 fM, 2x 2 fM zus abm, 1 Lm, wenden (= 11 fM).
R 25: fM häkeln, 1 Lm, wenden.
R 26: 9 fM, 2 fM zus abm, 1 Lm, wenden (= 10 fM).
R 27-30: fM häkeln, 1 Lm, wenden.
R 31: 2 fM zus abm, 8 fM, 1 Lm, wenden (= 9 fM).
R 32: 1 fM, MM in die vorherige M einhängen, 6 fM, 2 fM zus abm, 1 Lm, wenden (= 8 fM).
R 33: 6 fM, 2 fM zus abm, 1 Lm, wenden (= 7 fM).
R 34: 5 fM, 2 fM zus abm, 1 Lm, wenden (= 6 fM).
R 35: 2 fM zus abm, 2 fM, 2 fM zus abm, 1 Lm, wenden (= 4 fM).
Den Kopf links vom Körper platzieren, dabei liegt der Endfaden vom Kopf links. In der nächsten R über beide Teile häkeln und damit den Kopf mit dem Körper verbinden.
R 36: 4 fM in die M des Körpers, 11 fM in die M des Kopfs, 1 Lm, wenden (= 15 fM).
R 37: 2 fM zus abm, 11 fM, 2 fM zus abm; in B anschlingen und 4 Lm anschl, wenden (= 13 fM, 4 Lm).
R 38: In B 1 fM in die 2. Lm von der Nd aus und in die 2 folgenden Lm; in A 13 fM, 1 Lm, wenden (= 16 fM).
R 39: In A 2 fM zus abm, 11 fM; in B 1 fM, 2x 1 fM zun, 1 Lm, wenden (= 17 fM).
R 40: In B 1 fM zun, 4 fM; in A 8 fM, 2x 2 fM zus abm (= 16 fM).
Arbeit beenden.
Das Teil so hinlegen, dass der Kopf rechts liegt. In die 8. M von rechts einstechen und weiterarb.
R 41: In A 4 fM; in B 5 fM, 1 Lm, wenden (= 9 fM).
R 42: In B 1 fM zun, 4 fM; in A 2 fM, 2 fM zus abm, 1 Lm, wenden.
R 43: In A 2 fM zus abm, 2 fM; in B 5 fM, 1 Lm, wenden (= 8 fM).
R 44: In A 1 fM; in B 3 fM; in A 2 fM, 2 fM zus abm, 1 Lm, wenden (= 7 fM).
R 45: In A 2x 2 fM zus abm, 3 fM (= 5 fM).
Arbeit beenden.
Das Teil so hinlegen, dass der Kopf links liegt und den MM der 19. R entfernen. In diese M einstechen und wie folgt arb, um den Körper zu vervollständigen und eine Rundung am Rücken einzuarb:
R 1: 2x 2 fM zus abm, 6 fM, 2 fM zus abm (= 9 fM).
Arbeit beenden. Garnenden auf der Rückseite des Teils vernähen.
Für das 2. Körperteil die gesamte Anleitung für den Körper wdh, jedoch das gesamte Teil in A arb und Fb B weglassen. Garnenden auf der Vorderseite des Teils vernähen, sodass beim Zusammenfügen alle Garnenden innen liegen.

GEWEIH (OPTIONAL)

In A 3 Lm anschl.
R 1: 1 fM in die 2. Lm von der Nd aus und in die folgende Lm, 1 Lm, wenden (= 2 fM).
R 2-7: fM häkeln, 1 Lm, wenden.
R 8: 2 fM zus abm, nochmals in die 2. M einstechen und 1 fM arb, 1 Lm, wenden.
R 9: 1 fM, nochmals in die gleiche M einstechen und diese fM mit der nächsten fM zus abm, 1 Lm, wenden.
R 10: R 8 wdh.
R 11: 1 fM zun, 1 fM, 1 Lm, wenden (= 3 fM).
R 12: 2 fM zus abm, 1 fM zun, 1 Lm, wenden.
R 13: 1 fM zun, 2 fM zus abm, 1 Lm, wenden.
Arbeit beenden. Teil waagrecht hinlegen, sodass die 1. Lm unten rechts liegt. Zwischen R 7 und 8 einstechen und wie folgt arb:
R 1-2: 2 fM, 1 Lm, wenden (= 2 fM).
R 3: 2 fM zus abm, nochmals in die 2. M einstechen und 1 fM arb, 1 Lm, wenden.
R 4: 1 fM, nochmals in die gleiche M einstechen und diese fM mit der nächsten fM zus abm.
Arbeit beenden. Fadenenden vernähen.
Für das 2. Geweihteil die gesamte Anleitung für das Geweih wdh. Die 2 Teile aufeinanderlegen. Durch beide Teile einstechen und die Kanten rundum mit fM zus-häkeln, um sie zu verbinden. Rd mit 1 Km in die 1. fM schließen. Ausstopfen ist nicht nötig.
Das Ganze für das 2. Geweih wdh.

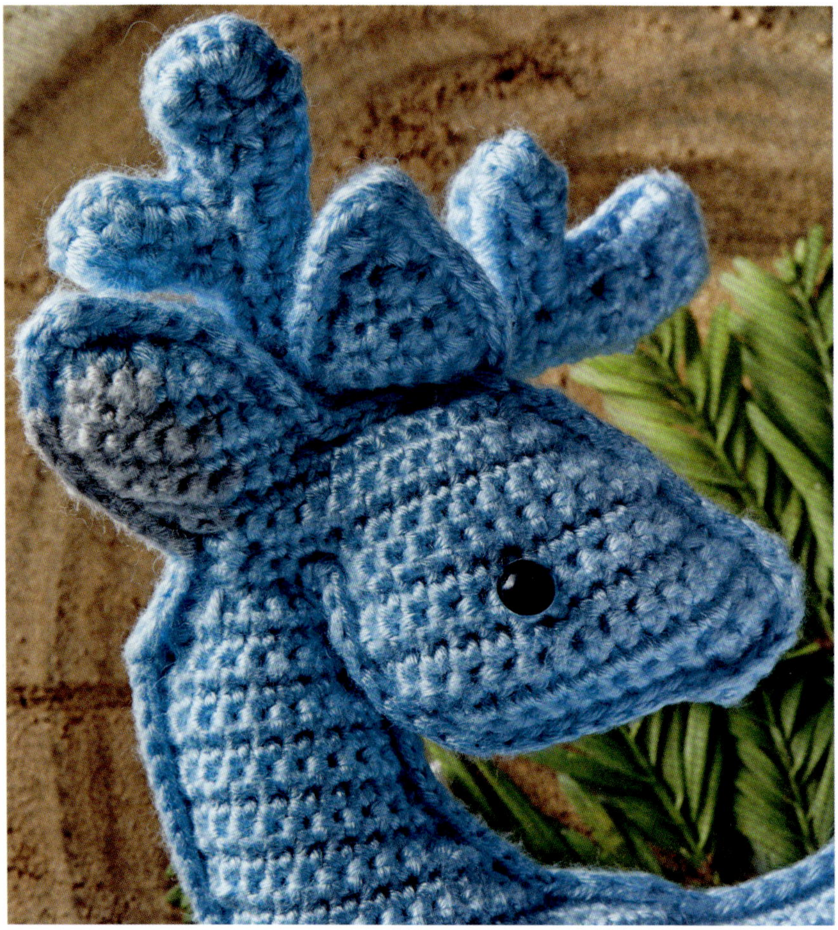

gelegten Fäden zwischen den Körperteilen annähen, dafür durch alle 3 Teile stechen: vorderes Körperteil, B1 und hinteres Körperteil. Faden zum Sichern verknoten. Fadenenden zwischen die Körperteile ziehen.

Über den Bauch weiterhäkeln. Im Bereich von B1 nur in das vordere Körperteil einstechen, da dieser Bereich bereits zusammengenäht ist. Die Teile weiter zus-häkeln bis etwa zur Hälfte des unteren Bauchrands.

B3 zwischen die beiden Körperteile schieben und mit dem zweiten der zur Seite gelegten Fäden ebenso wie B1 annähen.

Die Teile weiter zus-häkeln bis zum unteren Rand (Huf) von B4, dann in beide Ecken wie folgt häkeln:

ECKE

[1 fM, 1 Lm, 1 fM] in 1 M arb.

Weiter die gegenüberliegende Seite von B4 zus-häkeln und dabei das Teil nach je 3-4 M ausstopfen, bis die obere rechte Ecke des Körpers erreicht ist.

SCHWANZ

Den Schwanz zwischen die beiden Körperteile schieben und mit einem der zur Seite gelegten Fäden annähen.

Weiter über den Rücken häkeln, dabei locker arb, um glatte Linien zu erhalten. Körper fest ausstopfen.

Weiter den Hals entlang häkeln, dabei das Teil nach je 3-4 M fest ausstopfen. Entlang der Unterseite und der Seite des Kopfs häkeln, bis die rechte obere Ecke des Kopfs erreicht ist. Kopf fest ausstopfen.

ZUSAMMENSETZEN

Das 6 mm Sicherheitsauge beim vorderen Körperteil im Kopf zwischen R 6 und 7 und der 6. und 7. M von links einsetzen.

4 Fäden von etwa 30 cm in A abschneiden und zunächst zur Seite legen.

Die 2 Körperteile genau aufeinanderlegen. Die Vorderseite des Amigurumi (die Seite mit Farbe B) sollte beim Zusammenhäkeln auf Sie zu zeigen.

KÖRPER UND BEINE VERBINDEN

Die MM in R 32 beim vorderen und hinteren Körperteil entfernen. Mit der Häkelnd in die gleiche M der beiden Teile einstechen. Die Ränder beider Teile in A mit fM zus-häkeln. Am Hals entlang häkeln bis zur unteren Rundung von Hals/Bauch, etwa 7 R oberhalb des unteren Bauchrands.

B1 zwischen die beiden Körperteile schieben. B1 mit einem der zur Seite

OHR

Das Ohr zwischen die beiden Körperteile schieben und mit einem der zur Seite gelegten Fäden annähen. Weiter entlang der Oberseite des Kopfs und um das andere Ohr häkeln, dabei das Teil weiter nach je 3-4 M ausstopfen. An der Ohrspitze wie folgt häkeln:

OHRSPITZE

[1 fM, 2 Lm, 1 fM] in 1 M arb.

Weiter am Ohr entlang häkeln, dabei im Bereich der M in B zu Fb B wechseln. Es bleibt eine kleine Öffnung unterhalb des Ohrs. Teil zu Ende ausstopfen. Wieder zu A wechseln und weiterhäkeln. Wenn Sie mit der Festigkeit zufrieden sind die Rd mit 1 Km in die 1. fM schließen. Arbeit beenden. Garnenden mit der Wollnadel nach innen ziehen.

BEIN (B2)

B2 etwa 5 R unterhalb vom oberen Rand des Körpers (sodass die Unterkanten der Beine auf gleicher Höhe liegen) auf das vordere Körperteil nähen. Nach Wunsch B1 und B2 an den Hufen punktuell zus-nähen.

Nach Wunsch je 1 Geweih hinter jedem Ohr anbringen.

Hinter den Kulissen

Als Harry lernt, einen Patronus zu zaubern, entsteht zunächst nur ein nebelhaftes, substanzloses Schild. Das Team für visuelle Effekte probierte viele Varianten für das Aussehen dieser Schild-Version des Patronus aus, darunter verschiedene Versuche, die sie Flammenwerfer, Alberne Schnüre, magischer Rauch und flüssiges Metall nannten, bevor sie sich für das endgültige Aussehen entschieden.

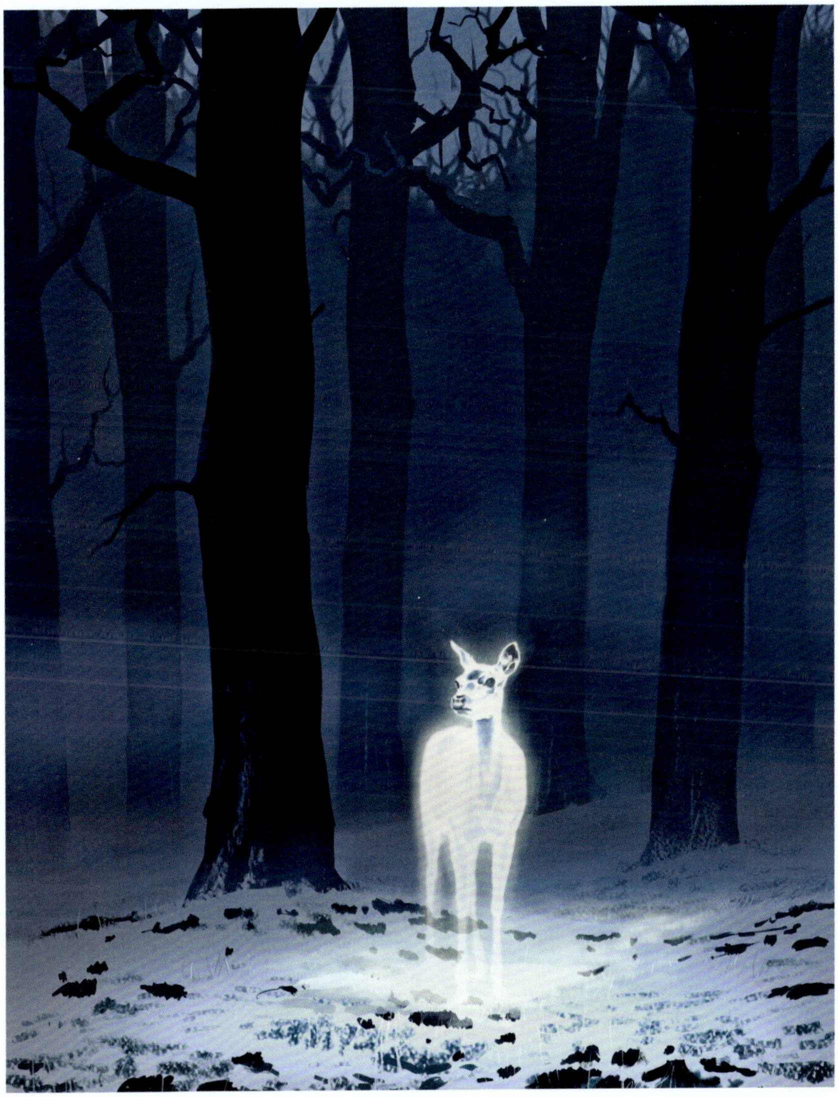

OBEN: Eine Entwurfskizze für den Reh-Patronus von Adam Brockbank.

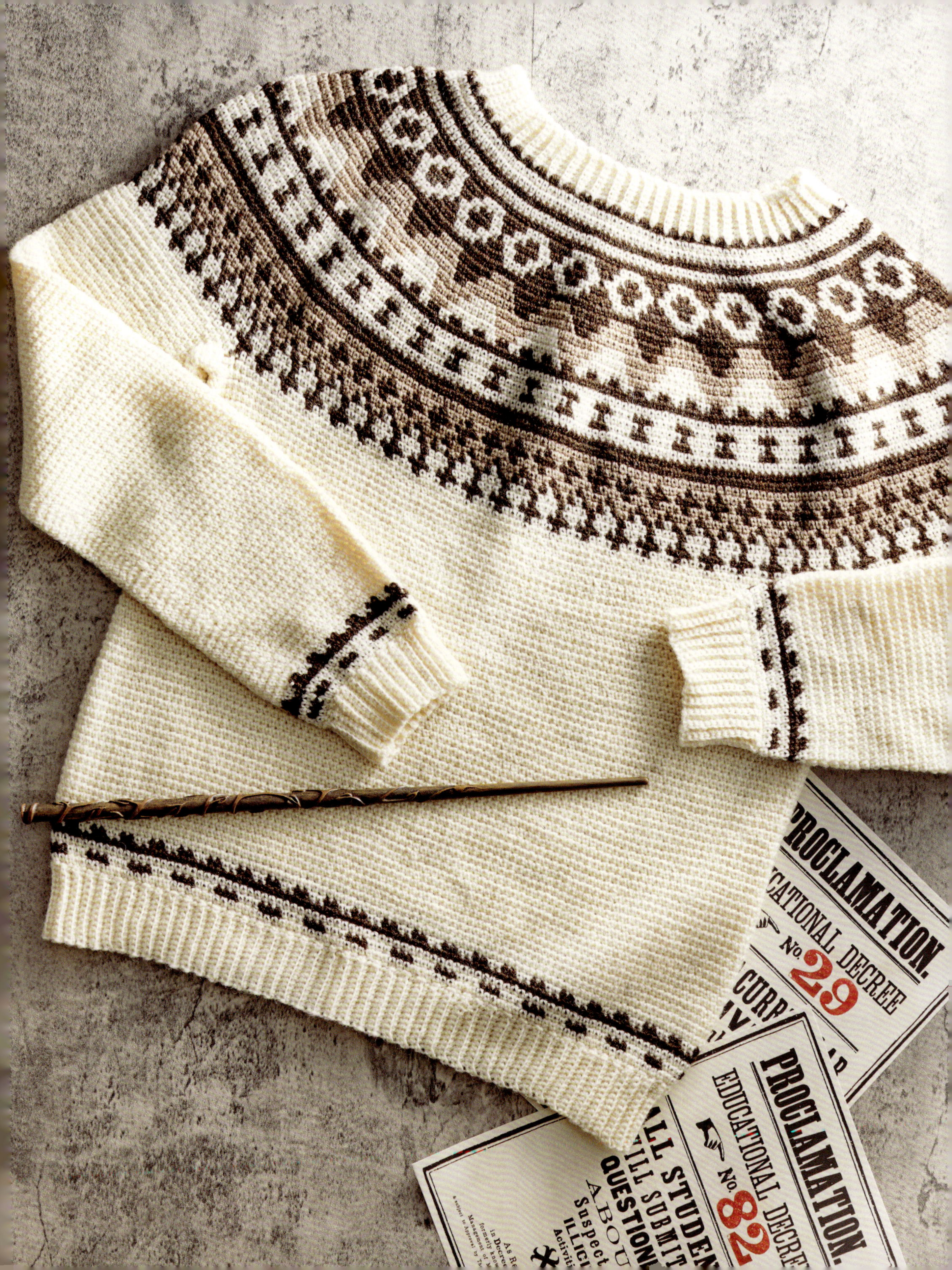
PROCLAMATION.
No 29
PROCLAMATION.
EDUCATIONAL DECREE
No 82

Zauberer-Mode

Ron Weasley: „Mum schickt mir ein Kleid!“
Harry Potter: „Passt aber zu deinen Augen.
Gibt's auch nen Häubchen? Aha!“

Ron Weasley und Harry Potter in *Harry Potter und der Feuerkelch*

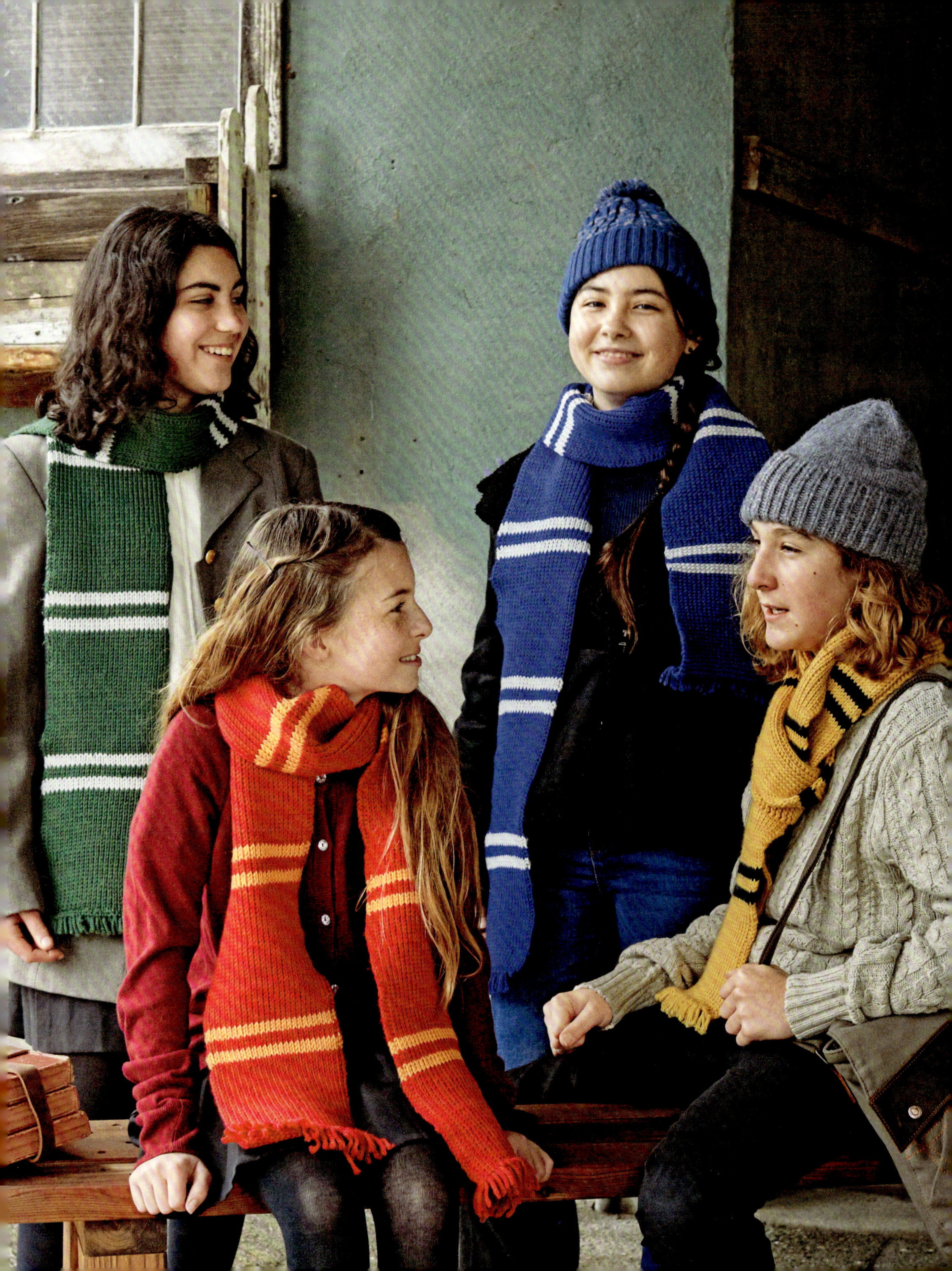

Die Hogwarts Hausschals

Design: **KAELYN GUERIN**

SCHWIERIGKEITSGRAD ϟ

Jedes Haus von Hogwarts hat sein eigenes Tier, sein Motto und die Hausfarben. Für die Schüler ist es ein Zeichen des Stolzes auf ihr Haus, die Hausfarben zu zeigen. Diese Farben werden zu einem verbindenden Charakteristikum, um ihre Freunde zu kennzeichnen und sich selbst darzustellen und zeigen sich in dem, was sie anziehen. Bei den Quidditch-Wettkämpfen zeigen die Gryffindors ihre Unterstützung für ihre Mannschaft, indem sie Kleidung in Rot und Gold tragen, Slytherins tragen Grün und Silber, Hufflepuffs Gelb und Schwarz und Ravenclaws Blau und Grau. Unter den beliebtesten Kleidungsstücken, um die Hausfarben zu zeigen, sind die berühmte Hausschals.

Dieses Häkelmuster wird mit einer tunesischen Häkelnadel gehäkelt, einer Häkelnadel mit einem verlängerten Griff oder einem Seil. Tunesische Häkelei ist eine Mischung aus Häkeln und Stricken und kann ein Strickstück mit einfachen Häkelmaschen imitieren. Dieses einsteigerfreundliche tunesische Modell ist perfekt für Leute geeignet, die zum ersten Mal tunesisch häkeln und ihren Stolz auf ihr Hogwarts-Haus zur Schau stellen wollen.

GRÖSSE

Einheitsgröße

FERTIGE GRÖSSE

Breite: 16 cm

Länge: 183 cm

GARN

Mittlere Garnstärke (Aran weight), hier: Cascade 220 Superwash Aran (100 % superwash Merinowolle; 137,5 m/100 g Strang), Hauptfarbe (HF), 1 Strang; Kontrastfarbe (KF), 1 Strang

Farbkombinationen:

Gryffindor: 809 Really Red (HF) und 241 Sunflower (KF)

Hufflepuff: 821 Daffodil (HF) und 815 Black (KF)

Ravenclaw: 813 Blue Velvet (HF) und 875 Feather Grey (KF)

Slytherin: 801 Army Green (HF) und 875 Feather Grey (KF)

NADELN

- Tunesische Häkelnadel 5,0 mm oder passende Größe zum Erreichen der Maschenprobe

ZUBEHÖR

- Wollnadel

MASCHENPROBE

Im tunesischen Strickstich 16 M und 21 R = 10 cm x 10 cm

Maschenprobe unbedingt prüfen.

HINWEISE

- Die Schlinge, die am Anfang schon auf der Häkelnd liegt, zählt für die Hinr als erste M. Nicht in die erste Lm ab Nd arb, sondern erst in die zweite. Diese erste Schlinge zählt auch für die R nach der Grund-R als erste M. Mit der Häkelnd in die zweite senkrechte M-Schlinge einstechen, um den tunesischen Strickstich abzuschließen.
- Alle Farbwechsel erfolgen bei der letzten M der Hinr. 1 U mit der neuen Fb bilden und durch die letzten 2 Schlingen ziehen. Die Rückr mit der neuen Fb zu Ende häkeln. Nach dem Farbwechsel den Faden lang genug zum Vernähen abschneiden.

BESONDERE ABKÜRZUNGEN

abh (abhäkeln): Mit der Häkelnd unter der nächsten senkrechten M-Schlinge einstechen, 1 U bilden und durch die senkrechte M-Schlinge und die Schlinge auf der Häkelnd ziehen (ähnlich wie eine Km); solange wdh, bis 1 Schlinge übrig ist. Faden lang genug zum Vernähen abschneiden und durch die Schlinge ziehen.

TRückr (tunesische Rückreihe): 1 U bilden und durch 1 Schlinge ziehen, * 1 U bilden und durch 2 Schlingen ziehen, ab * wdh bis nur noch 1 Schlinge auf der Häkelnd übrig ist.

TSs (tunesischer Strickstich): Mit der 2. senkrechten M-Schlinge beginnen. Mit der Häkelnd von vorn nach hinten zwischen der vorderen und hinteren senkrechten M-Schlinge einstechen und eine Schlinge durchholen. Diesen Vorgang in jedem Paar von senkrechten M-Schlingen wdh und bei der letzten M durch beide M-Schlingen einstechen.

BESONDERE TECHNIKEN

Tunesisch Häkeln

Tunesisch häkeln ist eine Technik, für die eine tunesische Häkelnd benutzt wird, das ist eine Häkelnd mit einem verlängerten Griff oder einem Seil. Tunesisches häkeln besteht immer aus 2 R: einer Hinr und einer Rückr. Beim tunesischen Strickstich entstehen M, die wie gestrickte M aussehen. Jede Rippe auf der Rückseite der Arbeit besteht aus Hinr und Rückr zusammen und die Arbeit wird nie gewendet.

Tunesisches häkeln beginnt mit den Grund-R:

Die gewünschte Anzahl Luftmaschen anschlagen.

R 1 (Grund-R, Hinr): Eine Schlinge durch den hinteren Höcker der 2. Lm von der Nd aus und von jeder weiteren Lm durchholen, dabei alle Schlingen auf der Nd belassen; bis zum Ende wiederholen, nicht wenden.

R 1 (Grund-R, Rückr): 1 U durch 1 Schlinge ziehen, * 1 U durch 2 Schlingen ziehen, ab * wdh bis nur noch 1 Schlinge auf der Häkelnd übrig ist.

Nach Beenden der Grund-R weiterhin in R arb. Jede R besteht aus einer Hinr und einer Rückr. Für die Hinr im tunesischen Strickstich wie folgt arb:

TSs (tunesischer Strickstich): Mit der 2. senkrechten M-Schlinge beginnen. Mit der Häkelnd von vorn nach hinten zwischen der vorderen und hinteren senkrechten M-Schlinge einstechen und eine Schlinge durchholen. Diesen Vorgang in jedem Paar von senkrechten M-Schlingen wdh und bei der letzten M durch beide M-Schlingen einstechen.

Dann die Rückr wie folgt arb:

TRückr (tunesische Rückreihe): 1 U durch 1 Schlinge ziehen, * 1 U durch 2 Schlingen ziehen, ab * wdh bis nur noch 1 Schlinge auf der Häkelnd übrig ist.

Um die M am Ende der Arbeit abzuhäkeln mit der Häkelnd unter der nächsten senkrechten M-Schlinge einstechen, 1 U bilden und durch die senkrechte M-Schlinge und die Schlinge auf der Häkelnd ziehen (ähnlich wie eine Km); solange wdh, bis 1 Schlinge übrig ist. Faden lang genug zum Vernähen abschneiden und durch die Schlinge ziehen.

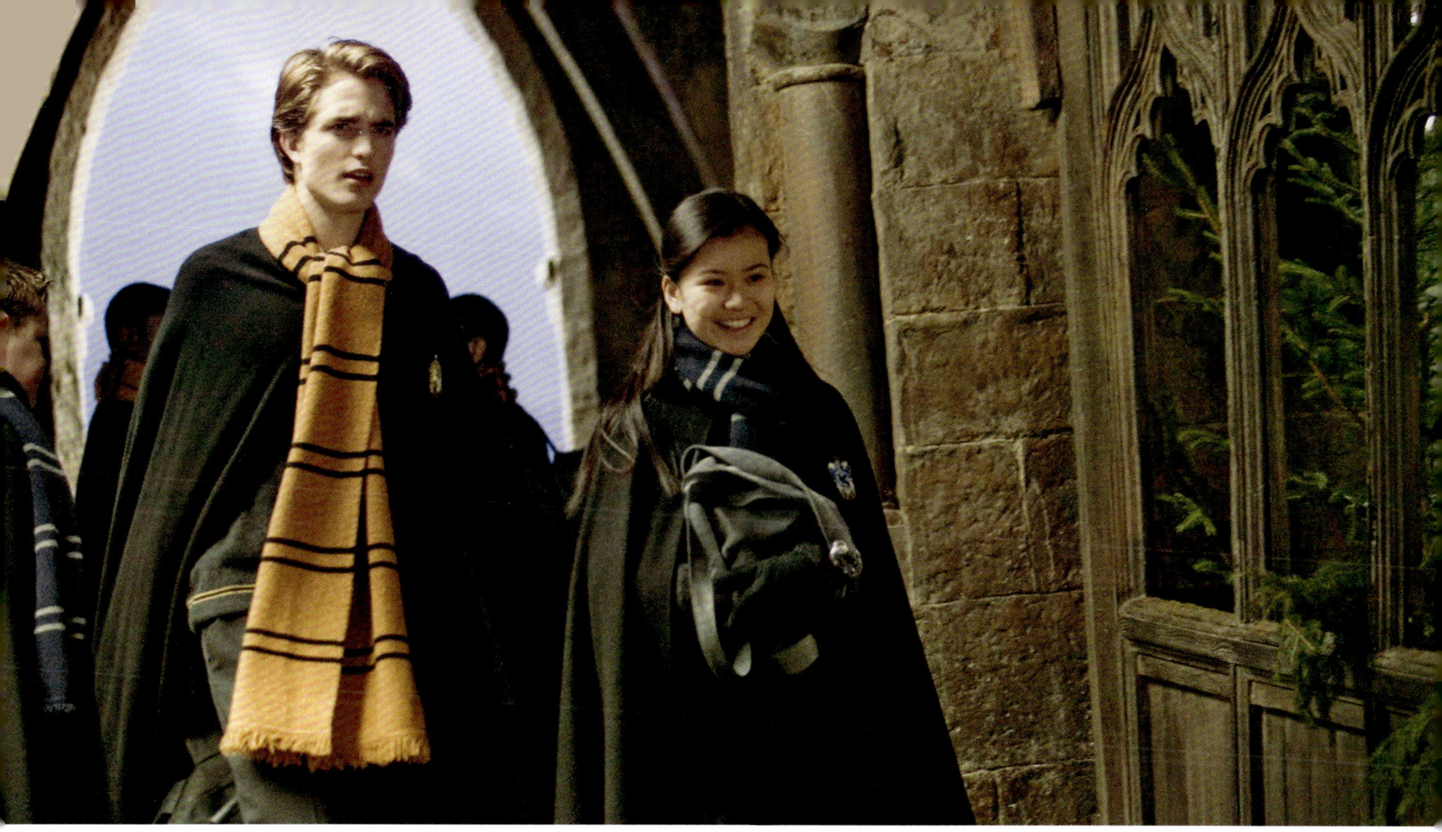

OBEN: Cedric Diggory und Cho Chang in ihren Hufflepuff und Ravenclaw Schals in *Harry Potter und der Feuerkelch.*

SCHAL

In der HF 25 Lm anschl.

R 1 (Grund-R, Hinr): Eine Schlinge durch den hinteren Höcker der 2. Lm von der Nd aus und von jeder weiteren Lm durchholen, dabei alle Schlingen auf der Nd belassen; bis zum Ende wiederholen, nicht wenden.

R 1 (Grund-R, TRückr): 1 U durch 1 Schlinge ziehen, * 1 U durch 2 Schlingen ziehen, ab * wdh bis nur noch 1 Schlinge auf der Häkelnd übrig ist (= 25 M).

R 2 (Hinr): TSs über die ganze R.

R 2 (TRückr): 1 U durch 1 Schlinge ziehen, * 1 U durch 2 Schlingen ziehen, ab * wdh bis nur noch 1 Schlinge auf der Häkelnd übrig ist (= 25 M).

R 3-29: R 2 wdh. Das Teil in HF sollte ca. 14 cm lang sein.

STREIFENFOLGE

R 30: Wie die Hinr für R 2 arb bis zur letzten M, mit 1 U in KF die M beenden. Die TRückr in KF arb.

R 31-32: In KF R 2 wdh.

R 33: Wie die Hinr für R 2 arb bis zur letzten M, mit 1 U in HF die M beenden. Die TRückr in HF arb.

R 34-35: In HF R 2 wdh.

R 36: R 30 wdh.

R 37-38: R 31 und 32 wdh.

R 39: R 33 wdh.

* Die nächsten 30 R wie R 2 arb. Über die nächsten 10 R die Streifenfolge wdh.

Ab * wdh, bis 10 Bereiche in der HS und 9 Streifenfolgen fertiggestellt sind. Nach R 30 des 10. Bereichs in HF die M abh.

FERTIGSTELLUNG

Alle Fadenenden vernähen.

50 Fäden von 10 cm Länge in HF abschneiden. Auf beiden Schalseiten mit der Häkelnd durch den Rand stechen und in jede M 1 Faden einknüpfen. Fransen gleichmäßig zurückschneiden.

Nass oder feucht spannen, um das natürliche Einrollen der tunesischen Häkelei zu minimieren.

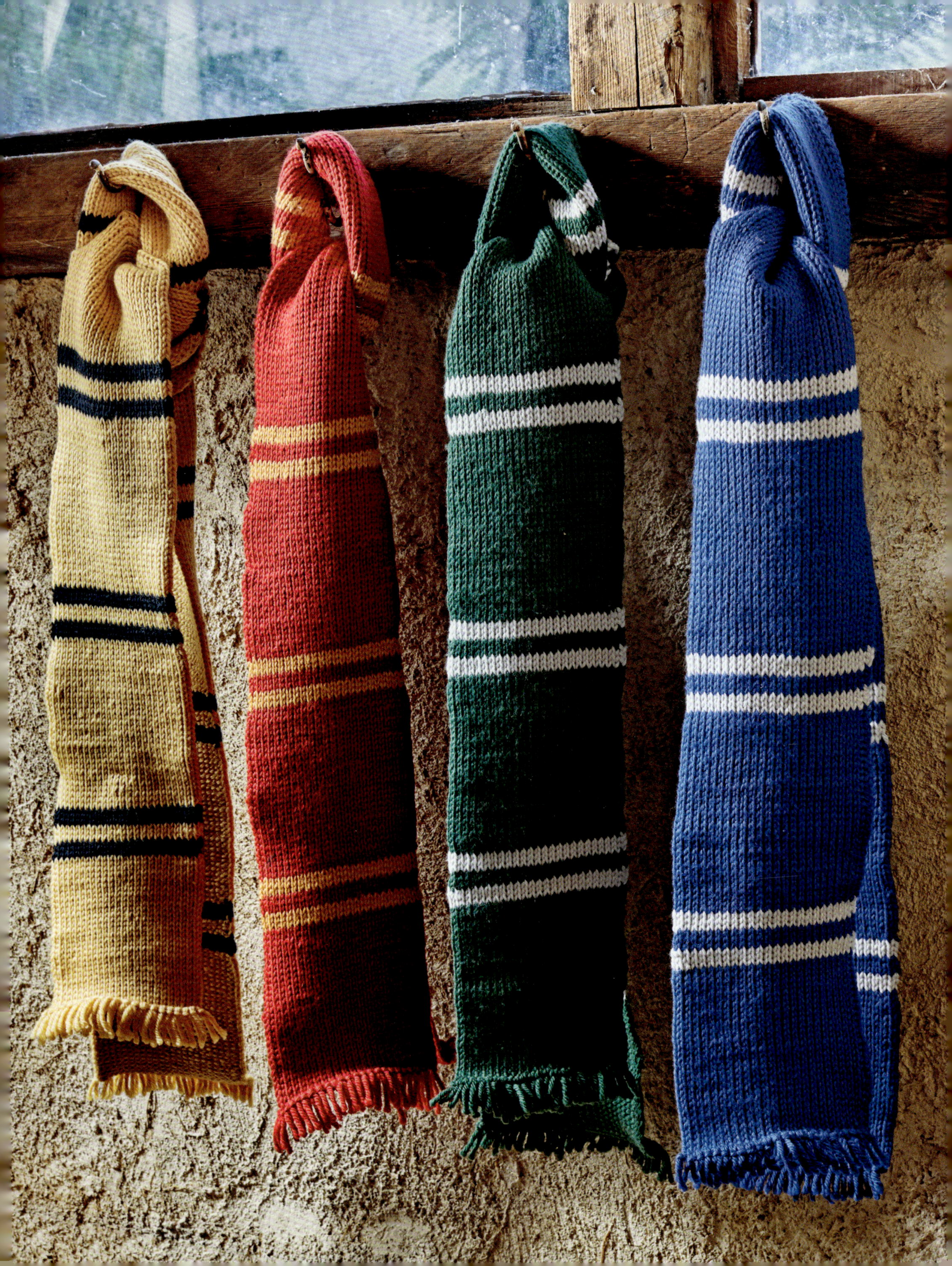

Hinter den Kulissen

Im Film *Harry Potter und der Stein der Weisen* übernahm Kostüm-Designerin Judianna Makovsky die Aufgabe, die Hogwarts-Uniformen für die Schauspieler zu entwerfen. Sie begann mit Ideen, die sich an den klassischen Schuluniformen von britischen Jungen anlehnten, aber „das musste auch zur Welt der Zauberer passen. Also haben wir für die Kinder traditionelle britische Schuluniformen in den Farben der verschiedenen Häuser gewählt und für die Lehrer traditionelle, aber pfiffige Roben."

„Du bist ein Zauberer, Harry."

Rubeus Hagrid in *Harry Potter und der Stein der Weisen*

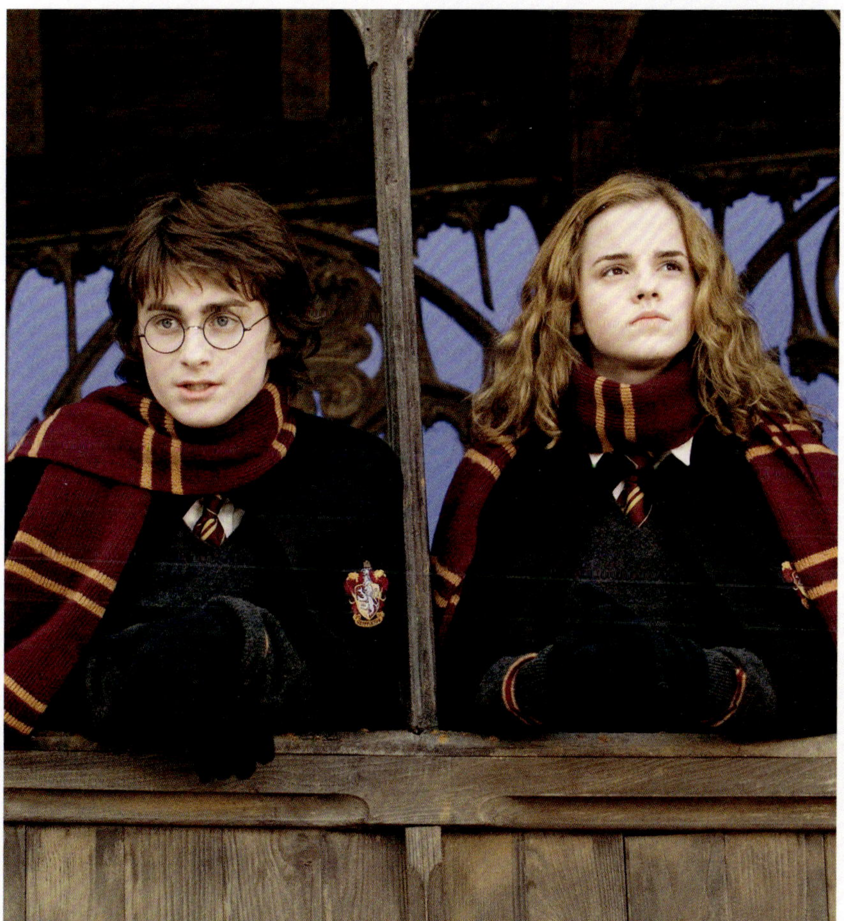

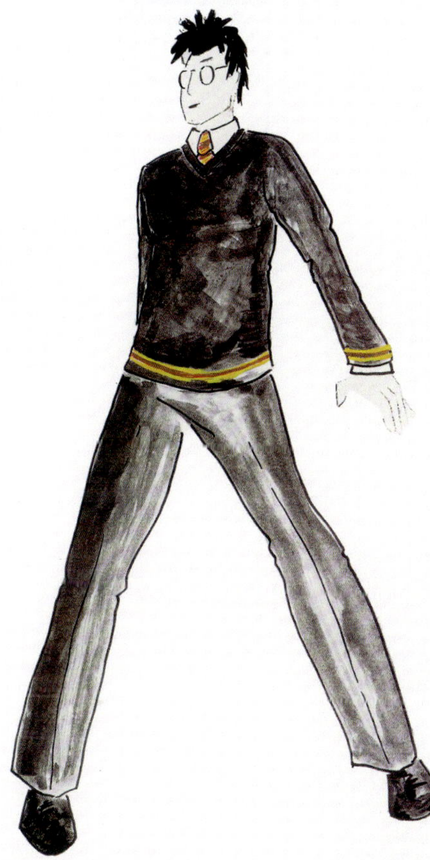

OBEN: Daniel Radcliffe und Emma Watson drehen eine Szene als Harry und Hermine in ihren Gryffindor Schals in *Harry Potter und der Feuerkelch*. RECHTS: Eine Kostümskizze für die Hogwarts-Uniform von Jany Temime, gezeichnet von Laurent Guinci.

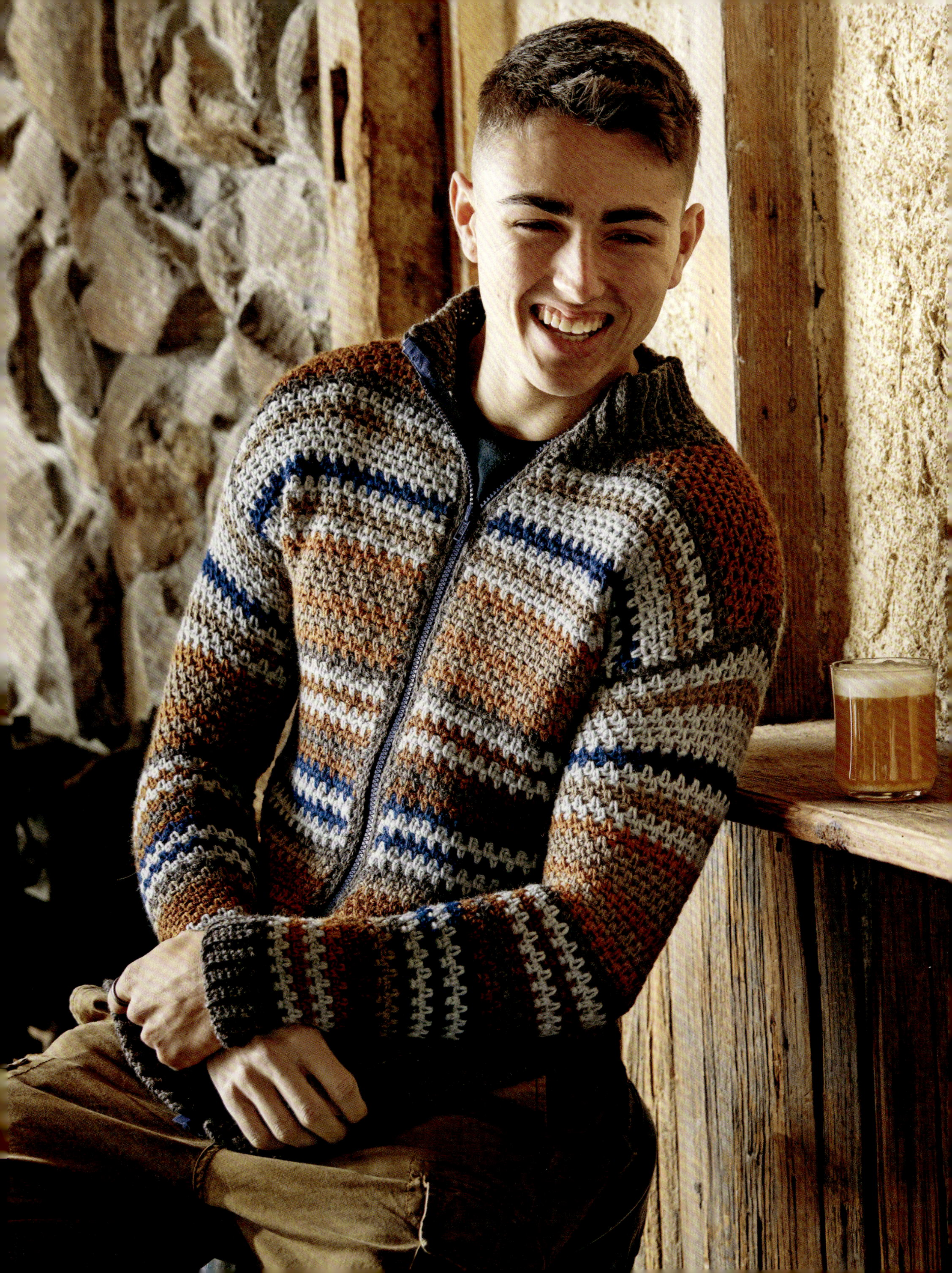

Rons Drei Besen Jacke

Design: **SARA DUDEK**

SCHWIERIGKEITSGRAD ⚡⚡

Ein Ausflug nach Hogsmeade außerhalb der Hogwarts-Schule ist für die Zauberschüler eine große Sache. Er beinhaltet einen Spaziergang in ein malerisches Dorf und Besuche in seinen vielen Geschäften, einschließlich des beliebten Drei Besen Pubs. Für Harry, Ron und Hermine, die den Pub in einer unvergesslichen Szene in *Harry Potter und der Halbblutprinz* besuchen, bedeutet es außerdem, dass sie einmal nicht ihre formellen Zauberer-Roben tragen mussen, sondern die Gelegenheit haben, sich jeder in seinem eigenen, persönlichen Stil zu zeigen.

Kostüm-Designerin Jany Temime hat Rons Kleidung mit Blick auf die gesamte Weasley Ästhetik entworfen. Von Anfang an bestand die Farbpalette der Weasleys aus kontrastierenden Grün-, Orange und Rottönen. Und die Jacke, die Ron im Drei Besen Pub trägt, ist da keine Ausnahme.

Rons Drei Besen Jacke ist in verschiedenen Orange-, Braun-, Marineblau- und Cremetönen gearbeitet. Sie wird in Einzelteilen mit klassischen Granny-Maschen gehäkelt und zusammengenäht, und bildet den handgemachten Look einer Jacke, die Molly selbst gehandarbeitet hat, nach. Ein gerippter Kragen und gerippte Bündchen geben dieser Reißverschluss-Jacke den behaglichen letzten Schliff.

GRÖSSEN

S (M, L, XL) (2XL, 3XL, 4XL, 5XL)
Abgebildet in Größe M.
In der Anleitung steht die Größe S vorn, alle anderen Größen dahinter in Klammern. Ist nur eine Zahl angegeben, gilt sie für alle Größen.

FERTIGE GRÖSSEN

Brustumfang: 91,5 (101,5, 112, 122) (132, 142, 152,5, 162,5) cm
Länge (vordere Mitte): 66 (66, 71, 71, 71, 76, 76, 76) cm
Hinweis: Die Jacke sollte 5-10 cm weiter gearbeitet werden als der Brustumfang (siehe Schnitt).

GARN

Mittlere Garnstärke (worsted weight), hier: WeCrochet Wool of the Andes (100 % Peruvian Highland Wolle; 100 m/50 g Strang)
Hauptfarbe (HF): 25073 Bramble Heather, 3 (3, 4, 4) (5, 5, 6, 6) Stränge
Kontrastfarbe 1 (KF1): 23893 Amber Heather, 2 (2, 3, 3) (3, 4, 4, 4) Strängoe
Kontrastfarbe 2 (KF2): 24075 Camel Heather, 2 (2, 3, 3) (3, 4, 4, 4) Stränge
Kontrastfarbe 3 (KF3): 25066 Solstice Heather, 2 (2, 2, 3) (3, 3, 3, 4) Stränge
Kontrastfarbe 4 (KF4): 24077 Dove Heather, 3 (3, 4, 4) (4, 5, 5, 6) Stränge
Kontrastfarbe 5 (KF5): 24280 Persimmon Heather, 2 (2, 2, 3) (3, 3, 3, 4) Stränge

NADELN

- Häkelnadel 6,0 mm oder passende Größe zum Erreichen der Maschenprobe

ZUBEHÖR

- Wollnadel
- Verschließbare Maschenmarkierer
- Farblich zur HF passender teilbarer Reißverschluss, 66 (66, 71, 71) (71, 76, 76, 76) cm lang
- Nähnadel und zur farblich zur HF passendes Garn

MASCHENPROBE

Im Leinenmuster 15 M und 16 R = 10 cm x 10 cm (sowohl fM als auch Lm werden als M gezählt)

Maschenprobe unbedingt prüfen.

HINWEISE

- Die Jacke wird in einem Stück von unten nach oben gehäkelt, dann in Rücken- und Vorderteile getrennt und an den Schultern zusammengenäht. Die Ärmel werden direkt an die Jacke angehäkelt und in Runden bis zu den Bündchen gearbeitet. Kragen und Reißverschlussbelege werden danach an die Jacke gehäkelt.
- Der Anleitung für die Reihen folgen und gleichzeitig die Farbstreifen laut Farbstreifenmuster arbeiten. Über den Bereich der Farbstreifen das Garn für kurze Abstände bei den Farbwechseln am Rand mit nach oben führen. Bei größeren Abständen den Faden abschneiden und neu ansetzen.
- Die Jacke wird im Leinenmuster gehäkelt. Jede R beginn mit 2 Lm und endet mit 1 fM.

SPEZIALMASCHEN

Leinenmuster (gerade M-Zahl)

R 1: 1 fM in die 3. Lm von der Nd aus (die übergangenen Lm zählen als 1 Lm-Bogen), * 1 fM in die nächste Lm, 1 Lm, 1 M übergehen; ab * bis zur letzten M wdh, 1 fM in die letzte M, wenden.

R 2: 2 Lm (zählen als 1 Lm-Bogen), * 1 fM übergehen, 1 fM in den Lm-Bogen der Vor-R, 1 Lm; ab * bis zum letzten Lm-Bogen wdh, 1 fM in den Lm-Bogen, wenden.

R 2 stets wdh.

UNTERER BUND

In der HF 9 Lm anschl.

R 1: 1 fM in die 2. Lm von der Nd aus und in jede folgende Lm, wenden (= 8 fM).

R 2: 1 Lm, fM häkeln, dabei nur ins hintere M-Glied einstechen, wenden.

R 3-136 (148, 164, 180) (196, 208, 224, 240): R 2 wdh.

Faden nicht abschneiden.

RUMPF

Einteilungs-R 1 (Hinr): 2 Lm, den Bund um 90° drehen und in die R-Enden der Rippenreihen arb, die erste R fM übergehen, * 1 fM in die nächste R, 1 Lm, 1 R übergehen, ab * wdh, enden mit 1 fM in die letzte Bund-R, wenden (= 68 (74, 82, 90) (98, 104, 112, 120) Lm-Bögen, 68 (74, 82, 90) (98, 104, 112, 120) fM).

Einteilungs-R 2 (Rückr): 2 Lm (zählen hier und im Weiteren als 1 Lm-Bogen), 1 fM übergehen, 1 fM in den Lm-Bogen; im Leinenmuster weiterhäkeln bis R-Ende, wenden.

Ab jetzt die Reihen in den Farben des Farbstreifenmusters arb.

R 1-60: 2 Lm, 1 fM in den Lm-Bogen; im Leinenmuster häkeln bis R-Ende, wenden.

RECHTES VORDERTEIL

R 1-24 (24, 28, 28) (28, 34, 34, 34): 2 Lm, 34 (36, 40, 44) (48, 52, 56, 60) M Leinenmuster, wenden (= 17 (18, 20, 22) (24, 26, 28, 30) Lm-Bögen, 17 (18, 20, 22) (24, 26, 28, 30) fM).

Faden abschneiden.

HALSAUSSCHNITT

R 1 (Hinr): In der Farbe nach Farbstreifenmuster 4 (4, 5, 5) (5, 6, 6, 6) Lm-Bögen von der Vorderkante entfernt neu anschlingen, 26 (28, 30, 34) (38, 40, 44, 48) M Leinenmuster, wenden (= 13 (14, 15, 17) (19, 20, 22, 24) Lm-Bögen, 13 (14, 15, 17) (19, 20, 22, 24) fM).

R 2 (Rückr): 2 Lm, 24 (26, 28, 32) (36, 38, 42, 46) M Leinenmuster, wenden (= 12 (13, 14, 16) (18, 19, 21, 23) Lm-Bögen, 12 (13, 14, 16) (18, 19, 21, 23) fM).

R 3: 2 Lm, [1 fM, 1 Lm-Bogen, 1 fM] übergehen, 1 fM in den 2. Lm-Bogen, im Leinenmuster häkeln bis R-Ende, wenden (= 11 (12, 13, 15) (17, 18, 20, 22) Lm-Bögen, 11 (12, 13, 15) (17, 18, 20, 22) fM).

R 4: 2 Lm, 20 (22, 24, 28) (32, 34, 38, 42) M Leinenmuster, wenden (= 10 (11, 12, 14) (16, 17, 19, 21) Lm-Bögen, 10 (11, 12, 14) (16, 17, 19, 21) fM).

SCHULTER

R 1 (Hinr): 2 Lm, im Leinenmuster häkeln bis zum vorletzten Lm-Bogen, wenden (= 9 (10, 11, 13) (15, 16, 18, 20) Lm-Bögen, 9 (10, 11, 13) (15, 16, 18, 20) fM).

R 2 (Rückr): 2 Lm, 1 Lm-Bogen übergehen, mit dem Leinenmuster im 2. Lm-Bogen beginnen und bis R-Ende häkeln, wenden (= 8 (9, 10, 12) (14, 15, 17, 19) Lm-Bögen, 8 (9, 10, 12) (14, 15, 17, 19) fM).

R 3: 2 Lm, im Leinenmuster häkeln bis zum vorletzten Lm-Bogen, wenden (= 7 (8, 9, 11) (13, 14, 16, 18) Lm-Bögen, 7 (8, 9, 11) (13, 14, 16, 18) fM).

R 4: 2 Lm, 1 Lm-Bogen übergehen, mit dem Leinenmuster im 2. Lm-Bogen beginnen und bis R-Ende häkeln (= 6 (7, 8, 10) (12, 13, 15, 17) Lm-Bögen, 6 (7, 8, 10) (12, 13, 15, 17) fM).

Arbeit beenden.

RÜCKENTEIL

In der Farbe nach Farbstreifenmuster an der gleichen M, die die letzte M von R 1 des rechten Vorderteils ist, neu anschlingen.

R 1-28 (28, 32, 32) (32, 38, 38, 38): 2 Lm, 68 (76, 84, 92) (100, 104, 112, 120) M Leinenmuster, mit 1 fM enden, wenden (= 34 (38, 42, 46) (50, 52, 56, 60) Lm-Bögen, 34 (38, 42, 46) (50, 52, 56, 60) fM).

SCHULTERN

R 1 (Hinr): 2 Lm, 1 Lm-Bogen übergehen, mit dem Leinenmuster im 2. Lm-Bogen beginnen und bis zum vorletzten Lm-Bogen arb, wenden (= 32 (36, 40, 44) (48, 50, 54, 58) Lm-Bögen, 32 (36, 40, 44) (48, 50, 54, 58) fM).

R 2-4: R 1 wdh (= 26 (30, 34, 38) (42, 44, 48, 52) Lm-Bögen, 26 (30, 34, 38) (42, 44, 48, 52) fM nach R 4).

Arbeit beenden.

LINKES VORDERTEIL

In der Farbe nach Farbstreifenmuster an der gleichen M, die die letzte M von R 1 des Rückenteils ist, neu anschlingen.

R 1-24 (24, 28, 28) (28, 34, 34, 34): 2 Lm, 34 (36, 40, 44) (48, 52, 56, 60) M Leinenmuster, mit 1 fM enden, wenden (= 17 (18, 20, 22) (24, 26, 28, 30) Lm-Bögen, 17 (18, 20, 22) (24, 26, 28, 30) fM).

HALSAUSSCHNITT

R 1 (Hinr): 2 Lm, 26 (28, 30, 34) (38, 40, 44, 48) M Leinenmuster, die restlichen M unbehäkelt lassen, wenden (= 13 (14, 15, 17) (19, 20, 22, 24) Lm-Bögen, 13 (14, 15, 17) (19, 20, 22, 24) fM).

R 2 (Rückr): 2 Lm, 1 Lm-Bogen übergehen, mit dem Leinenmuster im 2. Lm-Bogen beginnen und bis R-Ende häkeln, wenden (= 24 (26, 28, 32) (36, 38, 42, 46) M; 12 (13, 14, 16) (18, 19, 21, 23), Lm-Bögen, 12 (13, 14, 16) (18, 19, 21, 23) fM).

R 3: 2 Lm, im Leinenmuster häkeln bis zum vorletzten Lm-Bogen, wenden (= 22 (24, 26, 30) (34, 36, 40, 44) M; 11 (12, 13, 15) (17, 18, 20, 22) Lm-Bögen, 11 (12, 13, 15) (17, 18, 20, 22) fM).

R 4: 2 Lm, 1 Lm-Bogen übergehen, mit dem Leinenmuster im 2. Lm-Bogen beginnen und bis R-Ende häkeln, wenden (= 20 (22, 24, 28) (32, 34, 38, 42) M; 10 (11, 12, 14) (16, 17, 19, 21) Lm-Bögen, 10 (11, 12, 14) (16, 17, 19, 21) fM).

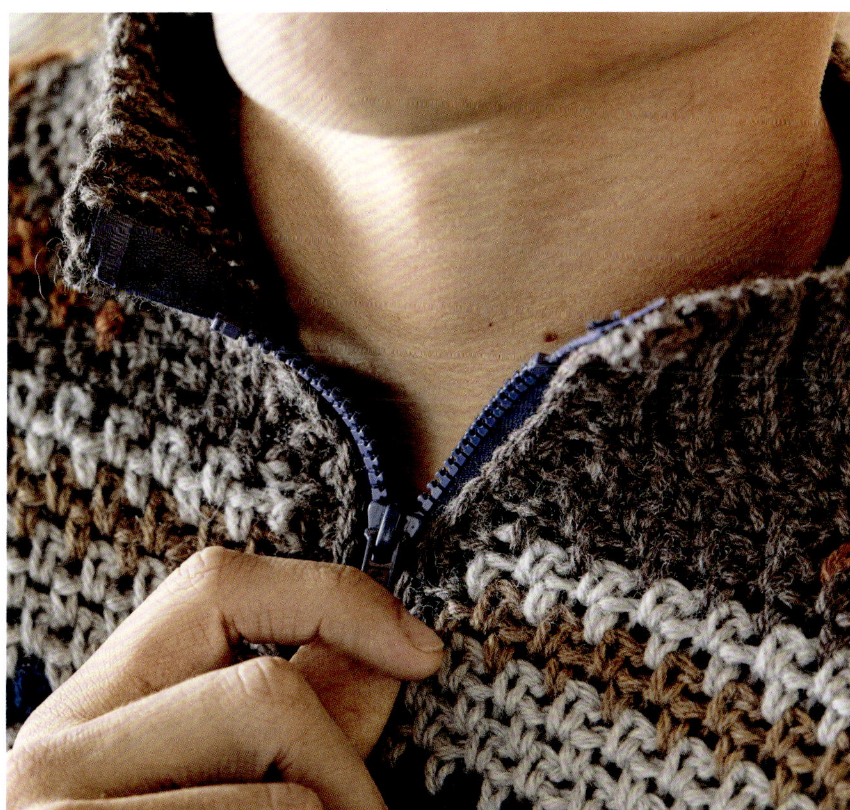

SCHULTER

R 1 (Hinr): 2 Lm, 1 Lm-Bogen übergehen, mit dem Leinenmuster im 2. Lm-Bogen beginnen und bis R-Ende häkeln, wenden (= 9 (10, 11, 13) (15, 16, 18, 20) Lm-Bögen, 9 (10, 11, 13) (15, 16, 18, 20) fM).

R 2 (Rückr): 2 Lm, im Leinenmuster häkeln bis zum vorletzten Lm-Bogen, wenden (= 8 (9, 10, 12) (14, 15, 17, 19) Lm-Bögen, 8 (9, 10, 12) (14, 15, 17, 19) fM).

R 3: 2 Lm, 1 Lm-Bogen übergehen, mit dem Leinenmuster im 2. Lm-Bogen beginnen und bis R-Ende häkeln, wenden (= 7 (8, 9, 11) (13, 14, 16, 18) Lm-Bögen, 7 (8, 9, 11) (13, 14, 16, 18) fM).

R 4: 2 Lm, im Leinenmuster häkeln bis zum vorletzten Lm-Bogen (= 6 (7, 8, 10) (12, 13, 15, 17) Lm-Bögen, 6 (7, 8, 10) (12, 13, 15, 17) fM).

Arbeit beenden.

Beide Schultern von der linken Seite aus mit Km zus-häkeln.

ÄRMEL (2X)

Hinweis: Der Ärmel wird im Leinenmuster in Runden gehäkelt, dabei werden die M ebenso wie im Leinenmuster in R übergangen. Dieser Bereich wird in geschlossenen Rd gehäkelt und die Arbeit wird nach jeder Rd gewendet.

Mit der Farbe der letzten R vor Beginn des Halsausschnitts an den Vorderteilen beginnen und das Farbstreifenmuster für die Ärmel umgekehrt arb (damit es dem Muster des Rumpfes entspricht). Am äußeren Rand des Vorderteils in der Seite der Reihe (in einem Anfangs-Lm-Bogen), in der die Arbeit für Vorder- und Rückenteil getrennt wurde, anschlingen.

Rd 1: 2 Lm, 1 fM übergehen, 1 fM in den Lm-Bogen, weiter im Leinenmuster in die Ränder der R von Vorder- und Rückenteil arb; wenn der Anfangspunkt wieder erreicht ist mit 1 fM enden, die Rd mit 1 Km in die 2. Anfangs-Lm schließen, wenden (= 28 (28, 32, 32) (32, 38, 38, 38) Lm-Bögen, 28 (28, 32, 32) (32, 38, 38, 38) fM).

Rd 2: 2 Lm, 1 fM übergehen, 1 fM in den Lm-Bogen, weiter rundum im Leinenmuster arb, mit 1 fM enden, die Rd mit 1 Km in die 2. Anfangs-Lm schließen, wenden (= 28 (28, 32, 32) (32, 38, 38, 38) Lm-Bögen, 28 (28, 32, 32) (32, 38, 38, 38) fM).

Rd 3-10: Rd 2 wdh.

Rd 11 (Abn-Rd): 2 Lm, den 1. Lm-Bogen übergehen, rundum im Leinenmuster arb, enden mit 1 fM in den vorletzten Lm-Bogen, die Rd mit 1 Km in die 2. Anfangs-Lm schließen, wenden (= 26 (26, 30, 30) (30, 36, 36, 36) Lm-Bögen, 26 (26, 30, 30) (30, 36, 36, 36) fM).

Rd 12-20: Rd 2 wdh.

Rd 21 (Abn-Rd): Rd 11 wdh (= 24 (24, 28, 28) (28, 34, 34, 34) Lm-Bögen, 24 (24, 28, 28) (28, 34, 34, 34) fM).

Rd 22-30: Rd 2 wdh.

Rd 31 (Abn-Rd): Rd 11 wdh (= 22 (22, 26, 26) (26, 32, 32, 32) Lm-Bögen, 22 (22, 26, 26) (26, 32, 32, 32) fM).

Rd 32-40: Rd 2 wdh.

Rd 41 (Abn-Rd): Rd 11 wdh (= 20 (20, 24, 24) (24, 30, 30, 30) Lm-Bögen, 20 (20, 24, 24) (24, 30, 30, 30) fM).

Rd 42-50: Rd 2 wdh.

Rd 51 (Abn-Rd): Rd 11 wdh (= 18 (18, 22, 22) (22, 28, 28, 28) Lm-Bögen, 18 (18, 22, 22) (22, 28, 28, 28) fM).

Rd 52-60: Rd 2 wdh.

Rd 61 (Abn-Rd): Rd 11 wdh (= 16 (16, 20, 20) (20, 26, 26, 26) Lm-Bögen, 16 (16, 20, 20) (20, 26, 26, 26) fM).

Rd 62: Rd 2 wdh.

ÄRMELBUND

In der HF anschlingen und 7 Lm anschl.

R 1: 1 fM in die 2. Lm von der Nd aus und in jede folgende Lm (= 6 fM).

R 2: 1 Km in die fM des Ärmels, 1 Km in den Lm-Bogen des Leinenmusters des Ärmels, wenden, fM in die fM der Vor-R häkeln, dabei nur ins hintere M-Glied einstechen, wenden (= 6 fM).

R 3: 1 Lm, fM häkeln, dabei nur ins hintere M-Glied einstechen.

R 2-3 wdh und um den unteren Rand des Ärmels arb, bis die Rippen rundum gearbeitet sind. Den Bund von der linken Seite aus mit Km zus-häkeln. Arbeit beenden.

HALSAUSSCHNITT

In der HF an der Ecke des rechten Vorderteils am Halsausschnitt anschlingen.

R 1: 2 Lm, im Leinenmuster entlang des rechten Halsausschnitts, über die rechte Schulter, am Rücken entlang, über die linke Schulter und entlang des linken Halsausschnitts häkeln, dabei darauf achten, dass das Muster gleichmäßig gearbeitet wird und nirgends wellt (nicht genug M übergangen) oder Löcher entstehen (zu viele M übergangen); mit 1 fM enden, wenden.

R 2: 2 Lm, im Leinenmuster häkeln, dabei auf beiden Seiten der 2 Schulternähte 2 fM zus abm (= in die Lm-Bögen einstechen und die fM übergehen), wenden.

R 3: R 2 wdh.

HALSAUSSCHNITT-BLENDE

9 (9, 11, 11) (11, 13, 13, 13) Lm anschl.

R 1: 1 fM in die 2. Lm von der Nd aus und in jede folgende Lm (= 8 (8, 10, 10) (10, 12, 12, 12) fM).

R 2: 1 Km in die fM des Halsausschnitts, 1 Km in den Lm-Bogen des Leinenmusters des Halsausschnitts, wenden, fM in die fM der Vor-R häkeln, dabei nur ins hintere M-Glied einstechen, wenden.

Hinter den Kulissen

Für Kostüm-Designerin Jany Temime ist Ron eine der Figuren, die sie am liebsten einkleidet. Seine Kostüme sind in den Weasley-Farben orange, grün und braun gehalten und sind mit Schottenkaros, Quadraten und Streifen gemustert.

„HAST DU GEHÖRT, WAS SIE IM PUB GESAGT HAT, ÜBER MICH UND SIE UND KNUTSCHEN? JA KLAR. ALS OB."

Ron Weasley in *Harry Potter und der Halbblutprinz*

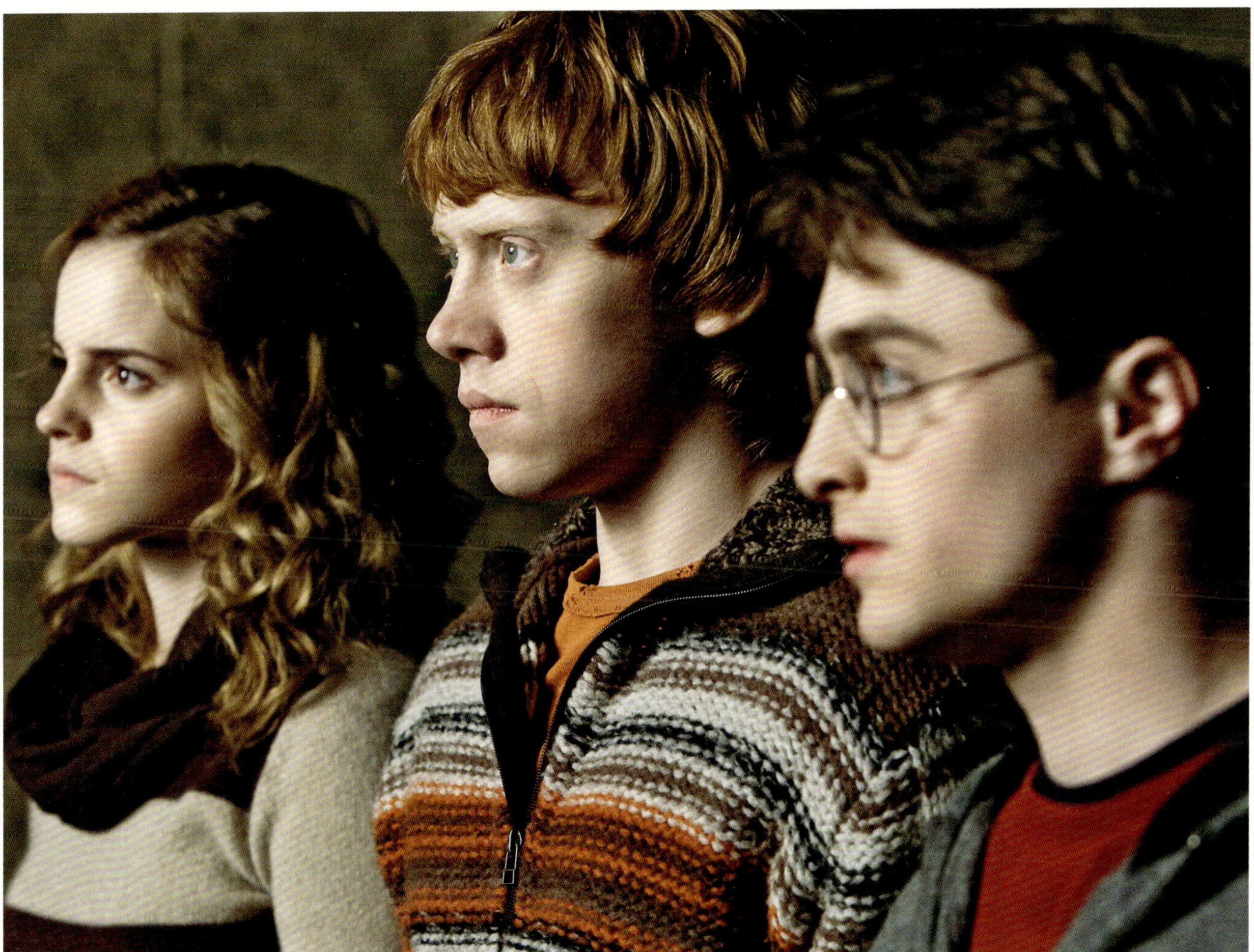

OBEN: Ron Weasley, Harry Potter und Hermine Granger in *Harry Potter und der Halbblutprinz.*

FARBSTREIFENMUSTER

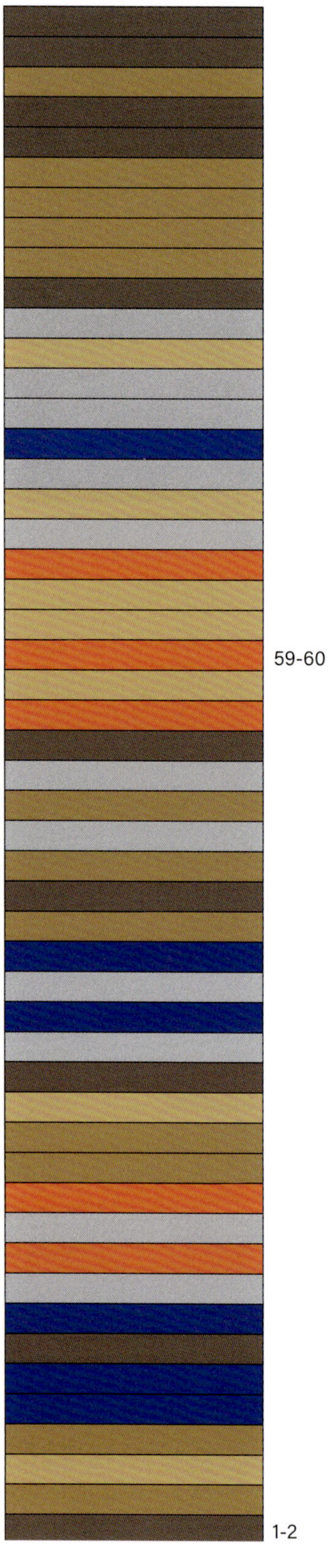

LEGENDE

- Leinenmuster in HF
- Leinenmuster in KF1
- Leinenmuster in KF2
- Leinenmuster in KF3
- Leinenmuster in KF4
- Leinenmuster in KF5

ANLEITUNG

- Jedes Rechteck im Farbstreifenmuster steht für 2 Reihen.
- Das Muster wird für den Rumpf von unten nach oben gearbeitet und vom Endpunkt des Rumpfes für die Ärmel nach unten.
- Das Farbstreifenmuster so weit wie erforderlich arb, dabei auch der Anleitung für die Jacke folgen. Für kleinere Größen wird das Farbstreifenmuster nicht bis ganz oben gearbeitet.

R 3: 1 Lm, fM häkeln, dabei nur ins hintere M-Glied einstechen.

R 2-3 rund um den Halsausschnitt wdh. Arbeit beenden.

REISSVERSCHLUSS-BELEGE

In der HF an einer Ecke eines Vorderteils anschlingen. Auf die Kanten des Bundes, des Leinenmusters des Vorderteils und der Halsausschnittblende 2 R im Leinenmuster häkeln, dabei sorgfältig über alle Fäden, die an der Seite mit hochgeführt wurden, häkeln und sie auf die Innenseite der Jacke schieben. Arbeit beenden. Auf der gegenüberliegenden Seite wdh.

FERTIGSTELLUNG

Alle restlichen Fadenenden vernähen und die Jacke auf Maß spannen. Das Leinenmuster verzieht sich leicht, wenn nass gespannt wird, daher wird empfohlen, auf Maß zu dämpfen. Falls Sie nass spannen, lassen Sie die Jacke nicht mit zu stark gedehnten M trocknen.

Den geteilten Reißverschluss mit Nadel und Faden an beiden Seiten der Jacke annähen. Achten Sie darauf, dass die Farbstreifen beider Seiten aufeinandertreffen, indem Sie den Reißverschluss beim Annähen schließen. Dehnen Sie die gehäkelten Belege beim Nähen nicht, sonst wellt sich der Reißverschluss.

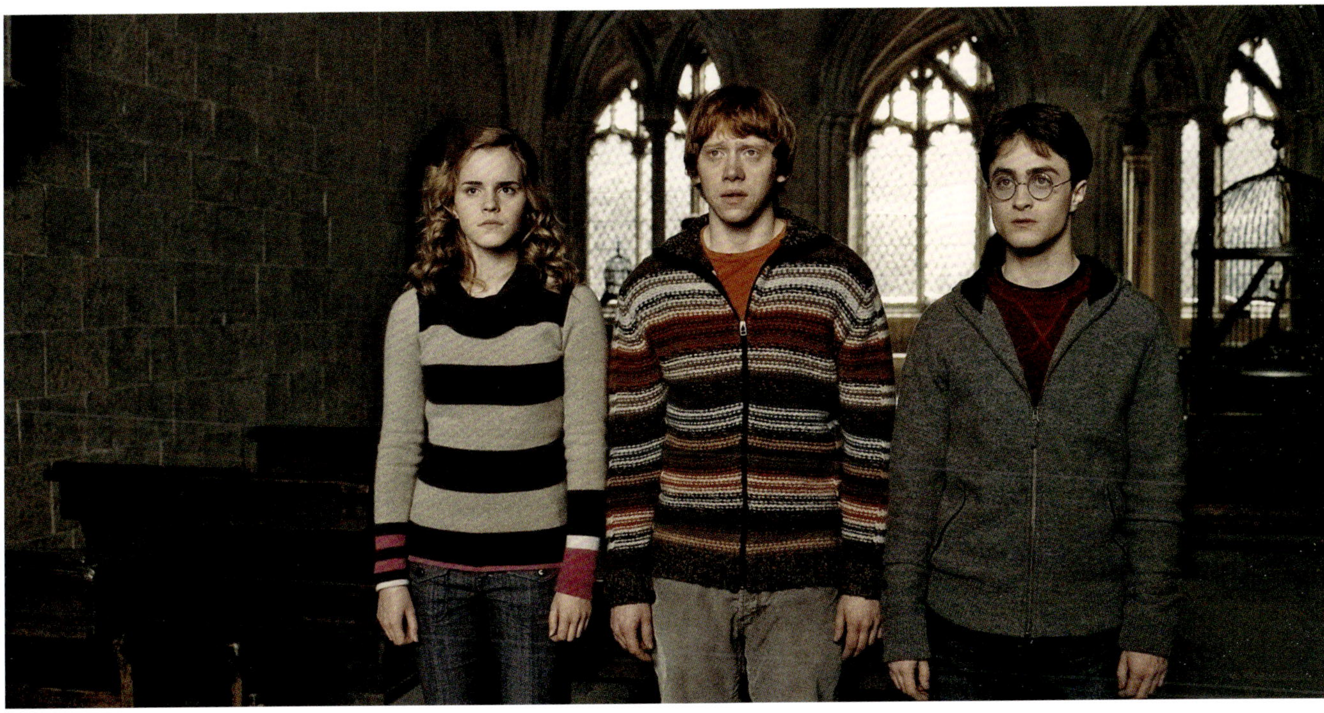

OBEN: Harry, Ron und Hermine in Professor McGonagalls Büro, nachdem sie das verfluchte Halsband auf dem Rückweg vom Drei Besen Pub entdeckt haben in *Harry Potter und der Halbblutprinz.*

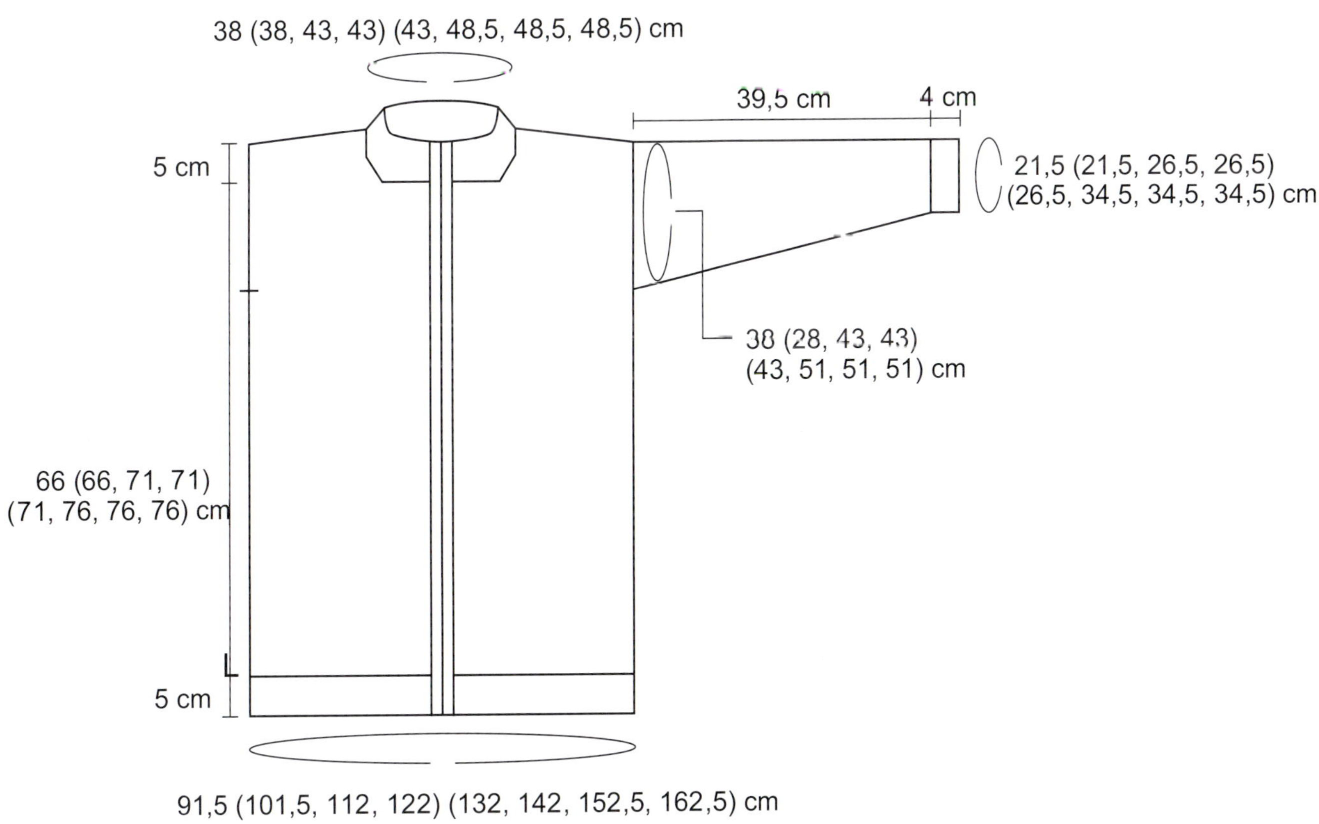

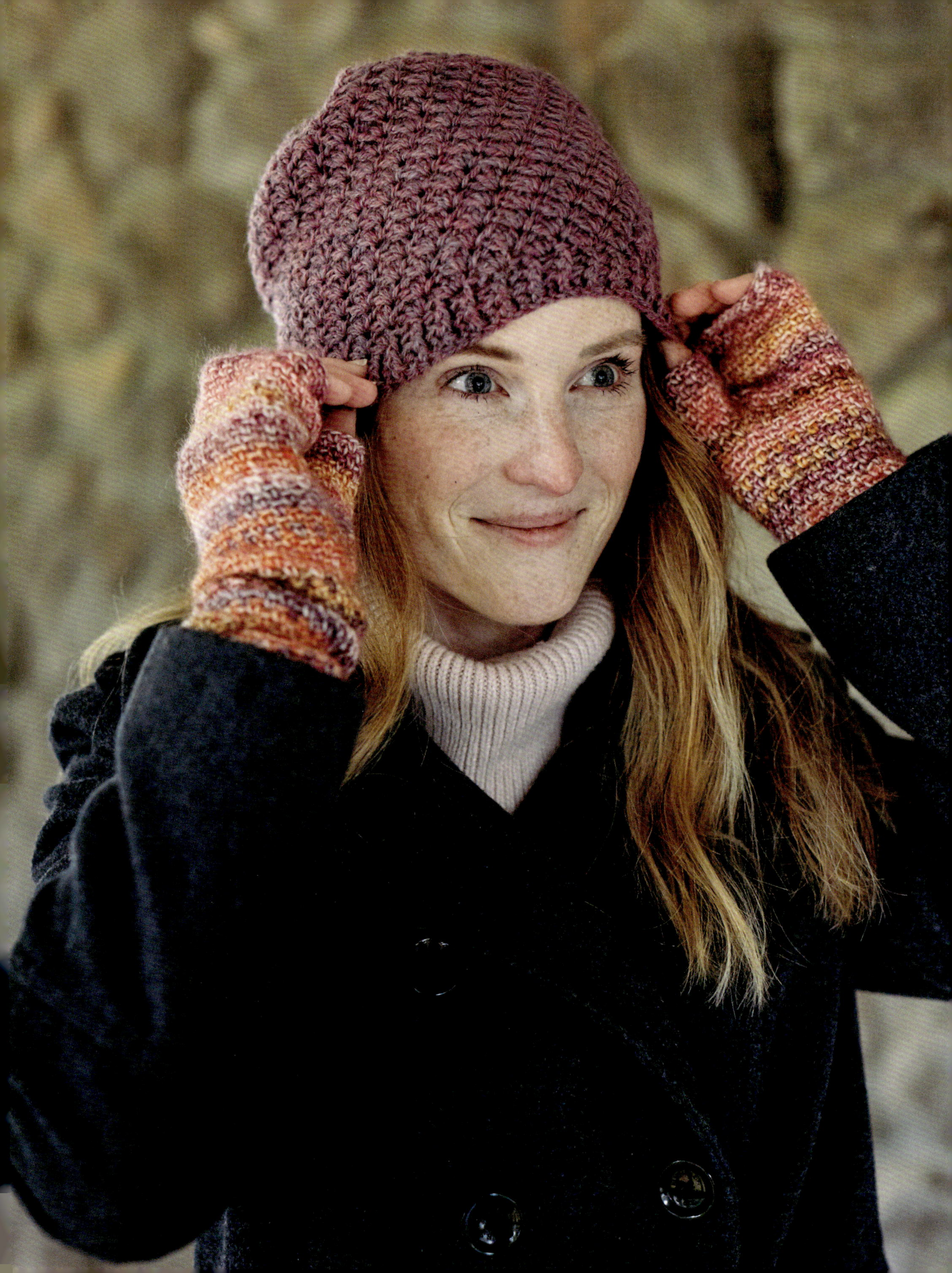

HERMINES GODRIC'S HOLLOW SET

Design: **BRITT SCHMIESING**

SCHWIERIGKEITSGRAD ϟϟ

Harry und Hermine besuchen im Film *Harry Potter und die Heiligtümer des Todes, Teil 1* das Dorf Godric's Hollow – Harrys Geburtsort. Auf ihrer Suche nach weiteren Antworten für ihre Jagd nach den Horkruxen erreichen sie am späten Abend ein wunderliches Tudor-Dorf, das von frisch gefallenem Schnee sanft umhüllt ist. Während des Aufenthalts begibt sich das Paar auch auf einen kleinen, von Bäumen umgebenen Dorffriedhof, um der Vergangenheit einschließlich Harrys Eltern Lily und James seinen Respekt zu zollen.

Die Kulisse für Godric's Hollow wurde im hinteren Bereich der Pinewood Studios in deren eigenem Garten aufgebaut. „Pinewood hat eine prächtige Zeder, die ich als Herzstück des Friedhofs haben wollte", erklärt Produktions-Designer Stuart Craig. „Wir haben eine große Kulisse aufgebaut: zwei Straßen, ein Pub, eine Kirche, einen Friedhof, Grabsteine, ein Friedhofstor und die heruntergekommenen Häuschen von Bathilda Bagshot und den Potters."

Während sie auf dem Friedhof herumläuft trägt Hermine ein hübsches Set aus Mütze und Handstulpen in blassen Lila- und Rosatönen. Die Nachbildung dieses kuscheligen Sets beinhaltet Hermines in einem wunderbaren Muster gehäkelte Mütze mit schmalem Bund und ihre farbenfrohen fingerlosen Stulpen, perfekt für einen Spaziergang durch den Schnee.

GRÖSSE

Einheitsgröße

FERTIGE GRÖSSE

MÜTZE

Umfang am Rand: 52 cm

Länge: 23 cm

STULPEN

Handumfang: 19 cm

Länge: 29 cm

Hinweis: Dehnbar auf einen Handumfang von 20,5–21,5 cm

GARN

MÜTZE

Mittlere Garnstärke (DK weight), hier: Berroco Ultra Wool DK (100 % superwash Wolle; 267 m/100 g Knäuel) in der Farbe 83157 Lavender, 1 Knäuel

STULPEN

Mittlere Garnstärke (DK weight), hier: Berroco Pixel (100 % superwash Wolle; 300 m/100 g Strang) in der Farbe 2232 Cupcake, 1 Strang

NADELN

- Häkelnadel 4,0 mm oder passende Größe zum Erreichen der Maschenprobe
- Häkelnadel 5,5 mm oder passende Größe zum Erreichen der Maschenprobe

ZUBEHÖR

- Verschließbare Maschenmarkierer

MASCHENPROBE

MÜTZE

Im Mützenmuster mit Nd 5,5 mm 5,5 Gruppen (1 fM, 3 Stb) und 14 R = 10 cm x 10 cm

STULPEN

Im Stulpenmuster mit Nd 4,0 mm 22 M und 25 Rd = 10 cm x 10 cm

Maschenprobe unbedingt prüfen.

HINWEISE

- Der Bund der Mütze wird mit der dünneren Nd im Rippenmuster gehäkelt. Die restliche Mütze wird in Spiral-Rd mit der dickeren Nd gearbeitet.
- Den MM beim Häkeln mitführen.
- Die Stulpen werden von unten nach oben in Spiral-Rd gehäkelt.
- Aus *Pixel* entstehen breite, verblassende Farbstreifen. Um ein Aussehen wie auf dem Foto zu erreichen, sollten Sie das Garn an jedem Farbwechsel teilen und in kleine Knäuel wickeln. Wechseln Sie die Fb nach Wunsch alle 1-4 Rd und maschen Sie dafür die letzte fM vor dem Farbwechsel in der neuen Fb ab. Es liegt in der Natur des Häkelns, dass sich die erste M der Rd immer weiter nach links verschiebt (oder nach rechts, abhängig davon, mit welcher Hand Sie häkeln). Versuchen Sie die Farbwechsel senkrecht übereinander auszuführen.

BESONDERE ABKÜRZUNGEN

2 Stb zus abm (2 Stäbchen zusammen abmaschen): 2x [1 U, mit der Häkelnd in die angegebene M einstechen, 1 U durchziehen, 1 U durch 2 Schlingen ziehen], 1 U durch die 3 restlichen Schlingen auf der Häkelnd ziehen (= 1 M abgenommen).

2 fM zus abm (2 feste Maschen zusammen abmaschen): Mit der Häkelnd in die angegebene M einstechen, 1 U durchziehen, in die nächste angegebene M einstechen, 1 U durchziehen, 1 U durch die 3 Schlingen auf der Häkelnd ziehen.

MÜTZE

BUND

Mit der dünneren Häkelnd 79 Lm anschl.

Rd 1: 1 Stb in die 3. Lm von der Nd aus (die übergangenen Lm zählen als 1. Stb) und in jede folgende Lm; Rd mit 1 Km in die 2. übergangene Lm (= 78 Stb).

Rd 2: 1 lockere Lm, 1 Relief-Stb von vorn, 1 Relief-Stb von hinten, [1 Relief-Stb von vorn, 1 Relief-Stb von hinten] wdh, Rd mit 1 Km in das erste Relief-Stb von vorn schließen.

Rd 3: 1 lockere Lm, rundum [1 Relief-Stb von vorn um jedes Relief-Stb von vorn, 1 Relief-Stb von hinten um jedes Relief-Stb von hinten], Rd mit 1 Km in das erste Relief-Stb von vorn schließen.

MÜTZE

Rd 1: Mit der dickeren Häkelnd 1 Lm, [1 fM, 3 Stb] in die 1. M, * [1 fM, 3 Stb] in die nächste M, 1 M übergehen, 12x [[1 fM, 3 Stb] in die nächste M, 2 M übergehen] **, [1 fM, 3 Stb] in die nächste M, ab * wdh, enden bei **, MM für den Rd-Anfang einhängen (siehe Hinweise), Rd nicht schließen (= 28 [1 fM, 3 Stb]-Gruppen).

Rd 2: In jede fM [1 fM, 3 Stb] arb.

Rd 2 wdh, bis ca 15 cm ab Bund gearbeitet sind.

KOPFRUNDUNG

Rd 1: * [1 fM, 2 Stb] in die nächste fM, 3x [1 fM, 3 Stb] in die nächste fM; ab * wdh (= 7 [1 fM, 2 Stb]-Gruppen, 21 [1 fM, 3 Stb]-Gruppen).

Rd 2: * 2x [1 fM, 2 Stb] in die nächste fM, 2x [1 fM, 3 Stb] in die nächste fM; ab * wdh (= 14 [1 fM, 2 Stb]-Gruppen, 14 [1 fM, 3 Stb]-Gruppen).

Rd 3: * 3x [1 fM, 2 Stb] in die nächste fM, [1 fM, 3 Stb] in die nächste fM; ab * wdh (= 21 [1 fM, 2 Stb]-Gruppen, 7 [1 fM, 3 Stb]-Gruppen).

Rd 4: * [1 fM, 2 Stb] in die nächste fM, ab * wdh (= 28 [1 fM, 2 Stb]-Gruppen).

Rd 5: * [1 fM, 1 Stb] in die nächste fM, [1 fM, 2 Stb] in die nächste fM; ab * wdh (= 14 [1 fM, 1 Stb]-Gruppen, 14 [1 fM, 2 Stb]-Gruppen).

Rd 6: * [1 fM, 1 Stb] in die nächste fM, ab * wdh (= 28 [1 fM, 1 Stb]-Gruppen).

Rd 7: * 1 fM in die nächste fM, [1 fM, 1 Stb] in die nächste fM; ab * wdh (= 14 fM, 14 [1 fM, 1 Stb]-Gruppen).

Rd 8: * 1 fM übergehen, [1 fM, 1 Stb] in die nächste fM; ab * wdh (= 14 [1 fM, 1 Stb]-Gruppen).

Rd 9: [2 Stb zus abm, dafür in die nächsten 2 fM einstechen] wdh (= 7 Stb).

Arbeit beenden. Fadenende 2x durch die 7 Stb fädeln und fest anziehen. Fäden vernähen.

STULPEN

RECHTE STULPE

Mit der dünneren Häkelnd 44 Lm anschl.

R 1: 1 fM in die 2. Lm von der Nd aus und in jede folgende Lm (= 43 fM).

Rd 2: Darauf achten, die M nicht zu verdrehen, 1 MM am Beginn der Rd

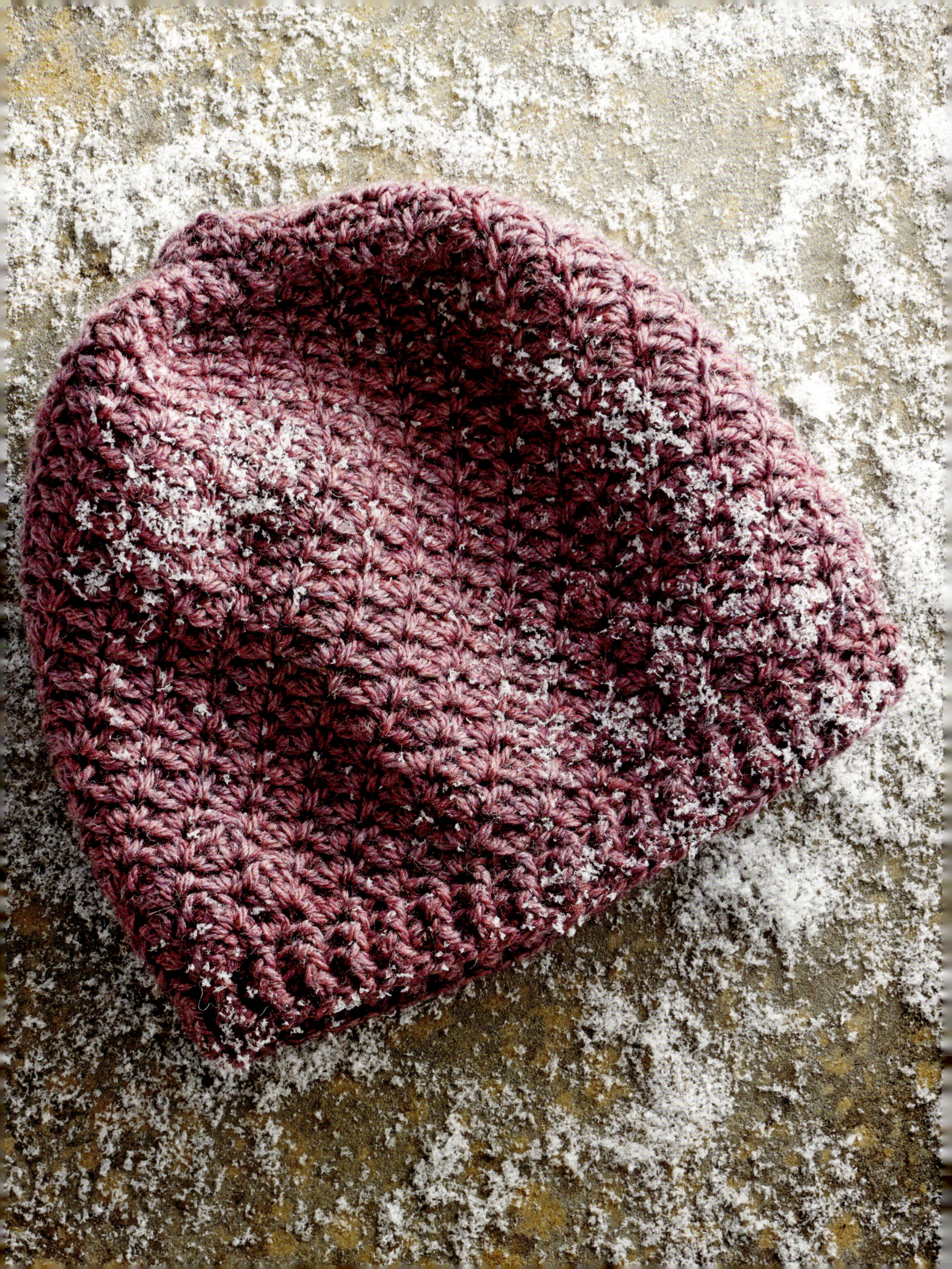

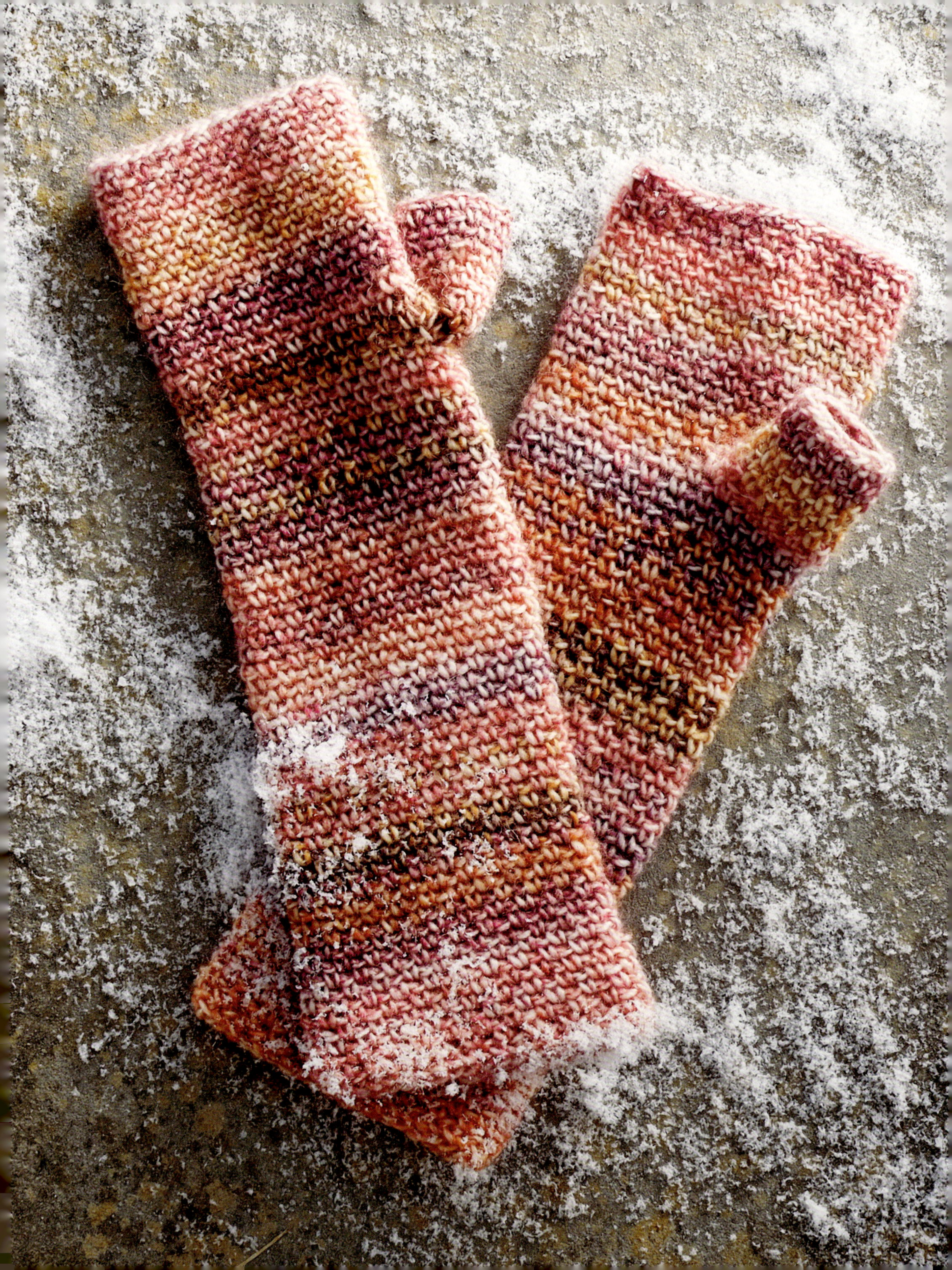

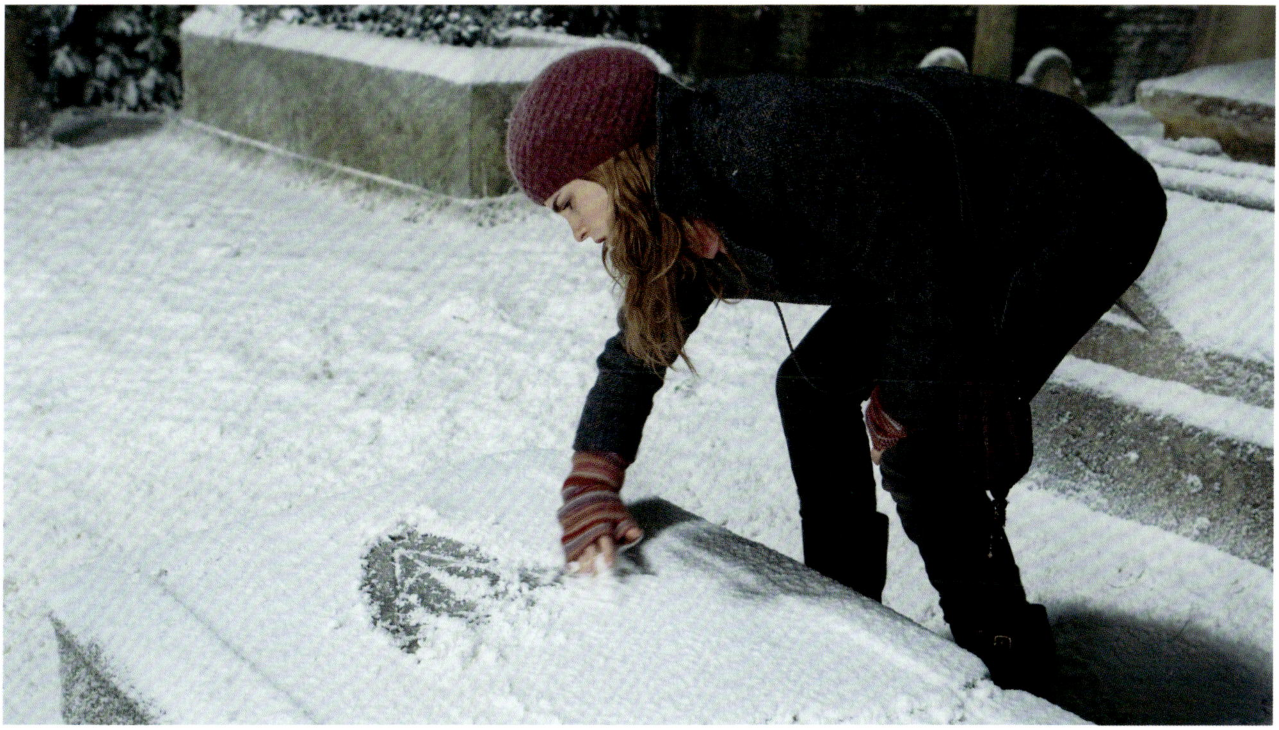

OBEN: Hermine trägt ihre warme Mütze und Handstulpen, als sie auf dem Friedhof von Godric's Hollow das Zeichen der Heiligtümer des Todes findet in *Harry Potter und die Heiligtümer des Todes – Teil 1.*

einhängen und beim Häkeln mitführen, dann 1 fM in die 1. fM, [1 Lm, 1 M übergehen, 1 fM in die nächste M] wdh (= 22 fM, 21 Lm-Bogen).

Rd 3: [1 Lm, 1 fM übergehen, 1 fM in den nachsten Lm-Bogen] wdh.

Rd 3 wdh, dabei die Fb nach Wunsch abwechseln (siehe Hinweise), bis die Stulpe ca. 20,5 cm lang ist.

DAUMENLOCH

Nächste Rd: [1 Lm, 1 fM in den nächsten Lm-Bogen] wdh bis noch 4 fM und 4 Lm-Bogen übrig sind, 7 Lm, 7 M übergehen, 1 fM in den letzten Lm-Bogen.

Nächste Rd: [1 Lm, 1 fM in den nächsten Lm-Bogen] wdh bis zur letzten fM vor der Lm-Kette, 1 Lm, 1 fM übergehen, 3x [1 fM in die nächste Lm, 1 Lm, 1 Lm übergehen], 1 fM in die nächste Lm.

Rd 3 wdh, bis die Stulpe ca 29 cm ab Anschlag lang ist.

Arbeit beenden.

DAUMEN

Rd 1: Mit 1 Km am Lm-Bogen in der oberen Mitte des Daumenlochs anschlingen, 1 Lm, 1 fM in den gleichen Lm-Bogen, 1 Lm, nächste M übergehen, [1 fM in den nächsten Lm-Bogen, 1 Lm, nächste M übergehen] wdh bis zur Ecke, 1 fM in die Ecke des Daumenlochs, 1 Lm, [1 fM in den nächsten Lm-Bogen, 1 Lm, nächste M übergehen] wdh bis zur nächsten Ecke, 1 fM in die Ecke des Daumenlochs, 1 Lm, [1 fM in den nächsten Lm-Bogen, 1 Lm, nächste M übergehen] wdh bis zum Rd-Beginn (= 10 fM, 9 Lm-Bogen).

Rd 2: [1 fM in den nächsten Lm-Bogen, 1 Lm] wdh.

Rd 2 wdh bis ca. 2,5 cm gearbeitet sind.

Abn-Rd: 2 fM zus abm, dafür in die nächsten 2 Lm-Bogen einstechen, 1 Lm, [1 fM in den nächsten Lm-Bogen, 1 Lm] wdh (= 9 fM, 8 Lm-Bogen).

Rd 2 wdh, bis der Daumen ca. 5 cm lang ist oder bis zur gewünschten Länge.

Arbeit beenden. Fadenenden vernähen.

LINKE STULPE

Bis zum Daumenloch häkeln wie die rechte Stulpe.

Nächste Rd: 7 Lm, 7 M übergehen, 1 fM in den nächsten Lm-Bogen, [1 Lm, 1 fM in den nächsten Lm-Bogen] wdh.

Nächste Rd: 4x [1 Lm, 1 Lm übergehen, 1 fM in die nächste Lm], [1 Lm, 1 fM in den nächsten Lm-Bogen] wdh.

Wie die rechte Stulpe zu Ende häkeln.

FERTIGSTELLUNG

Fadenenden vernähen.

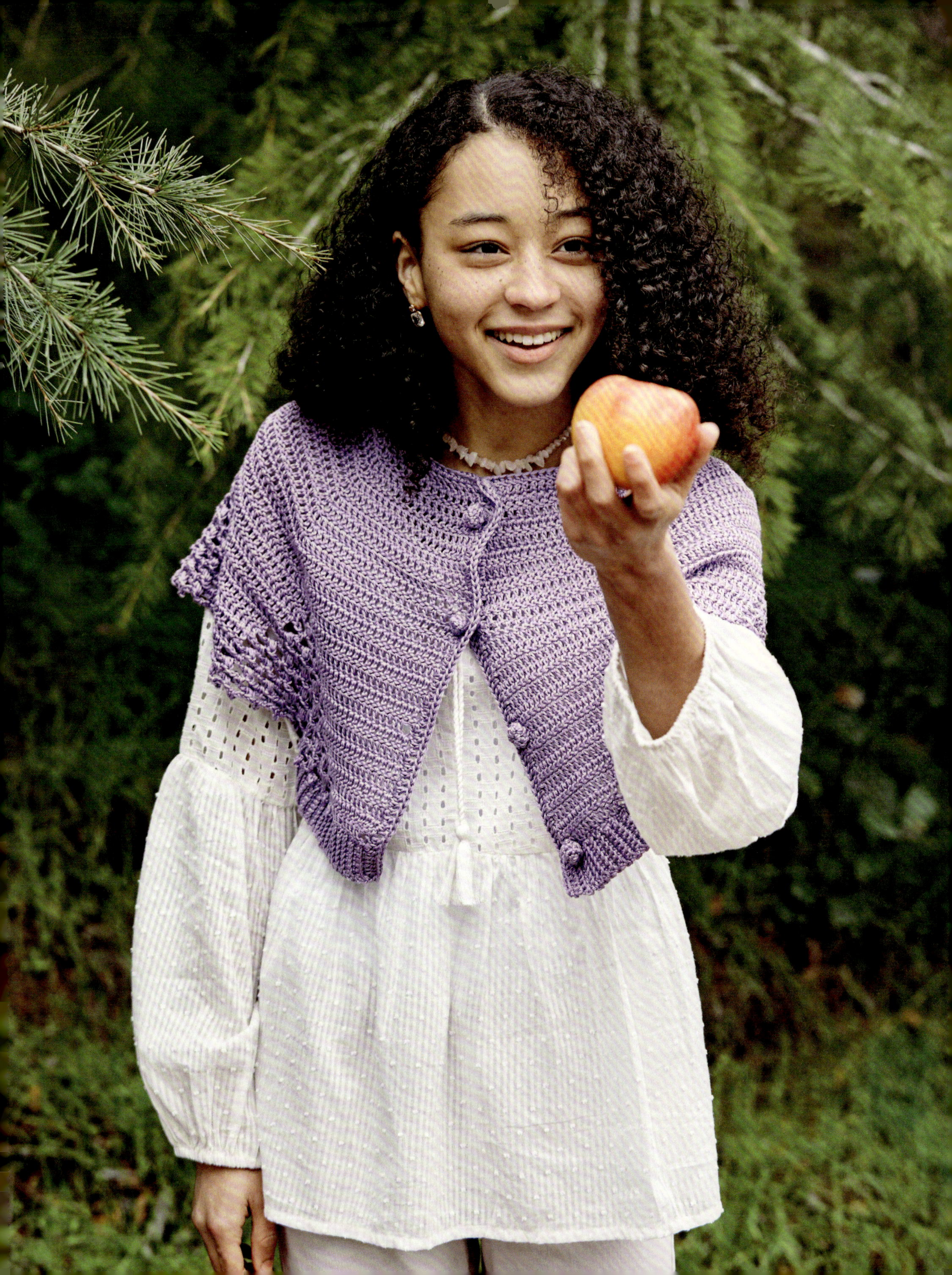

LUNAS KURZE JACKE

Design: **BRITT SCHMIESING**

SCHWIERIGKEITSGRAD ⚡⚡

Luna Lovegood, die das erste Mal in *Harry Potter und der Orden des Phönix* vorgestellt wird, ist auf vielerlei Art eine besondere Hexe. Zum einen kann sie Thestrale sehen, was sich als nützlich erweist, als Harry sie zum ersten Mal sieht und schockiert ist. Später im fünften Film findet Harry Luna draußen auf dem Hogwarts-Gelände, wo sie sich die geheimnisvollen magischen Kreaturen genauer anschaut. Während die beiden sich unterhalten, erkundigt sich Harry bei Luna nach ihren fehlenden Schuhen und gibt den Zuschauern damit die Möglichkeit, Lunas schöne, aber exzentrische Kleiderwahl zu würdigen. „Nichts passt zusammen", sagt Kostüm-Designerin Jany Temime, die über Luna immer dachte, dass „sie in ihrer eigenen, selbst zusammengestrickten Welt lebt. Sie kann Dinge sehen, die sonst niemand sieht, und das wollte ich widerspiegeln."

Lunas kurze Jacke ist eine Nachbildung der lila Jacke, die sie im Film *Harry Potter und der Orden des Phönix* anhat, als sie die Thestrale besucht. Luna trägt oft Kleidung in mehreren Lagen, und diese Jacke ist dafür perfekt. Diese geknöpfte Jacke mit Filethäkelei unten an den Ärmeln und einem schönen Rippenmuster am Saum kann mit allen Mustern in Ihrem Kleiderschrank kombiniert werden, ganz egal, wie exzentrisch sie sind.

GRÖSSEN

XS (S, M, L, XL, 2XL, 3XL)
Abgebildet in Größe S.
In der Anleitung steht die Größe XS vorn, alle anderen Größen dahinter in Klammern. Ist nur eine Zahl angegeben, gilt sie für alle Größen.

FERTIGE GRÖSSEN

Brustumfang: 86,5 (96,5, 106,5, 117, 127, 137, 147,5) cm
Länge: 31 (32, 33, 33,5, 35, 37,5, 38) cm

GARN

Mittlere Garnstärke (DK weight), hier: Cascade Yarns Ultra Pima (100 % Pima Baumwolle; 200 m/100 g Strang) in der Farbe 3709 Wood Violet, 3 (3, 3, 3, 4, 4, 4) Stränge

NADELN

- Häkelnadel 3,75 mm
- Häkelnadel 4,0 mm oder passende Größe zum Erreichen der Maschenprobe

ZUBEHÖR

- Verschließbare Maschenmarkierer
- Wollnadel

MASCHENPROBE

16 Stb und 10 R mit Häkelnd 4,0 mm = 10 cm x 10 cm
Maschenprobe unbedingt prüfen.

HINWEISE

- Die Jacke wird von oben nach unten mit Raglanzunahmen gehäkelt.
- Der gerippte Bund wird separat quer gehäkelt und angenäht.
- Dreiecke im Spitzenmuster lassen die Ärmel flattern.

BESONDERE ABKÜRZUNGEN

2 Stb zus abm (2 Stäbchen zusammen abmaschen): 2x [1 U, mit der Häkelnd in die angegebene M einstechen, 1 U durchziehen, 1 U durch 2 Schlingen ziehen], 1 U durch die 3 restlichen Schlingen auf der Häkelnd ziehen (= 1 M abgenommen).

Picot: 3 Lm, 1 Km in die erste der 3 Lm.

Büschel-M: 3x [in die angegebene M einstechen, 1 Schlinge holen und langziehen, 1 U], alle 6 Schlingen auf der Häkelnd zus abm.

JACKE

OBERTEIL

Mit der dickeren Häkelnd 89 (89, 93, 93, 97, 97, 101) Lm anschl.

R 1 (Hinr): 1 Stb in die 3. Lm von der Nd aus und in jede folgende Lm, wenden (= 88 (88, 92, 92, 96, 96, 100) Stb).

Je 1 MM im 16. (16., 17., 17., 18., 18., 19.) Stb von beiden Kanten aus (Vorderteile) und im 13. (13., 13., 13., 15., 15., 15.) folgenden Stb in Richtung Mitte (Ärmel) einhängen.

R 2: 2 Lm (zählen hier und im Weiteren als 1. Stb), 2x [Stb häkeln bis zur markierten M, 2 Stb in die markierte M (MM in das 2. Stb einhängen), 2 Stb in die nächste M, Stb häkeln bis 1 M vor der nächsten markierten M, 2 Stb in die nächste M, 2 Stb in die markierte M (MM in das 1. Stb einhängen)], Stb häkeln bis R-Ende, wenden (8 Stb zugenommen; 96 (96, 100, 100, 104, 104, 108) Stb).

R 3 (Knopfloch-R): 2 Lm, 2x [Stb häkeln bis zur markierten M, 2 Stb in die markierte M (ab jetzt MM wie in R 2 versetzen), 2 Stb in die nächste M, Stb häkeln bis 1 M vor der nächsten markierten M, 2 Stb in die nächste M, 2 Stb in die markierte M], Stb häkeln bis zu den letzten 3 M, 1 Lm, 1 M übergehen (Knopfloch eingearbeitet), 2 Stb, wenden (8 Stb zugenommen; 104 (104, 108, 108, 112, 112, 116) Stb).

R 4-11 (4-12, 4-13, 4-14, 4-15, 4-17, 4-18): R2 wdh, dabei etwa in jeder 8. (8., 9., 9., 7., 7., 8.) R am gleichen Rand ein Knopfloch einarb, wenden (= 168 (176, 188, 196, 208, 224, 236) Stb).

R 12-14 (13-15, 14-16, 15-17, 16-18, 18-20, 19-21): 2 Lm, 2x [Stb häkeln bis zur markierten M, 2 Stb in die markierte M, Stb häkeln bis zur nächsten markierten M, 2 Stb in die markierte M], Stb häkeln bis R-Ende, wenden (je 4 Stb zugenommen; 180 (188, 200, 208, 220, 236, 248) Stb).

BEREICH MIT SPITZENMUSTER

Hinweis: Weiterhin in jeder 8. (8., 9., 9., 7., 7., 8.) R am gleichen Rand ein Knopfloch einarb, das letzte Knopfloch muss in der letzten R des Oberteils eingearbeitet werden. Es sollten insgesamt 4 (4, 4, 4, 5, 5, 5) Knopflöcher sein.

Alle MM entfernen.

R 1: 2 Lm, 20 (22, 25, 27, 30, 34, 37) Stb, 3 Lm, 1 Stb übergehen, 2x [23 Stb, 3 Lm, 1 Stb übergehen], 40 (44, 50, 54, 60, 68, 74) Stb, 3 Lm, 1 Stb übergehen, 2x [23 Stb, 3 Lm, 1 Stb übergehen], Stb häkeln bis R-Ende, wenden (= 174 (182, 194, 202, 214, 230, 242) Stb, 6 3-Lm-Bögen).

R 2: 2 Lm, 6x [Stb häkeln bis 1 M vor dem 3-Lm-Bogen, 3 Lm, 1 Büschel-

LUNA LOVEGOOD: „SIE HEISSEN THESTRALE. SIE SIND EIGENTLICH GANZ SANFT, ABER VIELE FÜRCHTEN SICH VOR IHNEN. SIE SIND EBEN RECHT …"
HARRY POTTER: „SPEZIELL."

Luna Lovegood und Harry Potter in *Harry Potter und der Orden des Phönix*

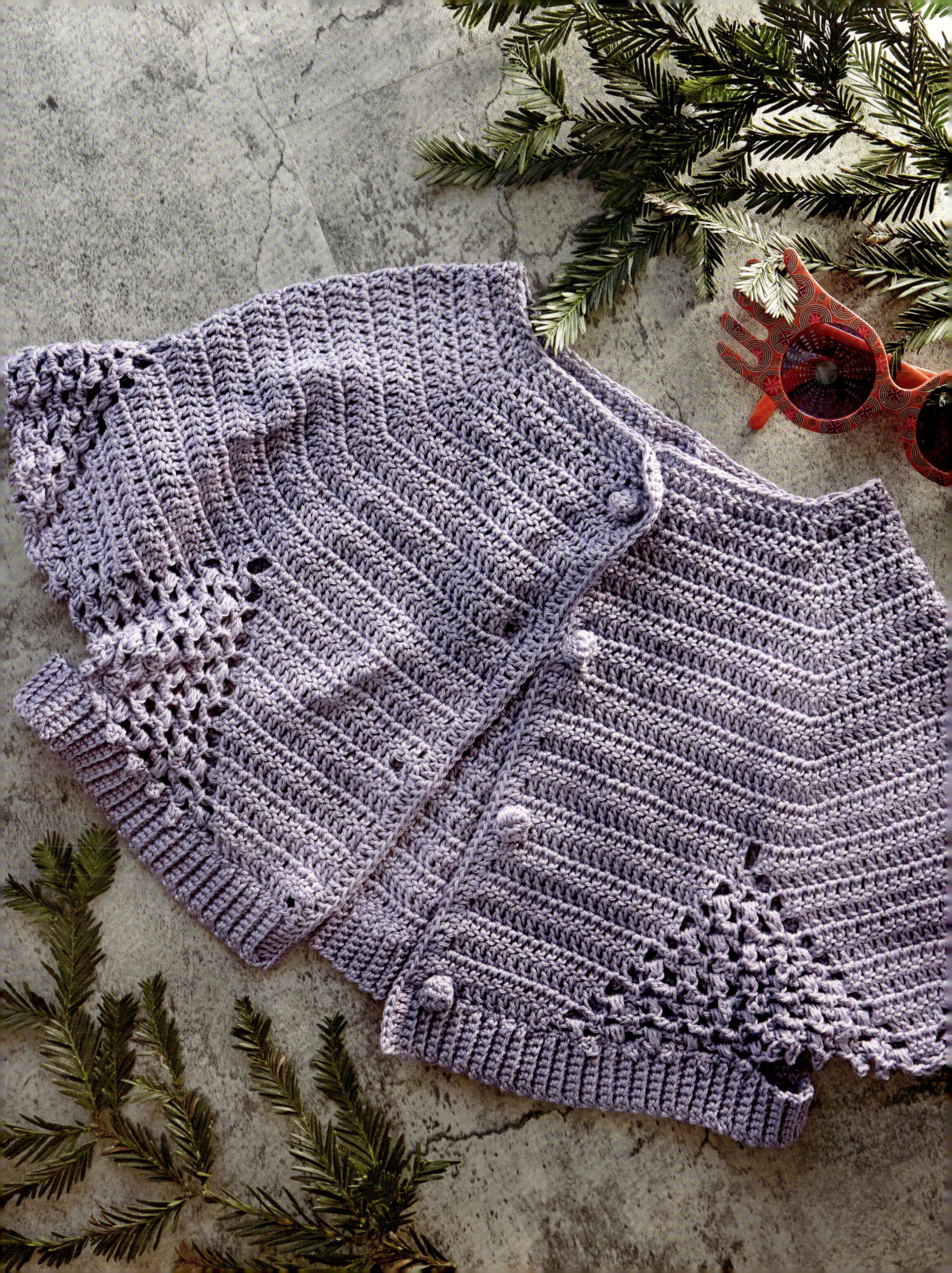

M in den 3-Lm-Bogen, 3 Lm, 1 Stb übergehen], Stb häkeln bis R-Ende, wenden (= 162 (170, 182, 190, 202, 218, 230) Stb, 12 3-Lm-Bögen, 6 Büschel-M).

R 3: 2 Lm, 6x [Stb häkeln bis 1 M vor dem 3-Lm-Bogen, 3 Lm, 1 fM in den 3-Lm-Bogen, 3 Lm, 1 fM in den nächsten 3-Lm-Bogen, 3 Lm, 1 Stb übergehen], Stb häkeln bis R-Ende, wenden (= 150 (158, 170, 178, 190, 206, 218) Stb, 18 3-Lm-Bögen, 12 fM).

R 4: 2 Lm, 6x [Stb häkeln bis 1 M vor dem 3-Lm-Bogen, 3 Lm, in jeden 3-Lm-Bogen bis zum letzten 3-Lm-Bogen [1 Büschel-M, 1 Lm, 1 Picot, 2 Lm], 1 Büschel-M in den letzten 3-Lm-Bogen, 3 Lm, 1 Stb übergehen], Stb häkeln bis R-Ende, wenden (= 138 (146, 158, 166, 178, 194, 206) Stb, 12 3-Lm-Bögen, 18 Büschel-M, 12 Picots, 12 1-Lm-Bögen, 12 2-Lm-Bögen).

R 5: 2 Lm, 6x [Stb häkeln bis 1 M vor dem 3-Lm-Bogen, 3 Lm, 1 fM in den 3-Lm-Bogen, 3 Lm, in jeden 2-Lm-Bogen bis zum letzten 3-Lm-Bogen [1 fM, 3 Lm], 1 fM in den 3-Lm-Bogen, 3 Lm, 1 Stb übergehen], Stb häkeln bis R-Ende, wenden (= 126 (134, 146, 154, 166, 182, 194) Stb, 30 3-Lm-Bögen, 24 fM).

R 6-12: R 4 und 5 abwechselnd wdh, mit R 4 enden (= 42 (50, 62, 70, 82, 98, 110) Stb, 12 3-Lm-Bögen, 66 Büschel-M, 60 Picots, 60 1-Lm-Bögen, 60 2-Lm-Bögen nach R 12).

Arbeit beenden.

BUND

Mit der dünneren Häkelnd 8 Lm anschl.

R 1: 1 fM in die 2. Lm von der Nd aus und in jede folgende Lm, wenden (= 7 fM).

R 2: 1 Lm, fM häkeln, dabei nur ins hintere M-Glied einstechen.

R 2 wdh, bis der Bund ca. 86,5 (96,5, 106,5, 117, 127, 137, 147,5) cm lang ist.

Arbeit beenden. Fadenenden vernähen.

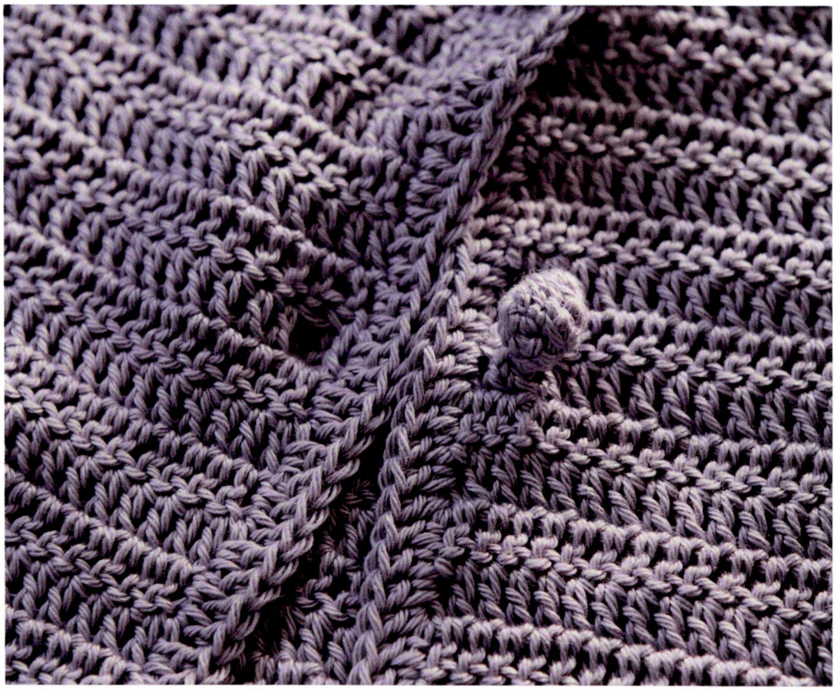

FERTIGSTELLUNG

Das Oberteil flach so hinlegen, dass die Vorderkanten sich in der Mitte treffen und die Knopflöcher den gegenüberliegenden Rand überlappen. Den Bund zur Hälfte falten, Bruchkante an die Mitte des Rückens legen und feststecken. Den Bund nun so falten, dass die schmalen Kanten an den Vorderkanten liegen und an diesen Stellen feststecken. Der Bund ist nun auf die gleiche Art gefaltet wie das Oberteil. Auf beiden gefalteten Seiten des Bundes je 4 (4, 4, 4, 5, 5, 5) cm abmessen (Bereich unter dem Arm) und den Bund an diesen Stellen mit Steck-Nd markieren. Oberteil und Bund an den Markierungen zusammenstecken, dabei bleiben auf beiden Seiten des Bundes um die Bruchkanten herum je 4 (4, 4, 4, 5, 5, 5) cm offen. Bund zwischen den Markierungen an das Oberteil stecken und mit Überwendlingsstichen annähen.

BLENDE

Am unteren Rand des Bundes am rechten Vorderteil mit 1 Km anschlingen, 2 Lm, in jede fM des Bundes 1 Stb, je 2 Stb in jedes R-Ende bis zur oberen Ecke des Vorderteils, 3 hStb in die 1. M des Halsausschnitts, 4x [1 hStb in jede M bis 1 M vor der Raglanlinie, 2 Stb zus abm], hStb häkeln bis zur letzten M des Halsausschnitts, 3 hStb in die letzte M, je 2 Stb in jedes R-Ende bis zum Bund, 1 Stb in jede fM des Bundes. Arbeit beenden.

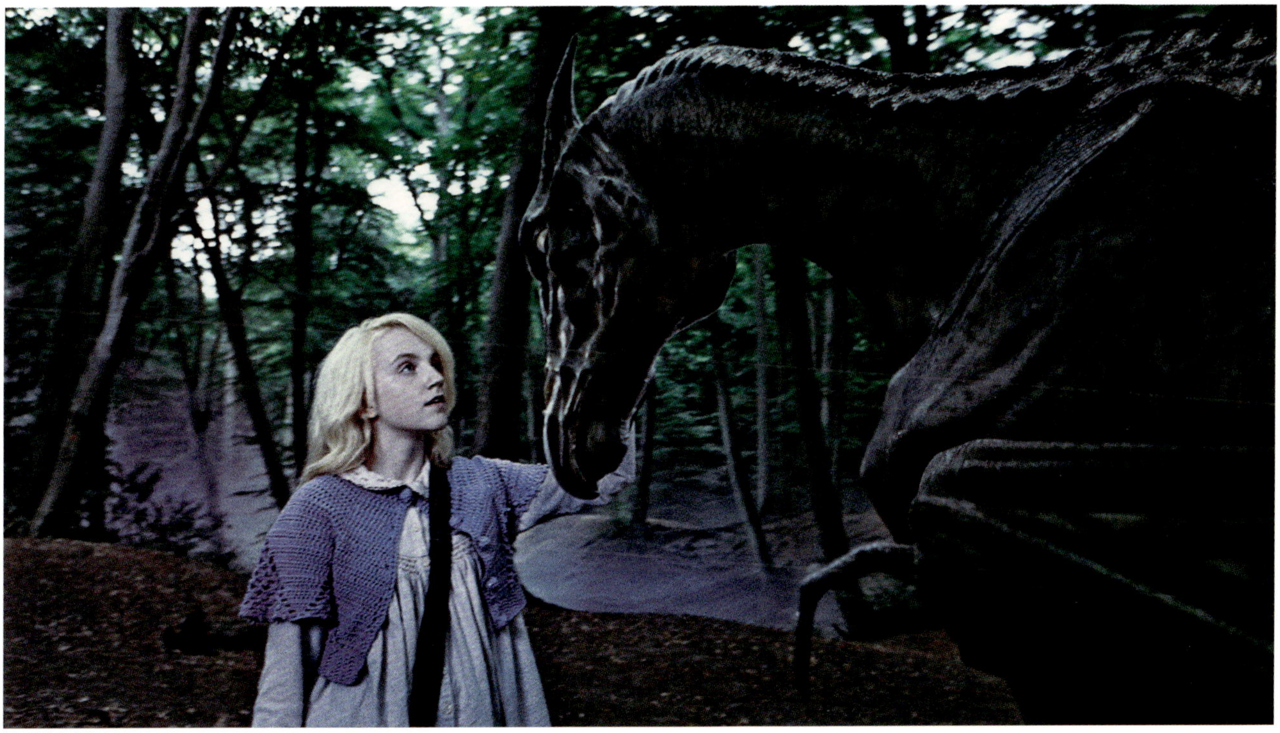

OBEN: Luna Lovegood besucht Hogwart's Thestralherde im verbotenen Wald in *Harry Potter und der Orden des Phönix.*

KNÖPFE (4 (4, 4, 4, 5, 5, 5)x)

Rd 1: Ein 15 cm langes Fadenende hängen lassen und mit der dünneren Häkelnd 3 Lm anschl, mit 1 Km zur Rd schließen und in den Ring 1 Lm, 6 fM häkeln (= 6 fM).

Rd 2: In jede M 2 fM häkeln (= 12 fM).

Rd 3: [2 fM zus abm] wdh (= 6 fM).

Faden lang abschneiden.

Den Anfangs-Ring mit dem Fadenende schließen, dann das Fadenende in den Knopf stopfen. Den Endfaden 2x durch die letzten M ziehen und fest zus-ziehen. Mit ein paar Stichen sichern. Das Fadenende dazu benutzen, den Knopf gegenüber vom Knopfloch anzunähen.

Fadenenden vernähen.

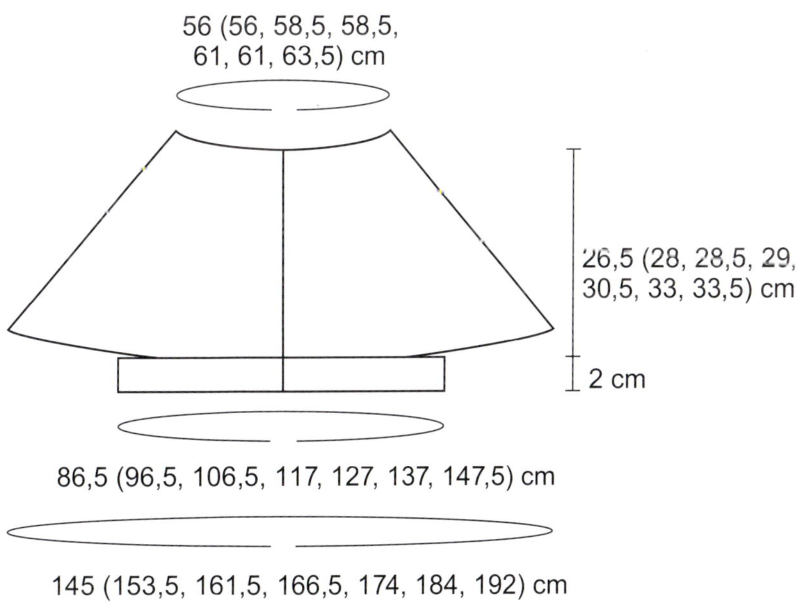

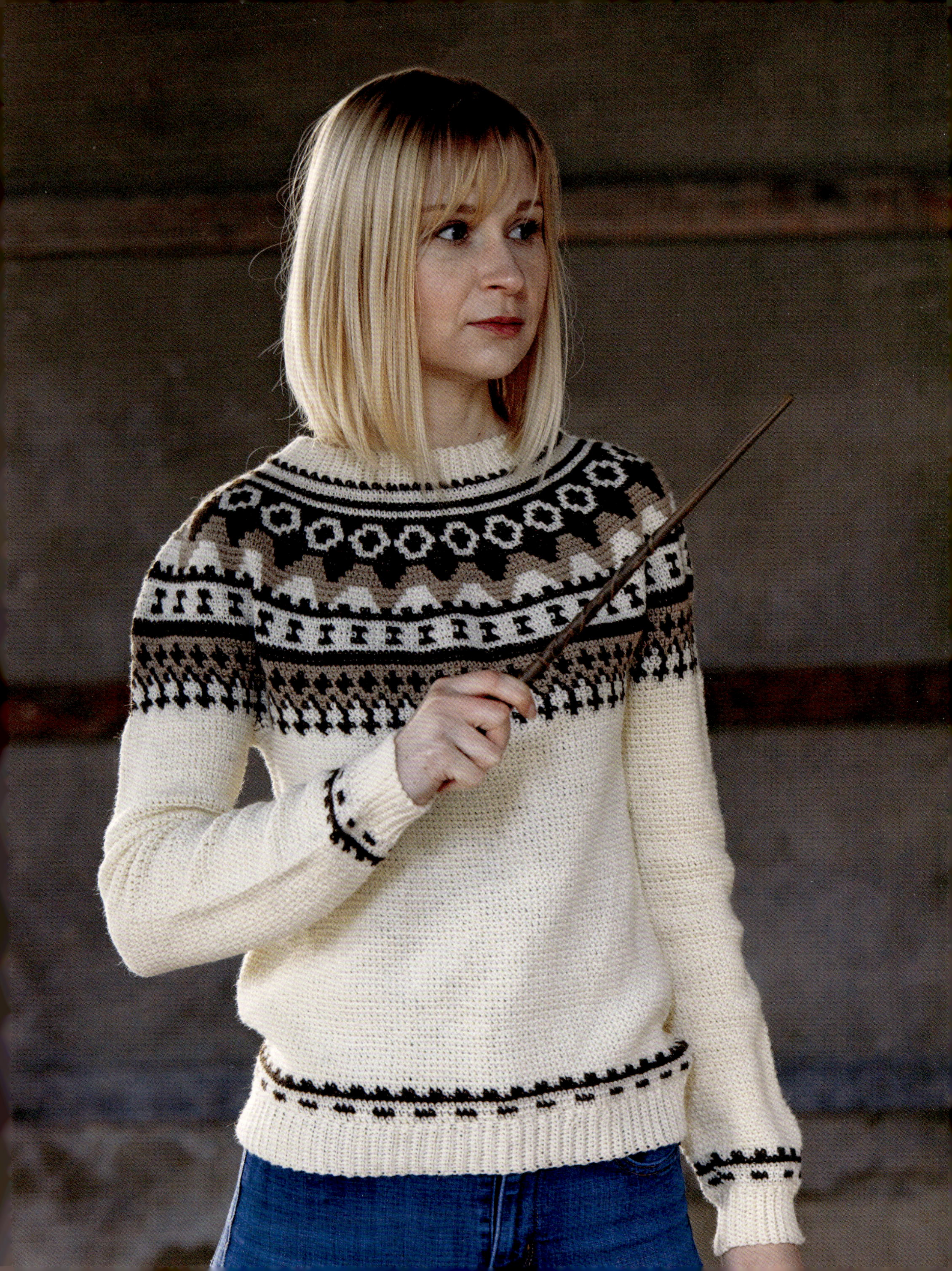

Hermines Raum der Wünsche Pullover

Design: **SARA DUDEK**

SCHWIERIGKEITSGRAD ϟϟϟ

Im Film *Harry Potter und der Orden des Phönix* brauchen Harry und seine Freunde einen Ort, wo sie Verteidigung gegen die dunklen Künste üben können – und wo Professor Umbridge sie nicht finden kann. Nach einigen weniger geeigneten Lösungen finden sie schließlich den Raum der Wünsche. Die Mitglieder von Dumbledores Armee können sich während der Schulstunden und auch nach dem Unterricht, wenn die Kleiderordnung nicht mehr gilt, in den Raum schleichen und gemeinsam ihre Zaubersprüche üben. Das ist eine weitere großartige Gelegenheit für die Fans, einen Blick auf Hermines Sinn für Stil zu erhaschen.

Kostüm-Designerin Judianna Makovskys Ansatz für Hermine Grangers Aussehen war, es „klassisch britisch zu halten. Ich habe sie in Faltenröcke, Kniestrümpfe und bezaubernde handgearbeitete Fair-Isle-Pullover gekleidet." Wir bekommen die Möglichkeit, einen dieser Pullover im Raum der Wünsche in Harry Potter und der Orden des Phönix in Aktion zu sehen.

Hermines umwerfender Raum der Wünsche Pullover hat eine Rundpasse, die in prächtigen Braun- und Cremetönen gearbeitet ist. Er wird von oben nach unten mit einem Rippenbündchen am Halsausschnitt und einfachen Zunahmen innerhalb der Passe gearbeitet. Die Ärmel werden abgetrennt und mit einem gerippten Bund gearbeitet.

GRÖSSEN

XS (S, M, L, XL, 2XL, 3XL, 4XL, 5XL)

Abgebildet in Größe S.

In der Anleitung steht die Größe XS vorn, alle anderen Größen dahinter in Klammern. Ist nur eine Zahl angegeben, gilt sie für alle Größen.

FERTIGE GRÖSSEN

Brustumfang: 75 (86,5, 96,5, 105,5, 117, 127, 137, 147,5, 162,5) cm

Hinweis: Der Pullover sollte 5-10 cm weiter gearbeitet werden als der Brustumfang (siehe Schnitt).

GARN

Dünnes Garn (fingering weight, super fine), hier: WeCrochet Bare Palette (100 % Peruvian Highland wool; 399 m/100 g Strang)

Hauptfarbe (HF): 23851 Bare, 3 (3, 4, 4, 5, 5, 6, 6, 6) Stränge

Dünnes Garn (fingering weight, super fine), hier: WeCrochet Palette (100 % Peruvian Highland wool; 211 m/50 g Knäuel)

Kontrastfarbe 1 (KF1): 25532 Grizzly Heather, 1 (2, 2, 2, 2, 3, 3, 3, 4) Knäuel

Kontrastfarbe 2 (KF2): 24560 Almond, 1 (1, 1, 2, 2, 2, 2, 2, 2) Knäuel

NADELN

- Häkelnadel 2,75 mm
- Häkelnadel 3,25 mm oder passende Größe zum Erreichen der Maschenprobe

ZUBEHÖR

- Wollnadel
- Verschließbare Maschenmarkierer

MASCHENPROBE

22 vfM und 18 Rd mit Häkelnd 3,25 mm = 10 cm x 10 cm

Maschenprobe unbedingt prüfen.

HINWEISE

- Der Pullover wird von oben nach unten in Rd mit einer Rundpasse und gleichmäßigen Zunahmen gehäkelt. Danach wird das Teil in Rumpf und Ärmel getrennt. Zuerst wird der Rumpf von oben nach unten gehäkelt, danach wird jeder Ärmel einzeln von oben nach unten gearbeitet.
- Die Rundpasse wird nach Zählmuster in vfM (= verlängerten festen Maschen) gehäkelt. Die Fb nach Zählmuster wechseln und die Zunahmen arb, wenn ein zusätzliches Kästchen im Zählmuster eingezeichnet ist.
- Für 1 Zunahme werden 2 vfM in die nächste M gehäkelt.
- Die Anfangs-Lm für jede neue Rd sollte in der gleichen Fb wie die erste vfM nach Zählmuster gehäkelt werden.
- Die Rundpasse kann sich während des Häkelns wellen; sie wird durch nasses Spannen geglättet.

BESONDERE TECHNIKEN

Um bei vfM einen Fb-Wechsel zu arb bis zur M vor dem Fb-Wechsel häkeln. Für die M vor dem Fb-Wechsel mit der bisherigen Fb in die nächste M einstechen, 1 U durchziehen (= 2 Schlingen auf der Nd), 1 U durch die erste Schlinge ziehen (= immer noch 2 Schlingen auf der Nd), zur neuen Fb wechseln und 1 U durch die 2 Schlingen ziehen.

BESONDERE ABKÜRZUNGEN

vfM (verlängerte feste Masche): Mit der Häkelnd in die nächste M einstechen, 1 U durchziehen (= 2 Schlingen auf der Nd), 1 U durch die erste Schlinge ziehen (= immer noch 2 Schlingen auf der Nd), 1 U durch die 2 Schlingen ziehen.

2 vfM zus abm (2 verlängerte feste Maschen zusammen abmaschen): Mit der Häkelnd nur unter den vorderen M-Gliedern der nächsten 2 M einstechen, 1 U durch die 2 vorderen M-Glieder ziehen, 1 U durch die erste Schlinge auf der Nd ziehen, 1 U durch die restlichen 2 Schlingen ziehen.

PULLOVER

RIPPENBÜNDCHEN

Mit der dünneren Häkelnd in der HF 9 Lm anschl.

R 1: 1 fM in die 2. Lm von der Nd aus und in jede folgende Lm, wenden (= 8 fM).

R 2: 1 Lm, fM häkeln, dabei nur ins hintere M-Glied einstechen, wenden.

R 3-110 (120, 130, 140, 155, 170, 185, 195, 210): R 2 wdh.

Das Bündchen mit einem Saum aus Km auf der linken Seite zum Ring schließen.

RUNDPASSE

Zur dickeren Häkelnd wechseln und in der Fb von Rd 1 nach Zählmuster anschlingen.

Rd 1: 1 Lm, auf der rechten Seite der Arbeit von Saum aus nach links gehend häkeln und in jedes R-Ende des Bündchens 1 vfM in den Fb nach Rd 1 des Zählmusters arb.

Rd 2-37 (37, 41, 41, 46, 46, 50, 50, 54): 1 Lm, vfM häkeln, dabei die Fb-Wechsel und Zunahmen nach den Zählmustern arb (siehe Hinweise); die Rd mit 1 Km schließen (= 264 (288, 312, 336, 372, 408, 444, 468, 504) vfM nach der letzten Rd).

TRENNUNG IN RUMPF UND ÄRMEL

Mit der HF und der dickeren Häkelnd 1 Lm, 38 (44, 49, 53, 58, 63, 68, 72, 81) vfM häkeln, 6 (6, 8, 8, 10, 12, 14, 16, 16) Lm arb und 57 (57, 59, 62, 70, 79, 87, 91, 91) M für den ersten Ärmel übergehen, 75 (87, 97, 106, 116, 125, 135, 143, 161) vfM für das Vorderteil häkeln, 6 (6, 8, 8, 10, 12, 14, 16, 16) Lm arb und 57 (57, 59, 62, 70, 79, 87, 91, 91) M für den zweiten Ärmel übergehen, 37 (43, 48, 53, 58, 62, 67, 71, 80) vfM; Rd mit 1 Km schließen.

Faden nicht abschneiden.

RUMPF

Mit der HF und der dickeren Häkelnd:

Rd 1: 1 Lm, 38 (44, 49, 53, 58, 63, 68, 72, 81) vfM, je 1 vfM in die 6 (6, 8, 8, 10, 12, 14, 16, 16) Lm, 75 (87, 97, 106, 116, 125, 135, 143, 161) vfM, je 1 vfM in die 6 (6, 8, 8, 10, 12, 14, 16, 16) Lm, 37 (43, 48, 53, 58, 62, 67, 71, 80) vfM; Rd mit 1 Km schließen (= 162 (186, 210, 228, 252, 274, 298, 318, 354) vfM).

Rd 2: 1 Lm, vfM häkeln; Rd mit 1 Km schließen.

Rd 2 wdh, bis der Rumpf 26,5 (28, 29, 29, 30,5, 30,5, 32, 32, 32) cm ab dem Ende der Rundpasse misst.

Nächste 5 Rd: KF 1 anschlingen. In den nächsten 5 Rd vfM in den Fb nach dem Zählmuster für den Rand arb. Beachten Sie, dass das Muster nicht für alle Größen gleichmäßig aufgeht.

Faden nicht abschneiden; mit dem Rippenbund für den Rumpf fortfahren.

RIPPENBUND FÜR DEN RUMPF

Mit der dünneren Häkelnd in der HF 13 Lm anschl.

R 1: Wenden, auf den Rumpf zugehend 1 fM in die 2. Lm von der Nd aus und in jede folgende Lm arb (= 12 fM).

R 2: 1 Km in die vfM des Rumpfs, 1 Km in die nächste vfM des Rumpfs, wenden, fM in die fM der Vor-R häkeln, dabei nur ins hintere M-Glied einstechen, wenden (= 12 fM).

R 3: 1 Lm, fM häkeln, dabei nur ins hintere M-Glied einstechen (= 12 fM).

R 2 und 3 rund um den Rumpf wdh. Sobald die Rippen um den gesamten Rumpf gehäkelt sind, den Rippenbund von der linken Seite aus mit einem Saum aus Km zum Ring schließen.

ÄRMEL (2X)

Mit der dickeren Häkelnd in der HF in der Mitte der Lm unter dem Arm anschlingen und wie für Passe und Rumpf in Rd von der rechten Seite der Arbeit aus weiterhäkeln.

Rd 1: 1 Lm, je 1 vfM in die nächsten 3 (3, 4, 4, 5, 6, 7, 8, 8) Lm, 1 vfM in die Ecke zwischen Rumpf und Ärmel, je 1 vfM in die 57 (57, 59, 62, 70, 79, 87, 91, 91) Ärmel-M, 1 vfM in die Ecke zwischen Rumpf und Ärmel, je 1 vfM in die nächsten 3 (3, 4, 4, 5, 6, 7, 8, 8) Lm; Rd mit 1 Km schließen (= 65 (65, 69, 72, 82, 93, 103, 109, 109) vfM).

Rd 2: 1 Lm, vfM häkeln; Rd mit 1 Km schließen.

Rd 3-9: Rd 2 wdh.

Rd 10 (Abn-Rd): 1 Lm, 2 vfM zus abm, vfM häkeln bis zu den letzten 2 M, 2 vfM zus abm (= 63 (63, 67, 70, 80, 91, 101, 107, 107) vfM).

Rd 11-19: Rd 2 wdh.

Rd 20 (Ab-Rd): Rd 10 wdh (= 61 (61, 65, 68, 78, 89, 99, 105, 105) vfM).

Rd 21-60 (70, 70, 70, 70, 70, 70, 70, 70): Rd 11-20 noch 4 (5, 5, 5, 5, 5, 5, 5, 5)x wdh (= 53 (51, 55, 58, 68, 79, 89, 95, 95) vfM).

Nur Größe XS, XL, 2XL, 3XL, 4XL, und 5XL:

Rd 11-15 noch 1x wdh.

Alle Größen:

Nächste 5 Rd: KF 1 anschlingen. In den nächsten 5 Rd vfM in den Fb nach dem Zählmuster für den Rand arb. Beachten Sie, dass das Muster nicht für alle Größen gleichmäßig aufgeht.

Faden nicht abschneiden; mit dem Rippenbund für den Ärmel fortfahren.

„EGAL! ICH MEINE, IST DOCH IRGENDWIE AUFREGEND. SÄMTLICHE REGELN ZU BRECHEN."

Hermine Granger in *Harry Potter und der Orden des Phönix*

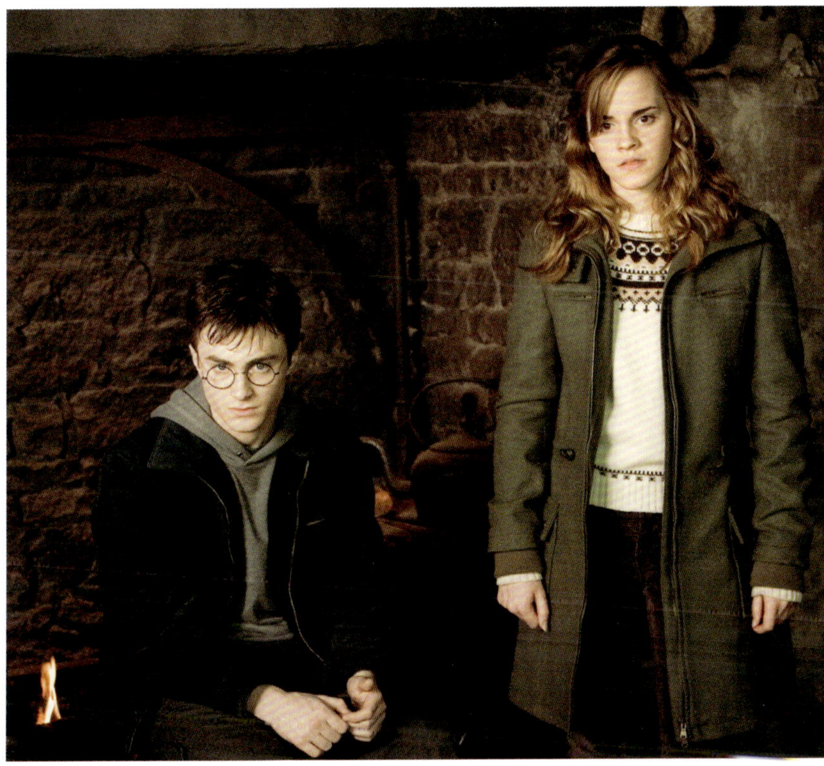

OBEN: Hermine trägt ihren klassischen britischen creme- und braunfarbenen Pullover in *Harry Potter und der Orden des Phönix.*

RIPPENBUND FÜR DEN ÄRMEL

Mit der dünneren Häkelnd in der HF 13 Lm anschl.

R 1: Wenden, auf den Ärmel zugehend 1 fM in die 2. Lm von der Nd aus und in jede folgende Lm arb (= 12 fM).

R 2: 1 Km in die vfM des Ärmels, 1 Km in die nächste vfM des Ärmels, wenden, fM in die fM der Vor-R häkeln, dabei nur ins hintere M-Glied einstechen, wenden (= 12 fM).

ZÄHLMUSTER

LEGENDE

- ☐ 1 vfM in HF
- ■ 1 vfM in KF1
- ■ 1 vfM in KF2

ZÄHLMUSTER FÜR DEN RAND

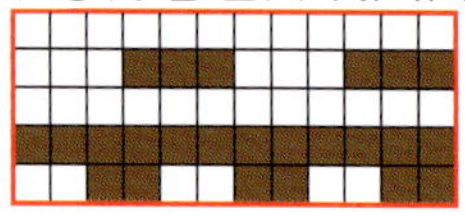

XS UND S

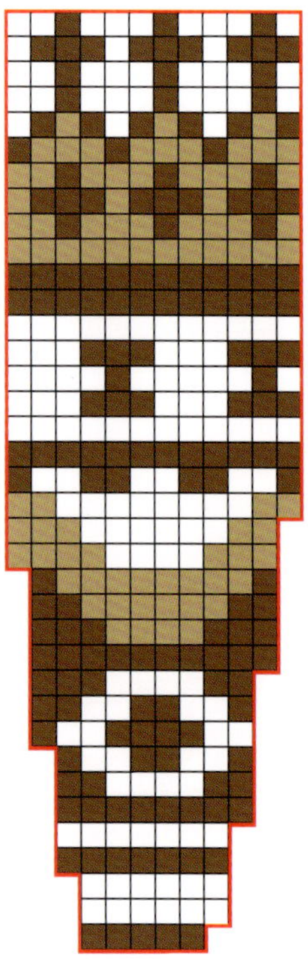

M UND L

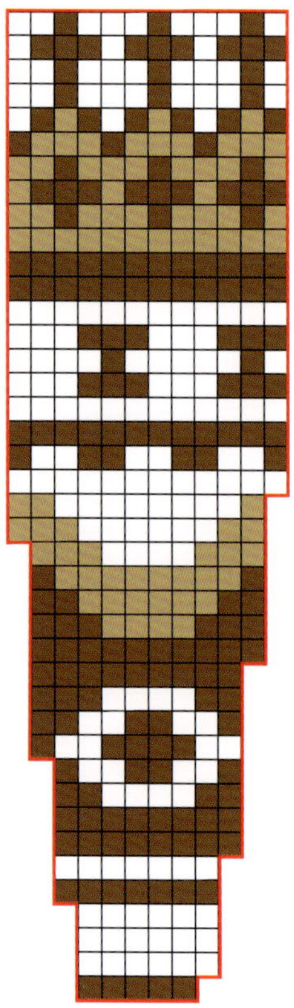

XL UND 2XL

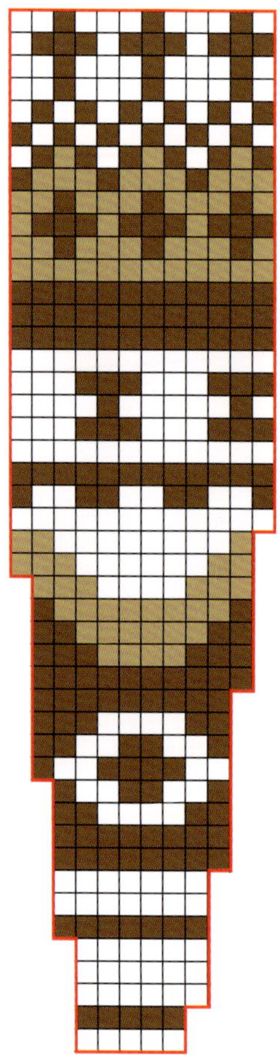

3XL UND 4XL

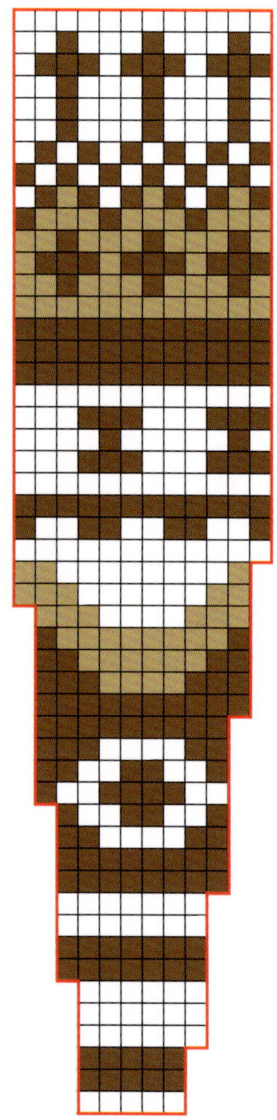

5XL

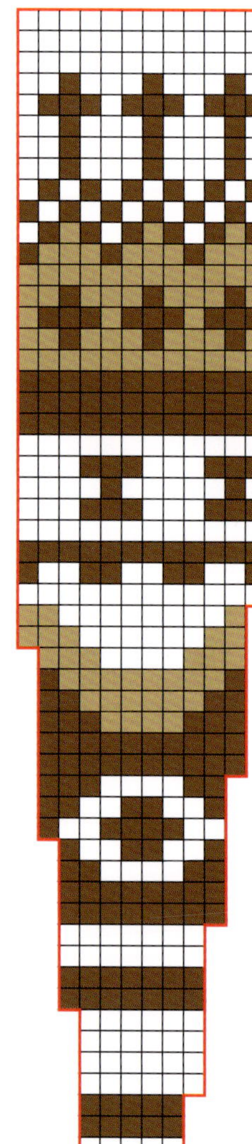

R 3: 1 Lm, fM häkeln, dabei nur ins hintere M-Glied einstechen (= 12 fM).

R 2 und 3 rund um den Ärmel wdh. Sobald die Rippen um den gesamten Ärmel gehäkelt sind, den Rippenbund von der linken Seite aus mit einem Saum aus Km zum Ring schließen.

FERTIGSTELLUNG

Fadenenden vernähen. Pullover 20 Minuten lang in kaltem Wasser einweichen, dann auf Maß spannen und trocknen lassen.

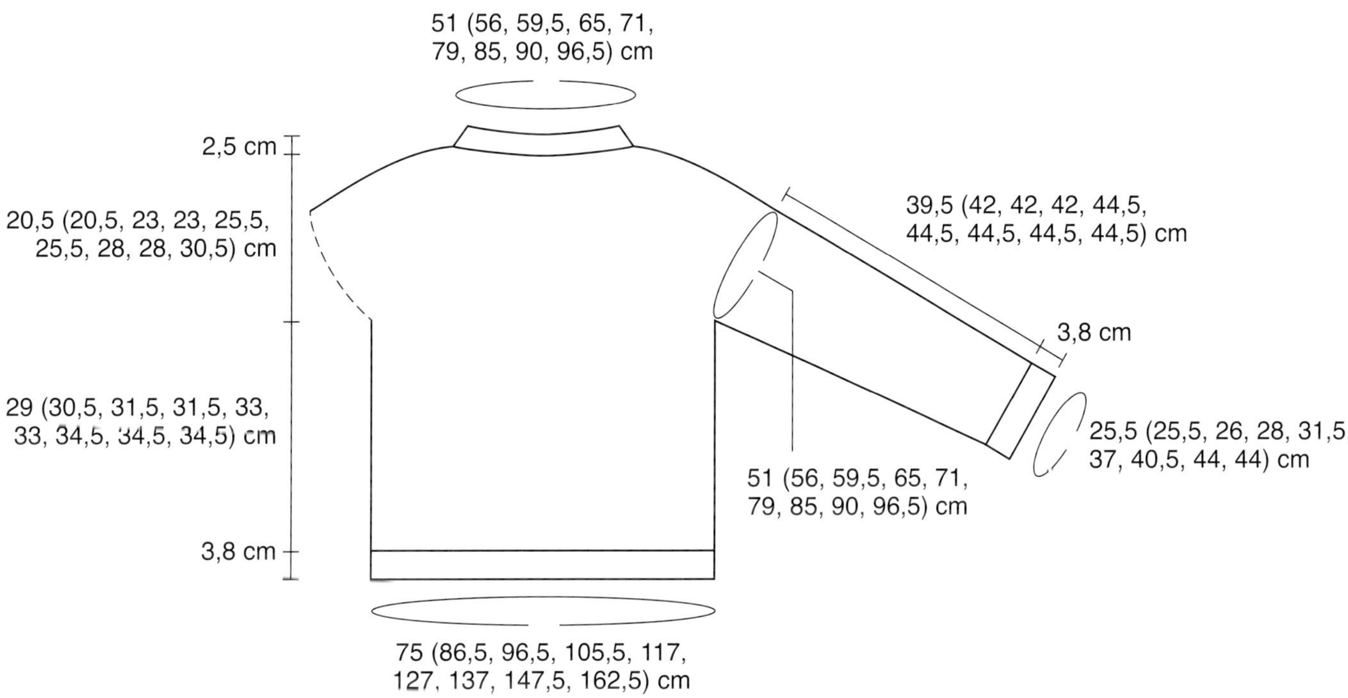

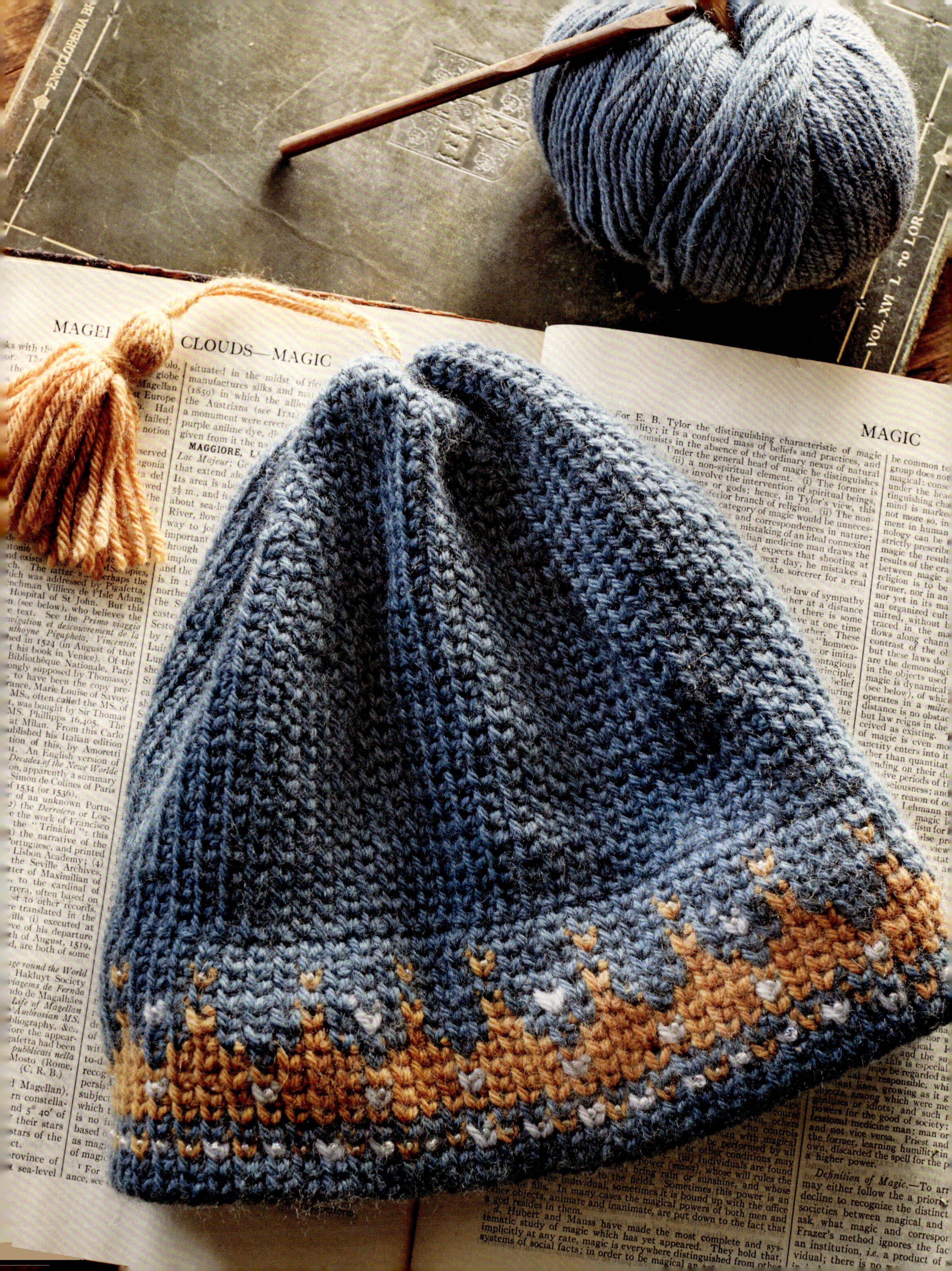

CLOUDS—MAGIC
MAGIC
VOL. XVI L to LOR

Fantastische Mode

„Ich gehöre nicht hier her. Ich gehöre
in Ihre Welt - nach Hogwarts!“

Harry Potter in *Harry Potter und die Kammer des Schreckens*

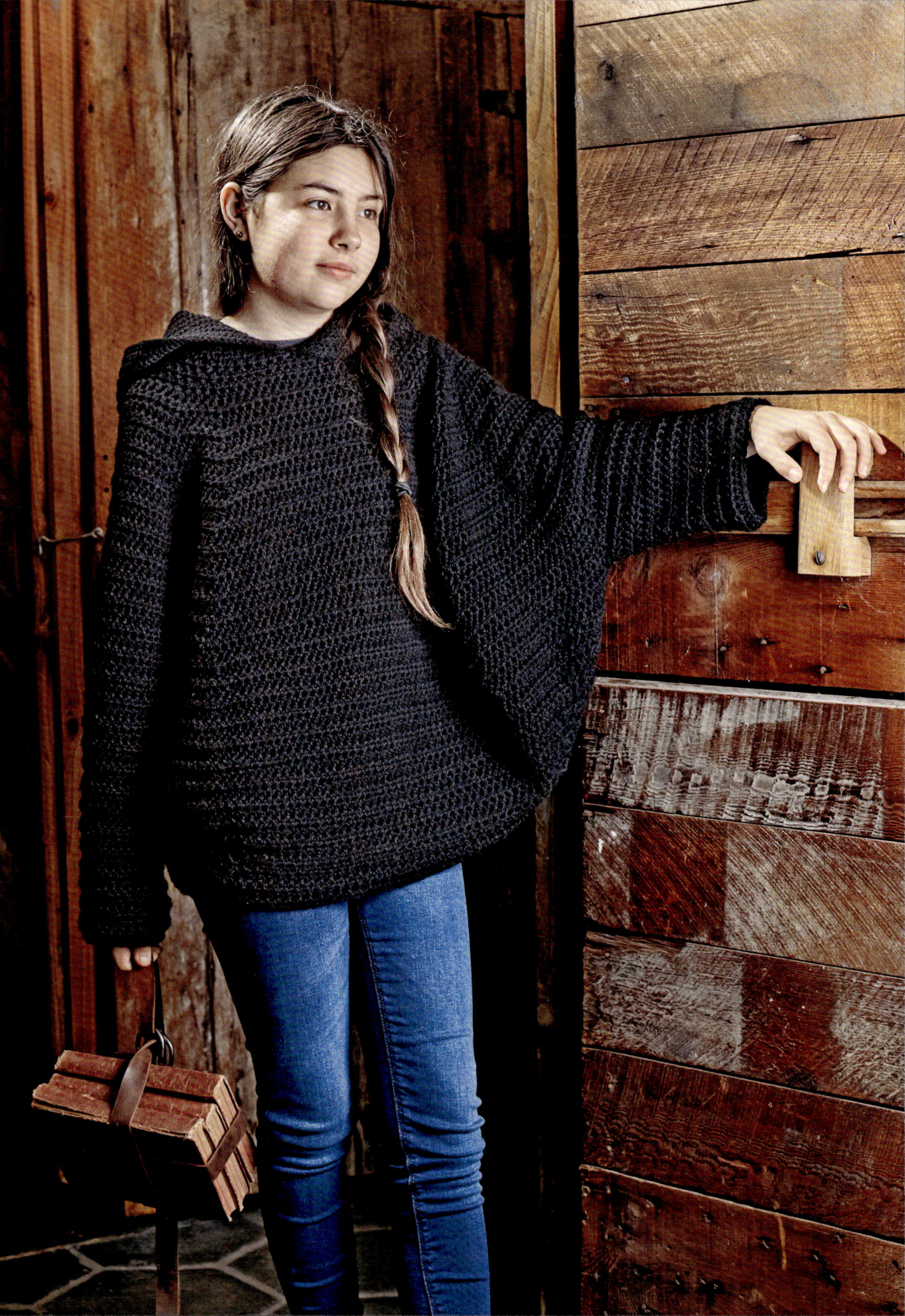

Poncho mit Kapuze für Zauberschüler

Design: **LEE SARTORI**

SCHWIERIGKEITSGRAD ⚡⚡

Wenn die Fans im Film *Harry Potter und der Stein der Weisen* Harry Potter das erste Mal kennenlernen trägt er viel zu große, geerbte Klamotten, die einst seinem Cousin Dudley gehörten. Aber als Harry mit Hagrid in der Winkelgasse einkaufen geht, kauft er sich brandneue Roben und eine Hogwarts-Uniform, die ihm genau passen. Roben sind die lose sitzenden äußeren Kleidungsstücke, die Hexen und Zauberer gewöhnlich tragen. Es gibt sie in vielen Formen, Mustern, Schnitten und Farben und sie sind in der Standardform und festlichen Varianten zu haben. In Hogwarts müssen die Schüler 3 Garnituren einfache Arbeitskleidung in Schwarz als Teil ihrer Schuluniform kaufen und mitbringen. Die Standard-Roben sind glatt und formell und die Schüler sind sehr stolz auf sie. Als Harry in seiner neu gekauften Robe in Hogwarts ankommt gehört er endlich dazu und ist genauso wie seine neuen Mitschüler angezogen.

Dieser Poncho mit Kapuze ist inspiriert von den eleganten schwarzen Roben der Hogwarts-Schüler und wird in Raglanform von oben nach unten gehäkelt. In einfacher Formgebung und mit Zunahmen über den Schulterbereich wächst der Poncho und fließt in einem locker sitzenden Kreis um den Körper. Dann werde die Ärmel abgeteilt, sodass Armausschnitte in der für eine Robe traditionellen Art gearbeitet werden können.

GRÖSSEN

S (M, L, XL, 2XL/3XL)

Abgebildet in Größe S.

In der Anleitung steht die Größe S vorn, alle anderen Größen dahinter in Klammern. Ist nur eine Zahl angegeben, gilt sie für alle Größen.

FERTIGE GRÖSSEN

Brustumfang: 86,5 (96,5, 106,5, 117, 132) cm

Hinweis: Der Poncho sollte etwas weiter gearbeitet werden. Wählen Sie eine Größe entsprechend Ihrem Brustumfang.

Länge: 56 (56, 58,5, 59,5, 65) cm

GARN

Mittlere Garnstärke (worsted weight), hier: WeCrochet Brava Worsted (100 % Premium Acrylic; 199 m/100 g Strang) in der Farbe 28413 Black, 7 (7, 9, 11, 12) Stränge.

NADELN

- Häkelnadel 4,0 mm
- Häkelnadel 6,5 mm oder passende Größe zum Erreichen der Maschenprobe

ZUBEHÖR

- Wollnadel
- Verschließbare Maschenmarkierer

MASCHENPROBE

10 hStb und 10 R mit Häkelnd 6,5 mm = 10 cm x 10 cm

Maschenprobe unbedingt prüfen.

HINWEISE

- Die ersten 2 Lm einer Rd zählen als 1 hStb.
- 1 Lm wird nicht als M gezählt.

KAPUZE

Mit der dünneren Häkelnd 60 (60, 60, 72, 72) Lm anschl.

R 1: 1 fM in die 2. Lm von der Nd aus und in jede folgende Lm, wenden (= 59 (59, 59, 71, 71) fM).

R 2-3: 1 Lm, fM häkeln, wenden.

R 4-13: 1 Lm, 4x 1 fM zun, fM häkeln, wenden (= 99 (99, 99, 111, 111) fM nach R 13).

R 14-23: 1 Lm, 3x 1 fM zun, fM häkeln, wenden (= 129 (129, 129, 141, 141) fM).

Die Ränder von R 16 mit MM kennzeichnen.

R 24-31: 1 Lm, 1 fM zun, fm häkeln bis zur letzten M, 1 fM zun, wenden (= 145 (145, 145, 157, 157) fM).

R 32: 1 Lm, fM häkeln, wenden.

R 33: 1 Lm, 1 fM zun, fm häkeln bis zur letzten M, 1 fM zun, wenden (= 147 (147, 147, 159, 159) fM).

R 34-37: R 32 und 33 wdh (= 151 (151, 151, 163, 163) fM).

R 38-40: R 32 wdh.

R 41: R 33 wdh (= 153 (153, 153, 165, 165) fM).

R 42-49: R 38-41 wdh (= 157 (157, 157, 169, 169) fM).

R 50: 1 Lm, 2 fM, 2 fM zus abm, fM häkeln bis zu den letzten 4 M, 2 fM zus abm, 2 fM, wenden (= 155 (155, 155, 167, 167) fM).

R 51-53: 1 Lm, fM häkeln, wenden.

R 54-61: R 50-53 wdh (= 151 (151, 151, 163, 163) fM).

R 62: 1 Lm, fM häkeln.

Arbeit beenden.

Die Kapuze zur Hälfte falten, sodass die Enden von R 16 aufeinandertreffen. Bei R 16 beginnen und beide Teile bis zu R 1 und dann entlang der beiden Hälften von R 1 bis zur Bruchkante mit fM zus-häkeln. R 17-62 für den Halsausschnitt offen lassen.

PASSE

Mit der dickeren Häkelnd 56 (60, 64, 68, 72) Lm anschl; mit 1 Km zur Rd schließen.

Rd 1: 2 Lm, 1 hStb in jede Lm, Rd mit 1 Km schließen, wenden (= 56 (60, 64, 68, 72) hStb).

Rd 2: 2 Lm, hStb häkeln, Rd mit 1 Km schließen, wenden.

Rd 3-4: Rd 2 wdh.

Rd 5: 2 Lm, 1 hStb in die gleiche M, 6 (5, 9, 1, 6) hStb, [1 hStb zun, 6 (5, 5, 5, 4) hStb] wdh, Rd mit 1 Km schließen, wenden (= 64 (70, 74, 80, 86) hStb).

8 MM nach den folgenden M einhängen: 1. MM nach der 10. (10., 10., 11., 12.) M, 2. MM nach den nächsten 2 M, 3. MM nach den nächsten 8 (10, 12, 14, 14) M, 4. MM nach den nächsten 2 M, 5. MM nach den nächsten 20 (21, 22, 23, 26) M, 6. MM nach den nächsten 2 M, 7. MM nach den nächsten 8 (10, 12, 14, 14) M, 8. MM nach den nächsten 2 M, es bleiben noch 10 (11, 10, 10, 12) M bis Rd-Ende.

Rd 6: 2 Lm, 8x [hStb häkeln bis 1 M vor dem MM, 2 hStb in die M vor dem MM, MM hinter diese 2 Stb versetzen], hStb häkeln bis Rd-Ende, Rd mit 1 Km schließen, wenden (= 72 (78, 82, 88, 94) hStb).

Rd 7-17 (17, 19, 19, 21): Rd 6 wdh (= 160 (166, 186, 192, 214) hStb).

FORTSETZUNG PASSE

Rd 1: 2 Lm, 8x [hStb häkeln bis 1 M vor dem MM, 2 hStb in die M vor dem MM, MM hinter diese 2 Stb versetzen], hStb häkeln bis Rd-Ende, Rd mit 1 Km schließen, wenden (= 168 (174, 194, 200, 222) hStb).

Rd 2: 2 Lm, hStb häkeln, Rd mit 1 Km schließen, wenden.

„IHR ZIEHT EUCH AM BESTEN EURE UMHÄNGE AN. WIR WERDEN WOHL DEMNÄCHST ANKOMMEN."

Hermine Granger in *Harry Potter und der Stein der Weisen*

Hinter den Kulissen

Bevor der erste Film gedreht wurde gab es eine Diskussion darüber, ob die Hogwarts Schüler Schuluniformen oder moderne Kleidung tragen sollten. Um das zu entscheiden wurden beide Versionen an Daniel Radcliffe ausprobiert und man war sich einig, dass die Uniformen besser aussehen. Das war eine große Erleichterung für Kostüm-Designerin Judianna Makovsky, die ansonsten vierhundert Schüler individuell hätte einkleiden müssen!

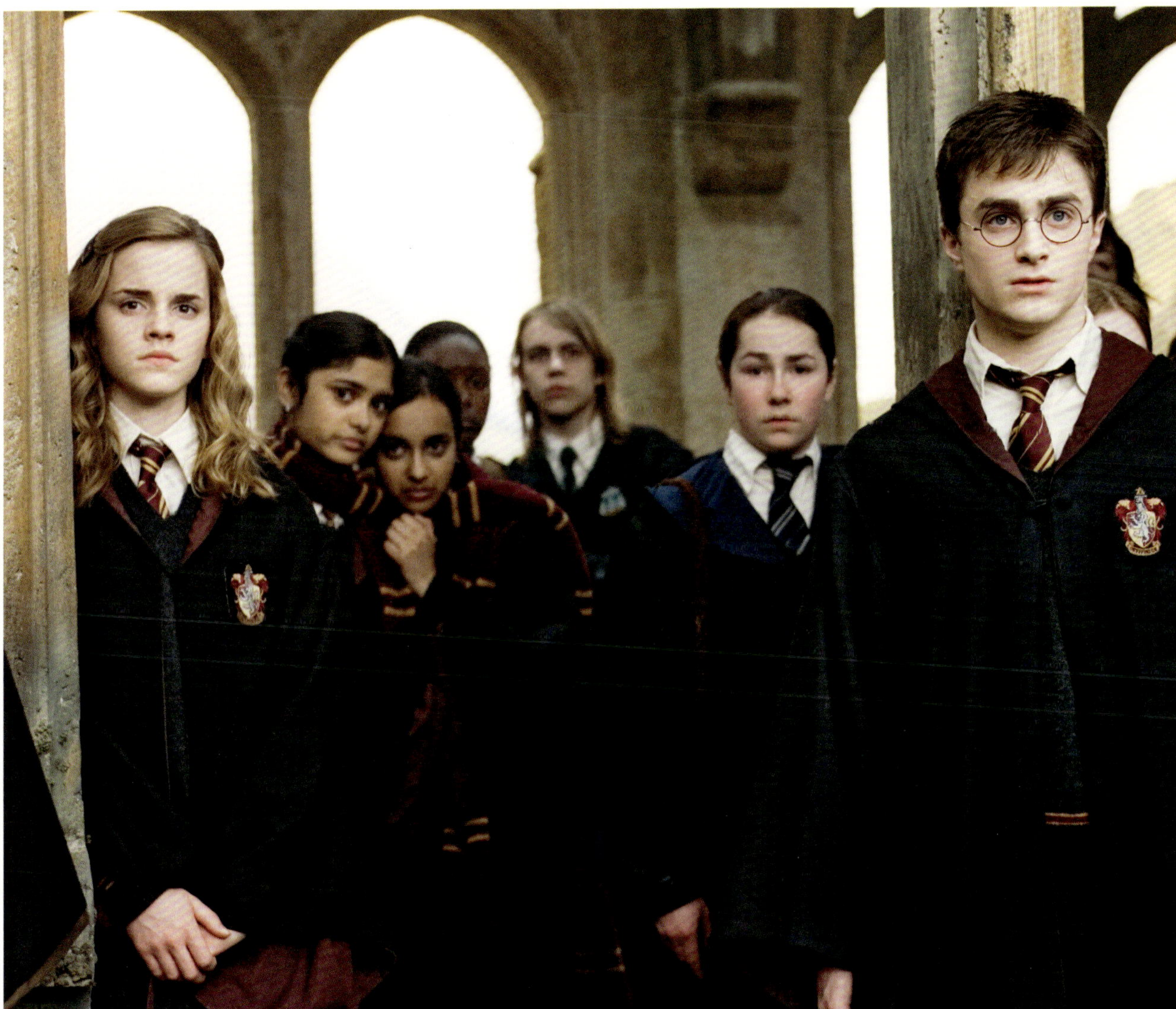

OBEN: Harry Potter, Hermine Granger und ihre Mitschüler in ihren Hogwarts-Roben in *Harry Potter und der Orden des Phönix.*

Rd 3: 2 Lm, 8x [hStb häkeln zur M nach dem MM, 2 hStb in die M nach dem MM, MM vor diese 2 Stb versetzen], hStb häkeln bis Rd-Ende, Rd mit 1 Km schließen, wenden (= 176 (182, 202, 208, 230) hStb).

Rd 4: 2 Lm, hStb häkeln, Rd mit 1 Km schließen, wenden.

Rd 5-20: Rd 1-4 wdh (= 240 (246, 266, 272, 294) hStb nach Rd 19).

Den 1., 4., 5. und 8. MM entfernen. Zwischen dem neuen 1. und 2. MM und dem 3. und 4. MM liegen 30 (32, 36, 38, 40) M für die Ärmel. Jeden MM um 3 (2, 2, 1, 0) M nach außen in Richtung Rumpf versetzen, sodass die Ärmel nun 36 (36, 40, 40, 40) M haben.

Rd 21: 2 Lm, 2x [hStb häkeln bis MM, die nächsten 36 (36, 40, 40, 40) M übergehen], hStb häkeln bis Rd-Ende, Rd mit 1 Km schließen, wenden (= 168 (174, 186, 192, 214) hStb).

Die MM für die Einteilung der Ärmel hängen lassen.

Rd 22-24: 2 Lm, hStb häkeln, Rd mit 1 Km schließen, wenden.

Arbeit beenden.

VORDERTEIL

Auf beiden Seiten zwischen den je 84 (87, 93, 96, 107) hStb von Vorder- und Rückenteil 1 MM einhängen.

R 1: 2 M nach dem seitlichen MM übergehen und den Faden an der 3. M anschlingen, 2 Lm (zählen nicht als M), 1 hStb, 2x 2 hStb zus abm, hStb häkeln bis 8 M vor dem nächsten MM, 3x 2 hStb zus abm, die restlichen 2 M unbehäkelt lassen, wenden (= 74 (77, 83, 86, 97) hStb).

R 2: 2 Lm (zählen nicht als M), 1 hStb in die 1. M, 2x 2 hStb zus abm, hStb häkeln bis zu den letzten 6 M, 3x 2 hStb zus abm, wenden (= 69 (72, 78, 81, 92) hStb).

R 3-9 (9, 9, 11, 11): R 2 wdh (= 34 (37, 43, 36, 47) hStb).

Arbeit beenden.

RÜCKENTEIL

Wie das Vorderteil arb.

UNTERER RAND

An einer beliebigen M anschlingen.

Rd 1-5: 2 Lm, * in jede M 1 hStb, in jedes R-Ende bzw jede M an den Seiten hStb, ab * wdh, Rd mit 1 Km schließen, wenden.

Arbeit beenden.

ÄRMEL

Rd 1: An der ersten für den Ärmel übergangen M anschlingen, 1 Lm, rundum hStb häkeln, Rd mit 1 Km schließen, wenden (= 36 (36, 40, 40, 40) hStb).

Rd 2: 2 Lm, hStb häkeln, Rd mit 1 Km schließen, wenden.

Rd 2 wdh, bis der Ärmel ca. 10 cm lang ist. Arbeit beenden.

FERTIGSTELLUNG

Die Kapuze mit einer Methode nach Wunsch am Halsausschnitt des Ponchos befestigen. Fadenenden vernähen.

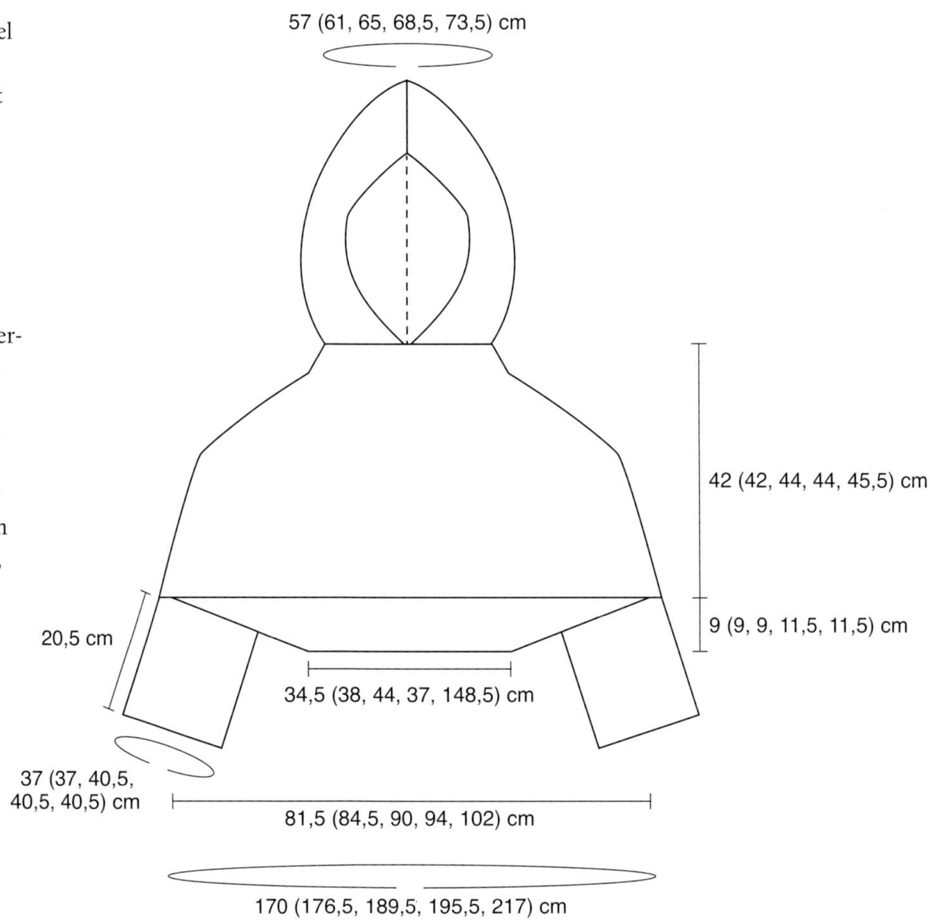

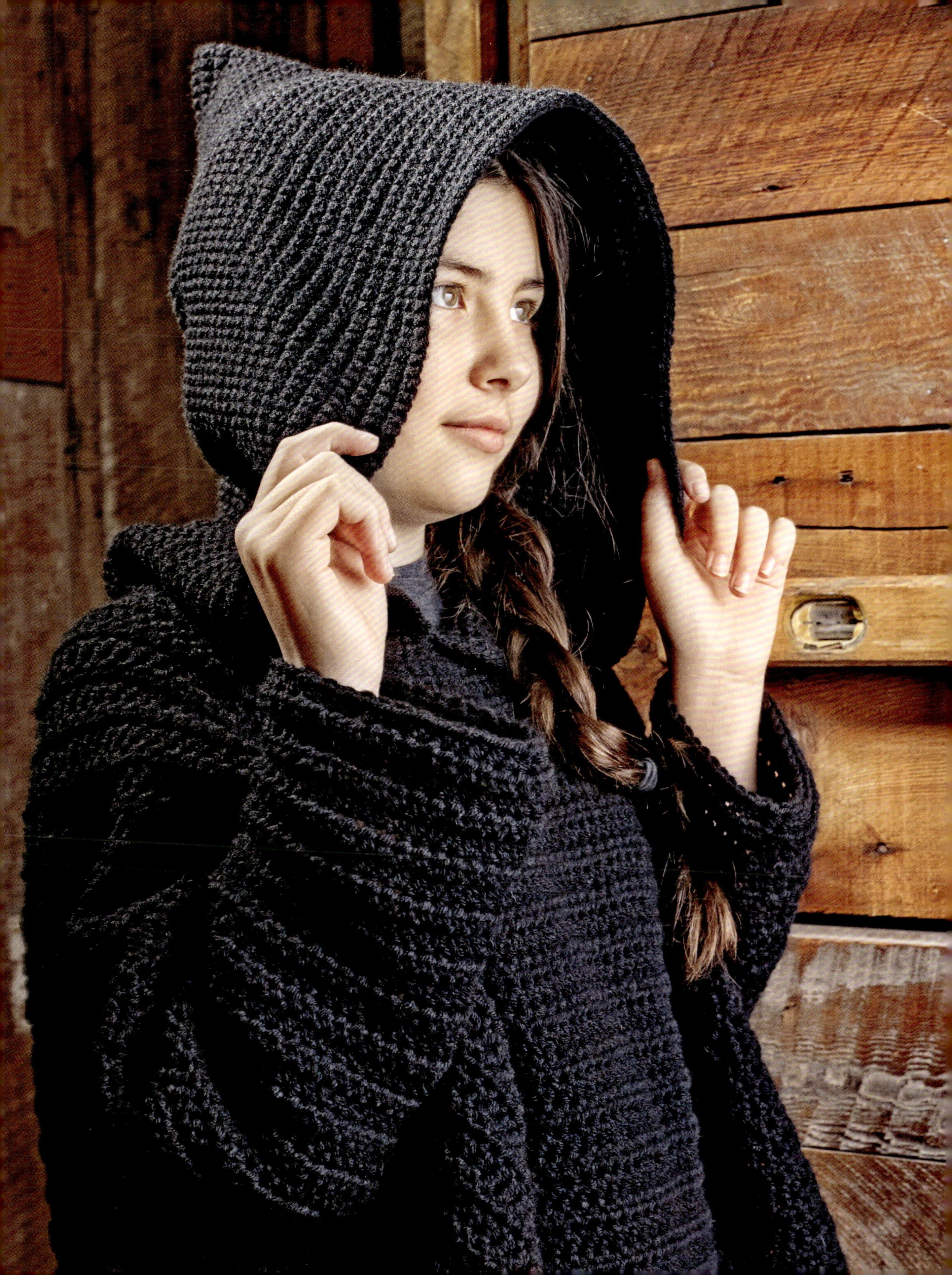

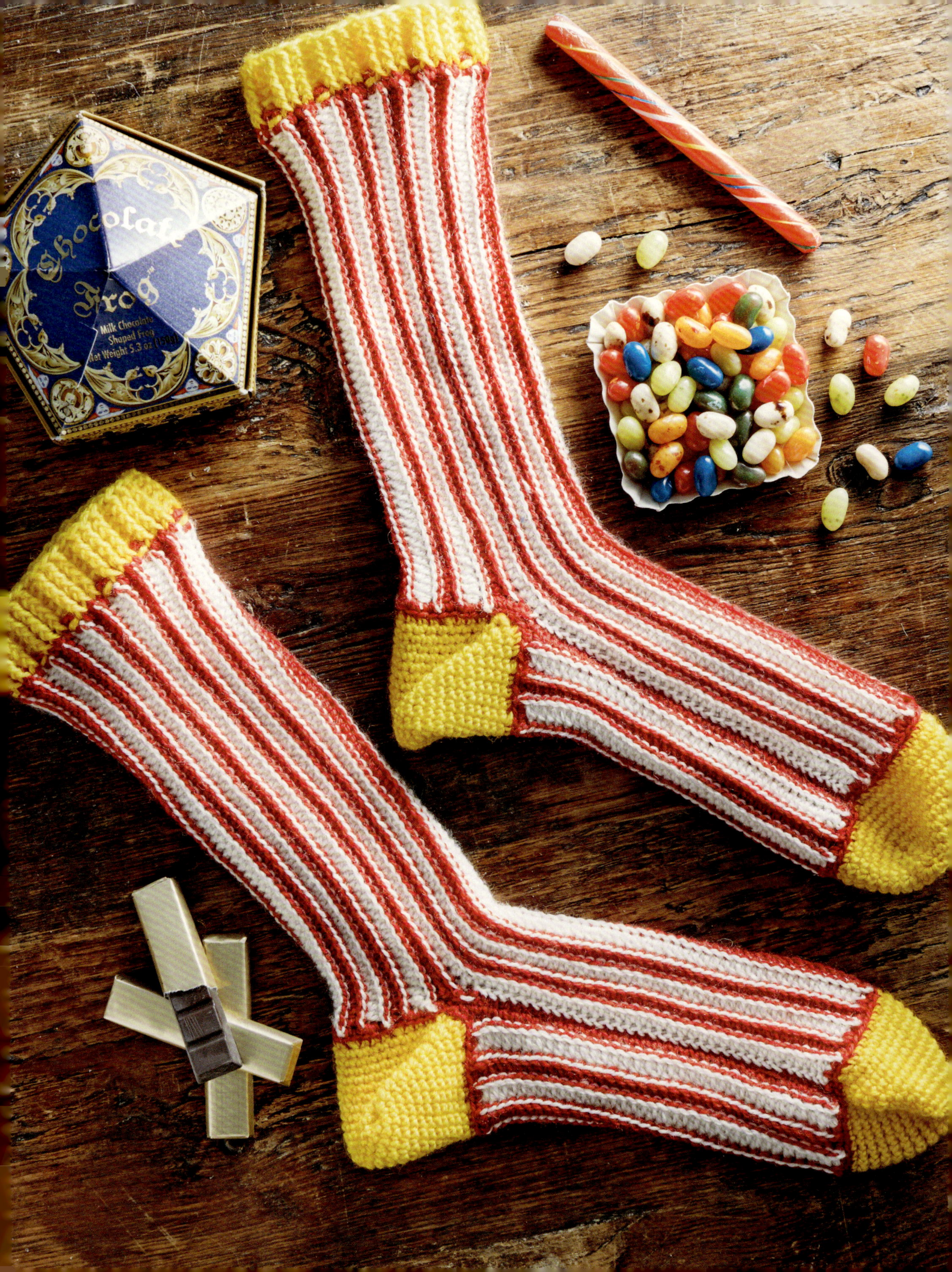
Frog
Milk Chocolate
Shaped Frog

Bertie Bott's alle Geschmacks-richtungen Socken

Design: **JULIE DESJARDINS**

SCHWIERIGKEITSGRAD ⚡⚡⚡

Bei Bertie Bott's Bohnen in allen Geschmacksrichtungen ist jeder Bissen riskant! Die Bohnen in allen Geschmacksrichtungen sind eine der beliebtesten Leckereien in der Welt der Zauberer. Sie ähneln den Gelee-Bohnen der realen Welt, aber im Unterschied zu diesen gibt es die von Bertie Bott's in allen erdenklichen Geschmacksrichtungen, auch den üblen – und den *wirklich* üblen.

Bertie Bott's Bohnen in allen Geschmacksrichtungen finden sich in einer charakteristischen, farbenfrohen Verpackung, einer rechteckigen Schachtel mit spitzem Deckel, die rot-weiß gestreift wie ein Zirkuszelt ist. Diese auffällige Verpackung wurde von der Grafikabteilung unter Miraphora Mina und Eduardo Lima designt, die auch hunderte von Etiketten und andere Verpackungen für die kulinarischen Genüsse der Welt der Zauberer kreiert, gedruckt und bereitgestellt haben.

Diese Bertie Bott's-inspirierten Socken haben die rot-weißen Streifen der Verpackung der Bertie Botts' Bohnen in allen Geschmacksrichtungen. Die Socken werden zuerst in Reihen gehäkelt und zum Abschluss werden Ferse, Spitze und Bündchen in Gelb angehäkelt. Sie sind die perfekte, subtile Art, ein bisschen Harry Potter Flair zu zeigen.

GRÖSSEN

Für Schuhgröße: Baby/Kleinkind/Kind/Jugendliche 0-4 Monate (5-9 Monate, 10-13 Monate, 1-3 Jahre, 4-6 Jahre) (Damen 4-6½, 7-9½, 10-12½) (Herren 6-8½, 9-11½, 12-14), das entspricht Kinder 16-17 (18-19, 20-21, 22-25, 26-31), (Damen 34,5-37, 37,5-40,5, 41- 45) (Herren 38-41, 41,5-45,5, 46-48,5)

Abgebildet in Damengröße 10-12½, das entspricht Größe 41-45.

In der Anleitung steht die kleinste Größe vorn, alle anderen Größen dahinter in Klammern. Ist nur eine Zahl angegeben, gilt sie für alle Größen.

FERTIGE GRÖSSEN

Fußumfang: 11 (11, 14, 14, 14) (14, 16,5, 16,5) (16,5, 19,5, 19,5) cm

Beinlänge: 8 (10, 13, 17, 19) (20, 20, 23) (23, 23, 24) cm

GARN

Dünnes Garn (fingering weight, super fine), hier: Fibrelya Kassou (80 % superwash Merino, 20 % Nylon; 385 m/115 g Strang, das entspricht ca. 335 m/100 g)

Farbe A: Rouge 1 Strang

Farbe B: Natural, 1 Strang

Farbe C: Jaune, 1 Strang

NADELN

- Häkelnadel 3,5 mm oder passende Größe zum Erreichen der Maschenprobe

ZUBEHÖR

- 2 Maschenmarkierer in verschiedenen Farben
- Wollnadel

MASCHENPROBE

Im Muster 13 M und 14 R = 5 cm x 5 cm
Maschenprobe unbedingt prüfen.

BESONDERE ABKÜRZUNGEN

1 Relief-Stb von hinten: 1 U bilden, mit der Häkelnd von hinten nach vorn und wieder nach hinten um den Fuß der angegebenen M einstechen und 1 Stb arb.

1 Relief-Stb von vorn: 1 U bilden, mit der Häkelnd von vorn nach hinten und wieder nach vorn um den Fuß der angegebenen M einstechen und 1 Stb arb.

HINWEISE

- Wenn in eine Lm-Kette gehäkelt wird, jeweils in den Höcker auf der Rückseite einstechen. Dadurch entsteht ein viel weniger sichtbarer Saum an Fuß und Bein.
- 1 oder 2 Lm am R-Anfang werden nicht als M gezählt.
- Beim Farbwechsel die letzte M der R mit der neuen Fb abmaschen. Die andere Fb bis zum Ende der Arbeit nicht abschneiden. Garn lose mitführen.
- Die Socken werden in 3 Sektionen gearbeitet, wobei jede Sektion auf der vorherigen aufbaut. Siehe Abbildung 1.
- Das so gearbeitete Teil wird entsprechend der Pfeile gefaltet und zus-genäht, um Fuß und Bein zu erstellen.
- Spitze, Ferse und Bündchen werden an den entsprechenden Öffnungen angehäkelt und in Rd gearbeitet.

SOCKEN (2X)

SOHLE

In A 21 (27, 27, 30, 33) (33, 36, 36) (36, 36, 42) Lm anschl.

R 1: 1 fM in die 2. Lm von der Nd aus und in jede folgende Lm, dabei in die Lm-Höcker auf der Rückseite der Lm-Kette einstechen, zu B wechseln, wenden (= 20 (26, 26, 29, 32) (32, 35, 35) (35, 35, 41) M).

R 2: 1 Lm, Km häkeln, dabei in die hinteren M-Glieder einstechen, wenden.

R 3: 1 Lm, hStb häkeln, dabei in die hinteren M-Glieder einstechen, zu A wechseln, wenden.

R 4: 1 Lm, Km häkeln, dabei in die hinteren M-Glieder einstechen, wenden.

R 5: 1 Lm, fM häkeln, dabei in die hinteren M-Glieder einstechen, zu B wechseln, wenden.

R 6-15 (6-15, 6-19, 6-19, 6-19) (6-19, 6-23, 6-23) (6-23, 6-27, 6-27): R 2-5 wdh, das letzte Mal mit R 3 enden. Am Ende der letzten R in A 19 (26, 33, 41, 45) (45, 45, 51) (51, 51, 56) Lm anschl, wenden.

RIST UND VORDERSEITE DES BEINS

R 16 (16, 20, 20, 20) (20, 24, 24) (24, 28, 28): 1 fM in die 2. Lm von der Nd aus und in jede folgende Lm, dabei in die Lm-Höcker auf der Rückseite der Lm-Kette einstechen, in jede M 1 Km, dabei in die hinteren M-Glieder einstechen, wenden (= 38 (51, 58, 69, 76) (76, 79, 85) (85, 85, 96) M).

R 17 (17, 21, 21, 21) (21, 25, 25) (25, 29, 29): 1 Lm, fM häkeln, dabei in die hinteren M-Glieder einstechen, zu B wechseln, wenden.

R 18-31 (18-31, 22-39, 22-39, 22-39) (22-39, 26-47, 26-47) (26-47, 30-55, 30-55): R 2-5 wdh, das letzte Mal mit R 3 enden.

RÜCKSEITE DES BEINS

Von der rechten Seite der Arbeit von den Zehen aus zählen und in A an der 21. (27., 27., 30., 33.) (33., 36., 36.) (36., 36., 42.) M mit 1 Km anschlingen.

R 32 (32, 40, 40, 40) (40, 48, 48) (48, 56, 56): 17 (24, 31, 39, 43) (43, 43, 49) (49, 49, 54) Km häkeln, dabei in die hinteren M-Glieder einstechen, wenden (= 18 (25, 32, 40, 44) (44, 44, 50) (50, 50, 55) M).

R 33 (33, 41, 41, 41) (41, 49, 49) (49, 57, 57): 1 Lm, fM häkeln, dabei in die hinteren M-Glieder einstechen, zu B wechseln, wenden.

R 34-47 (34-47, 42-59, 42-59, 42-59) (42-59, 50-71, 50-71) (50-71, 58-83, 58-83): R 2-5 wdh, das letzte Mal mit R 3 enden.

Arbeit beenden.

ZUSAMMENSETZEN

Die Anfangs-Lm-Kette der Sohle mit der letzten R des Rists zus-häkeln wie folgt: Den Fuß rechts auf rechts

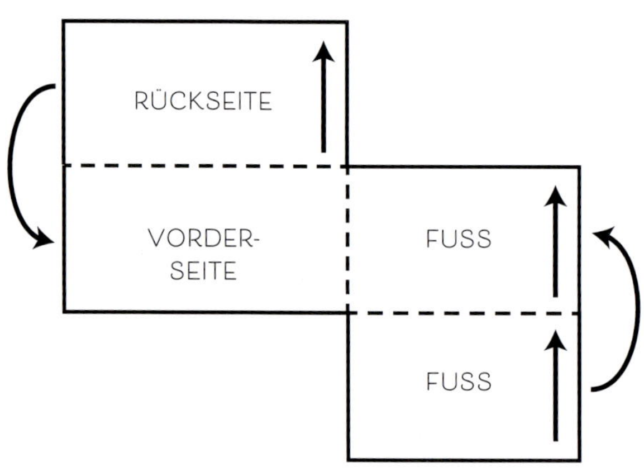

ABBILDUNG 1

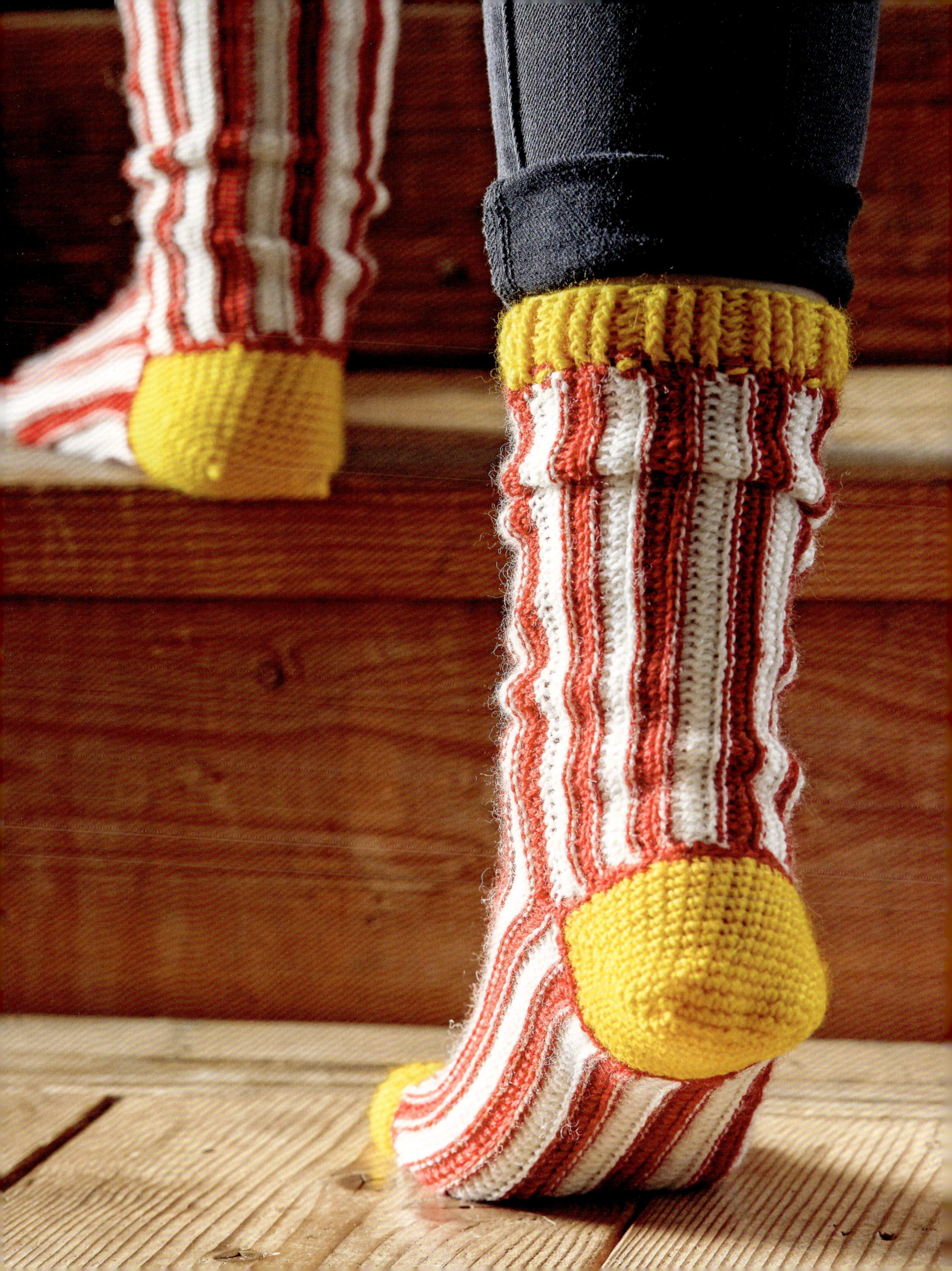

„ICH HATTE IN MEINER JUGEND DAS PECH AUF EINE ZU STOSSEN, DIE NACH ERBROCHENEM SCHMECKTE. AN DIESEM TAGE HABE ICH DANN WOHL MEINE SCHWÄCHE FÜR SIE VERLOREN. ABER SICHER KANN MAN MIT EINEM SCHÖNEN TOFFEE NICHTS FALSCH MACHEN. MMH, GANZ KLAR, OHRENSCHMALZ."

Professor Dumbledore in *Harry Potter und der Stein der Weisen*

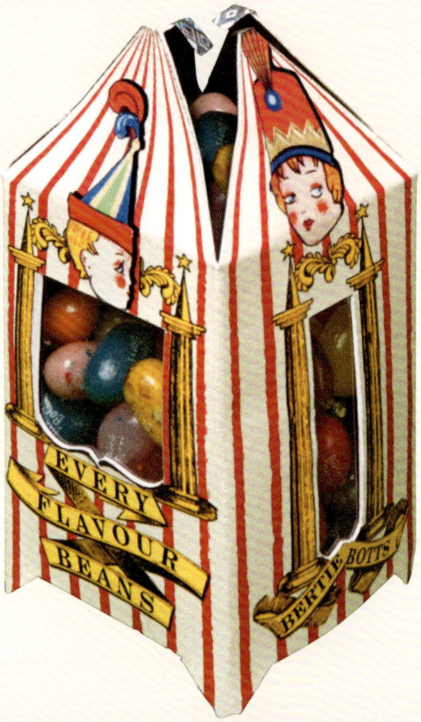

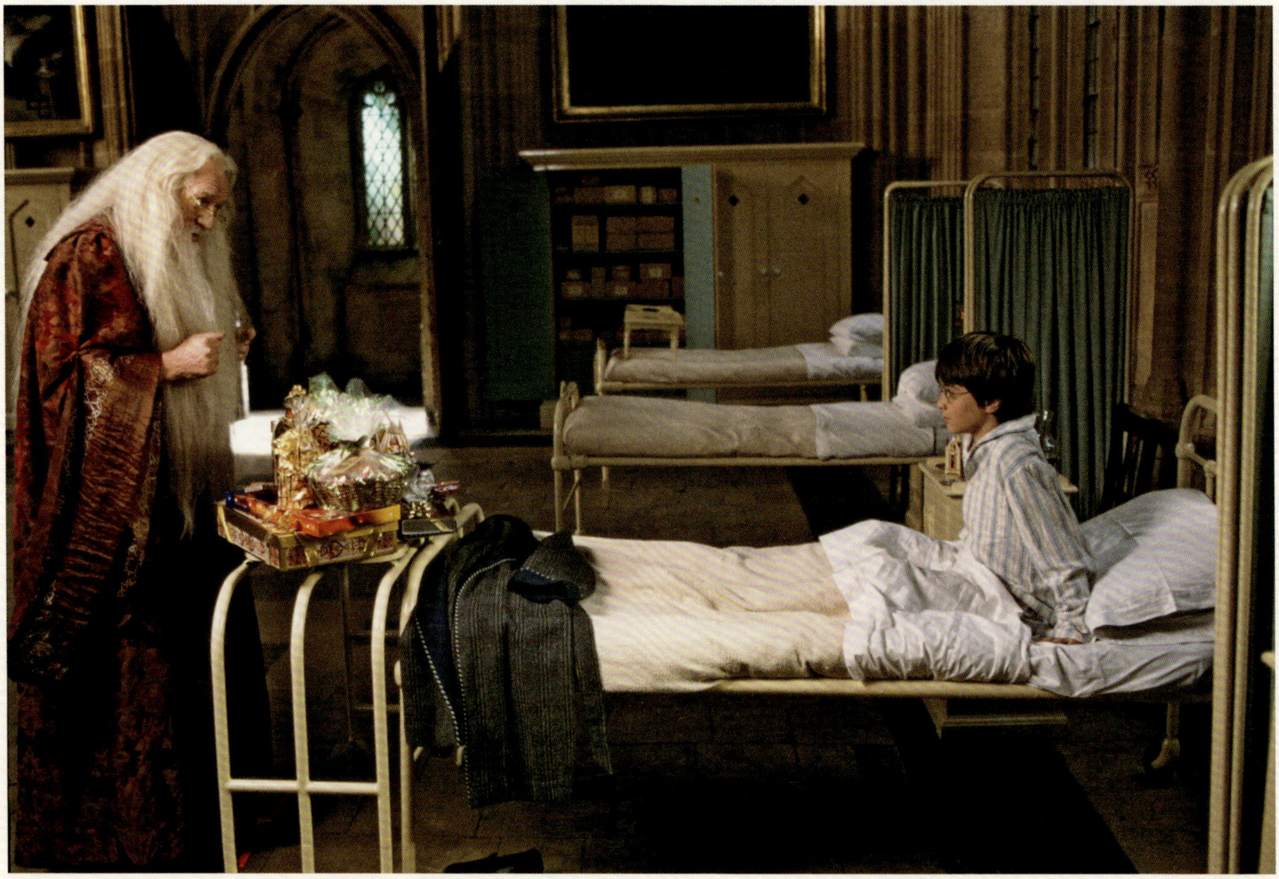

OBEN: Professor Dumbledore besucht Harry in der Krankenabteilung in *Harry Potter und der Stein der Weisen*.

zur Hälfte falten und in A * mit der Häkelnd von außen nach innen durch das innere M-Glied der ersten Lm einstechen, dann von außen nach innen durch das innere M-Glied der entsprechenden M der letzten R einstechen, für 1 Km 1 U durch alle Schlingen ziehen **. Von * bis ** für alle M des Fußes wdh (= 20 (26, 26, 29, 32) (32, 35, 35) (35, 35, 41) Km). Arbeit beenden.

Die Anfangs-Lm-Kette der Vorderseite des Beins mit der letzten R der Rückseite des Beins zus-häkeln wie folgt:

Das Bein rechts auf rechts zur Hälfte falten und in A von * bis ** für alle M des Beins wdh (= 18 (25, 32, 40, 44) (44, 44, 50) (50, 50, 55) Km). Arbeit beenden.

SPITZE

Von der rechten Seite der Arbeit in A an einer Seite der Zehenöffnung mit 1 Km anschlingen.

Rd 1: 1 Lm, in jedes R-Ende 1 fM, dabei die letzten 2 fM zus abm, Rd mit 1 Km in die 1. fM schließen (= 30 (30, 38, 38, 38) (38, 46, 46) (46, 54, 54) M). Faden abschneiden.

Von der rechten Seite der Arbeit in C mit 1 Km an der 1. M anschlingen.

Rd 2: 1 Lm, fM häkeln, dabei in die hinteren M-Glieder einstechen; Rd nicht schließen.

Rd 3 (3-4, 3-4, 3-5, 3-5) (3-5, 3-6, 3-6) (3-6, 3-6, 3-6): fM häkeln; Rd nicht schließen.

Einen MM in die 1. und die 16. (16., 20., 20., 20.) (20., 24., 24.) (24., 28., 28.) M einhängen.

Rd 4 (5, 5, 6, 6) (6, 7, 7) (7, 7, 7): 2 fM zus abm, fM häkeln bis 2 M vor dem nächsten MM, 2x 2 fM zus abm, fM häkeln bis 2 M vor Rd-Ende, 2 fM zus abm; Rd nicht schließen (= 26 (26, 34, 34, 34) (34, 42, 42) (42, 50, 50) M).

Rd 5-7 (6-8, 6-9, 7-10, 7-10) (7-10, 8-12, 8-12) (8-12, 8-14, 8-14): Rd 4 (5, 5, 6, 6) (6, 7, 7) (7, 7, 7) wdh (= 14 (14, 18, 18, 18) (18, 22, 22) (22, 22, 22) nach der letzten Rd).

Faden zum Zusammennähen lang abschneiden.

FERSE

Von der rechten Seite der Arbeit in A an einer Seite der Fersenöffnung mit 1 Km anschlingen.

Rd 1: 1 Lm, 1 fM in jedes R-Ende aus Km und fM, 2 fM in jedes R-Ende aus hStb, dabei die ersten und mittleren 2 fM zus abm, Rd mit 1 Km in die 1. fM schließen (= 38 (38, 48, 48, 48) (48, 58, 58) (58, 68, 68) M).

Faden abschneiden.

Von der rechten Seite der Arbeit in C mit 1 Km an der 1. M anschlingen.

Rd 2: 1 Lm, * 3 fM in die hinteren M-Glieder, 2 fM zus abm in die hinteren M-Glieder, ab * wdh bis zu den letzten 8 M, 2x [2 fM in die hinteren M-Glieder, 2 fM zus abm in die hinteren M-Glieder]; Rd nicht schließen (= 30 (30, 38, 38, 38) (38, 46, 46) (46, 54, 54) M.

Rd 3: fM häkeln; Rd nicht schließen.

Einen MM in die 1. und die 16. (16., 20., 20., 20.) (20., 24., 24.) (24., 28., 28.) M einhängen.

Rd 4: 2 fM zus abm, fM häkeln bis zum nächsten MM, 2 fM zus abm, fM häkeln bis Rd-Ende; Rd nicht schließen (= 28 (28, 36, 36, 36) (36, 44, 44) (44, 52, 52) M).

Rd 5: fM häkeln; Rd nicht schließen.

Rd 6-9 (6-11, 6-11, 6-11, 6-13) (6-13, 6-15, 6-15) (6-15, 6-19, 6-19): Rd 4 und 5 wdh (= 24 (22, 30, 30, 28) (28, 34, 34) (34, 38, 38) M nach der letzten Rd).

Faden zum Zusammennähen lang abschneiden.

BÜNDCHEN

Von der rechten Seite der Arbeit in A oben an der Socke mit 1 Km anschlingen.

Rd 1: 1 Lm, 1 hStb in jedes R-Ende aus 1 Km und 1 fM, 2 hStb in jedes R-Ende aus 1 hStb, dabei die ersten und mittleren 2 hStb zus abm, Rd mit 1 Km in das 1. hStb schließen (= 38 (38, 48, 48, 48) (48, 58, 58) (58, 68, 68) M).

Faden abschneiden.

Von der rechten Seite der Arbeit in C mit 1 Km an der 1. M anschlingen.

Rd 2: 2 Lm, [3 Relief-Stb von vorn, 1 Relief-Stb von hinten] wdh, Rd mit 1 Km in das 1. Relief-Stb schließen.

Rd 3: 2 Lm, je 1 Relief-Stb von vorn um die 2 Lm und das 1. Relief-Stb der Vor-Rd, 2 Relief-Stb von vorn, 1 Relief-Stb von hinten, [3 Relief-Stb von vorn, 1 Relief-Stb von hinten] wdh, Rd mit 1 Km in das 1. Relief-Stb schließen.

Für die 5 Kinder-Größen die Arbeit beenden.

NUR DAMEN- UND HERREN-GRÖSSEN:

Rd 4-6: Rd 3 wdh.

Arbeit beenden.

FERTIGSTELLUNG

Die Öffnung an den Zehen flach aufeinander legen. Mit der Woll-Nd und dem langen Endfaden arb und von außen nach innen durch die erste M des Rists, dann gegenüber von außen nach innen durch die entsprechende M der Sohle stechen und den Faden fest anziehen. Für alle weiteren M wdh. Arbeit beenden.

Die Öffnung an der Ferse flach aufeinander legen. Mit der Woll-Nd und dem langen Endfaden arb und von außen nach innen durch die erste M des Beins, dann gegenüber von außen nach innen durch die entsprechende M der Sohle stechen und den Faden fest anziehen. Für alle weiteren M wdh. Arbeit beenden.

Fadenenden vernähen. Socken nach Wunsch leicht spannen.

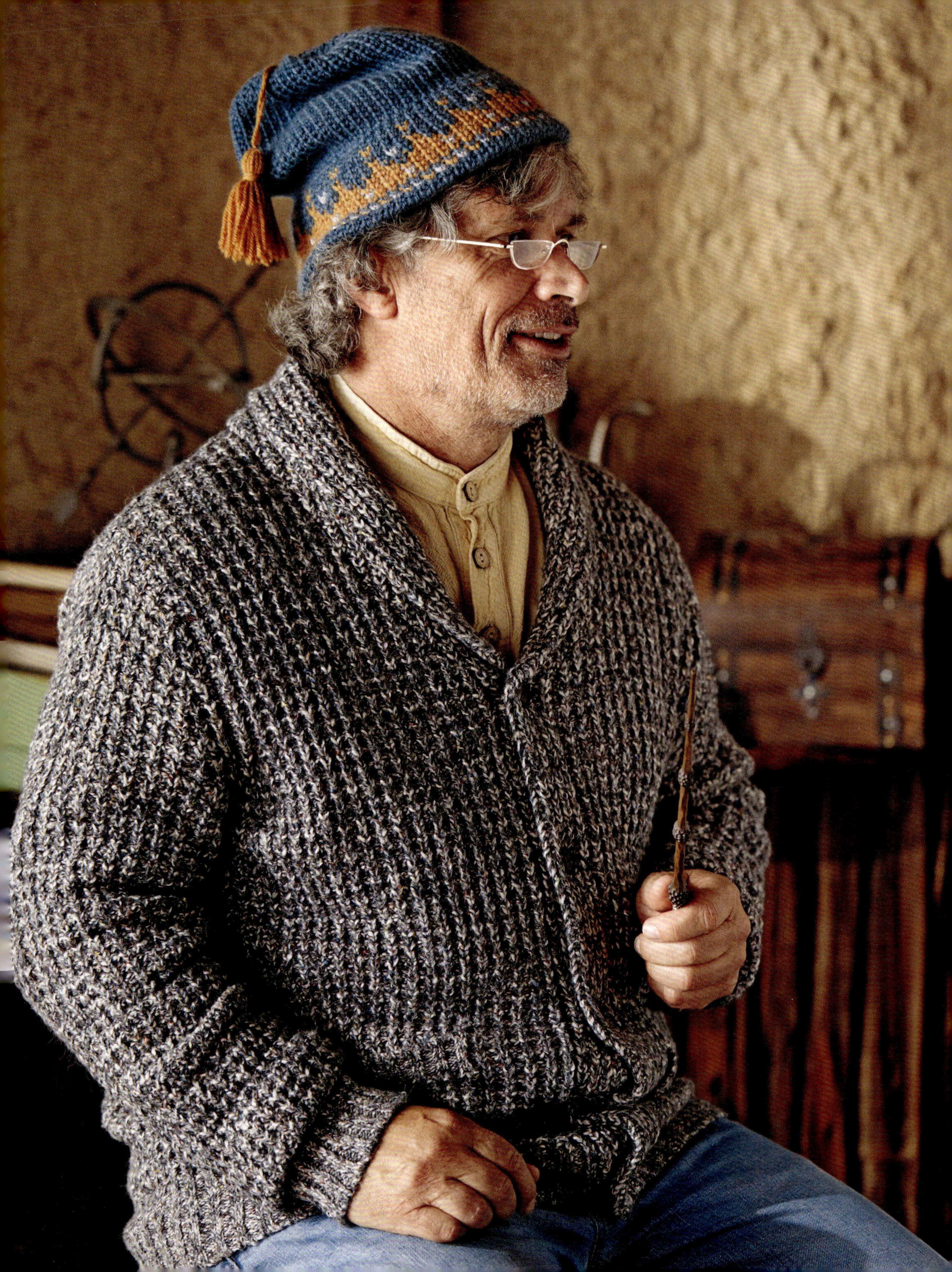

Dumbledores Mütze

Design: **CORRINE TURNER**

SCHWIERIGKEITSGRAD ⚡⚡

Albus Dumbledore ist seit langem Professor und Schulleiter an der Hogwarts-Schule für Hexerei und Zauberei. Er wird oft als einer der größten Zauberer aller Zeiten beschrieben und entwickelt eine enge Beziehung zu Harry während dessen Zeit in Hogwarts, wo er ihm Orientierung, Unterstützung und guten Rat bietet. Auch wenn er nicht unfehlbar ist, ist es doch Professor Dumbledore, der Harry letztendlich den Schlüssel dazu verschafft, Voldemort zu besiegen, obwohl er den Sieg seines Schülers tragischerweise nicht mehr erlebt.

In den Filmen ist Professor Dumbledore ohne Zweifel einer der am aufwändigsten gekleideten Charaktere. Die Rolle wurde zuerst von Richard Harris gespielt, der traditionellere Zauberer-Roben und einen Hut in einem wunderschönen kastanienbraunen Farbton trug. Nach der traurigen Nachricht von Harris Tod wurde die Rolle von Michael Gambon übernommen und auch die Kostüme veränderten sich. Gambons Dumbledore trägt aufwändig gestaltete Roben in Silber- und Grautönen und der traditionelle Zaubererhut wird durch eine Rauchmütze ersetzt.

Diese Alltagsversion von Dumbledores Mütze ist ein Standardaccessoire für den Winter. Dumbledores Mütze wird vom Rand nach oben gehäkelt und weist als Schmuck sowohl ein elegantes Intarsienmuster wie auch komplexe Perlenstickerei auf. Weiter geht es mit einer einfachen Formgebung für eine lässige Passform und einer raffinierten Quaste obendrauf.

GRÖSSE

Einheitsgröße

FERTIGE GRÖSSE

Umfang am Rand: 53,5 cm
Länge: 23 cm

GARN

Mittlere Garnstärke (DK weight), hier: WeCrochet Capra DK (85 % fine merino Wolle, 15 % Cashmere; 112 m/50 g Knäuel)
Farbe A: 68 Adriatic Heather, 3 Knäuel
Farbe B: 61 Tansy Heather, 1 Knäuel
Farbe C: 65 Angelite Heather, 1 Knäuel

NADELN

- Häkelnadel 6,0 mm oder passende Größe zum Erreichen der Maschenprobe

ZUBEHÖR

- Maschenmarkierer
- Hildie & Jo rainbow opaque glass seed Perlen: 20 g Größe 10/0 in Gold AB
- Hildie & Jo glass seed Perlen: 20 g Größe 10/0 in Transparent Crystal AB
- Wollnadel
- DMC Handsticknadel Größe 1-5
- Nähfaden
- Clover großer tassel maker (Quastenwickler)

MASCHENPROBE

22 mfM und 20 Rd = 10 cm x 10 cm
Maschenprobe unbedingt prüfen.

BESONDERE ABKÜRZUNGEN

mfM (mittig eingestochene feste Masche): 1 fM, dabei in das V der M der Vor-Rd einstechen.

HINWEISE

- Es werden Spiral-Rd gearbeitet, wenn nichts anderes angegeben ist.
- Bei einem Farbwechsel mit der Häkelnd in die angegebene M einstechen, 1 U in der entsprechenden Fb durchziehen, dann mit der Fb der nächsten M 1 U bilden und die M abmaschen.
- Den Rd-Anfang mit einem MM kennzeichnen.
- Im Bereich des Intarsienmusters die Fb A, B und C auf der Innenseite der Arbeit nach oben mitführen, bis sie wieder benötigt werden.

MÜTZE

In A 72 Lm anschl und mit 1 Km zur Rd schließen.

Rd 1: 1 fM in jede Lm, dabei in die Lm-Höcker auf der Rückseite der Lm-Kette einstechen (= 72 fM).

Rd 2-17: mfM häkeln.

Rd 18: [1 mfM in C, 1 mfM in B] wdh.

Rd 19: In A mfM häkeln.

Rd 20: In B mfM häkeln.

Rd 21: [1 mfM in C, 3 mfM in B] wdh.

Rd 22: In B mfM häkeln.

Rd 23: [1 mfM in A, 3 mfM in B] wdh.

Rd 24: [2 mfM in A, 1 mfM in B, 3 mfM in A, 1 mfM in B, 1 mfM in A] wdh.

Rd 25: [2 mfM in A, 1 mfM in B, 1 mfM in A, 1 mfM in C, 1 mfM in A, 1 mfM in B, 1 mfM in A] wdh.

Faden C abschneiden.

Rd 26: In A mfM häkeln.

Rd 27: [2 mfM in A, 1 mfM in B, 3 mfM in A, 1 mfM in B, 1 mfM in A] wdh.

Faden B abschneiden.

Rd 28-29: In A mfM häkeln.

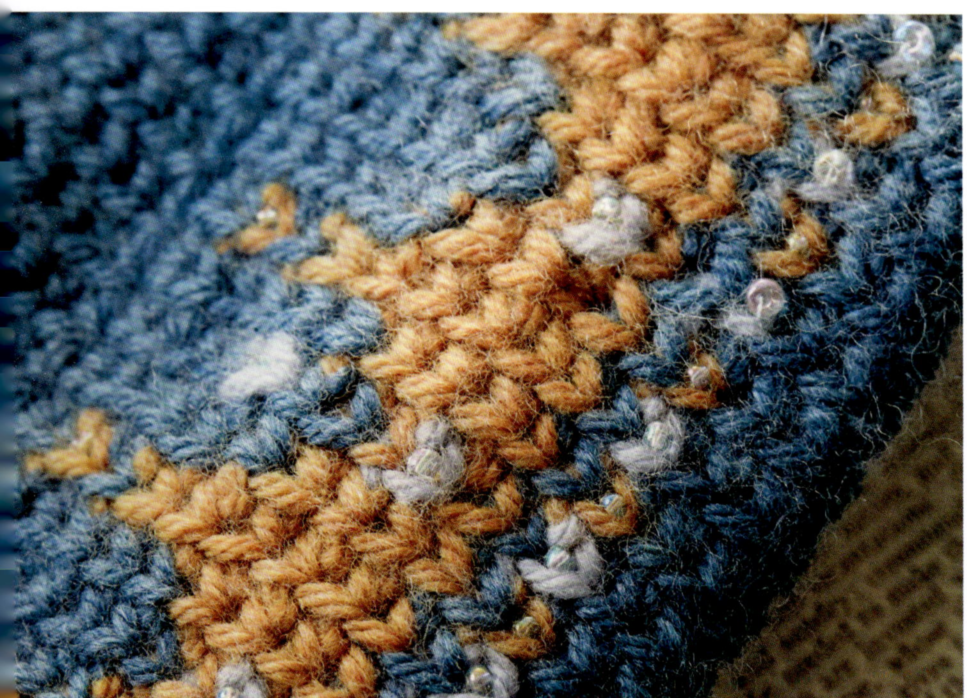

Bevor es mit Rd 30 weitergeht in die Mitte jeder angegebenen M 1 Perle nähen:

Rd 18: Auf jede M in B 1 rainbow-Perle, auf jede M in C eine crystal-Perle nähen.

Rd 21 und 25: Auf jede M in C eine crystal-Perle nähen.

Rd 27: Auf jede M in B 1 rainbow-Perle nähen.

Rd 30 (Bund): Die Anschlagkante nach oben zur aktuellen Rd falten, sodass die linken Seiten aufeinanderliegen und jede M der aktuellen Rd und die entsprechende M der Anschlag-Rd aufeinandertreffen. fM häkeln, dabei durch beide M einstechen und den Bund damit schließen.

Rd 31-46: mfM häkeln (= 72 M).

Rd 47: [16 mfM, 2 mfM zus abm] wdh (= 68 M).

Rd 48: mfM häkeln.

Rd 49: [15 mfM, 2 mfM zus abm] wdh (= 64 M).

Rd 50: mfM häkeln.

Rd 51: [14 mfM, 2 mfM zus abm] wdh (= 60 M).

Rd 52: mfM häkeln.

Rd 53: [13 mfM, 2 mfM zus abm] wdh (= 56 M).

Rd 54: mfM häkeln.

Rd 55: [12 mfM, 2 mfM zus abm] wdh (= 52 M).

Rd 56: mfM häkeln.

Rd 57: [11 mfM, 2 mfM zus abm] wdh (= 48 M).

Rd 58: mfM häkeln.

Rd 59: [10 mfM, 2 mfM zus abm] wdh (= 44 M).

Rd 60: mfM häkeln.

Rd 61: [9 mfM, 2 mfM zus abm] wdh (= 40 M).

Rd 62: mfM häkeln.

Rd 63: [8 mfM, 2 mfM zus abm] wdh (= 36 M).

Rd 64: mfM häkeln.

Arbeit beenden. Die Mützenspitze schließen, indem der Faden durch die restlichen M gefädelt und fest zusgezogen wird. Fadenenden vernähen.

FERTIGSTELLUNG

In B mit dem Quastenwickler eine Quaste herstellen. Den Faden oben an der Quaste durch die Mitte der Mützenspitze ziehen und in der gewünschten Länge befestigen. Fadenenden vernähen.

ZÄHLMUSTER

LEGENDE

- 1 mfM in Fb A
- 1 mfM in Fb B
- 1 mfM in Fb C
- 1 crystal-Perle
- 1 rainbow-Perle

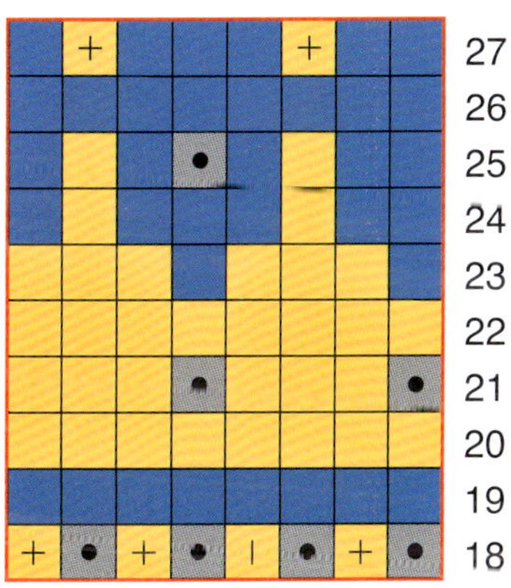

Hinter den Kulissen

Dumbledore ist in den ersten Harry Potter Filmen selten ohne Kopfbedeckung zu sehen, er trägt sie fast überall, wo er hingeht. Erst in Harry Potter und der Halbblutprinz wird er mit einem längeren Bart und ohne Kopfbedeckung gezeigt. Die Kostüm-Designer wollten, dass der große Zauberer in diesem Kapitel der Geschichte besonders verwundbar wirkt.

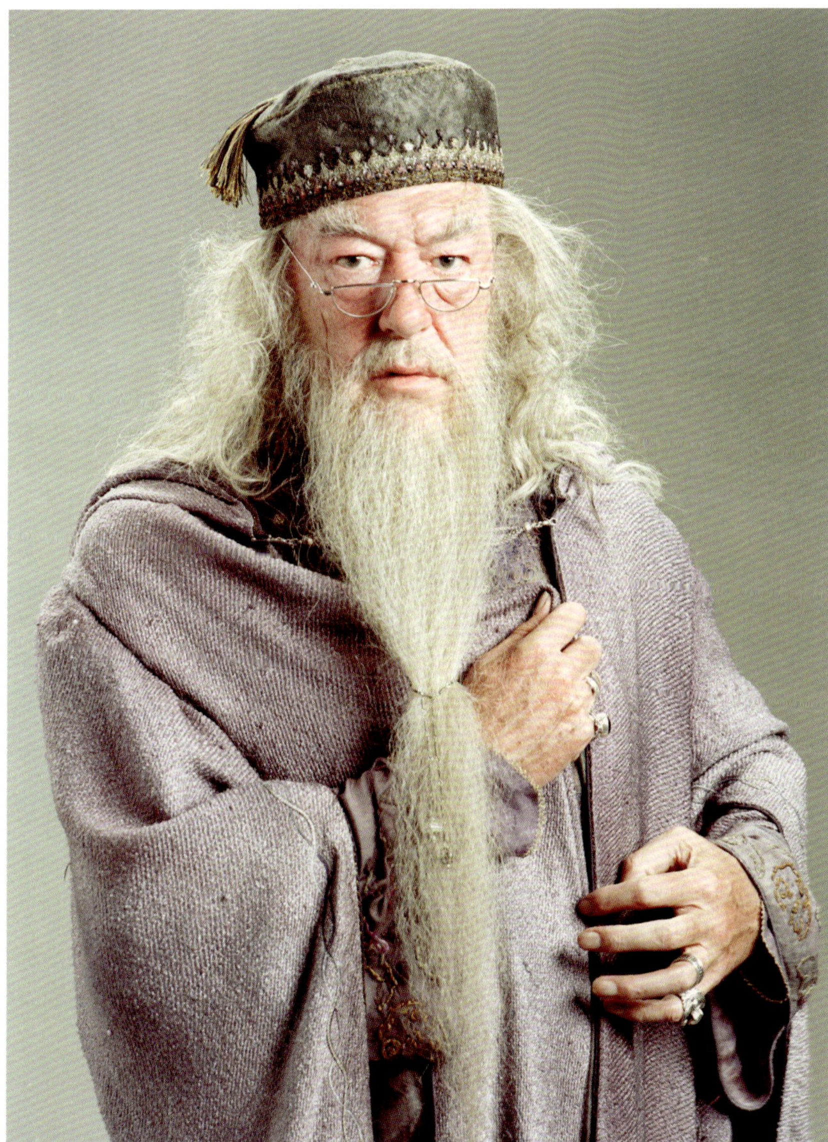

RECHTS: Ein Werbefoto von Michael Gambon als Professor Dumbledore für *Harry Potter und der Gefangene von Askaban.*

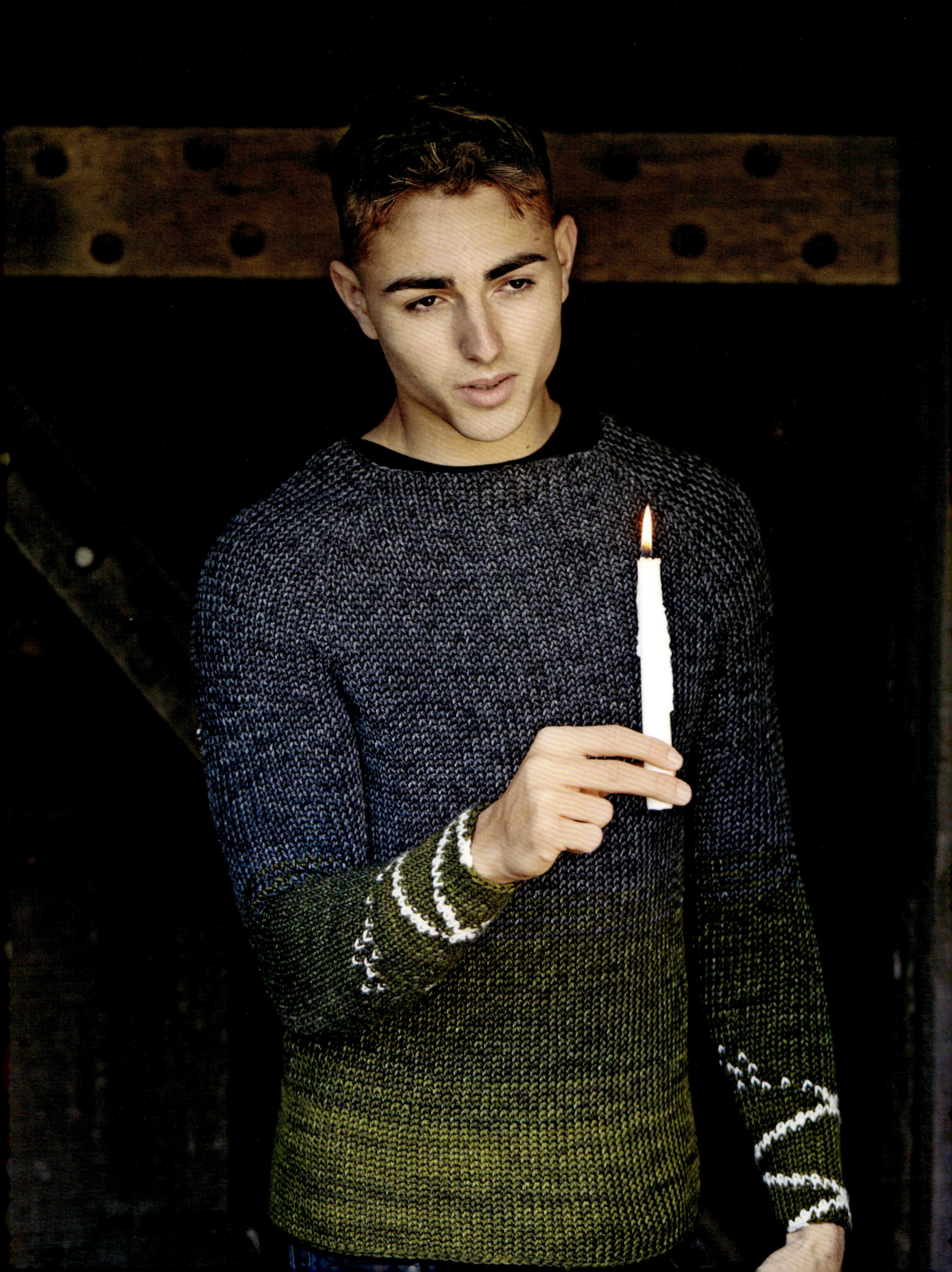

Der Unbrechbare Schwur-Pullover

Design: **VINCENT WILLIAMS**

SCHWIERIGKEITSGRAD ϟϟ

In *Harry Potter und der Halbblutprinz* stellt Lord Voldemort Draco Malfoy eine unvorstellbare Aufgabe – eine, die ihn wahrscheinlich in tödliche Gefahr bringen wird. Voller Verzweiflung begeben sich Dracos Mutter Narzissa und ihre Schwester Bellatrix zu Professor Snapes Wohnsitz, wo Narzissa ihn um seine Hilfe und seinen Schutz bittet. „Und damit verrät sie tatsächlich das, wovon sie glaubt, dass es die gute Sache ist, um zu versuchen, die Sicherheit ihres Sohnes zu erwirken", sagt Schauspielerin Helen McCorry, die Narzissa darstellt. „Sie ist also jemand, die ihre Kinder an die erste Stelle stellt, über sich selbst. Sie ist vielleicht ein Bösewicht, aber sie ist eine gute Mutter." Sehr zur Überraschung der Schwestern stimmt Snape zu, zu helfen, und leistet unter den ewig misstrauischen Augen von Bellatrix einen Unbrechbaren Schwur, Draco mit seinem Leben zu verteidigen.

Die einzigartige visuelle Darstellung des Zauberspruchs hat zu diesem dramatischen Pullover inspiriert, der in einfacher Formgebung mit Raglanzunahmen gearbeitet wird. Auf einem Hintergrund von in Grün übergehendem Schwarz sticht der Zauberspruch hervor, der in dramatischem Weiß eingearbeitet wird und scheinbar Licht auf den Pullover selbst wirft.

GRÖSSEN

S (M, L, XL, 2XL) (3XL, 4XL, 5XL, 6XL)

Abgebildet in Größe M, 10 cm weiter als der Brustumfang.

In der Anleitung steht die Größe S vorn, alle anderen Größen dahinter in Klammern. Ist nur eine Zahl angegeben, gilt sie für alle Größen.

FERTIGE GRÖSSEN

Brustumfang: 86.5 (96,5, 106,5, 117, 127) (137, 147,5, 157,5, 167,5) cm

Der Pullover sollte ca.10 cm weiter gearbeitet werden als der Brustumfang.

GARN

Mittlere Garnstärke (DK weight), hier: Hazel Knits Lively DK (90 % superwash Wolle, 10 % Nylon; 251 m/113 g Strang, das entspricht ca. 112 m/50 g)

Farbe A: Carbon Fiber, 3 (3, 4, 4, 5) (6, 7, 8, 9) Stränge (= ca. 350 (350, 500, 500, 600) (700, 800, 950, 1050) g)

Mittlere Garnstärke (DK weight), hier: Madelinetosh Tosh DK (100 % superwash Merinowolle; 205 m/100 g Strang)

Farbe B: Cactus, 2 (2, 3, 3, 4) (5, 6, 7, 8) Stränge

Farbe C: Joshua Tree, 2 (2, 3, 3, 4) (5, 6, 7, 8) Stränge

Farbe D: Natural (undyed), 1 (1, 1, 1, 1) (1, 2, 2, 2) Stränge

NADELN

- Häkelnadel 5,5 mm oder passende Größe zum Erreichen der Maschenprobe

ZUBEHÖR

- Wollnadel
- 5 verschließbare Maschenmarkierer
- 2 Spulen pro Ärmel (optional)

MASCHENPROBE

Im Muster, gespannt 13 M und 19 Rd = 10 cm x 10 cm

Maschenprobe unbedingt prüfen.

HINWEISE

- Der Pullover wird in Rd von unten nach oben gehäkelt.
- Wenn eine Zunahme in eine markierte M gearbeitet wird den MM entfernen, die 1. M als fM, die 2. M als mfM arb, dann den MM in die mfM einhängen und weiterarb.
- Für das im Zählmuster dargestellte Zauberspruch-Motiv wird Fb D in Intarsientechnik in Rd eingehäkelt. Die Gesamtmenge in Fb D sollte in 2 Hälften geteilt werden, sodass über den Ärmel mit 2 separaten Spulen/ Knäueln gearbeitet werden kann. Auf der Rückseite der Arbeit entstehen so nur kurze Fäden, wenn Fb D nach oben weitergeführt wird. Fb D sollte nicht überhäkelt und über die gesamte Rd mitgeführt werden.

BESONDERE ABKÜRZUNGEN

mfM (mittig eingestochene feste Masche): In die Mitte der nächsten M einstechen (zwischen den Beinchen der M anstatt durch das obere vordere und hintere M-Glied), 1 U durchziehen, 1 U durch beide Schlingen auf der Nd ziehen.

1 mfM zun (1 mittig eingestochene feste Masche zunehmen): 1 normale fM durch das obere vordere und hintere M-Glied arb, dann in die gleiche M 1 mfM arb.

1 mfMRAbn (1 rechtsgeneigte mittig eingestochene Abnahme): In die M einstechen, 1 U durchziehen (= 2 Schlingen auf der Nd), in die nächste M einstechen, 1 U durchziehen (= 3 Schlingen auf der Nd). Die 2. und 3. Schlinge auf der Häkelnd vertauschen (= Rechtsneigung). 1 U durch alle 3 Schlingen ziehen.

2 mfM zus abm (2 mittig eingestochene feste Masche zus abmaschen): In die Mitte der angegebenen M einstechen (zwischen den Beinchen der M anstatt durch das obere vordere und hintere M-Glied), 1 U durchziehen, in die Mitte der nächsten M einstechen, 1 U durchziehen. 1 U durch alle 3 Schlingen auf der Häkelnd ziehen.

PASSE

In A 60 (60, 62, 62, 66) (68, 68, 72, 72) Lm locker anschl; einen MM für das Rd-Ende in die letzte M einhängen, Rd mit 1 Km schließen, 1 Lm.

Rd 1: Je 1 fM in die ersten 11 (11, 11, 11, 12) (12, 12, 13, 13) Lm, MM in die letzte M einhängen (hintere rechte Schulter), je 1 fM in die nächsten 10 (10, 10, 10, 11) (11, 11, 12, 12) Lm, MM in die letzte M einhängen (vordere rechte Schulter), je 1 fM in die nächsten 19 (19, 20, 20, 21) (22, 22, 23, 23) Lm, MM in die letzte M einhängen (vordere linke Schulter), je 1 fM in die nächsten 10 (10, 10, 10, 11) (11, 11, 12, 12) Lm, MM in die letzte M einhängen (hintere linke Schulter), je 1 fM in die letzten 10 (10, 11, 11, 11) (12, 12, 12, 12) Lm (= 60 (60, 62, 62, 66) (68, 68, 72, 72) M).

Hinweis: In Spiral-Rd weiterhäkeln; Rd nicht schließen.

Rd 2: mfM häkeln bis zum 1. MM, 1 mfM zun in die markierte M, MM in die 2. M der Zunahme umhängen, 1 mfM zun, * mfM häkeln bis zum nächsten MM, 1 mfM zun in die markierte M, MM in die 2. M der Zunahme umhängen, 1 mfM zun, ab * noch 2x wdh, mfM häkeln bis Rd-Ende (= 8 M zugenommen).

Rd 3-4: mfM häkeln.

Rd 2-4 noch 12 (13, 14, 16, 17) (18, 19, 20, 21)x wdh (= 164 (172, 182, 198, 210) (220, 228, 240, 248) M.

Nur für Größe S: Rd 5-7 überspringen, weiterarb ab „für Größen S, 3XL + 6XL".

Nur für Größen M, L, XL, 2XL, 3XL, 4XL, 5XL + 6XL: Weiter mit Rd 5.

Rd 5: mfM häkeln bis zum 1. MM, 1 mfM zun in die markierte M, MM in die 2. M der Zunahme umhängen, mfM häkeln bis zum nächsten MM, 1 mfM in die markierte M, 1 mfM zun, MM in die 2. M der Zunahme umhängen, mfM häkeln bis zum nächsten MM, 1 mfM zun in die markierte M, MM in die 2. M der Zunahme umhängen, mfM häkeln bis zum nächsten MM, 1 mfM in die markierte M, 1 mfM zun, MM in die 2. M der Zunahme umhängen, mfM häkeln bis Rd-Ende (= 4 M zugenommen).

Rd 6-7: mfM häkeln.

Rd 5-7 noch – (1, 2, 2, 4) (5, 7, 8, 10) x wdh (= - (180, 194, 210, 230) (244, 260, 276, 292) M).

Für Größen M, 4XL + 5XL: Weiterarb ab „Rumpf".

Für Größen S, 3XL + 6XL: mfM häkeln bis zum 1. MM, 1 mfM in die markierte M, 1 fM zun, MM in die 2. M der Zunahme umhängen, mfM häkeln bis zum nächsten MM, 1 mfM in die markierte M, 1 mfM zun, MM in die 2. M der Zunahme umhängen, * mfM häkeln bis zum nächsten MM, 1 mfM zun in die markierte M, MM in die 2. M der Zunahme umhängen, ab * noch 1x wdh, mfM häkeln bis Rd-Ende (= 4 M zugenommen; 168 (-, -, -, -) (248, -, -, 296) M).

Für Größe L: mfM häkeln bis zum 1. MM, 1 mfM in die markierte M, 1 fM zun, MM in die 2. M der Zunahme umhängen, mfM häkeln bis zum 4. MM, 1 mfM zun in die markierte M, MM in die 2. M der Zunahme umhängen, mfM häkeln bis Rd-Ende (= 2 M zugenommen; – (-, 196, -, -) (-, -, -, -) M).

Für Größen XL + 2XL: mfM häkeln bis zum 2. MM, 1 mfM in die markierte M, 1 fM zun, MM in die 2. M der Zunahme umhängen, mfM häkeln bis zum nächsten MM, 1 mfM zun in die markierte M, MM in die 2. M der Zunahme umhängen, mfM häkeln bis Rd-Ende (= 2 M zugenommen; – (-, -, 212, 232) (-, -, -, -) M).

RUMPF

Hinweis: In Spiral-Rd häkeln; Rd nicht schließen.

Rd 1: mfM häkeln bis zum 1. MM (hintere rechte Schulter), 9 (10, 11, 12, 13) (14, 15, 16, 17) fM mit Fußschlinge anschl, MM entfernen, 37 (38, 41, 44, 47) (50, 51, 54, 57) M übergehen (rechter Ärmel), 1 mfM in die 2. markierte M, mfM häkeln bis zum 3. MM, 1 mfM in die 3. markierte M, MM entfernen, 9 (10, 11, 12, 13) (14, 15, 16, 17) fM mit Fußschlinge anschl, 37 (38, 41, 44, 47) (50, 51, 54, 57) M übergehen (linker Ärmel), 1 mfM in die M nach dem 4. MM, MM entfernen, mfM häkeln bis Rd-Ende (= 112 (124, 136, 148, 164) (176, 188, 200, 216) M).

10 (11, 12, 12, 13) (13, 13, 14, 14) Rd mfM häkeln.

Übergangs-Rd 1: In B mfM häkeln.

Übergangs-Rd 2: In A mfM häkeln.

Übergangs-Rd 3-6: Übergangs-Rd 1 und 2 wdh.

27 (29, 30, 30, 33) (33, 36, 37, 37) Rd mfM in B häkeln.

Übergangs-Rd 1-6 wdh, dabei in C anstelle von B und in B anstelle von A arb.

35 (35, 36, 36, 38) (40, 40, 41, 41) Rd mfM in C häkeln.

Der Rumpf sollte jetzt ca. 39,5 (40,5, 42, 43, 44,5) (45,5, 47, 48,5, 48,5) cm ab unter dem Arm lang sein.

ÄRMEL (2X)

Ein ca. 12,5 cm langes Fadenende hängen lassen und in A an der 5. (6., 7., 7., 8.) (8., 9., 9., 10.) M von rechts unter dem Arm anschlingen.

Hinweis: In Spiral-Rd häkeln; Rd nicht schließen.

Rd 1: Je 1 mfM in die 5 (5, 5, 6, 6) (7, 7, 8, 8) M unter dem Arm, MM für den Rd-Anfang in die 1. dieser M einhängen, je 1 mfM in die 37 (38, 41, 44, 47) (50, 51, 54, 57) Ärmel-M, je 1 mfM in die restlichen 4 (5, 6, 6, 7) (7, 8, 8, 9) M unter dem Arm, MM für das Rd-Ende in die letzte dieser M einhängen (= insgesamt 46 (48, 52, 56, 60) (64, 66, 70, 74) Ärmel-M).

In der Anleitung für die gewählte Größe fortfahren und gleichzeitig ab Rd 46 (48, 52, 56, 60) (64, 66, 70, 74) einen Fb-Übergang von A zu B arb wie folgt: * 1 Rd in B, 1 Rd in A, ab * noch 2x wdh. In B weiterhäkeln.

Hinweis für ALLE Größen: Zwischen den Abnahme-Rd in jede M 1 mfM häkeln.

Für Größe S: Abn-Rd: 1 mfMRAbn, mfM häkeln bis zu den letzten 2 M, 2 mfM zus abm (= 2 M abgenommen).

Die Abn-Rd noch 4x in jeder 6. Rd wdh (= insgesamt 10 M abgenommen).

Nach Zählmuster 1 weiterhäkeln.

Für Größe M: Abn-Rd: 1 mfMRAbn, mfM häkeln bis zu den letzten 2 M, 2 mfM zus abm (= 2 M abgenommen).

Die Abn-Rd noch 3x in jeder 6. Rd und 1x in der folgenden 8. Rd wdh (= insgesamt 10 M abgenommen).

Nach Zählmuster 2 weiterhäkeln.

Für Größe L: Abn-Rd: 1 mfMRAbn, mfM häkeln bis zu den letzten 2 M, 2 mfM zus abm (= 2 M abgenommen).

Die Abn-Rd noch 5x in jeder 6. Rd wdh (= insgesamt 12 M abgenommen).

Nach Zählmuster 3 weiterhäkeln.

Für Größe XL: Abn-Rd: 1 mfMRAbn, mfM häkeln bis zu den letzten 2 M, 2 mfM zus abm (= 2 M abgenommen).

Die Abn-Rd noch 6x in jeder 6. Rd wdh (= insgesamt 14 M abgenommen).

Nach Zählmuster 4 weiterhäkeln.

Für Größe 2XL: Abn-Rd: 1 mfM, 1 mfMRAbn, mfM häkeln bis zu den letzten 2 M, 2 mfM zus abm (= 2 M abgenommen).

Die Abn-Rd noch 2x in jeder 4. Rd und 5x in jeder 6. Rd wdh (= insgesamt 16 M abgenommen).

Nach Zählmuster 5 weiterhäkeln.

Für Größe 3XL: Abn-Rd: 1 mfM, 1 mfMRAbn, mfM häkeln bis zu den letzten 2 M, 2 mfM zus abm (= 2 M abgenommen).

Die Abn-Rd noch 7x in jeder 4. Rd und 2x in jeder 6. Rd wdh (= insgesamt 20 M abgenommen).

Nach Zählmuster 5 weiterhäkeln.

Für Größe 4XL: Abn-Rd: 1 mfM, 1 mfMRAbn, mfM häkeln bis zu den letzten 2 M, 2 mfM zus abm (= 2 M abgenommen).

Die Abn-Rd noch 7x in jeder 4. Rd und 2x in jeder 6. Rd wdh (= insgesamt 20 M abgenommen).

Nach Zählmuster 6 weiterhäkeln.

Für Größe 5XL: Abn-Rd: 1 mfM, 1 mfMRAbn, mfM häkeln bis zu den letzten 2 M, 2 mfM zus abm (= 2 M abgenommen).

Die Abn-Rd noch 11x in jeder 4. Rd wdh (= insgesamt 24 M abgenommen).

Nach Zählmuster 6 weiterhäkeln.

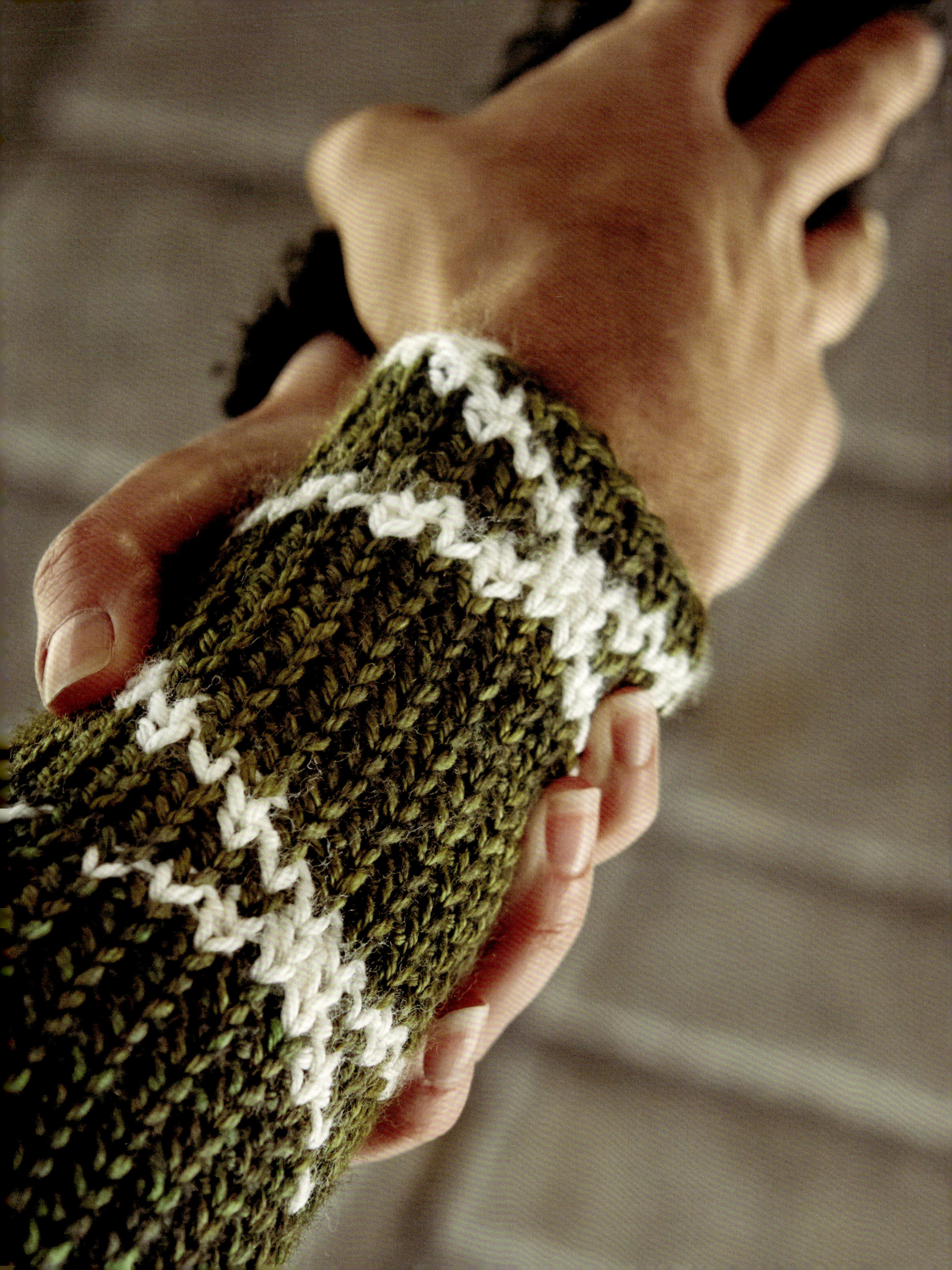

„Schwör es, Severus. Bist du bereit, den unbrechbaren Schwur zu leisten."

Bellatrix Lestrange in *Harry Potter und der Halbblutprinz*

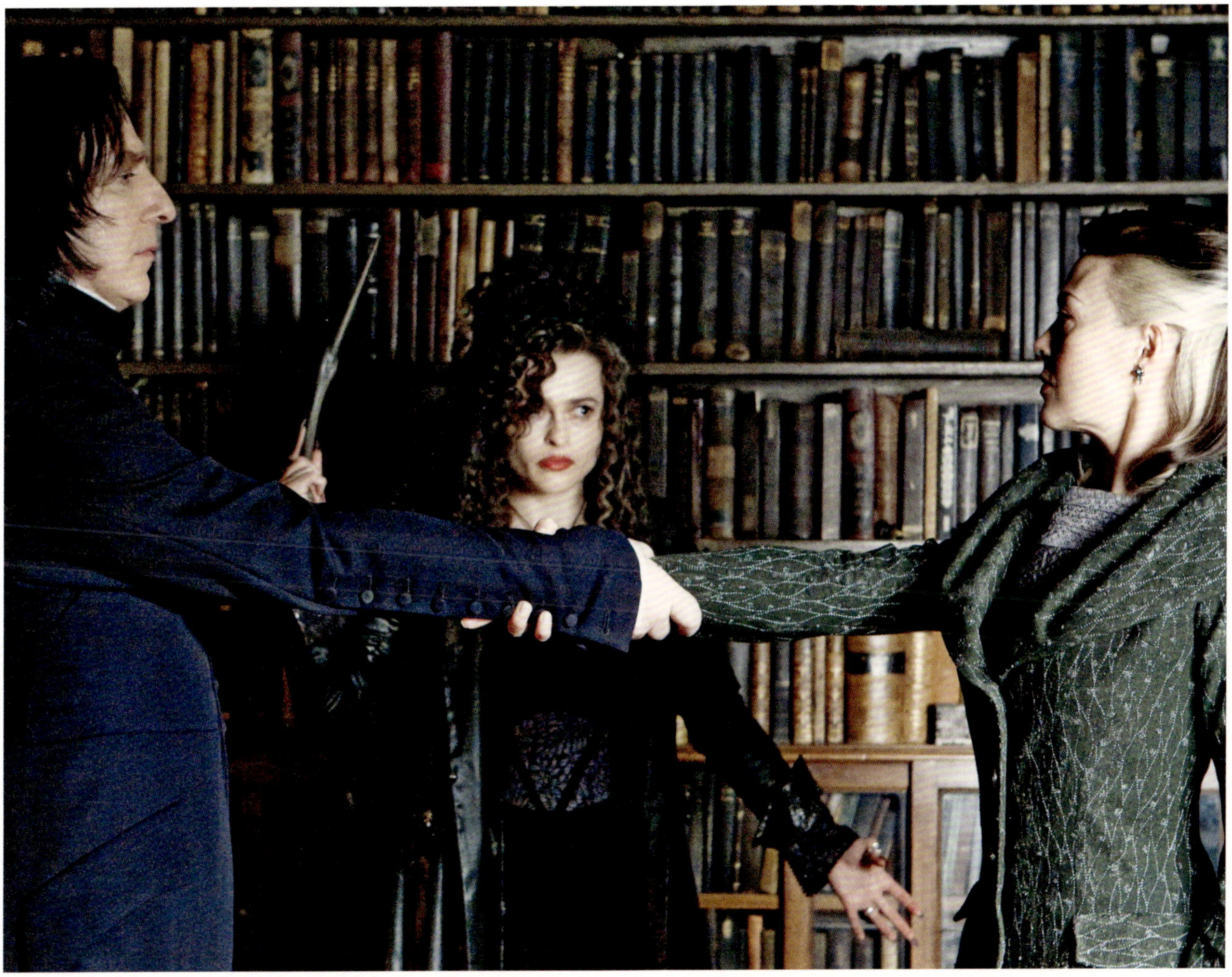

OBEN: Severuns Snape leistet Narzissa Malfoy den unbrechbaren Schwur, während ihre Schwester Bellatrix Lestrange den Zauber wirkt in *Harry Potter und der Halbblutprinz.*

ZÄHLMUSTER

LEGENDE

- ■ 1 mfM in B
- ■ 1 mfM in C
- □ 1 mfM in D
- ⊼ 1 mfMRAbn in der angegebenen Fb

ZÄHLMUSTER 1

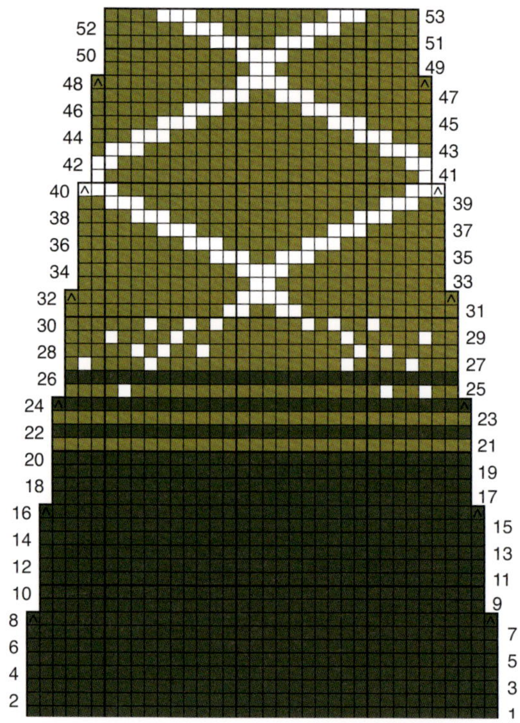

ZÄHLMUSTER 2

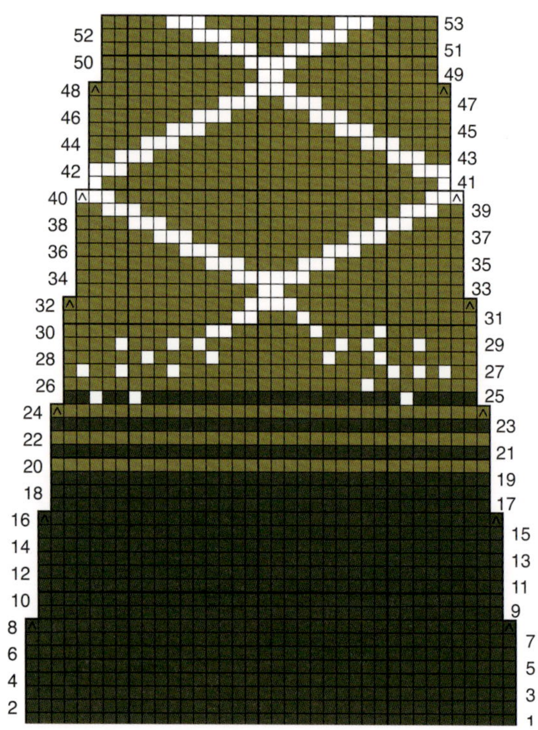

ZÄHLMUSTER 3

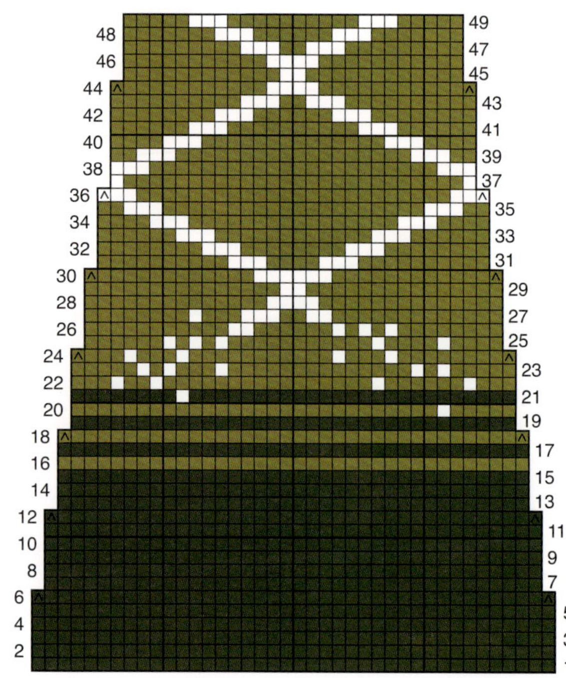

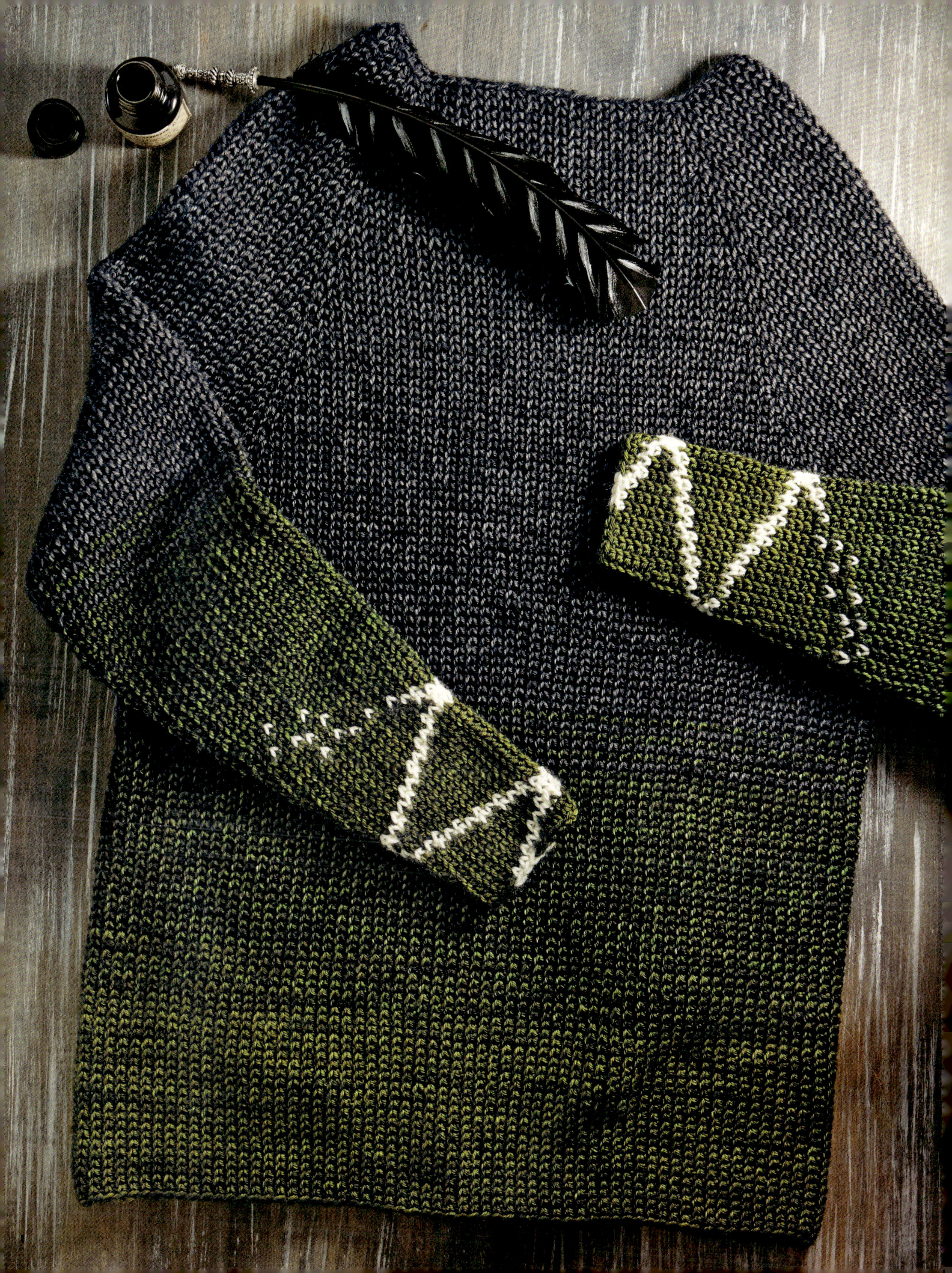

ZÄHLMUSTER

LEGENDE

- ■ 1 mfM in B
- ■ 1 mfM in C
- □ 1 mfM in D
- ⍓ 1 mfMRAbn in der angegebenen Fb

ZÄHLMUSTER 4

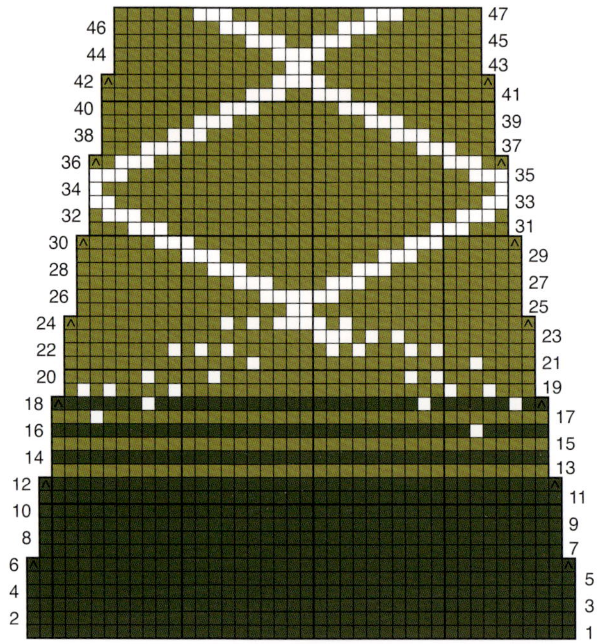

ZÄHLMUSTER 6

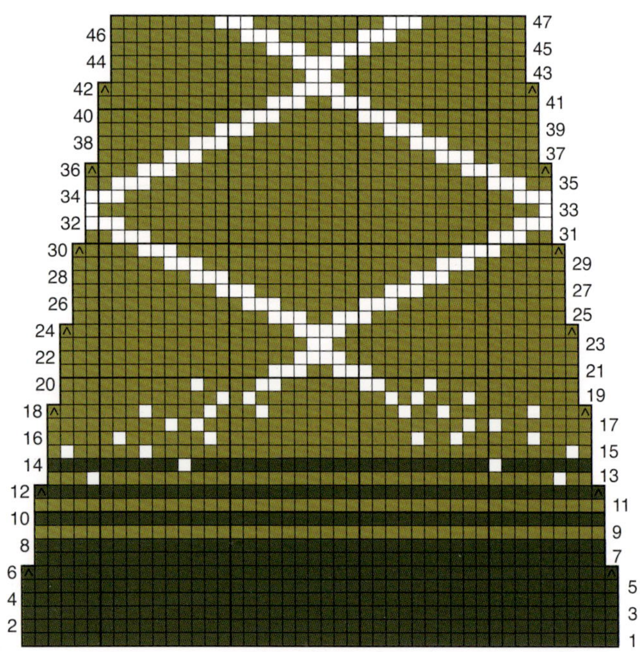

ZÄHLMUSTER 7

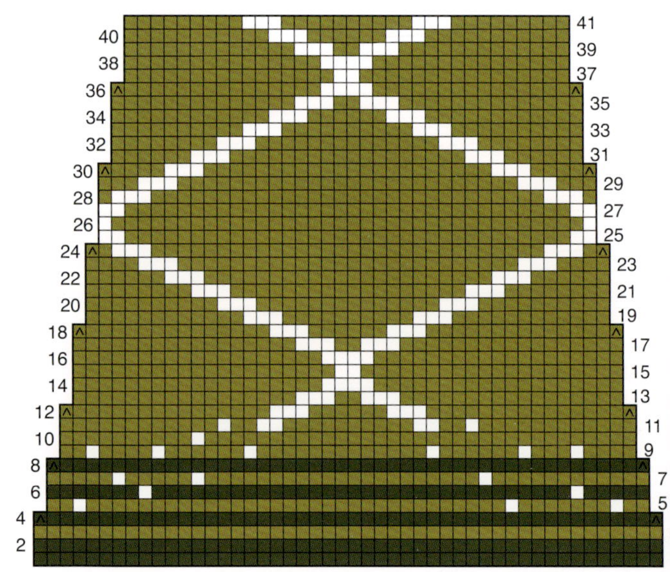

ZÄHLMUSTER 5

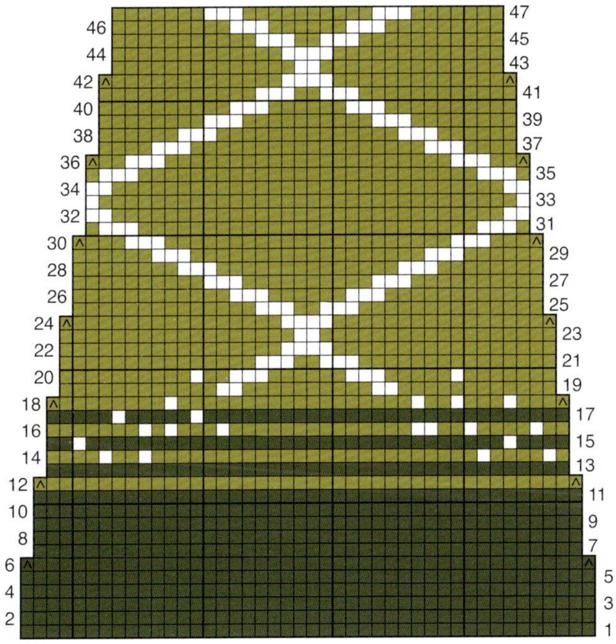

Für Größe 6XL: Abn-Rd: 1 mfM, 1 mfMRAbn, mfM häkeln bis zu den letzten 2 M, 2 mfM zus abm (= 2 M abgenommen).

Die Abn-Rd noch 12x in jeder 4. Rd wdh (= insgesamt 26 M abgenommen).

Nach Zählmuster 7 weiterhäkeln.

Alle Größen: Arbeit beenden.

FERTIGSTELLUNG

Alle restlichen Fadenenden auf der Rückseite der Arbeit vernähen. Auf Maß dämpfen oder nass spannen.

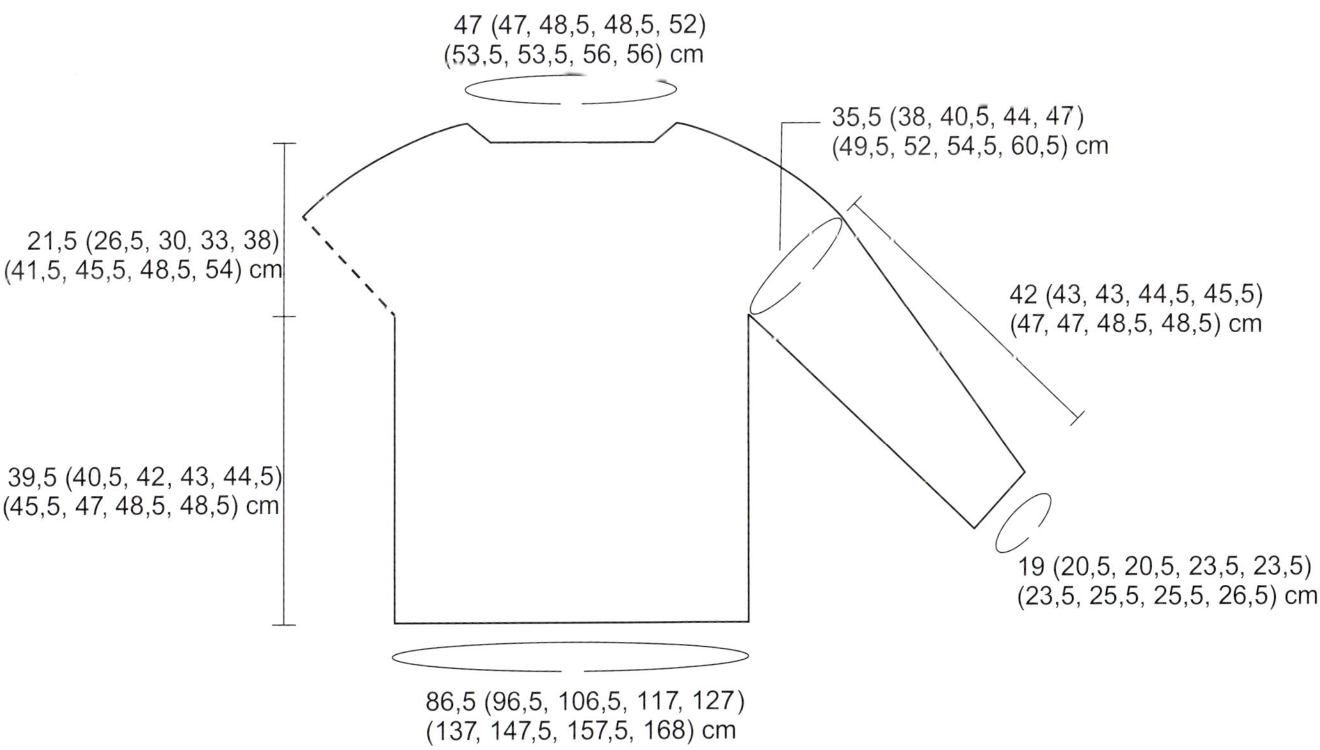

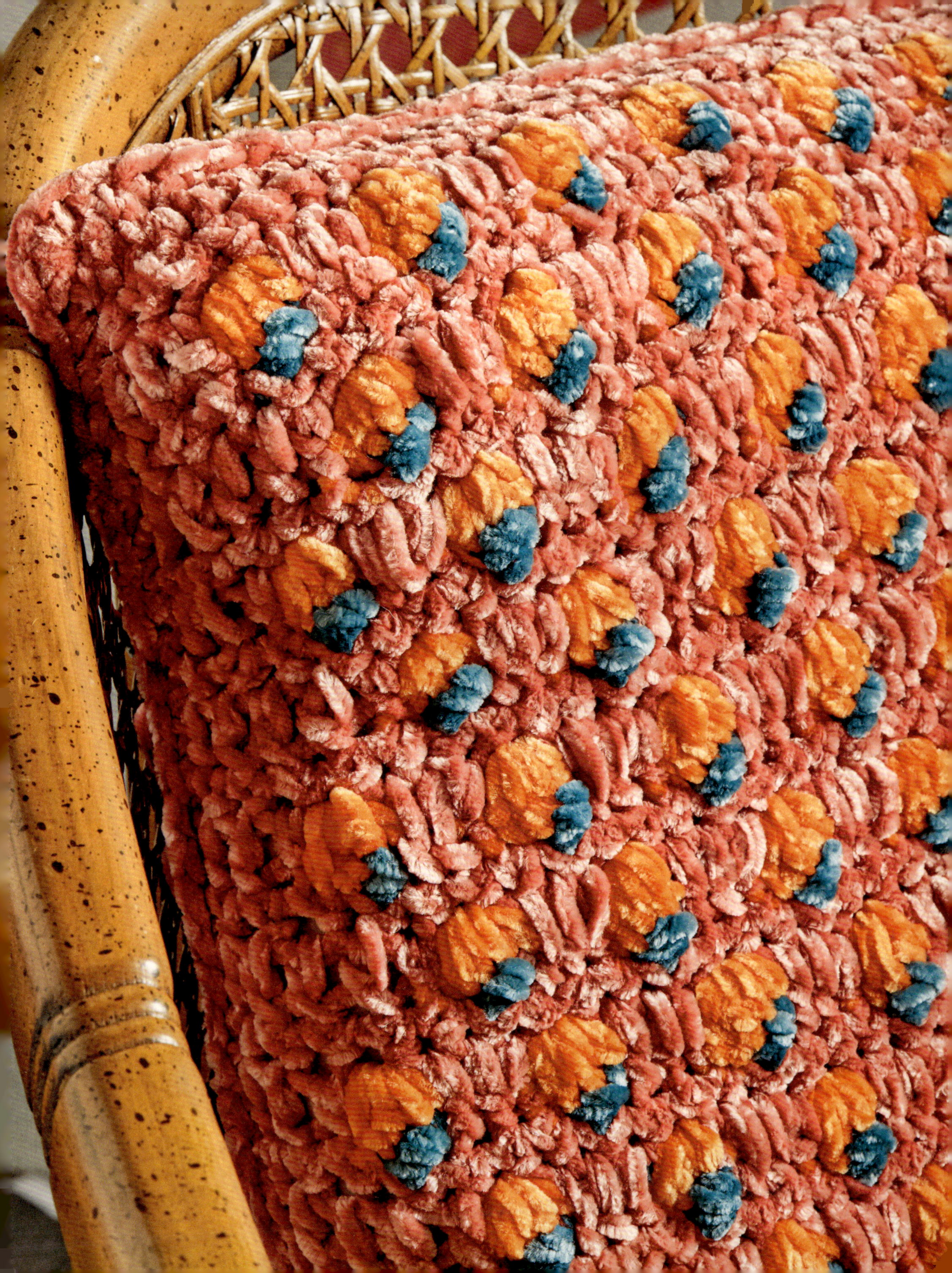

Erinnerungs-stücke und Raritäten

„Willkommen zu Hause."

Ron Weasley in *Harry Potter und die Kammer des Schreckens*

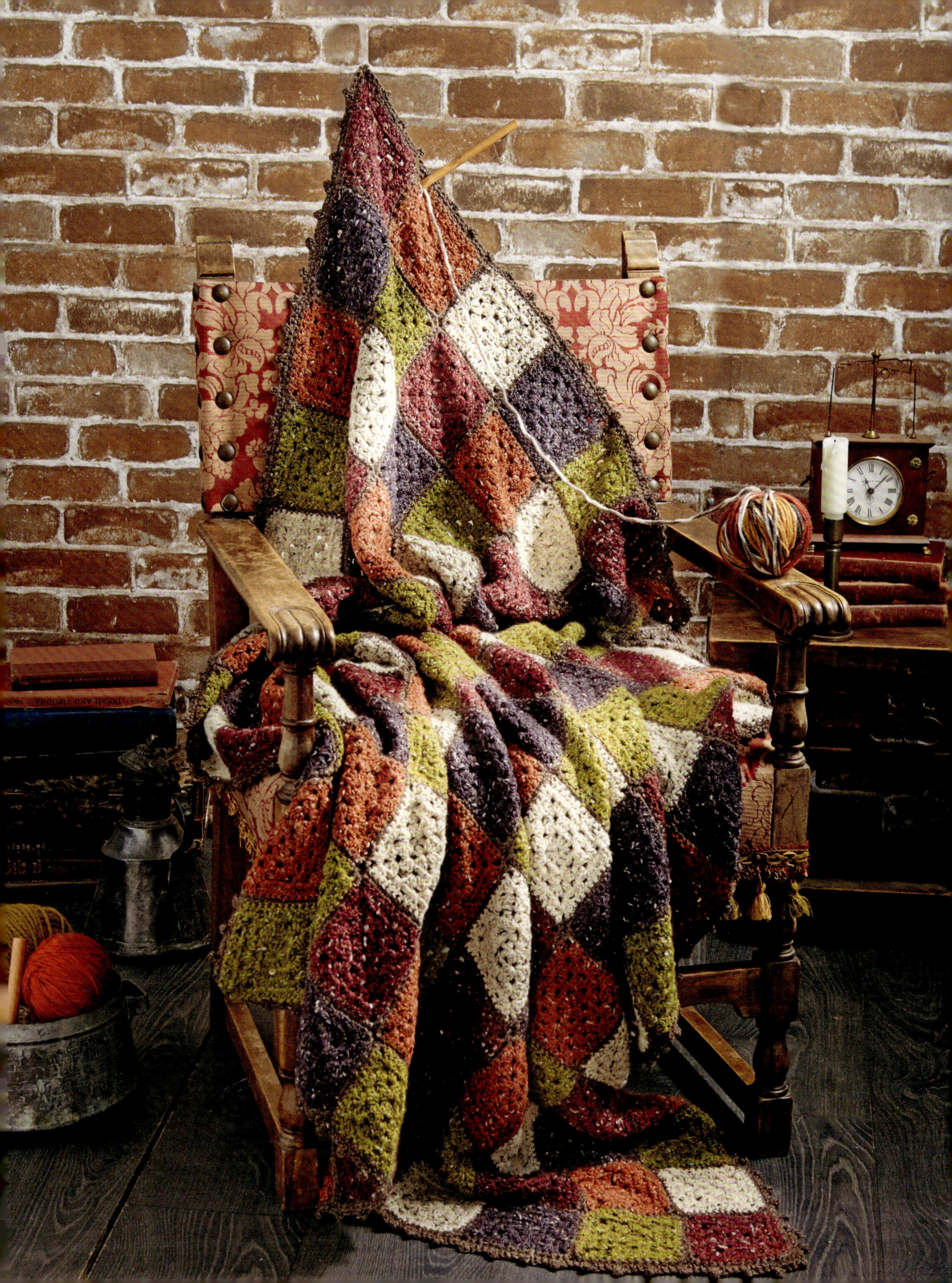

Decke „Fuchsbau“

Design: **EMILY DAVIS**

SCHWIERIGKEITSGRAD ⚡

Harry besucht den Fuchsbau, das Zuhause der Weasleys, zum ersten Mal in *Harry Potter und die Kammer des Schreckens*, nachdem Ron und seine Brüder Harry aus dem Haus der Dursleys im Ligusterweg gerettet haben. Der Fuchsbau mit seinen vielen schiefen Anbauten und Aufbauten ist das genaue Gegenteil vom Ligusterweg, voll von warmen Farben, nicht zusammen passenden Möbeln, phantasievollen Eigenarten und, nicht gerade überraschenderweise, einer Menge Magie.

Kulissen-Dekorateurin Stephenie McMillan musste das Heim der Weasleys zweimal dekorieren: einmal, um es vorzustellen und dann ein zweites Mal, nachdem das Haus von den Todessern in *Harry Potter und der Halbblutprinz* in Brand gesteckt wurde. „Wir haben die Möbel komplett ausgetauscht und ihnen eine neue Küche gegeben. Wir haben ihnen ein Klavier gegeben. Den gußeisernen Kamin, der das alles überstanden hätte, haben wir behalten, aber ansonsten haben wir alles ausgetauscht“, sagte sie. McMillan und ihr Team sind in Second Hand-Läden einkaufen gegangen, in der Annahme, dass Molly Weasley die Gelegenheit ergriffen hätte, sich mit tröstlichen Dingen zu umgeben – wie diese traditionelle gemütliche Decke, die von der erdigen Farbpalette und der heimeligen Atmosphäre des Fuchsbaus inspiriert ist.

Die Decke „Fuchsbau“ ist aus Granny Squares in einer Farbpalette, die zu Molly Weasleys besonderem Geschmack passt, zusammengesetzt. Molly dekoriert gerne in Braun-, Orange- und Grüntönen und die Kombination in dieser Decke zeigt, dass sie unerwarteterweise zusammenpassen. Nach dem Zusammennähen aller Quadrate wird die Decke mit einer hübschen Borte umhäkelt.

GRÖSSE

Einheitsgröße

FERTIGE GRÖSSE

Länge: 152,5 cm
Breite: 132 cm

GARN

Mittlere Garnstärke (DK weight), hier: WeCrochet City Tweed DK (55 % Merinowolle, 25 % superfine Alpaca, 20 % Donegal tweed; 112 m/50 g Knäuel), je 6 Knäuel in
Farbe A: 28198 Artichoke
Farbe B: 24546 Habanero
Farbe C: 24982 Blue Blood
Farbe D: 24543 Plum Wine
Farbe E: 24980 Snowshoe
Farbe F: 24550 Tabby

NADELN

- Häkelnadel 5,0 mm oder passende Größe zum Erreichen der Maschenprobe

ZUBEHÖR

- Matte zum Spannen und Stecknadeln
- Wollnadel

MASCHENPROBE

14 Stb und 8 R = 10 cm x 10 cm
Die Maschenprobe ist für dieses Modell nicht entscheidend, aber die Lauflänge des Garns und die Dicke der Häkelnadel beeinflussen die Endmaße.

HINWEISE

- Diese Decke besteht aus verschiedenfarbigen Granny Squares, die zus-genäht werden.
- Tabby ist die Kontrast-Fb, die dazu benutzt wird, jedes Quadrat zu umhäkeln. Diese Fb wird auch fürs Zus-nähen und die Randborte benutzt.
- Es werden 168 Quadrate gehäkelt.

SPEZIALMASCHEN

Picot: 4 Lm, 1 Km in die erste Lm. Wird über einer fM gearbeitet.

BESONDERE TECHNIK

Matratzenstich

Mit Matratzenstichen erhält man unsichtbare Nähte entlang von vertikalen Rändern. Man kann damit 2 beliebige Kanten verbinden, einschließlich Kanten mit Ersatz-Lm, obere oder untere Kanten.

Die Teile, die zus-genäht werden sollen, mit der rechten Seite nach oben nebeneinander auf eine flache Oberfläche legen.

Einen Faden, der ca. 3x länger ist als die Naht, die genäht werden soll, in die Woll-Nd einfädeln.

Am unteren Ende beginnen und mit der Woll-Nd von unten in die 1. M eines Teils und dann in der entsprechenden M des zweiten Teils einstechen.

* Mit der Woll-Nd in die nächste M des ersten Teils, dann in die nächste M des zweiten Teils einstechen. Ab * wdh, bis die Naht vollständig ist und bei der letzten M des ersten Teils enden. Fadenenden auf der linken Seite der Arbeit vernähen.

QUADRATE
(34X IN A, 34X IN B, 34X IN C, 33X IN D, 33X IN E)

4 Lm anschl; mit 1 Km in die 1. Lm zum Ring schließen.

Rd 1: 3 Lm (zählt hier und im weiteren Muster als 1. Stb), 2 Stb in den Ring, 2 Lm, 3x [3 Stb in den Ring, 2 Lm], Rd mit 1 Km in die oberste Ersatz-Lm schließen (= 12 Stb, 4 2-Lm-Bögen).

Rd 2: Wenden, 1 Km in den 2 Lm Bogen, [3 Lm, 2 Stb] in den gleichen 2-Lm-Bogen, * [3 Stb, 2 Lm, 3 Stb] in den nächsten 2-Lm-Bogen (= ecke), ab * noch 2x wdh, [3 Stb, 2 Lm] in den ersten 2-Lm-Bogen, Rd mit 1 Km in die oberste Ersatz-Lm schließen (= 24 Stb, 4 2-Lm-Bögen).

Rd 3: Wenden, 1 Km in den 2 Lm Bogen, [3 Lm, 2 Stb] in den gleichen 2-Lm-Bogen, * 3 Stb zwischen die nächsten 2 Stb-Gruppen, [3 Stb, 2 Lm, 3 Stb] in den nächsten 2-Lm-Bogen, ab * noch 2x wdh, 3 Stb zwischen die nächsten 2 Stb-Gruppen, [3 Stb, 2 Lm] in den ersten 2-Lm-Bogen, Rd mit 1 Km in die oberste Ersatz-Lm schließen (= 36 Stb, 4 2-Lm-Bögen).

Rd 4: Wenden, 1 Km in den 2 Lm Bogen, [3 Lm, 2 Stb] in den gleichen 2-Lm-Bogen, * 2x [3 Stb zwischen die nächsten 2 Stb-Gruppen], [3 Stb, 2 Lm, 3 Stb] in den nächsten 2-Lm-Bogen, ab * noch 2x wdh, 2x [3 Stb zwischen die nächsten 2 Stb-Gruppen], [3 Stb, 2 Lm] in den ersten 2-Lm-Bogen, Rd mit 1 Km in die oberste Ersatz-Lm schließen (= 48 Stb, 4 2-Lm-Bögen).

Arbeit beenden.

Rd 5: In F am ersten Stb einer Seite anschlingen, 1 Lm, * 1 fM in jede M, 3 fM in den 2-Lm-Bogen, ab * wdh, Rd mit 1 Km in die 1. fM schließen (= 60 fM).

Arbeit beenden.

ZUSAMMENSETZEN

Die Quadrate auf 11 x 11 cm spannen, bevor sie zus-genäht werden. (Für die abgebildete Decke wurden sie gedämpft.) Die Quadrate nach der Schemazeichnung anordnen und in F mit Matratzenstichen zus-nähen.

RANDBORTE

Von der linken Seite der Arbeit in F an der unteren rechten Ecke der Decke anschlingen, 1 Lm.

Rd 1: 144 fM am unteren Rand entlang, 3 fM in die Ecke, 168 fM entlang der linken Seitenkante, 3 fM in die Ecke, 144 fM an der oberen Kante entlang, 3 fM in die Ecke, 168 fM entlang der rechten Kante, 3 fM in die Ecke häkeln; Rd mit 1 Km in die 1. fM schließen (= 636 fM).

Rd 2: 1 Lm, wenden, * 1 fM, 1 Picot, ab * wdh, Rd mit 1 Km in die 1. fM schließen (= 636 fM, 159 Picots).

Arbeit beenden.

FERTIGSTELLUNG

Fadenenden vernähen.

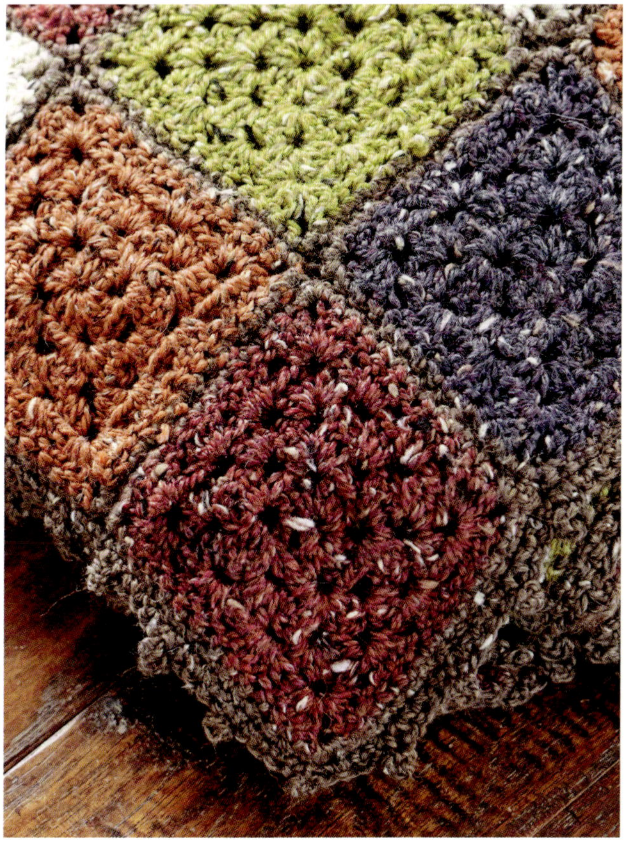

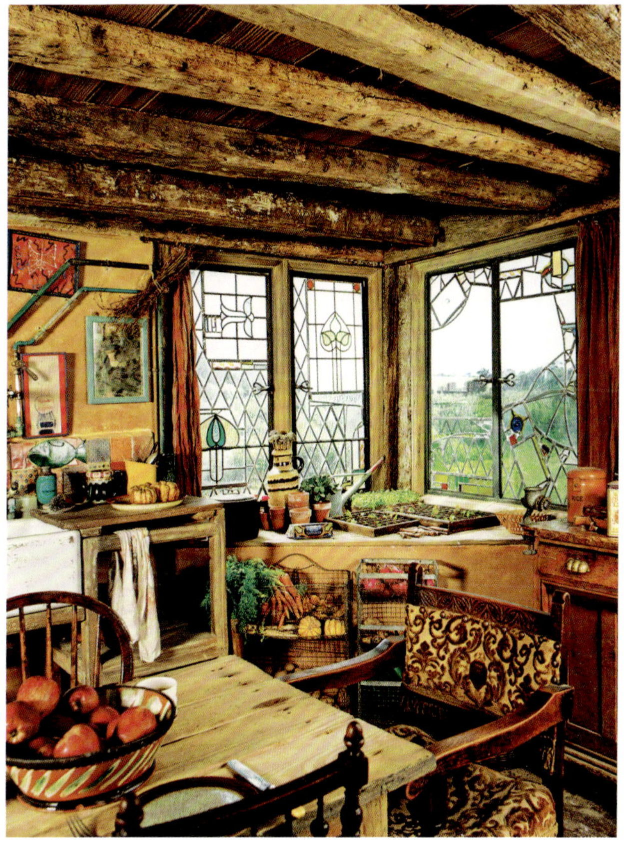

SCHEMAZEICHNUNG

LEGENDE

- Quadrat in A
- Quadrat in B
- Quadrat in C
- Quadrat in D
- Quadrat in E
- Ränder in F

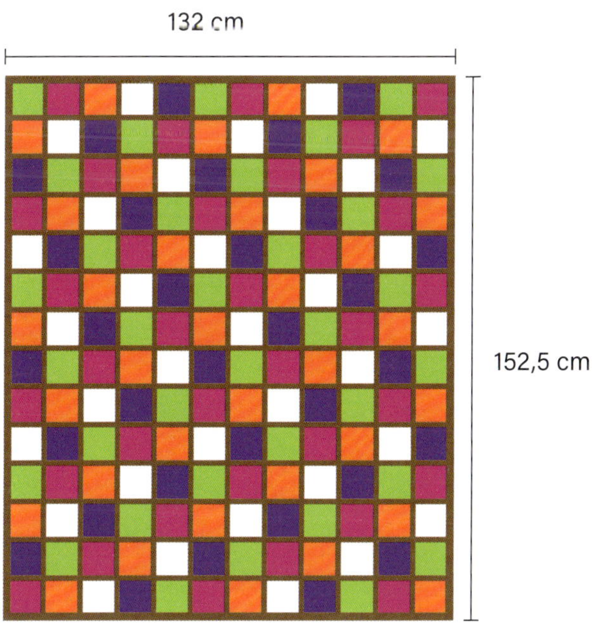

OBEN: Ein Hinter-den-Kulissen Foto der Fuchsbau Kulisse.

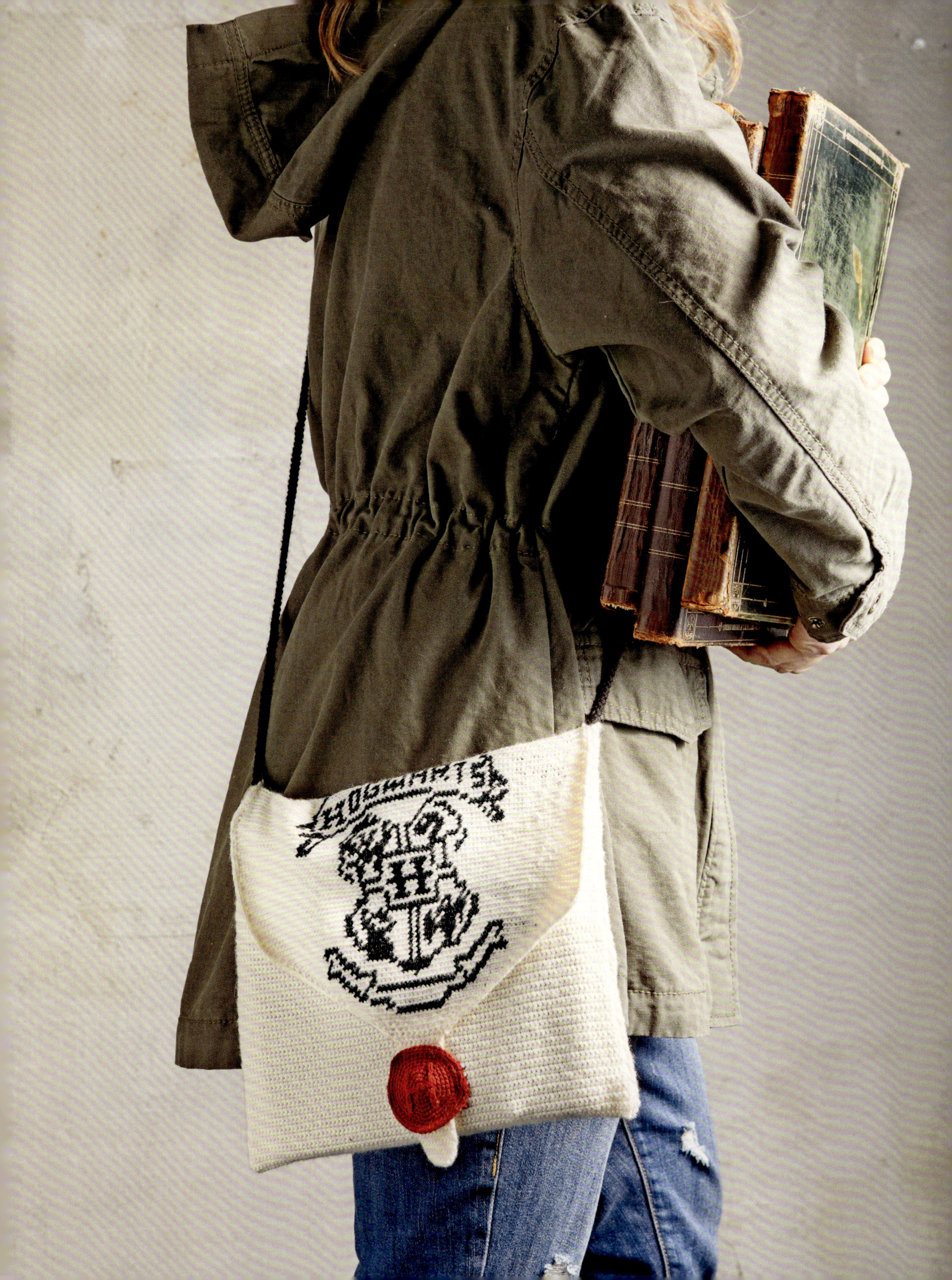
HOGWARTS

Umhänge-tasche „Hogwarts-Brief“

Design: **MARANATHA ENOIU**

SCHWIERIGKEITSGRAD ⚡⚡

Wenn eine junge Hexe oder ein Zauberer 11 Jahre alt wird, erhält sie oder er einen ganz speziellen Brief mit der Eulenpost: den Akzeptanz-Brief für Hogwarts.

Um die Szenen, in denen Harry in *Harry Potter und der Stein der Weisen* tausende Duplikate seines Briefs bekommt, ins Bild zu setzen, hat der Verantwortliche für besondere Effekte John Richardson lieber auf den praktischen Effekt gesetzt, als die Briefe digital zu produzieren. „Wir haben Maschinen gebaut, die die Briefe sehr schnell, aber in kontrollierter Geschwindigkeit herausschleuderten“, erklärt er. „Die wurden oben in den Kulissen eingebaut. Um die Briefe durch den Kamin zu feuern hatten wir einen anderen Apparat, der mit Luft gearbeitet hat.“ Richardson erinnert sich, dass Regisseur Chris Columbus, als er ihm die Maschinerie für die Briefe vorführte, ausgerufen hat: „Donnerwetter, das funktioniert ja! Ist ja großartig!“.

Diese Tasche ist eine Umhängetasche, auf der Details des Aufnahme-Briefs für Hogwarts zu sehen sind. Sie wird in einem Stück in der Farbe von Pergament gehäkelt und an den Seiten zusammengenäht und weist Details wie das Wachssiegel als Verschluss auf. Fügen Sie noch eine lange Kordel als Träger hinzu und machen Sie sich bereit, dieses funktionelle Häkelteil zu tragen, das Ihre Liebe zu allen Dingen, die mit Hogwarts zu tun haben, zur Schau stellt.

GRÖSSE

Einheitsgröße

FERTIGE GRÖSSE

Breite: 25,5 cm

Länge: 20 cm nach dem Zusammennähen

GARN

Dünnes Garn (fingering weight, super fine), hier: WeCrochet Stroll (75 % fine superwash Merinowolle, 25 % Nylon; 211 m/50 g Strang)

Farbe A: Bare, 3 Stränge

Farbe B: 23701 Black, 1 Strang

Farbe C: 27234 Hollyberry, 1 Strang

NADELN

- Häkelnadel 2,25 mm oder passende Größe zum Erreichen der Maschenprobe

ZUBEHÖR

- Maschenmarkierer
- Wollnadel

MASCHENPROBE

35 fM und 40 Rd = 10 cm x 10 cm

Maschenprobe unbedingt prüfen.

HINWEISE

- Die Fb-Reihen werden auf der rechten Seite gearbeitet.
- Als Schnur wird eine Makramee Schnur gehäkelt. Denken Sie daran, die Schnur immer nach rechts zu drehen.

BESONDERE TECHNIK

Makramee-Kordel

Eine Makramee-Kordel ist eine flache, umkehrbare Kordel, die für Bänder und Riemen benutzt werden kann. Beim Wenden am Ende jeder R die Kordel immer im Uhrzeigersinn drehen.

2 Lm anschl.

R 1: 1 fM in die 2. Lm ab Nd, wenden (= 1 fM).

R 2: 1 fM in die horizontale M-Schlinge am R-Ende (Rand der Schnur), wenden.

R 3: 1 fM in die 2 horizontalen M-Schlingen am R-Ende (Rand der Schnur), wenden.

R 3 wdh, bis die Kordel die gewünschte Länge hat. Arbeit beenden.

TASCHE

In A 90 fM mit Fußschlingen anschl.

R 2-162: 1 Lm, fM häkeln, wenden (= 90 fM).

Das Teil sollte jetzt 38 cm lang sein.

FARBMUSTER

Hinweis: Gehen Sie nach dem Zählmuster oder der Beschreibung unten vor. Achtung: Die Beschreibung beginnt mit R 3 des Zählmusters. Im gesamten Bereich des Farbmusters wird immer von der rechten Seite der Arbeit aus gehäkelt. Für jede R muss das Garn auf der rechten Seite neu angesetzt und am Ende der R abgeschnitten und durch die letzte Schlinge gezogen werden.

R 1: In A 27 fM häkeln; in B 37 fM arb; in A 26 fM häkeln (= 90 fM).

R 2: In A 26 fM häkeln; in B 1 fM arb; in A 37 fM häkeln; in B 1 fM arb; in A 25 fM häkeln.

R 3: In A 25 fM häkeln; in B 1 fM arb; in A 11 fM häkeln; in B 4 fM arb; in A 1 fM häkeln; in B 1 fM arb; in A 3 fM häkeln; in B 1 fM arb; in A 1 fM häkeln; in B 4 fM arb; in A 1 fM häkeln; in B 4 fM arb; in A 7 fM häkeln; in B 2 fM arb; in A 24 fM häkeln.

R 4: In A 24 fM häkeln; in B 1 fM arb; in A 8 fM häkeln; in B 3 fM arb; in A 1 fM häkeln; in B 1 fM arb; in A 4 fM arb; in B 1 fM häkeln; in A 3 fM arb; in B 1 fM häkeln; in A 1 fM arb; in B 1 fM häkeln; in A 2 fM arb; in B 1 fM häkeln; in A 1 fM arb; in B 1 fM häkeln; in A 2 fM arb; in B 1 fM häkeln; in A 1 fM arb; in B 3 fM häkeln; in A 4 fM arb; in B 2 fM häkeln; in A 23 fM häkeln.

R 5: In A 23 fM häkeln; in B 1 fM arb; in A 1 fM häkeln; in B 3 fM arb; in A 1 fM häkeln; in B 3 fM arb; 3x [in A 1 fM; in B 1 fM]; in A 1 fM häkeln; in B 2 fM arb; 3x [in A 1 fM; in B 1 fM]; 2x [in A 1 fM; in B 4 fM]; in A 2 fM häkeln; in B 1 fM arb; in A 2 fM häkeln; in B 3 fM arb; in A 1 fM häkeln; in B 1 fM arb; in A 23 fM häkeln.

R 6: In A 23 fM häkeln; in B 1 fM arb; in A 2 fM häkeln; in B 1 fM arb; in A 3 fM häkeln; in B 1 fM arb; in A 2 fM häkeln; in B 1 fM arb; 2x [in A 1 fM; in B 1 fM]; in A 2 fM häkeln; in B 1 fM arb; in A 1 fM häkeln; in B 5 fM arb; in A 1 fM häkeln; in B 1 fM arb; in A 2 fM häkeln; 2x [in B 1 fM; in A 1 fM]; in B 1 fM arb; in A 3 fM häkeln; in B 1 fM arb; in A 2 fM häkeln; in B 1 fM arb; in A 3 fM häkeln; in B 1 fM arb; in A 23 fM häkeln.

R 7: In A 23 fM häkeln; in B 1 fM arb; in A 2 fM häkeln; in B 5 fM arb; in A 2 fM häkeln; 2x [in B 1 fM; in A 1 fM]; in B 4 fM arb; 4x [in A 1 fM; in B 1 fM]; in A 2 fM häkeln; in B 1 fM arb; in A 1 fM häkeln; in B 1 fM arb; 2x [in A 2 fM; in B 1 fM]; in A 2 fM häkeln; in B 3 fM arb; in A 1 fM häkeln; in B 2 fM arb; in A 22 fM häkeln.

R 8: In A 22 fM häkeln; in B 2 fM arb; in A 2 fM häkeln; in B 1 fM arb; in A 3 fM häkeln; in B 1 fM arb; in A 2 fM häkeln; in B 3 fM arb; in A 23 fM häkeln; in B 1 fM arb; in A 4 fM häkeln; in B 1 fM arb; in A 1 fM häkeln; in B 3 fM arb; in A 21 fM häkeln.

R 9: In A 21 fM häkeln; 2x [in B 3 fM; in A 1 fM]; in B 3 fM arb; in A 5 fM häkeln; in B 16 fM arb; in A 9 fM häkeln; in B 3 fM arb; in A 1 fM häkeln; in B 1 fM arb; in A 1 fM häkeln; in B 2 fM arb; in A 20 fM häkeln.

R 10: In A 20 fM häkeln; in B 2 fM arb; in A 1 fM häkeln; in B 1 fM arb; in A 8 fM häkeln; in B 5 fM arb; in A 16 fM häkeln; in B 6 fM arb; in A 7 fM häkeln; in B 1 fM arb; in A 23 fM häkeln.

R 11: In A 24 fM häkeln; in B 2 fM arb; in A 3 fM häkeln; in B 3 fM arb; in A 5 fM häkeln; in B 2 fM arb; in A 12 fM häkeln; in B 2 fM arb; in A 6 fM häkeln; in B 2 fM arb; in A 3 fM häkeln; in B 2 fM arb; in A 2 fM häkeln; in B 2 fM arb; in A 20 fM häkeln.

R 12: In A 21 fM häkeln; in B 8 fM arb; in A 5 fM häkeln; in B 4 fM arb; in A 1 fM häkeln; in B 1 fM arb; in A 10 fM häkeln; in B 1 fM arb; in A 2 fM häkeln; in B 3 fM arb; in A 5 fM häkeln; in B 8 fM arb; in A 21 fM häkeln.

R 13: In A 23 fM häkeln; in B 1 fM arb; in A 2 fM häkeln; in B 1 fM arb; in A 6 fM häkeln; in B 8 fM arb; in A 8 fM häkeln; in B 1 fM arb; in A 5 fM häkeln; in B 2 fM arb; in A 6 fM häkeln; in B 1 fM arb; in A 2 fM häkeln; in B 1 fM arb; in A 23 fM häkeln.

R 14: In A 22 fM häkeln; in B 2 fM arb; in A 1 fM häkeln; in B 1 fM arb; in A 6 fM häkeln; in B 1 fM arb; in A 1 fM häkeln; in B 1 fM arb; in A 6 fM häkeln; in B 2 fM arb; in A 5 fM häkeln; in B 1 fM arb; in A 1 fM häkeln; in B 4 fM arb; in A 2 fM häkeln; in B 2 fM arb; in A 6 fM häkeln; in B 1 fM arb; in A 1 fM häkeln; in B 2 fM arb; in A 22 fM häkeln.

R 15: In A 21 fM häkeln; in B 2 fM häkeln; in A 1 fM arb; in B 1 fM häkeln; in A 6 fM arb; 2x [in B 1 fM; in A 1 fM]; 2x [in B 2 fM; in A 1 fM]; in B 1 fM häkeln; in A 1 fM arb; 2x [in B 2 fM; in A 1 fM]; in B 1 fM häkeln; in A 1 fM arb; in B 4 fM häkeln; in A 3 fM arb; in B 1 fM häkeln; in A 6 fM arb; in B 1 fM häkeln; in A 1 fM arb; in B 2 fM häkeln; in A 21 fM arb.

R 16: In A 21 fM häkeln; in B 3 fM arb; in A 7 fM häkeln; in B 3 fM arb; in A 2 fM häkeln; in B 1 fM arb; in A 1 fM häkeln; in B 1 fM arb; in A 2 fM häkeln; in B 2 fM arb; in A 1 fM häkeln; 2x [in B 1 fM; in A 1 fM]; in B 4 fM arb; in A 1 fM häkeln; in B 2 fM arb; in A 3 fM häkeln; in B 1 fM arb; in A 7 fM häkeln; in B 3 fM arb; in A 21 fM häkeln.

R 17: In A 31 fM häkeln; in B 4 fM arb; in A 1 fM häkeln; in B 3 fM arb; in A 2 fM häkeln; in B 2 fM arb; 2x [in A 1 fM; in B 1 fM]; in A 1 fM häkeln; in B 3 fM arb; in A 1 fM häkeln; in B 2 fM arb; in A 4 fM häkeln; in B 1 fM arb; in A 31 fM häkeln.

R 18: In A 31 fM häkeln; in B 1 fM arb; in A 1 fM häkeln; in B 3 fM arb; in A 1 fM häkeln; in B 1 fM arb; in A 1 fM häkeln; in B 3 fM arb; in A 2 fM häkeln; in B 1 fM arb; in A 1 fM häkeln; in B 1 fM arb; in A 4 fM häkeln; in B 2 fM arb; in A 2 fM häkeln; in B 3 fM arb; in A 1 fM häkeln; in B 1 fM arb; in A 30 fM häkeln.

R 19: In A 31 fM häkeln; in B 1 fM arb; in A 3 fM häkeln; in B 6 fM arb; in A 3 fM häkeln; in B 1 fM arb; in A 1 fM häkeln; in B 1 fM arb; in A 4 fM häkeln; in B 4 fM arb; in A 4 fM häkeln; in B 1 fM arb; in A 30 fM häkeln.

R 20: In A 30 fM häkeln; in B 1 fM arb; in A 1 fM häkeln; in B 3 fM arb; in A 1 fM häkeln; in B 2 fM arb; in A 1 fM häkeln; in B 13 fM arb; in A 2 fM häkeln; in B 1 fM arb; in A 2 fM häkeln; in B 2 fM arb; in A 31 fM häkeln.

R 21: In A 30 fM häkeln; in B 1 fM arb; in A 3 fM häkeln; in B 2 fM arb; in A 2 fM arb; in B 2 fM häkeln; in A 11 fM arb; 2x [in B 1 fM; in A 2 fM]; in B 1 fM häkeln; in A 32 fM arb.

R 22: In A 31 fM häkeln; in B 2 fM arb; in A 1 fM häkeln; in B 2 fM arb; in A 2 fM häkeln; in B 2 fM arb; 2x [in A 1 fM; in B 4 fM]; in A 1 fM häkeln; in B 1 fM arb; in A 2 fM häkeln; in B 1 fM arb; in A 35 fM häkeln.

R 23: In A 32 fM häkeln; in B 1 fM arb; in A 1 fM häkeln; in B 1 fM arb; in A 4 fM häkeln; in B 1 fM arb; in A 2 fM häkeln; in B 2 fM arb; in A 3 fM häkeln; in B 2 fM arb; in A 2 fM häkeln; in B 1 fM arb; in A 2 fM häkeln; in B 1 fM arb; in A 35 fM häkeln.

R 24: In A 34 fM häkeln; in B 5 fM arb; in A 3 fM häkeln; 2x [in B 2 fM; in A 3 fM]; in B 4 fM arb; in A 34 fM häkeln.

R 25: In A 34 fM häkeln; in B 1 fM arb; in A 5 fM häkeln; in B 11 fM arb; in A 5 fM häkeln; in B 1 fM arb; in A 33 fM häkeln.

R 26: In A 34 fM häkeln; in B 5 fM arb; 2x [in A 3 fM; in B 2 fM]; in A 3 fM häkeln; in B 5 fM arb; in A 33 fM häkeln.

R 27: In A 34 fM häkeln; in B 1 fM arb; in A 4 fM häkeln; in B 1 fM arb; in A 2 fM häkeln; in B 2 fM arb; in A 3 fM häkeln; in B 2 fM arb; in A 2 fM häkeln; in B 1 fM arb; in A 4 fM häkeln; in B 1 fM arb; in A 33 fM häkeln.

R 28: In A 32 fM häkeln; in B 3 fM arb; in A 4 fM häkeln; in B 1 fM arb; 2x [in A 1 fM; in B 4 fM]; in A 1 fM häkeln; in B 1 fM arb; in A 4 fM häkeln; in B 3 fM arb; in A 31 fM häkeln.

R 29: In A 32 fM häkeln; in B 1 fM arb; in A 6 fM häkeln; in B 1 fM arb; in A 11 fM häkeln; in B 1 fM arb; in A 6 fM häkeln; in B 1 fM arb; in A 31 fM häkeln.

R 30: In A 31 fM häkeln; in B 1 fM arb; in A 1 fM häkeln; in B 2 fM arb; in A 2 fM häkeln; in B 1 fM arb; in A 1 fM häkeln; in B 13 fM arb; in A 1 fM häkeln; in B 2 fM arb; in A 2 fM häkeln; in B 1 fM arb; in A 1 fM häkeln; in B 1 fM arb; in A 30 fM häkeln.

R 31: In A 29 fM häkeln; in B 2 fM arb; in A 2 fM häkeln; in B 1 fM arb; in A 1 fM häkeln; in B 4 fM arb; in A 5 fM häkeln; in B 1 fM arb; in A 1 fM häkeln; in B 1 fM arb; in A 5 fM häkeln; in B 1 fM arb; in A 1 fM häkeln; in B 1 fM arb; in A 1 fM häkeln; in B 3 fM arb; in A 1 fM häkeln; in B 2 fM arb; in A 28 fM häkeln.

R 32: In A 29 fM häkeln; 2x [in B 2 fM; in A 2 fM]; in B 3 fM arb; in A 4 fM häkeln; in B 1 fM arb; in A 1 fM häkeln; in B 1 fM arb; in A 2 fM häkeln; in B 1 fM arb; in A 1 fM häkeln; in B 8 fM arb; in A 1 fM häkeln; in B 2 fM arb; in A 28 fM häkeln.

R 33: In A 29 fM häkeln; in B 2 fM arb; in A 2 fM häkeln; in B 3 fM arb; in A 3 fM häkeln; in B 2 fM arb; in A 3 fM häkeln; 2x [in B 1 fM; in A 1 fM]; in B 2 fM arb; in A 1 fM häkeln; in B 1 fM arb; in A 1 fM häkeln; in B 5 fM arb; in A 2 fM häkeln; in B 2 fM arb; in A 28 fM häkeln.

R 34: In A 29 fM häkeln; in B 3 fM arb; in A 2 fM häkeln; in B 6 fM arb; in A 4 fM häkeln; 2x [in B 1 fM; in A 1 fM]; in B 3 fM arb; in A 1 fM häkeln; in B 4 fM arb; in A 1 fM häkeln; in B 1 fM arb; in A 1 fM häkeln; in B 3 fM arb; in A 28 fM häkeln.

R 35: In A 2x 2 fM zus abm, 27 fM häkeln; in B 1 fM arb; in A 2 fM häkeln; in B 4 fM arb; in A 6 fM häkeln; 2x [in B 1 fM; in A 1 fM]; in B 8 fM arb; 2x [in A 1 fM; in B 1 fM]; in A 26 fM häkeln, 2x 2 fM zus abm (= 86 fM).

R 36: In A 2x 2 fM zus abm, 25 fM häkeln; in B 2 fM arb; in A 1 fM häkeln; in B 5 fM arb; in A 5 fM häkeln; 2x [in B 1 fM; in A 1 fM]; in B 3 fM arb; in A 1 fM häkeln; in B 4 fM arb; in A 2 fM häkeln; in B 2 fM arb; in A 24 fM häkeln, 2x 2 fM zus abm (= 82 fM).

R 37: In A 2 fM zus abm, 17 fM häkeln; in B 4 fM arb; in A 5 fM häkeln; in B 8 fM arb; in A 4 fM häkeln; 2x [in B 1 fM; in A 1 fM]; in B 2 fM arb; in A 3 fM häkeln; in B 2 fM arb; in A 2 fM häkeln; in B 2 fM arb; in A 5 fM häkeln; in B 4 fM arb; in A 16 fM häkeln, 2 fM zus abm (= 80 fM).

R 38: In A 2x 2 fM zus abm, 14 fM häkeln; in B 1 fM arb; in A 2 fM häkeln; in B 2 fM arb; in A 6 fM häkeln; in B 6 fM arb; in A 4 fM häkeln; in B 1 fM arb; in A 1 fM häkeln; in B 1 fM arb; in A 2 fM häkeln; in B 1 fM arb; in A 3 fM häkeln; in B 2 fM arb; in A 1 fM häkeln; in B 1 fM arb; in A 6 fM häkeln; in B 2 fM arb; in A 2 fM häkeln; in B 1 fM arb; in A 13 fM häkeln, 2x 2 fM zus abm (= 76 fM).

R 39: In A 2x 2 fM zus abm, 13 fM häkeln; in B 1 fM arb; in A 2 fM häkeln; in B 2 fM arb; in A 5 fM häkeln; in B 6 fM arb; in A 4 fM häkeln; in B 1 fM arb; in A 1 fM häkeln; in B 1 fM arb; in A 5 fM häkeln; in B 5 fM arb; in A 5 fM häkeln; in B 2 fM arb; in A 2 fM häkeln; in B 1 fM arb; in A 12 fM häkeln, 2x 2 fM zus abm (= 72 fM).

R 40: In A 2 fM zus abm, 12 fM häkeln; in B 1 fM arb; in A 4 fM häkeln; in B 3 fM arb; in A 8 fM häkeln; in B 2 fM arb; in A 3 fM häkeln; in B 1 fM arb; in A 1 fM häkeln; in B 1 fM arb; in A 3 fM häkeln; in B 2 fM arb; in A 8 fM häkeln; in B 3 fM arb; in A 4 fM häkeln; in B 1 fM arb; in A 11 fM häkeln, 2 fM zus abm (= 70 fM).

R 41: In A 2x 2 fM zus abm, 8 fM häkeln; in B 5 fM arb; in A 3 fM häkeln; in B 2 fM arb; in A 9 fM häkeln; in B 9 fM arb; in A 9 fM häkeln; in B 2 fM arb; in A 3 fM häkeln; in B 5 fM arb; in A 7 fM häkeln, 2x 2 fM zus abm (= 66 fM).

R 42: In A 2 fM zus abm, 12 fM häkeln; in B 2 fM arb; in A 3 fM häkeln; in B 5 fM arb; in A 6 fM häkeln; in B 7 fM arb; in A 6 fM häkeln; in B 5 fM arb; in A 3 fM häkeln; in B 2 fM arb; in A 11 fM häkeln, 2 fM zus abm (= 64 fM).

R 43: In A 2x 2 fM zus abm, 10 fM häkeln; in B 2 fM arb; in A 6 fM häkeln; in B 1 fM arb; 2x [in A 9 fM; in B 1 fM]; in A 6 fM häkeln; in B 2 fM arb; in A 9 fM häkeln, 2x 2 fM zus abm (= 60 fM).

R 44: In A 3x 2 fM zus abm, 7 fM häkeln; in B 3 fM arb; in A 3 fM häkeln; in B 2 fM arb; in A 19 fM häkeln; in B 2 fM arb; in A 3 fM häkeln; in B 3 fM arb; in A 6 fM häkeln, 3x 2 fM zus abm (= 54 fM).

R 45: In A 2x 2 fM zus abm, 8 fM häkeln; in B 2 fM arb; in A 1 fM häkeln; in B 1 fM arb; in A 2 fM häkeln; in B 19 fM arb; in A 2 fM häkeln; in B 1 fM arb; in A 1 fM häkeln; in B 2 fM arb; in A 7 fM häkeln, 2x 2 fM zus abm (= 50 fM).

R 46: In A 3x 2 fM zus abm, 5 fM häkeln; in B 3 fM arb; in A 23 fM häkeln; in B 3 fM arb; in A 4 fM häkeln, 3x 2 fM zus abm (= 44 fM).

R 47: In A 2x 2 fM zus abm, 7 fM häkeln; in B 5 fM arb; in A 13 fM häkeln; in B 5 fM arb; in A 6 fM häkeln, 2x 2 fM zus abm (= 40 fM).

R 48: In A 2 fM zus abm, 11 fM häkeln; in B 2 fM arb; in A 11 fM häkeln; in B 2 fM arb; in A 10 fM häkeln, 2 fM zus abm (= 38 fM).

R 49: In A 3x 2 fM zus abm, 8 fM häkeln; in B 11 fM arb; in A 7 fM häkeln, 3x 2 fM zus abm (= 32 fM).

R 50: In A 3x 2 fM zus abm, 20 fM häkeln, 3x 2 fM zus abm (= 26 fM).

R 51: In A 3x 2 fM zus abm, 14 fM häkeln, 3x 2 fM zus abm (= 20 fM).

R 52: In A 3x 2 fM zus abm, 8 fM häkeln, 3x 2 fM zus abm (= 14 fM).

R 53: In A 2x 2 fM zus abm, 6 fM häkeln, 2x 2 fM zus abm (= 10 fM).

R 54-79: In A fM häkeln.

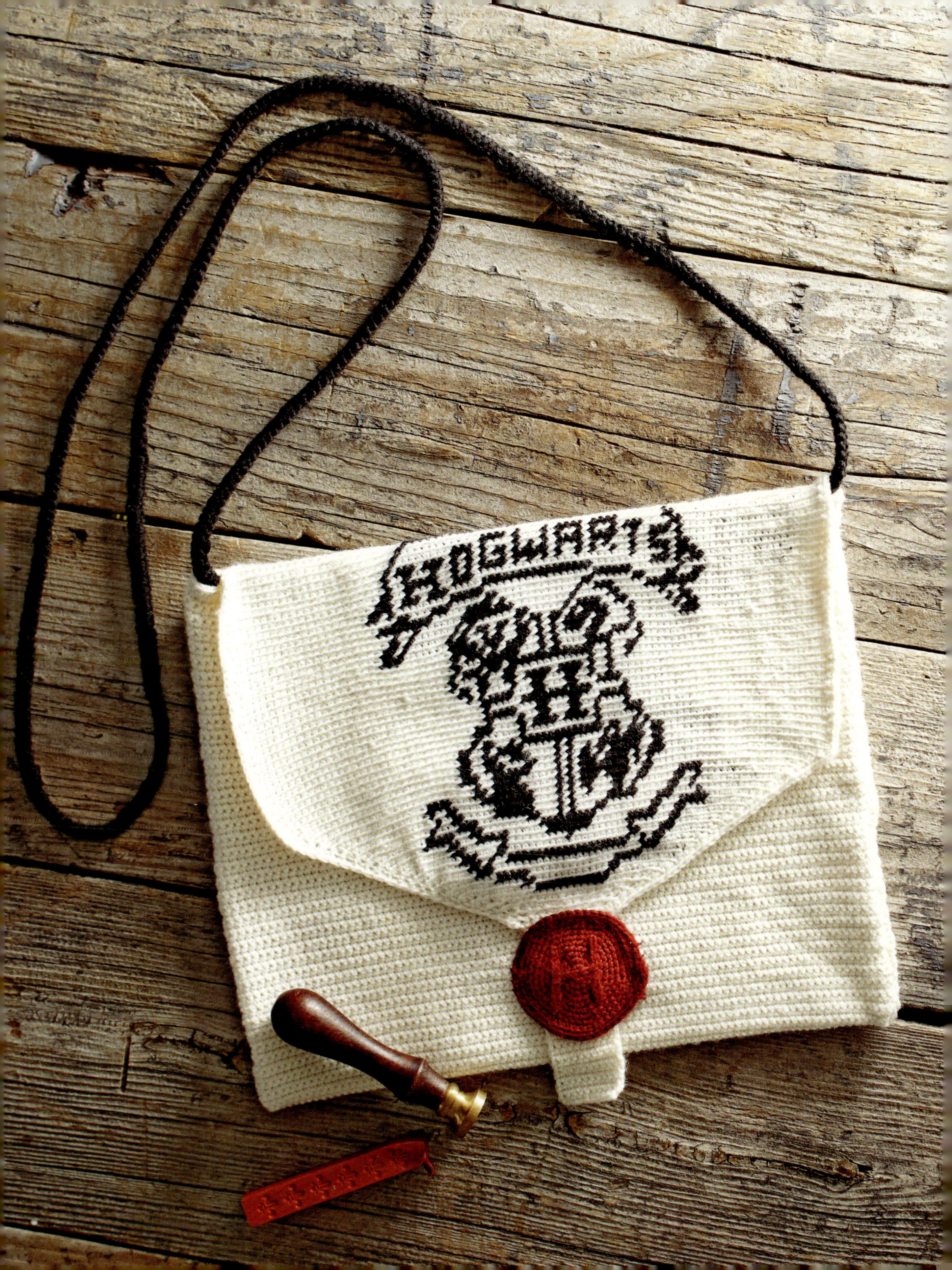
HOGWARTS

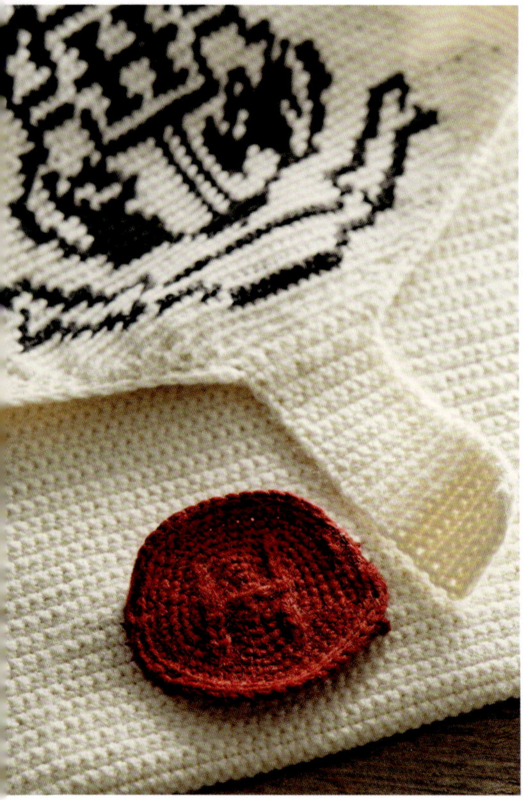

WACHSSIEGEL

In C einen Fadenring legen.

Rd 1: 10 fM in den Fadenring häkeln (= 10 fM).

Rd 2: [1 fM, 1 fM zun] wdh (= 15 fM).

Rd 3: [2 fM, 1 fM zun] wdh (= 20 fM).

Rd 4: [3 fM, 1 fM zun] wdh (= 25 fM).

Rd 5: [4 fM, 1 fM zun] wdh (= 30 fM).

Rd 6: [5 fM, 1 fM zun] wdh (= 35 fM).

Rd 7: [6 fM, 1 fM zun] wdh (= 40 fM).

Rd 8: [7 fM, 1 fM zun] wdh (= 45 fM).

Rd 9: [8 fM, 1 fM zun] wdh (= 50 fM).

Rd 10: fM häkeln, dabei ins hintere M-Glied einstechen.

Mit Km von oben ein H auf die Vorderseite häkeln.

TRÄGERKORDEL

Eine Makramee-Kordel häkeln: Mit 2 Fäden B zusammen 2 Lm anschl.

R 1: 1 fM in die 2. Lm ab Nd häkeln, wenden (= 1 fM).

R 2: 1 fM in die horizontale M-Schlinge am R-Ende häkeln, wenden.

R 3: 1 fM in die 2 horizontalen M-Schlingen am R-Ende häkeln, wenden.

R 3 wdh, bis die Kordel 127 cm lang ist.

ZUSAMMEN-SETZEN

Die Tasche rechts auf rechts so falten, dass der Anschlagrand auf die Oberkante der Klappe trifft. An beiden Seiten fM durch beide Lagen häkeln, um sie zu verbinden. Die Trägerkordel auf beiden Seiten oben an die Naht aus fM nähen.

In A oben an einer Seite der Klappe anschlingen und den Klappenrand für eine saubere Kante gleichmäßig mit fM behäkeln.

Das Wachssiegel unten vorn auf die Tasche nähen, dabei nur die Seiten annähen, damit die Zunge der Klappe durchgezogen werden kann.

Fadenenden vernähen.

ZÄHLMUSTER

LEGENDE

- ☐ 1 fM in A
- ■ 1 fM in B
- ⊼ 2 fM zus abm in A

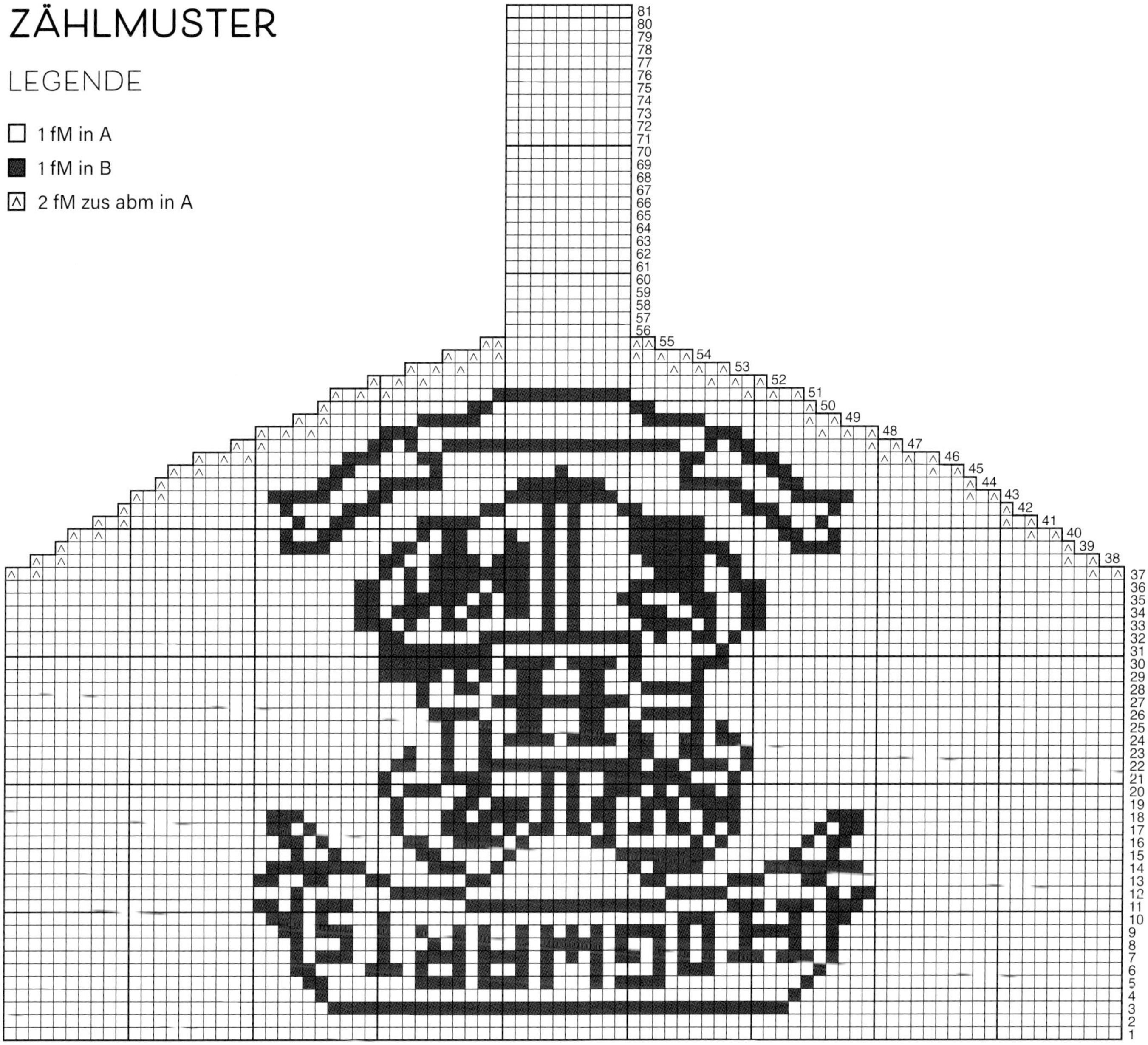

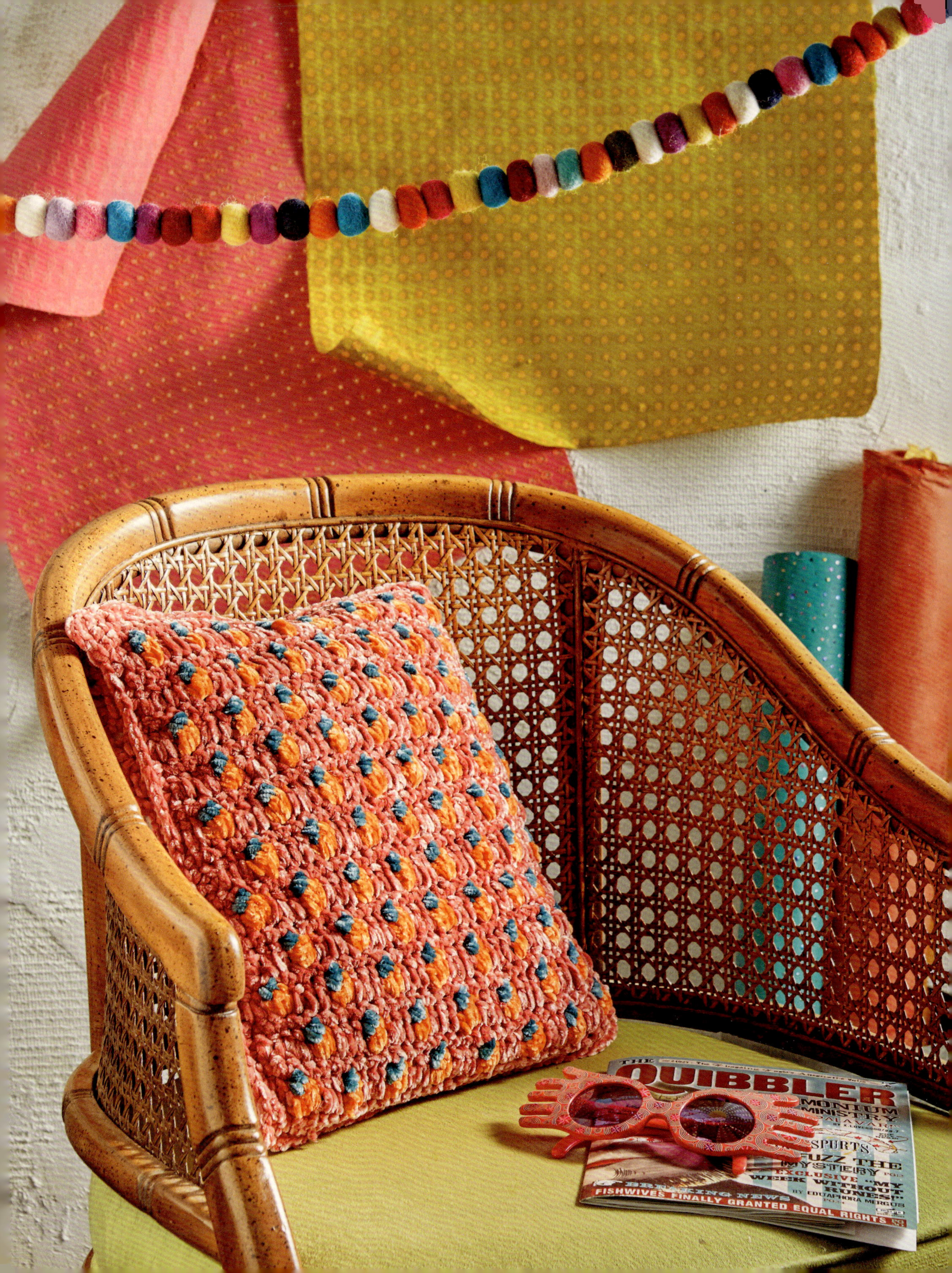
THE
QUIBBLER
SPURTS
MYSTERY
EXCLUSIVE
WEEK WITHOUT
BY EDUAPHORA MERGUS
FISHWIVES FINALLY GRANTED EQUAL RIGHTS

Lenkpflaumen-Kissen

Design: **ALYSHA LITTLEJOHN**

SCHWIERIGKEITSGRAD ⚡

Lenkpflaumen erscheinen erstmals in den Harry Potter Filmen in *Harry Potter und der Orden des Phönix*, wo Luna Lovegood sie als Ohrringe trägt. Die Pflaumen, schwebende Früchte, die falschherum an einem verdrehten Baum wachsen, tauchen in *Harry Potter und die Heiligtümer des Todes – Teil 1* nochmals vor dem Haus der Lovegoods auf, einem skurrilen schiefen Turm, der nach oben spitz zuläuft. Das Haus spiegelt den ungewöhnlichen Geschmack der Lovegoods wider und ist voller Gemälde von magischen Kreaturen, die Luna selbst geschaffen hat. Diese Gemälde wiederum wurden durch Zeichnungen von Evanna Lynch inspiriert, die die Rolle der Luna spielte. „Evanna hat eine sehr künstlerische Ader", sagte Kulissen-Dekorateurin Stephenie McMillan, „und sie hatte ein paar großartige Ideen. Das Endresultat ist wunderbar skurril, aber anheimelnd."

Dieses Lenkpflaumen-Kissen wird aus ultraweichem Chenille-Garn in den strahlenden Farben der Lenkpflaumen gehäkelt. Jede Pflaume sticht mit wunderbar strukturierten Häkelmaschen aus dem Hintergrund hervor. Platzieren Sie Ihr Kissen richtigherum für bereits gepflückte Pflaumen und drehen Sie es herum, wenn Ihre Pflaumen noch wachsen!

GRÖSSE

Einheitsgröße

FERTIGE GRÖSSE

Länge: 40,5 cm
Höhe: 40,5 cm

GARN

Dickes Garn (bulky), hier: Bernat Velvet (100 % Polyester; 288 m/300 g Strang)
Farbe A: Terracotta Rose, 1 Strang
Farbe C: Pine, 1 Strang

Mittlere Garnstärke (worsted weight), hier: Go Handmade Bohème Velvet"Double" (100 % Polyester; 70 m/50 g Strang)
Farbe B: 670 Warm Orange, 2 Stränge

NADELN

- Häkelnadel 5,5 mm oder passende Größe zum Erreichen der Maschenprobe

ZUBEHÖR

- 40 cm x 40 cm Kisseninlett
- Wollnadel

MASCHENPROBE

9 Stb und 4 R = 10 cm x 10 cm
Maschenprobe unbedingt prüfen.

HINWEISE

- 2 Wende-Lm zählen nicht als M.
- Unbenutzte Fäden auf der Rückseite der Arbeit mitführen. Farbwechsel beim abmaschen einer M ausführen.

SPEZIALMASCHEN

Noppen-M (5 zus abgemaschte Stb in 1 Einstichstelle): 5x [1 U, mit der Häkelnd in die M einstechen, 1 U durchziehen, 1 U durch 2 Schlingen ziehen]. Es liegen jetzt 6 Schlingen auf der Häkelnd. 1 U durch alle 6 Schlingen ziehen, 1 Lm zum Abschluss.

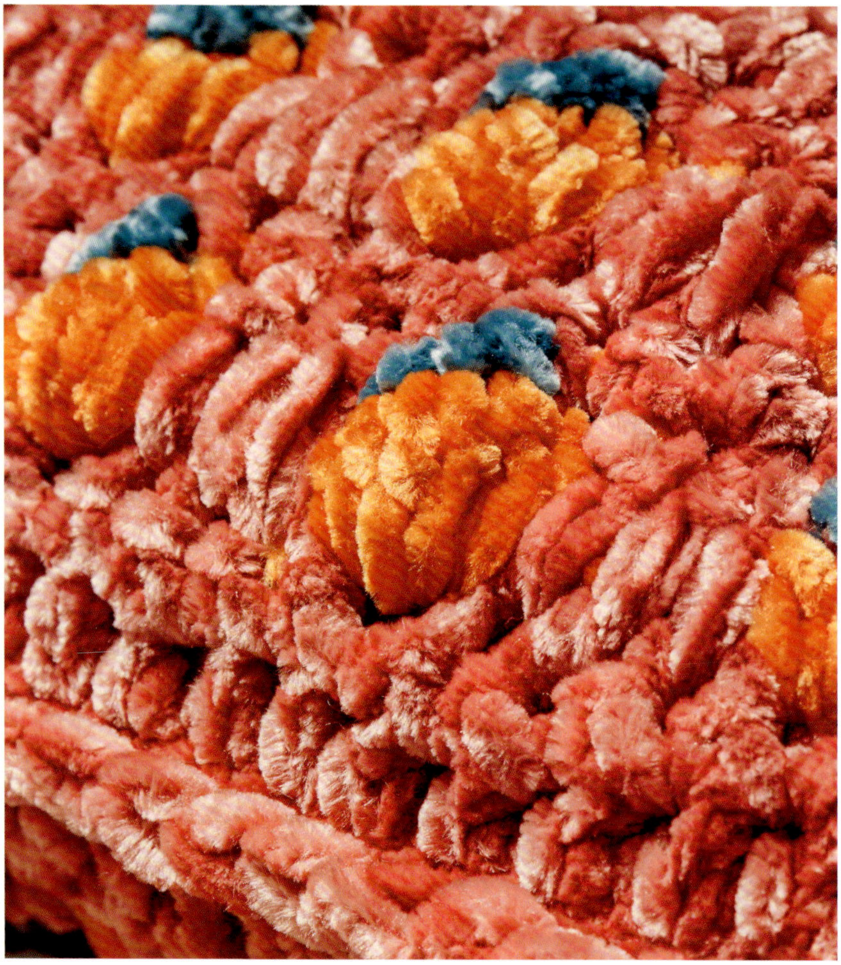

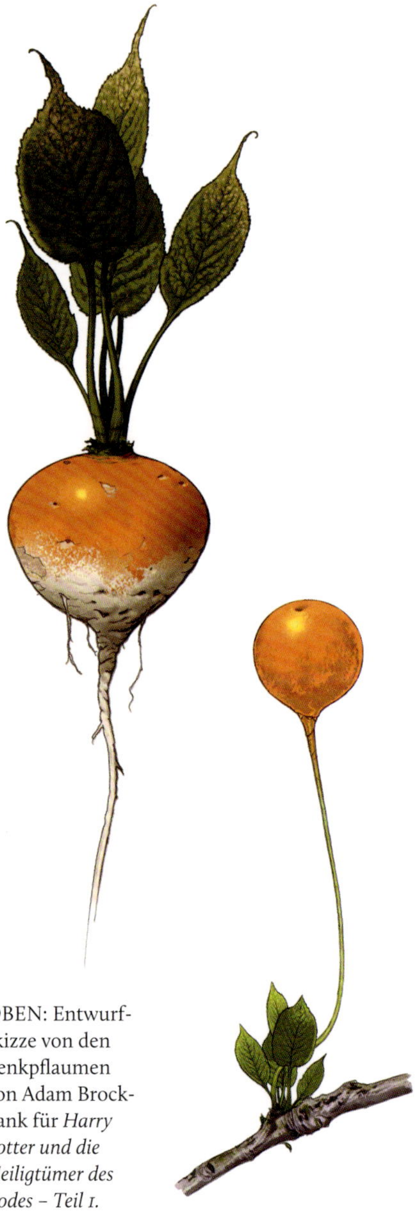

OBEN: Entwurfskizze von den Lenkpflaumen von Adam Brockbank für *Harry Potter und die Heiligtümer des Todes – Teil 1.*

VORDER- BZW. RÜCKSEITE (2X)

In A 36 Lm anschl.

R 1: 1 fM in die 2. Lm von der Nd aus und in jede folgende Lm, wenden (= 35 fM).

R 2: 1 Lm, fM häkeln, wenden.

R 3: 2 Lm, 8x [3 Stb (beim letzten Abmaschen zu B wechseln), 1 Noppen-M (bei der Abschluss-Lm zu C wechseln), 4 fM zus abm, dafür in die Zwischenräume der gerade gehäkelten Noppen-M einstechen (beim letzten Abmaschen zu A wechseln)], B und C abschneiden, 3 Stb, wenden (= 8 Noppen-M, 27 Stb).

R 4: 1 Lm, fM häkeln, wenden.

R 5: 2 Lm, 5 Stb (beim letzten Abmaschen zu B wechseln), 6x [1 Noppen-M (bei der Abschluss-Lm zu C wechseln), 4 fM zus abm, dafür in die Zwischenräume der gerade gehäkelten Noppen-M einstechen (beim letzten Abmaschen zu A wechseln), 3 Stb (beim letzten Abmaschen zu B wechseln)], 1 Noppen-M (bei der Abschluss-Lm zu C wechseln), 4 fM zus abm, dafür in die Zwischenräume der gerade gehäkelten Noppen-M einstechen (beim letzten Abmaschen zu A wechseln), B und C abschneiden, 5 Stb, wenden (= 7 Noppen-M, 28 Stb).

R 6-21: R 2-5 noch 4x wdh.

R 22-23: R 2-3 wdh.

R 24-25: 1 Lm, fM häkeln, wenden.

Arbeit beenden. Fadenenden vernähen.

LEGENDE

- 1 Lm
- 1 fM
- 1 Stb
- 1 Noppen-M
- 4 fM zus abm

HÄKELSCHRIFT

AUSSCHNITT DES MUSTERS

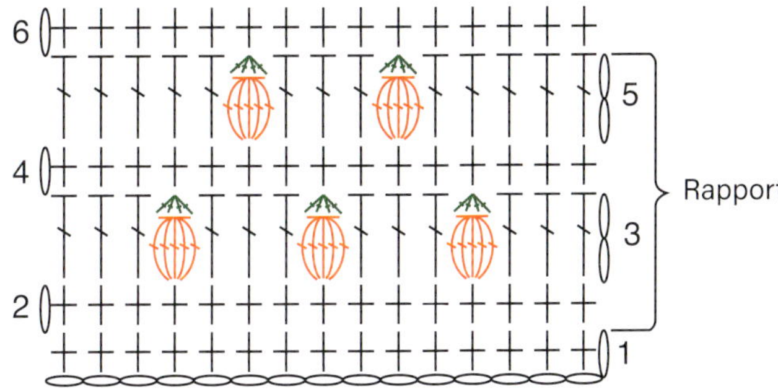

FERTIG-STELLUNG

Beide Seiten rechts auf rechts legen. In A an einer Eck-M anschlingen, 1 Lm. 3 Seiten mit fM zus-häkeln, und in jede Ecke 3 fM arb. Inlett einlegen, dann die 4. Seite zus-häkeln. Die Rd mit 1 Km in die 1. fM schließen. Arbeit beenden.

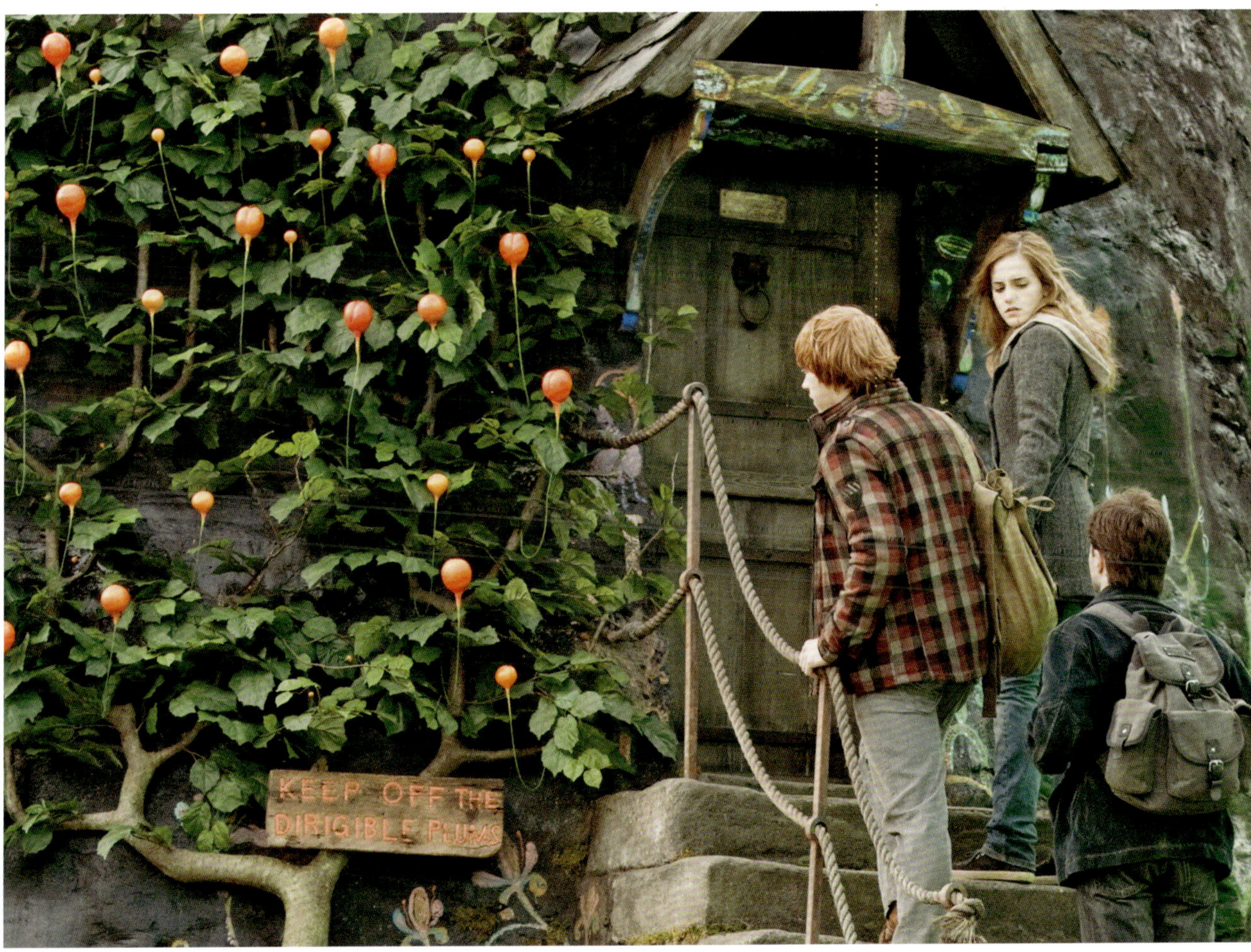

OBEN: Harry, Ron und Hermine auf den Stufen des Lovegood-Hauses in *Harry Potter und die Heiligtümer des Todes – Teil 1.*

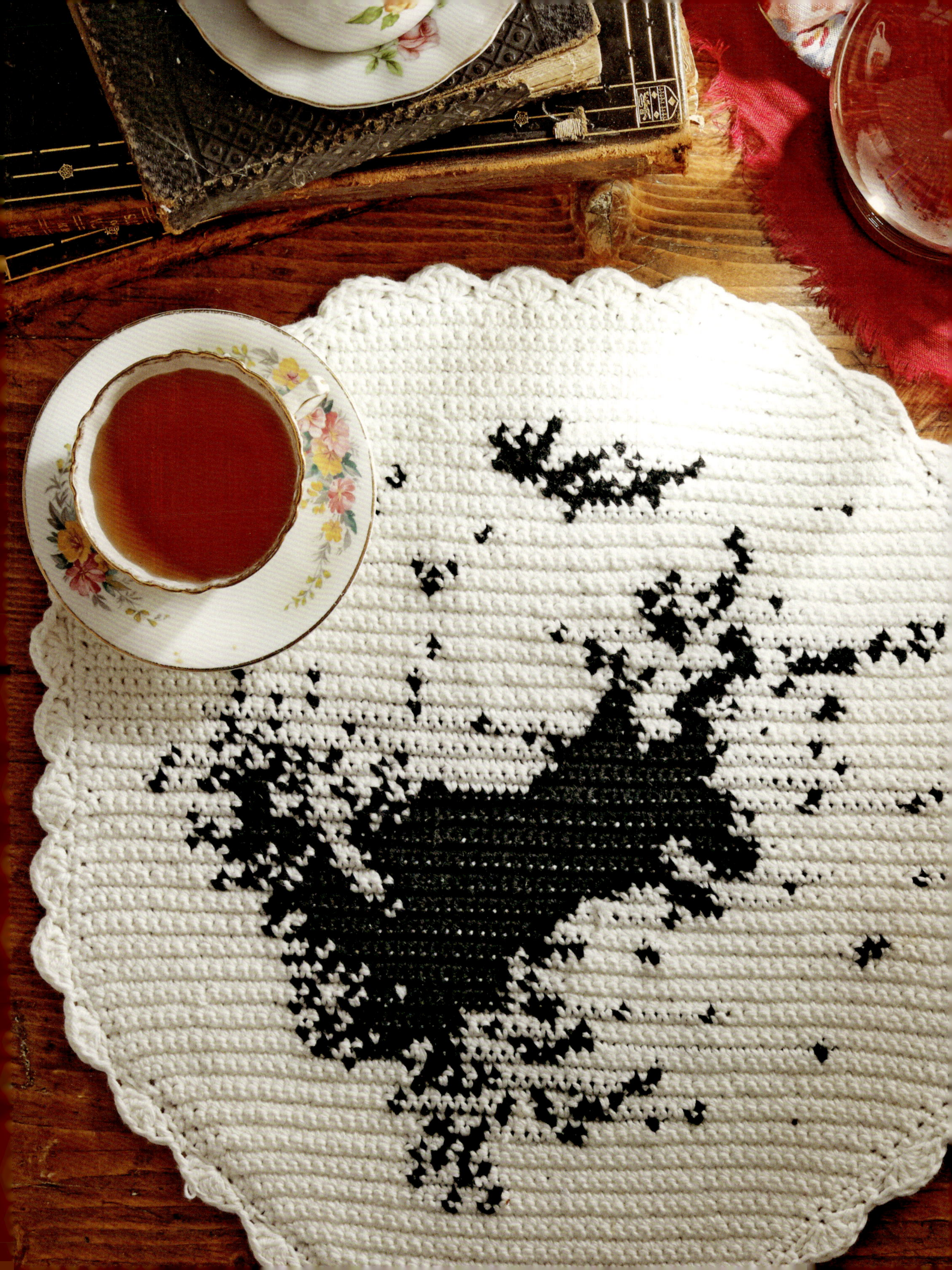

Grimm Deckchen

Design: **ROHN STRONG**

SCHWIERIGKEITSGRAD ⚡⚡

In der Welt der Zauberer ist der Grimm ein Todesomen. Er hat die Form eines riesigen geisterhaften Hundes, und man glaubt, dass er jeder Person, die das Unglück hat, ihn zu sehen, den Tod bringt. In den Harry Potter Filmen erfährt Harry zum ersten Mal vom Grimm, als er bei Professor Trelawney Unterricht im Wahrsagen hat. In einer Aufgabe für die Klasse untersuchen die Schüler die Teeblätter am Boden ihrer Teetassen, um die Zukunft zu weissagen und Schicksale vorherzusagen. Während Ron in Harrys Teetasse schaut und ein Kreuz und eine Sonne sieht – er vermutet, dass Harry leiden, aber sich doch darüber freuen wird – sieht Professor Trelawney etwas sehr viel unheimlicheres: den Grimm, der anzeigt, dass Harry in tödlicher Gefahr schwebt.

Inspiriert von Professor Trelawneys erschreckender Prophezeiung wird das Grimm Deckchen mit schwarzem Garn vor einem weißen Hintergrund gehakelt, um die Teeblätter am Boden von Harrys Teetasse darzustellen. Das Deckchen wird zuerst in Reihen nach einer Anleitung oder einem Zählmuster, dem man gut folgen kann, gearbeitet. Stellen Sie das Deckchen mit einer schönen, bogenförmigen Bordüre fertig, die ihm den hübschen klassischen Pfiff gibt!

FERTIGE GRÖSSE

Durchmesser: 42,5 cm

GARN

Mittlere Garnstärke (worsted weight), hier: Premier Yarns Premier Home (85 % recycelte Baumwolle, 15 % Polyester; 120 m/75 g Strang, das entspricht ca. 80 m/50 g)

Hauptfarbe (HF): 01 White, 2 Stränge (= 150 g)

Kontrastfarbe (KF): 16 Black, 1 Strang

NADELN

- Häkelnadel 3,25 mm oder passende Größe zum Erreichen der Maschenprobe

ZUBEHÖR

- Wollnadel

MASCHENPROBE

20 fM und 20 R = 10 cm x 10 cm

Maschenprobe unbedingt prüfen.

HINWEISE

- Das Deckchen wird in einem Stück von unten nach oben gehäkelt. Im unteren Bereich werden Zunahmen gearbeitet. Der obere Bereich wird durch Abnahmen geformt.
- Arbeiten Sie nach der Anleitung oder folgen Sie dem untenstehenden Zählmuster für Hinreihen von rechts nach links und für Rückreihen von links nach rechts.

DECKCHEN

In HF 33 Lm anschl.

Arbeiten Sie nach dem Zählmuster oder der folgenden Anleitung:

R 1 (Rückr): 1 fM in die 2. Lm von der Nd aus und in jede folgende Lm häkeln (= 32 fM).

R 2 (Hinr): 1 Lm häkeln, wenden, 1 fM zun, fM arb bis zur letzten M, 1 fM zun (= 34 fM).

R 3: R 2 wdh (= 36 fM).

R 4: R 2 wdh (= 38 fM).

R 5: R 2 wdh (= 40 fM).

R 6: R 2 wdh (= 42 fM).

R 7: R 2 wdh (= 44 fM).

R 8: 1 Lm häkeln, wenden, 1 fM zun, 24 fM arb; in KF 1 fM häkeln; in HF fM häkeln bis zur letzten M, 1 fM zun (= 46 fM).

R 9: 1 Lm häkeln, wenden, in HF 1 fM zun, 19 fM arb; in KF 1 fM häkeln; in HF fM arb bis zur letzten M, 1 fM zun (= 48 fM).

R 10: 1 Lm häkeln, wenden, in HF 1 fM zun, 27 fM arb; in KF 2 fM häkeln; in HF fM arb bis zur letzten M, 1 fM zun (= 50 fM).

R 11: 1 Lm häkeln, wenden, in HF 1 fM zun, 16 fM arb; 2x [in KF 1 fM; in HF 1 fM]; in KF 1 fM häkeln; in HF fM arb bis zur letzten M, 1 fM zun (= 52 fM).

R 12: 1 Lm häkeln, wenden, in HF 1 fM zun, 30 fM arb; 2x [in KF 1 fM; in HF 1 fM]; in KF 1 fM häkeln; in HF fM arb bis zur letzten M, 1 fM zun (= 54 fM).

R 13: 1 Lm häkeln, wenden, in HF 1 fM zun, 19 fM arb; in KF 3 fM häkeln; in HF fM arb bis zur letzten M, 1 fM zun (= 56 fM).

R 14: 1 Lm häkeln, wenden, in HF 1 fM zun, 23 fM arb; in KF 2 fM häkeln; in HF 6 fM arb; in KF 1 fM häkeln; in HF 2 fM arb; in KF 2 fM häkeln; in HF fM arb bis zur letzten M, 1 fM zun (= 58 fM).

R 15: 1 Lm häkeln, wenden, in HF 1 fM zun, 25 fM arb; in KF 1 fM häkeln; in HF 3 fM arb; in KF 1 fM häkeln; in HF 8 fM arb; in KF 1 fM häkeln; in HF fM arb bis zur letzten M, 1 fM zun (= 60 fM).

R 16: 1 Lm häkeln, wenden, in HF 1 fM zun, 16 fM arb; in KF 1 fM häkeln; in HF 6 fM arb; in KF 3 fM häkeln; in HF 2 fM arb; in KF 1 fM häkeln; in HF 2 fM arb; in KF 1 fM häkeln; in HF 9 fM arb; in KF 1 fM häkeln; in HF fM arb bis zur letzten M, 1 fM zun (= 62 fM).

R 17: 1 Lm häkeln, wenden, in HF 1 fM zun, 19 fM arb; in KF 1 fM häkeln; in HF 1 fM arb; in KF 4 fM häkeln; in HF 4 fM arb; in KF 1 fM häkeln; in HF 5 fM arb; in KF 1 fM häkeln; in HF fM arb bis zur letzten M, 1 fM zun (= 64 fM).

R 18: 1 Lm häkeln, wenden, in HF 1 fM zun, 22 fM arb; in KF 2 fM häkeln; in HF 10 fM arb; in KF 2 fM häkeln; in HF 1 fM arb; in KF 1 fM häkeln; in HF 1 fM arb; in KF 2 fM häkeln; in HF fM arb bis zur letzten M, 1 fM zun (= 66 fM).

R 19: 1 Lm häkeln, wenden, in HF 1 fM zun, 16 fM arb; in KF 1 fM häkeln; in HF 4 fM arb; in KF 1 fM häkeln; in HF 1 fM arb; in KF 3 fM häkeln; in HF 1 fM arb; in KF 1 fM häkeln; in HF 13 fM arb; in KF 1 fM häkeln; in HF fM arb bis zur letzten M, 1 fM zun (= 68 fM).

R 20: 1 Lm häkeln, wenden, in HF 32 fM arb; in KF 3 fM häkeln; in HF 5 fM arb; in KF 3 fM häkeln; in HF 2 fM arb; in KF 4 fM häkeln; in HF 2 fM arb; in KF 2 fM häkeln; in HF fM arb bis R-Ende.

R 21: 1 Lm häkeln, wenden, in HF 1 fM zun, 13 fM arb; in KF 1 fM häkeln; in HF 2 fM arb; in KF 3 fM häkeln; in HF 1 fM arb; in KF 6 fM häkeln; in HF 5 fM arb; in KF 2 fM häkeln; in HF 2 fM arb; in KF 3 fM häkeln; in HF 17 fM arb; in KF 1 fM häkeln; in HF fM arb bis zur letzten M, 1 fM zun (= 70 fM).

R 22: 1 Lm häkeln, wenden, in HF 31 fM arb; in KF 1 fM häkeln; in HF 6 fM arb; in KF 1 fM häkeln; in HF 2 fM arb; in KF 10 fM häkeln; in HF 1 fM arb; in KF 2 fM häkeln; in HF fM arb bis R-Ende.

R 23: 1 Lm häkeln, wenden, in HF 1 fM zun, 13 fM arb; in KF 1 fM häkeln; in HF 1 fM arb; in KF 1 fM häkeln; in HF 2 fM arb; in KF 10 fM häkeln; in HF 6 fM arb; in KF 2 fM häkeln; in HF fM arb bis zur letzten M, 1 fM zun (= 72 fM).

R 24: 1 Lm häkeln, wenden, in HF 22 fM arb; in KF 1 fM häkeln; in HF 6 fM arb; in KF 1 fM häkeln; in HF 4 fM arb; in KF 3 fM häkeln; in HF 1 fM arb; in KF 13 fM häkeln; in HF 1 fM arb; in KF 1 fM häkeln; in HF 2 fM arb; in KF 1 fM häkeln; in HF fM arb bis R-Ende.

R 25: 1 Lm häkeln, wenden, in HF 1 fM zun, 14 fM arb; in KF 2 fM häkeln; in HF 3 fM arb; in KF 4 fM häkeln; in HF 1 fM arb; in KF 8 fM häkeln; in HF fM arb bis zur letzten M, 1 fM zun (= 74 fM).

R 26: 1 Lm häkeln, wenden, in HF 37 fM arb; in KF 1 fM häkeln; in HF 1 fM arb; in KF 13 fM häkeln; 2x [in HF 1 fM; in KF 1 fM]; in HF fM arb bis R-Ende.

R 27: 1 Lm häkeln, wenden, in HF 1 fM zun, 14 fM arb; in KF 20 fM häkeln; in HF fM arb bis zur letzten M, 1 fM zun (= 76 fM).

R 28: 1 Lm häkeln, wenden, in HF 37 fM arb; in KF 2 fM häkeln; in HF 1 fM arb; in KF 16 fM häkeln; in HF 1 fM arb; in KF 1 fM häkeln; in HF fM arb bis R-Ende.

R 29: 1 Lm häkeln, wenden, in HF 16 fM arb; in KF 26 fM häkeln; in HF 4 fM arb; in KF 2 fM häkeln; in HF 15 fM arb; in KF 1 fM häkeln; in HF fM arb bis R-Ende.

R 30: 1 Lm häkeln, wenden, in HF 11 fM arb; in KF 2 fM häkeln; in HF 24 fM arb; in KF 22 fM häkeln; in HF 2 fM arb; in KF 1 fM häkeln; in HF fM arb bis R-Ende.

R 31: 1 Lm häkeln, wenden, in HF 15 fM arb; in KF 1 fM häkeln; in HF 2 fM arb; in KF 22 fM häkeln; in HF fM arb bis R-Ende.

R 32: 1 Lm häkeln, wenden, in HF 27 fM arb; in KF 1 fM häkeln; in HF 7 fM arb; in KF 15 fM häkeln; in HF 1 fM arb; in KF 11 fM häkeln; in HF fM arb bis R-Ende.

R 33: 1 Lm häkeln, wenden, in HF 15 fM arb; in KF 8 fM häkeln; in HF 2 fM arb; in KF 17 fM häkeln; in HF 8 fM arb; in KF 3 fM häkeln; in HF fM arb bis R-Ende.

R 34: 1 Lm häkeln, wenden, in HF 24 fM arb; in KF 4 fM häkeln; in HF 3 fM arb; in KF 20 fM häkeln; in HF 3 fM arb; in KF 5 fM häkeln; in HF 1 fM arb; in KF 1 fM häkeln; in HF 1 fM arb; in KF 2 fM häkeln; in HF 1 fM arb; in KF 1 fM häkeln; in HF fM arb bis R-Ende.

R 35: 1 Lm häkeln, wenden, in HF 14 fM arb; in KF 1 fM häkeln; in HF 2 fM arb; in KF 4 fM häkeln; in HF 3 fM arb; in KF 27 fM häkeln; in HF 7 fM arb; in KF 1 fM häkeln; in HF fM arb bis R-Ende.

R 36: 1 Lm häkeln, wenden, in HF 11 fM arb; in KF 1 fM häkeln; in HF 9 fM arb; in KF 3 fM häkeln; in HF 3 fM arb; in KF 26 fM häkeln; in HF 3 fM arb; in KF 2 fM häkeln; in HF 1 fM arb; in KF 2 fM häkeln; in HF 1 fM arb; in KF 3 fM häkeln; in HF fM arb bis R-Ende.

R 37: 1 Lm häkeln, wenden, in HF 10 fM arb; in KF 1 fM häkeln; in HF 1 fM arb; in KF 8 fM häkeln; in HF 2 fM arb; in KF 26 fM häkeln; in HF 3 fM arb; in KF 5 fM häkeln; in HF fM arb bis R-Ende.

R 38: 1 Lm häkeln, wenden, in HF 20 fM arb; in KF 6 fM häkeln; in HF 2 fM arb; in KF 27 fM häkeln; in HF 2 fM arb; in KF 5 fM häkeln; in HF 2 fM arb; in KF 1 fM häkeln; in HF fM arb bis R-Ende.

R 39: 1 Lm häkeln, wenden, in HF 8 fM arb; in KF 1 fM häkeln; in HF 3 fM arb; in KF 5 fM häkeln; in HF 4 fM arb; in KF 2 fM häkeln; in HF 1 fM arb; in KF 31 fM häkeln; in HF fM arb bis R-Ende.

R 40: 1 Lm häkeln, wenden, in HF 22 fM arb; in KF 28 fM häkeln; 2x [in HF 1 fM; in KF 1 fM]; in HF 4 fM arb; in KF 1 fM häkeln; in HF 2 fM arb; in KF 3 fM häkeln; in HF fM arb bis R-Ende.

R 41: 1 Lm häkeln, wenden, in HF 12 fM arb; in KF 3 fM häkeln; in HF 6 fM arb; in KF 1 fM häkeln; in HF 1 fM arb; in KF 30 fM häkeln; in HF 1 fM arb; in KF 1 fM häkeln; in HF fM arb bis R-Ende.

R 42: 1 Lm häkeln, wenden, in HF 9 fM arb; in KF 1 fM häkeln; in HF 7 fM arb; in KF 1 fM häkeln; in HF 5 fM arb; in KF 22 fM häkeln; in HF 1 fM arb; in KF 4 fM häkeln; in HF 2 fM arb; in KF 1 fM häkeln; in HF 2 fM arb; in KF 1 fM häkeln; in HF 2 fM arb; in KF 2 fM häkeln; in HF 1 fM arb; in KF 4 fM häkeln; in HF 1 fM arb; in KF 1 fM häkeln; in HF 3 fM arb; in KF 1 fM häkeln; in HF fM arb bis R-Ende.

R 43: 1 Lm häkeln, wenden, in HF 10 fM arb; in KF 2 fM häkeln; in HF 1 fM arb; in KF 3 fM häkeln; in HF 9 fM arb; in KF 1 fM häkeln; in HF 1 fM arb; in KF 2 fM häkeln; in HF 7 fM arb; in KF 16 fM häkeln; in HF 7 fM arb; in KF 1 fM häkeln; in HF 9 fM arb; in KF 1 fM häkeln; in HF fM arb bis R-Ende.

R 44: 1 Lm häkeln, wenden, in HF 25 fM arb; in KF 15 fM häkeln; in HF 12 fM arb; in KF 1 fM häkeln; in HF 3 fM arb; in KF 1 fM häkeln; 2x [in HF 1 fM; in KF 1 fM]; in HF 2 fM arb; in KF 1 fM häkeln; in HF 5 fM arb; in KF 1 fM häkeln; in HF fM arb bis R-Ende.

R 45: 1 Lm häkeln, wenden, in HF 10 fM arb; in KF 1 fM häkeln; in HF 3 fM arb; in KF 2 fM häkeln; in HF 1 fM arb; in KF 1 fM häkeln; in HF 2 fM arb; in KF 1 fM häkeln; in HF 4 fM arb; in KF 1 fM häkeln; in HF 12 fM häkeln; in KF 14 fM häkeln; in HF

10 fM arb; in KF 1 fM häkeln; in HF fM arb bis R-Ende.

R 46: 1 Lm häkeln, wenden, in HF 24 fM arb; in KF 15 fM häkeln; in HF 23 fM arb; in KF 1 fM häkeln; in HF 1 fM arb; in KF 1 fM häkeln; in HF fM arb bis R-Ende.

R 47: 1 Lm häkeln, wenden, in HF 11 fM arb; in KF 1 fM häkeln; in HF 3 fM arb; in KF 1 fM häkeln; in HF 5 fM arb; in KF 1 fM häkeln; in HF 13 fM arb; 2x [in KF 1 fM; in HF 1 fM]; in KF 6 fM häkeln; in HF 1 fM arb; in KF 5 fM häkeln; in HF 1 fM arb; in KF 1 fM häkeln; in HF 7 fM arb; in KF 1 fM häkeln; in HF fM arb bis R-Ende.

R 48: 1 Lm häkeln, wenden, in HF 25 fM arb; in KF 3 fM häkeln; in HF 3 fM arb; in KF 5 fM häkeln; in HF 8 fM arb; in KF 1 fM häkeln; in HF fM arb bis R-Ende.

R 49: 1 Lm häkeln, wenden, in HF 11 fM arb; in KF 1 fM häkeln; in HF 2 fM arb; in KF 1 fM häkeln; in HF 2 fM arb; in KF 1 fM häkeln; in HF 7 fM arb; in KF 1 fM häkeln; in HF 15 fM arb; in KF 3 fM häkeln; in HF 4 fM arb; in KF 3 fM häkeln; in HF fM arb bis R-Ende.

R 50: 1 Lm häkeln, wenden, in HF 15 fM arb; in KF 2 fM häkeln; in HF 6 fM arb; in KF 1 fM häkeln; in HF 2 fM arb; in KF 3 fM häkeln; in HF 3 fM arb; in KF 3 fM häkeln; in HF fM häkeln bis R-Ende.

R 51: 1 Lm häkeln, wenden, in HF 11 fM arb; in KF 1 fM häkeln; in HF 5 fM arb; in KF 1 fM häkeln; in HF 7 fM arb; in KF 1 fM häkeln; in HF 16 fM häkeln; in KF 2 fM häkeln; in HF 4 fM häkeln; in KF 4 fM häkeln; in HF 8 fM arb; in KF 1 fM häkeln; in HF fM arb bis R-Ende.

R 52: 1 Lm häkeln, wenden, in HF 19 fM arb; in KF 1 fM häkeln; in HF 4 fM arb; in KF 3 fM häkeln; in HF 4 fM arb; in KF 1 fM häkeln; in HF 1 fM arb; in KF 1 fM häkeln; in HF fM arb bis R-Ende.

R 53: 1 Lm häkeln, wenden, in HF 11 fM arb; in KF 1 fM häkeln; in HF 28 fM arb; in KF 1 fM häkeln; in HF 1 fM arb; in KF 1 fM häkeln; in HF 2 fM arb; in KF 1 fM häkeln; in HF 2 fM arb; in KF 1 fM häkeln; in HF 2 fM arb; in KF 4 fM häkeln; in HF fM arb bis R-Ende.

R 54: 1 Lm häkeln, wenden, in HF 14 fM arb; in KF 5 fM häkeln; in HF 3 fM arb; in KF 2 fM häkeln; in HF 9 fM arb; in KF 1 fM häkeln; in HF 1 fM arb; in KF 1 fM häkeln; in HF 13 fM arb; in KF 1 fM häkeln; in HF 12 fM arb; in KF 1 fM häkeln; in HF fM arb bis R-Ende.

R 55: 1 Lm häkeln, wenden, in HF 40 fM arb; in KF 1 fM häkeln; in HF 6 fM arb; in KF 1 fM häkeln; in HF 3 fM arb; in KF 3 fM häkeln; in HF 2 fM arb; in KF 1 fM häkeln; in HF 3 fM arb; in KF 3 fM häkeln; 3x [in HF 1 fM; in KF 1 fM]; in HF fM arb bis R-Ende.

R 56: 1 Lm häkeln, wenden, in HF 8 fM arb; in KF 1 fM häkeln; in HF 2 fM arb; in KF 1 fM häkeln; in HF 11 fM arb; in KF 2 fM häkeln; in HF 3 fM arb; in KF 3 fM häkeln; in HF 7 fM arb; in KF 1 fM häkeln; in HF fM arb bis R-Ende.

R 57: 1 Lm häkeln, wenden, in HF 2 fM zus abm, 9 fM arb; in KF 1 fM häkeln; in HF 32 fM arb; in KF 3 fM häkeln; in HF 1 fM arb; in KF 1 fM häkeln; in HF 17 fM arb; in KF 1 fM häkeln; in HF 1 fM arb; in KF 1 fM häkeln; in HF fM arb bis zu den letzten 2 M, 2 fM zus abm (= 74 fM).

R 58: 1 Lm häkeln, wenden, in HF 24 fM arb; in KF 1 fM häkeln; in HF 3 fM arb; in KF 1 fM häkeln; in HF 1 fM arb; in KF 1 fM häkeln; in HF fM arb bis R-Ende.

R 59: 1 Lm häkeln, wenden, in HF 2 fM zus abm, 9 fM arb; in KF 1 fM häkeln; in HF 12 fM arb; in KF 1 fM häkeln; in HF 17 fM arb; in KF 2 fM häkeln; in HF 3 fM arb; in KF 1 fM häkeln; in HF 1 fM arb; in KF 1 fM häkeln; in HF 3 fM arb; in KF 1 fM häkeln; in HF fM arb bis zu den letzten 2 M, 2 fM zus abm (= 72 fM).

R 60: 1 Lm häkeln, wenden, in HF 22 fM arb; in KF 2 fM häkeln; in HF 3 fM arb; in KF 1 fM häkeln; in HF 10 fM arb; in KF 1 fM häkeln; in HF 8 fM arb; in KF 1 fM häkeln; in HF 11 fM arb; in KF 1 fM häkeln; in HF fM arb bis R-Ende.

R 61: 1 Lm häkeln, wenden, in HF 2 fM zus abm, 26 fM arb; in KF 1 fM häkeln; in HF 2 fM arb; in KF 1 fM häkeln; in HF 2 fM arb; in KF 1 fM häkeln; in HF fM arb bis zu den letzten 2 M, 2 fM zus abm (= 70 fM).

Hinter den Kulissen

In *Harry Potter und der Gefangene von Askaban* wird Sirius Black fälschlich für den Grimm gehalten, als er sich in seine Animagus Form, einen großen schwarzen Hund, verwandelt. Obwohl Sirius Animagus letztendlich computergeneriert wurde, brachte der Regisseur einen echten Hund namens Fern als Referenz für die Rolle mit ans Set. Fern bekam spitze Ohren und lernte, über Rampen zu springen und Tricks auszuführen um zu helfen, den digitalen Hund lebensecht darzustellen.

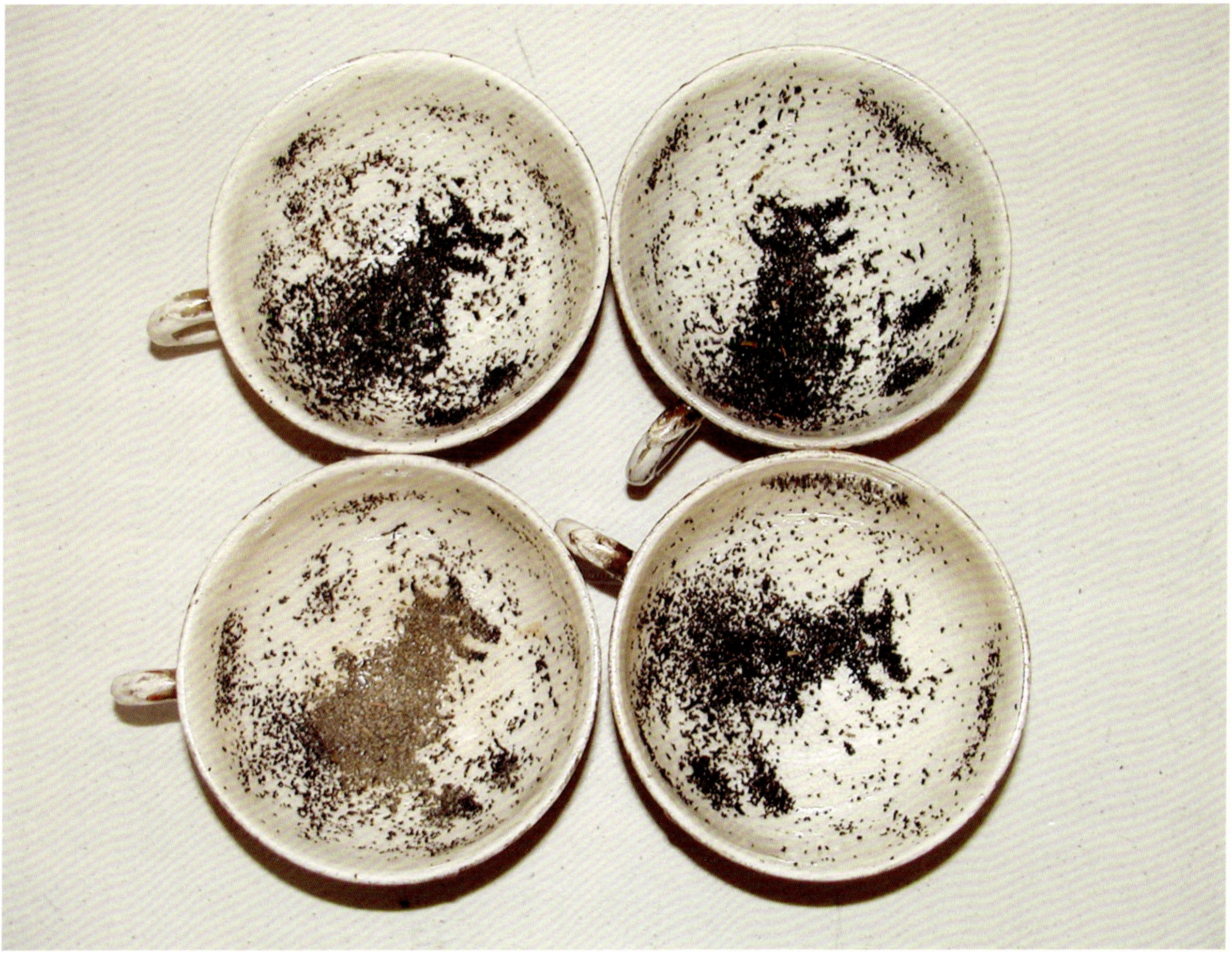

OBEN: Ein Requisiten-Referenzfoto für *Harry Potter und der Gefangene von Askaban,* das die Teetassen zeigt, die in der Wahrsage-Szene verwendet wurden, in der der Grimm in Harrys Tasse auftaucht.

R 62: 1 Lm häkeln, wenden, in HF 20 fM arb; in KF 1 fM häkeln; in HF 25 fM arb; in KF 1 fM häkeln; in HF 11 fM arb; in KF 1 fM häkeln; in HF fM arb bis R-Ende.

R 63: 1 Lm häkeln, wenden, in HF 2 fM zus abm, 10 fM arb; in KF 1 fM häkeln; in HF 3 fM arb; in KF 1 fM häkeln; in HF 31 fM arb; in KF 1 fM häkeln; in HF fM arb bis zu den letzten 2 M, 2 fM zus abm (= 68 fM).

R 64: 1 Lm häkeln, wenden, in HF 20 fM arb; in KF 1 fM häkeln; in HF 12 fM arb; in KF 1 fM häkeln; in HF fM arb bis R-Ende.

R 65: 1 Lm häkeln, wenden, in HF 2 fM zus abm, 22 fM arb; in KF 1 fM häkeln; in HF fM arb bis zu den letzten 2 M, 2 fM zus abm (= 66 fM).

R 66: 1 Lm häkeln, wenden, in HF 6 fM arb; in KF 2 fM häkeln; in HF 17 fM arb; in KF 1 fM häkeln; in HF 15 fM arb; in KF 1 fM häkeln; in HF 8 fM arb; in KF 1 fM häkeln; in HF 2 fM arb; in KF 1 fM häkeln; in HF fM arb bis R-Ende.

R 67: 1 Lm häkeln, wenden, in HF 2 fM zus abm, 20 fM arb; in KF 1 fM häkeln; in HF 14 fM arb; in KF 1 fM häkeln; in HF 17 fM arb; in KF 3 fM häkeln; in HF fM arb bis zu den letzten 2 M, 2 fM zus abm (= 64 fM).

R 68: 1 Lm häkeln, wenden, in HF 2 fM zus abm, 5 fM arb; in KF 1 fM häkeln; in HF 9 fM arb; in KF 1 fM häkeln; in HF 1 fM arb; in KF 7 fM häkeln; in HF 24 fM arb; in KF 1 fM häkeln; in HF fM arb bis zu den letzten 2 M, 2 fM zus abm (= 62 fM).

R 69: 1 Lm häkeln, wenden, in HF 2 fM zus abm, 10 fM arb; in KF 1 fM häkeln; in HF 20 fM arb; in KF 2 fM häkeln; in HF 1 fM arb; in KF 3 fM häkeln; in HF 1 fM arb; in KF 2 fM häkeln; in HF 1 fM arb; in KF 1 fM häkeln; in HF fM arb bis zu den letzten 2 M, 2 fM zus abm (= 60 fM).

R 70: 1 Lm häkeln, wenden, in HF 2 fM zus abm, 11 fM arb; in KF 4 fM häkeln; in HF 5 fM arb; in KF 6 fM häkeln; in HF fM arb bis zu den letzten 2 M, 2 fM zus abm (= 58 fM).

R 71: 1 Lm häkeln, wenden, in HF 2 fM zus abm, 25 fM arb; in KF 5 fM häkeln; in HF 2 fM arb; in KF 2 fM häkeln; in HF 2 fM arb; in KF 1 fM häkeln; in HF 5 fM arb; in KF 1 fM häkeln; in HF fM arb bis zu den letzten 2 M, 2 fM zus abm (= 56 fM).

R 72: 1 Lm häkeln, wenden, in HF 2 fM zus abm, 15 fM arb; in KF 1 fM häkeln; in HF 4 fM arb; in KF 5 fM häkeln; in HF fM arb bis zu den letzten 2 M, 2 fM zus abm (= 54 fM).

R 73: 1 Lm häkeln, wenden, in HF 2 fM zus abm, 23 fM arb; 2x [in KF 1 fM; in HF 1 fM]; in KF 1 fM häkeln; in HF fM arb bis zu den letzten 2 M, 2 fM zus abm (= 52 fM).

R 74: 1 Lm häkeln, wenden, in HF 2 fM zus abm, 28 fM arb; in KF 1 fM häkeln; in HF fM arb bis zu den letzten 2 M, 2 fM zus abm (= 50 fM).

R 75-83: 1 Lm häkeln, wenden, in HF 2 fM zus abm, fM arb bis zu den letzten 2 M, 2 fM zus abm (= 2 fM abgenommen je R; 32 fM nach R 83).

BORDÜRE

Rd 1: Rund um das Deckchen gleichmäßig verteilt 222 fM häkeln, Rd mit 1 Km schließen.

Rd 2: 3 Lm häkeln (zählen als 1. Stb), 4 Stb in die Kettm der Vor-Rd arb, *2 M übergehen, 1 fM in die nächste M häkeln**, 2 M übergehen, 5 Stb in die nächste M ; ab * wdh, im letzten Rapport enden bei **, Rd mit 1 Km in die 3. Anfangs-Lm schließen.

Arbeit beenden.

FERTIGSTELLUNG

Fadenenden vernähen. Zum Spannen leicht dämpfen.

ZÄHLMUSTER

LEGENDE

☐ 1 fM in HF

■ 1 fM in KF

☑ 1 fM zun in HF

☒ 2 fM zus abm in HF

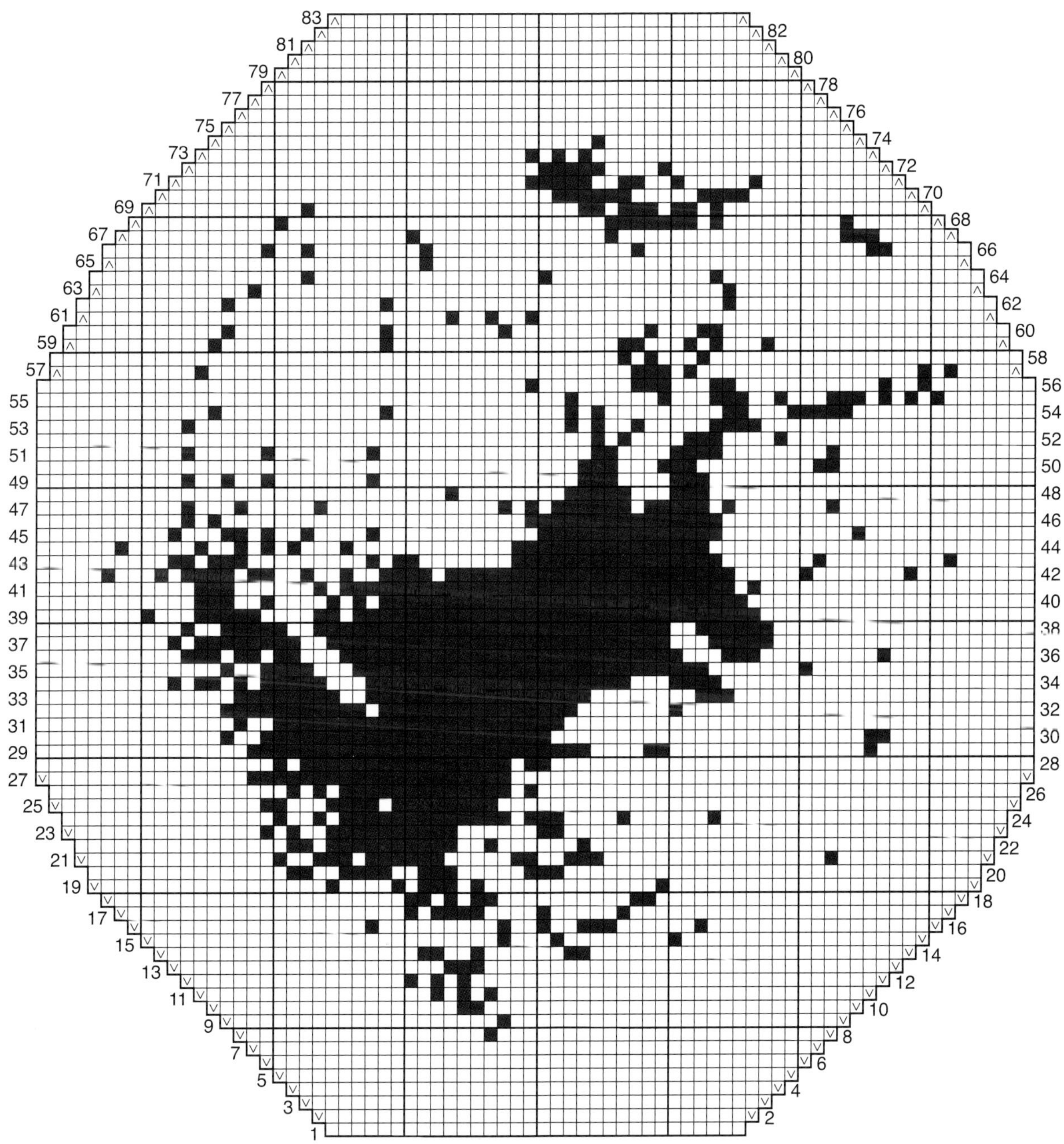

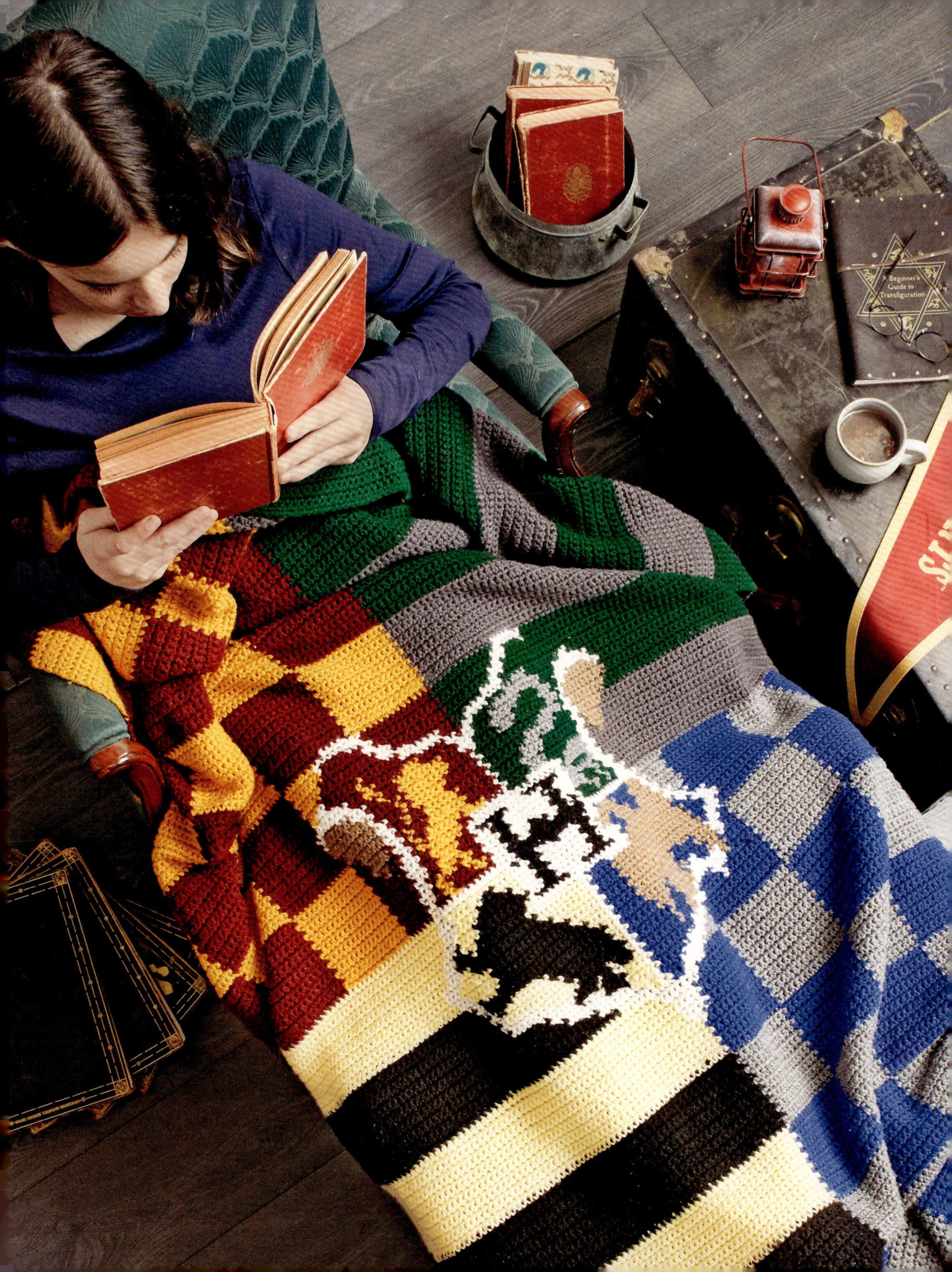
A Beginner's Guide to Transfiguration

DECKE „HOGWARTS WAPPEN“

Design: **VINCENT WILLIAMS**

SCHWIERIGKEITSGRAD ⚡⚡

Schloss Hogwarts ist ein magischer und einladender Ort. Mit sich bewegenden Treppen, verzauberten Gemälden und sogar Geistern scheint das Schloss ein eigenes Leben zu haben und sich immer weiter zu entwickeln, seit die Schule von den vier Gründer-Hexen und -Zauberern eröffnet wurde. In den Filmen ist die Große Halle ein festes Inventar. „Wir haben viele Feuerstellen in die Große Halle gebaut“, sagt Regisseur Chris Columbus, „denn es sollte ein magischer, warmer, liebevoller Ort sein.“ Um an die Gründer zu erinnern wurde an einer Seite des Raums eine riesige, mit dem ikonischen Hogwarts-Wappen dekorierte Feuerstelle platziert und die Wände wurden mit Leuchtern dekoriert, die von den heraldischen Kreaturen gehalten werden, die die vier Häuser repräsentieren.

Das Design dieser magischen, warmen Decke, die ein Accessoire für zu Hause ist, das jeder Harry Potter Fan unbedingt haben muss, beinhaltet die ikonischen Farben jedes der Hogwarts Zauberer-Häuser: Slytherin, Gryffindor, Hufflepuff und Ravenclaw. In der Mitte ist das Motiv des Hogwarts-Wappens mit den Tieren, die für jedes der vier Häuser stehen. Häkeln Sie diese kuschelige, atemberaubend schöne Decke mit festen Maschen und folgen Sie dem detaillierten Zählmuster.

GRÖSSE

Einheitsgröße

FERTIGE GRÖSSE

Breite: 137 cm
Länge: 203 cm

GARN

Mittlere Garnstärke (aran weight), hier: Cascade Yarns 220 Superwash Aran (100 % superwash Merinowolle; 137,5 m/100 g Strang), 3 Stränge pro Hausfarbe (A–H)

Farbkombinationen:

Gryffindor: 809 Really Red (G) und 241 Sunflower (H)

Hufflepuff: 815 Black (C) und 821 Daffodil (D)

Ravenclaw: 813 Blue Velvet (A) und 875 Feather Grey (B)

Slytherin: 801 Army Green (E) und 900 Charcoal (F)

Wappenrand: 817 Aran (I), 1 Strang

Wappen Rabe und Schriftrolle: 200 Cafe Au Lait (J), 1 Strang

NADELN

- Häkelnadel 5,5 mm oder passende Größe zum Erreichen der Maschenprobe

ZUBEHÖR

- Wollnadel
- Verschließbare Maschenmarkierer

MASCHENPROBE

13 fM und 15 R = 10 cm x 10 cm

Die Maschenprobe ist für dieses Modell nicht entscheidend, aber die Lauflänge des Garns und die Dicke der Häkelnadel beeinflussen die Endmaße.

HINWEISE

- Die Decke wird in R in einem Stück von unten nach oben gehäkelt.
- Die Intarsienmuster mit einzelnen Knäueln arbeiten (oder jeder einzelne Strang wird als ein Knäuel verwendet).
- Um den Überblick über das Zählmuster zu behalten sollten die MM beim Häkeln jeweils entfernt und im neu gehäkelten Stich der gleichen Spalte wieder eingehängt werden.
- Die Fadenenden gleich mit überhäkeln, das erleichtert die Fertigstellung.

DECKE

In A, B und C:

R 1 (Hinr): * In A 15 fM mit Fußschlinge anschl; in B 15 fM mit Fußschlinge anschl; ab * noch 2x wdh; in C 90 fM mit Fußschlinge anschl, wenden (= 180 fM).

R 2 (Rückr): In C 1 Lm, 90 fM; * in B 15 fM; in A 15 fM; ab * noch 2x wdh, wenden.

R 3: In A 1 Lm, * in A 15 fM; in B 15 fM; ab * noch 2x wdh; in C 90 fM, wenden.

R 4-15: R 2 und 3 wdh.

In A, B und D:

R 16 (Rückr): In D 1 Lm, 90 fM; * in A 15 fM; in B 15 fM; ab * noch 2x wdh, wenden.

R 17 (Hinr): In B 1 Lm, * in B 15 fM; in A 15 fM; ab * noch 2x wdh; in C 90 fM, wenden.

R 18-30: R 16 und 17 wdh.

R 31-90: R 1-30 wdh, dabei in R 1 fM statt fM mit Fußschlinge arb.

R 91-105: R 1-15 wdh, dabei in R 1 fM statt fM mit Fußschlinge arb.

In die 46. M von der linken und der rechten Seite der Decke aus je 1 MM einhängen; damit sind die 46. und 135. M markiert.

R 106: In D 1 Lm, fM häkeln bis MM; das Motiv nach Zählmuster häkeln; in B 15 fM; in A 15 fM; in B 15 fM, wenden.

R 107: In B 1 Lm, 15 fM; in A 15 fM; in B 15 fM; das Motiv nach Zählmuster häkeln; in D fM häkeln bis R-Ende, wenden.

R 108-119: R 106 und 107 wdh.

R 120: R 106 wdh.

In A, B und C:

R 121: In A 1 Lm, 15 fM; in B 15 fM; in A 15 fM; das Motiv nach Zählmuster häkeln; in C fM häkeln bis R-Ende, wenden.

R 122: In C 1 Lm, fM häkeln bis MM; das Motiv nach Zählmuster häkeln; in A 15 fM; in B 15 fM; in A 15 fM, wenden.

R 123-134: R 121 und 122 wdh.

R 135: R 121 wdh.

In A, B und D:

R 136: In D 1 Lm, fM häkeln bis MM; das Motiv nach Zählmuster häkeln; in B 15 fM; in A 15 fM; in B 15 fM, wenden.

R 137: In B 1 Lm, 15 fM; in A 15 fM; in B 15 fM; das Motiv nach Zählmuster häkeln; in D fM häkeln bis R-Ende, wenden.

R 138-149: R 136 und 137 wdh.

R 150: R 136 wdh.

In F, G und H:

R 151: In F 1 Lm, fM häkeln bis MM; das Motiv nach Zählmuster häkeln; in G 15 fM; in H 15 fM; in G 15 fM, wenden.

R 152: In G 1 Lm, 15 fM; in H 15 fM; in G 15 fM; das Motiv nach Zählmuster häkeln; in F fM häkeln bis R-Ende, wenden.

R 153-164: R 151 und 152 wdh.

R 165: R 151 wdh.

In E, G und H:

R 166: In H 1 Lm, 15 fM; in G 15 fM; in H 15 fM; das Motiv nach Zählmuster häkeln; in E fM häkeln bis R-Ende, wenden.

R 167: In E 1 Lm, fM häkeln bis MM; das Motiv nach Zählmuster häkeln; in H 15 fM; in G 15 fM; in H 15 fM, wenden.

R 168-179: R 166 und 167 wdh.

R 180: R 166 wdh.

In F, G und H:

R 181: In F 1 Lm, fM häkeln bis MM; das Motiv nach Zählmuster häkeln; in G 15 fM; in H 15 fM; in G 15 fM, wenden.

R 182: In G 1 Lm, 15 fM; in H 15 fM; in G 15 fM; das Motiv nach Zählmuster häkeln; in F fM häkeln bis R-Ende, wenden.

MM entfernen.

R 183: In F 1 Lm, 90 fM; * in H 15 fM; in G 15 fM; ab * noch 2x wdh, wenden.

R 184: In G 1 Lm, * in G 15 fM; in H 15 fM; ab * noch 2x wdh; in F 90 fM, wenden.

R 185-194: R 183 und 184 wdh.
R 195: R 183 wdh.
In E, G und H:
R 196: In H 1 Lm, * in H 15 fM; in G 15 fM; ab * noch 2x wdh; in E 90 fM, wenden.
R 197: In E 1 Lm, 90 fM; * in G 15 fM; in H 15 fM; ab * noch 2x wdh, wenden.
R 198-209: R 196 und 197 wdh.
R 210: R 196 wdh.
In F, G und H:
R 211: In F 1 Lm, 90 fM; * in H 15 fM; in G 15 fM; ab * noch 2x wdh, wenden.
R 212: In G 1 Lm, * in G 15 fM; in H 15 fM; ab * noch 2x wdh; in F 90 fM, wenden.
R 213-224: R 211 und 212 wdh.
R 225: R 211 wdh.
R 226-285: R 196-225 wdh.
R 286-300: R 196-210 wdh.

FERTIGSTELLUNG

Fadenenden vernähen. Decke auf Maß dämpfen oder nass spannen.

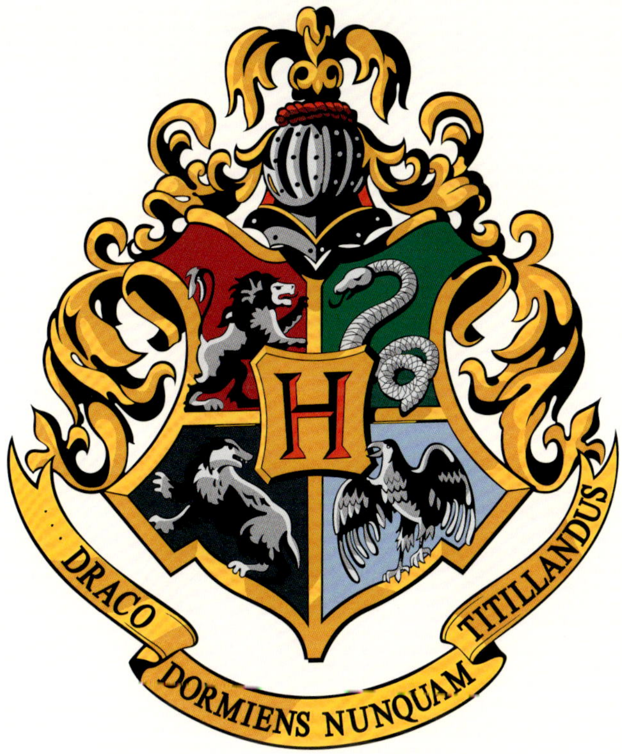

„ALSO BITTE. SIE ALLE WISSEN NATÜRLICH, WIE HOGWARTS GEGRÜNDET WURDE, VOR ÜBER 1000 JAHREN. UND ZWAR VON DEN VIER GRÖSSTEN HEXEN UND ZAUBERER IHRE ZEIT. GODRIC GRYFFINDOR, HELGA HUFFLEPUFF, ROWENA RAVENCLAW UND SALAZAR SLYTHERIN."

Professor McGonagall in *Harry Potter und die Kammer des Schreckens*

ZÄHLMUSTER

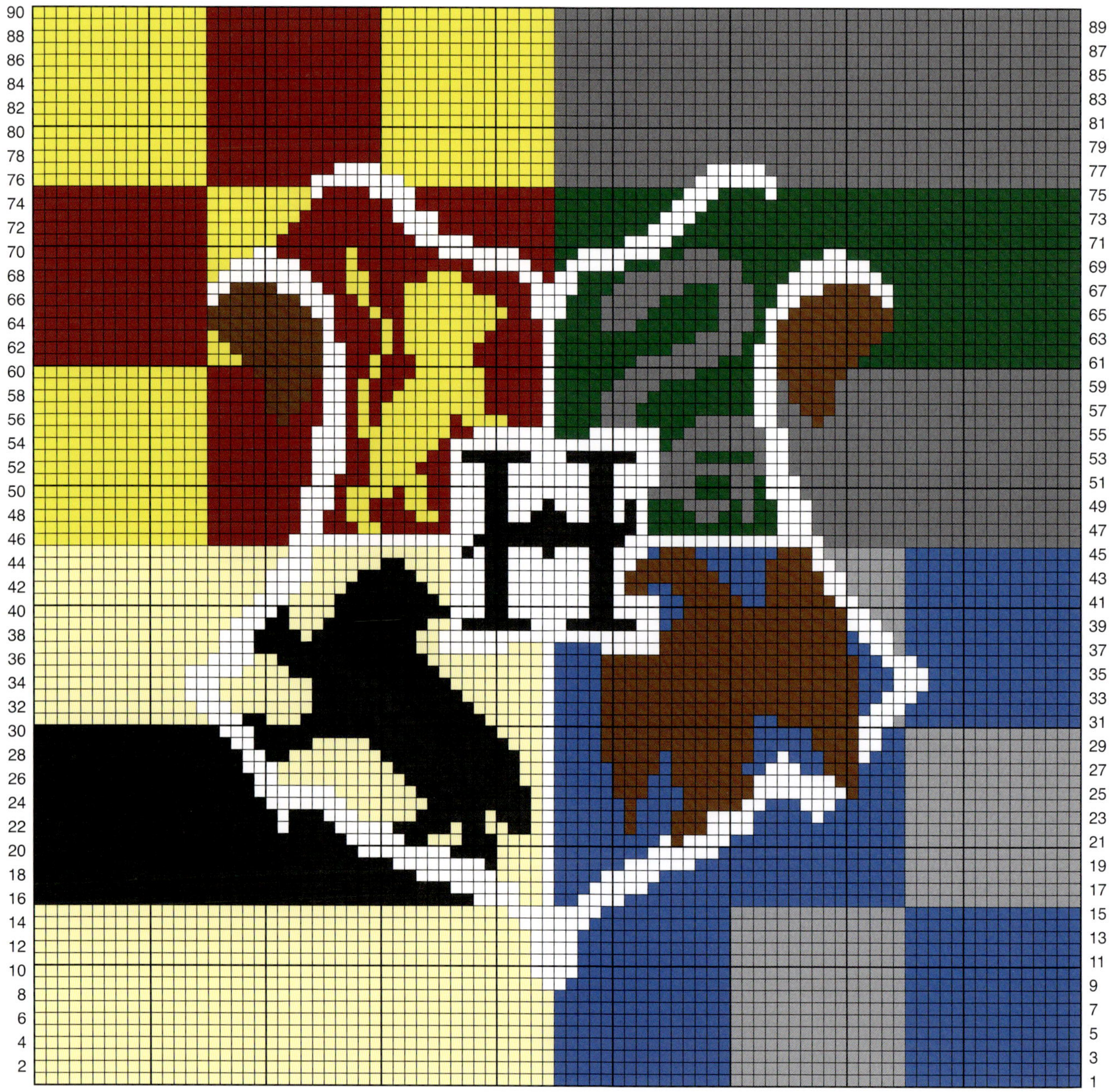

LEGENDE

- 1 fM in A
- 1 fM in B
- 1 fM in C
- 1 fM in D
- 1 fM in E
- 1 fM in F
- 1 fM in G
- 1 fM in H
- 1 fM in I
- 1 fM in J

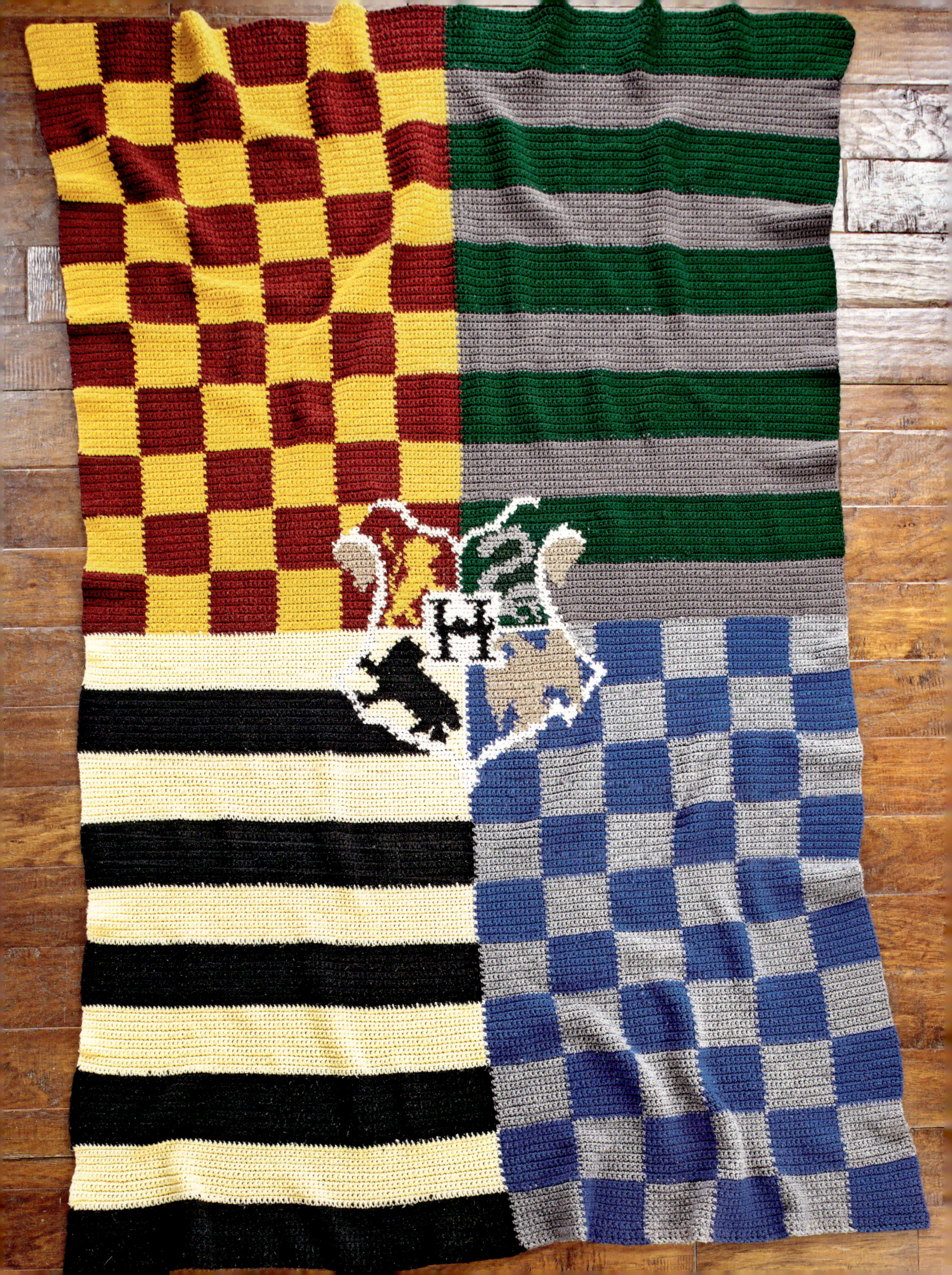
H

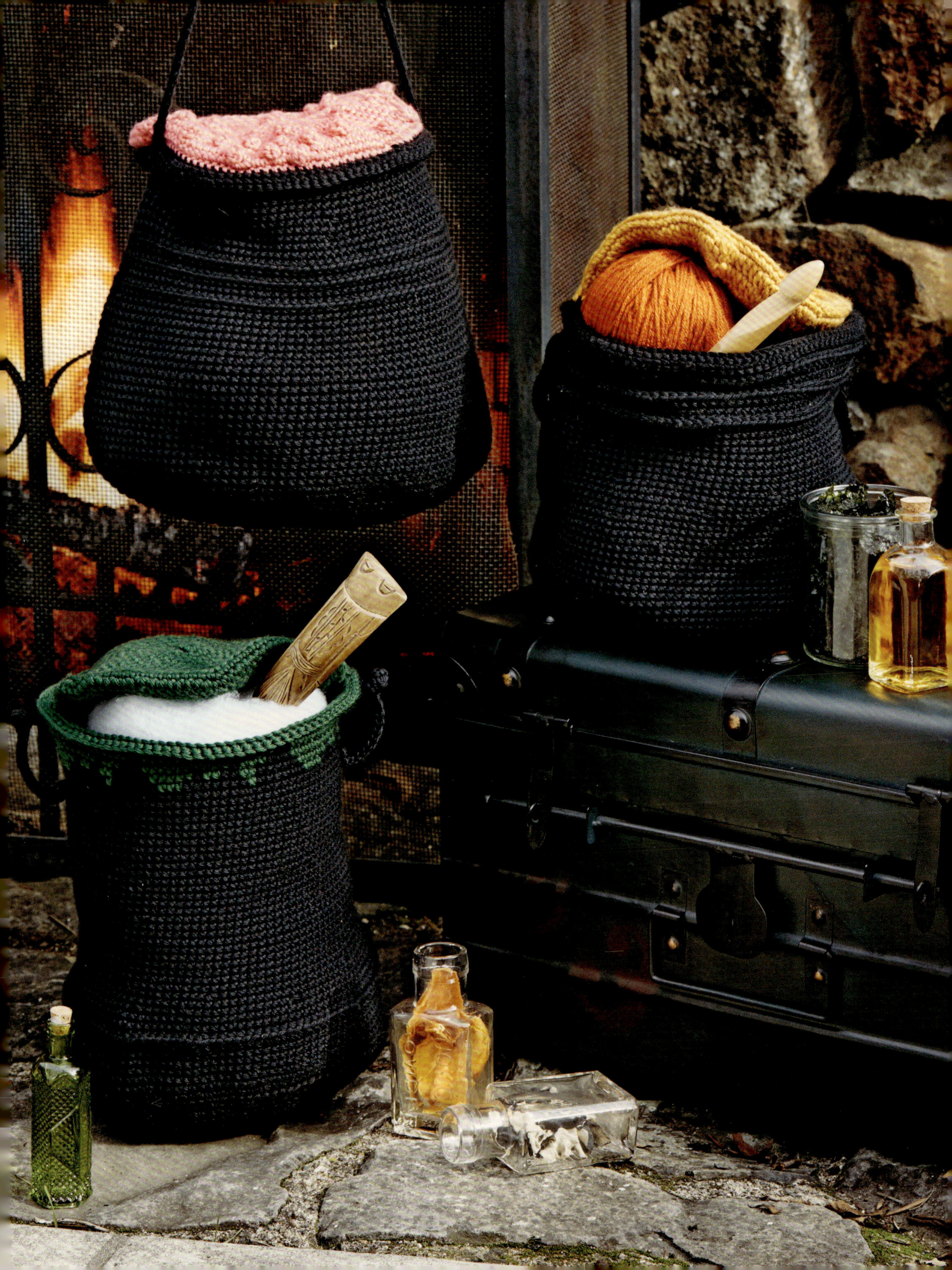

Zaubertrank-Kessel

Design: **AMINATA NDIAYE**

SCHWIERIGKEITSGRAD ⚡⚡

Zaubertrankunterricht ist eines der Kernfächer, die in Hogwarts unterrichtet werden. In diesen Stunden lernen die Schüler die korrekte Art und Weise, Zaubertränke zu brauen, oft in großen Kesseln, von denen jeder Schüler seinen eigenen als Teil seiner Unterrichtsmaterialien mitbringt. Sie folgen genauen Rezepturen und benutzen verschiedene magische Zutaten, um die Zaubertränke herzustellen; dabei beginnen sie mit anfängerfreundlichen und gehen dann zu schwierigeren Zaubertränken weiter, wenn sie Fortschritte im Wissen gemacht haben.

Als es mit den Filmen voranging und sie immer größer und aufwändiger wurden, wurde es auch Professor Snapes Klassenzimmer. Ursprünglich wurde das Klassenzimmer in der Sakristei der Abtei in Lacock gefilmt, die für mehrere Kulissen von Hogwarts genutzt wurde. Später wurde es in die Studios in Leavesden verlegt. Als Professor Slughorn in *Harry Potter und der Halbblutprinz* die Stelle als Meister der Zaubertränke übernahm, „wurde auch die Kulisse in Größe und Form verändert", sagt die künstlerische Leiterin Hattie Storey, „aber wir haben eine ähnliche Herangehensweise gewählt." Für die Aufgabe, den Trank der lebenden Toten zu brauen, wurden neue Kessel für die Schüler besorgt und ein spezieller Mini-Kessel mit einem kleinen Bügel für den Flakon mit Felix Felicis.

In diesem Entwurf warten drei gehäkelte Kesselkörbe auf Sie, mit Deckeln in drei verschiedenen Farben, um die berühmten Zaubertränke des Films darzustellen. Die Kessel weisen einfache Zunahmen und stabile Seiten auf. Sie werden von unten nach oben gearbeitet und dann oben mit einem Deckel ihres speziellen Zaubertranks abgeschlossen, einem in Pink für den Liebestrank Amortentia, einem in Grün für den Vielsafttrank und einem in Gold für Felix Felicis.

GRÖSSE

Einheitsgröße

FERTIGE GRÖSSE

KORB LIEBESTRANK

Basisdurchmesser: 25,5 cm

Höhe: 25 cm

KORB FELIX FELICIS

Basisdurchmesser: 25,5 cm

Höhe: 26,5 cm

KORB VIELSAFTTRANK

Basisdurchmesser: 25,5 cm

Höhe: 29 cm

GARN

Mittlere Garnstärke (aran weight), hier: Cascade Yarns 220 Superwash Aran (100 % superwash Merinowolle; 137,5 m/100 g Strang)

Hauptfarbe (HF): 815 Black, 4 Stränge pro Korb

Mittlere Garnstärke (worsted weight), hier: Cascade Yarns 220 (100 % Peruvian Highland Wolle; 200 m/100 g Strang)

Vielsafttrank-Deckel (KF): 801 Army Green, 1 Strang

Felix Felicis-Deckel (KF): 7826 California Poppy, 1 Strang

Liebestrank-Deckel (KF): 7804 Shrimp, 1 Strang

NADELN

- Häkelnadel 5,0 mm oder passende Größe zum Erreichen der Maschenprobe

ZUBEHÖR

- Maschenmarkierer
- Wollnadel

MASCHENPROBE

16 fM und 16 Rd = 10 cm x 10 cm

Die Maschenprobe ist für dieses Modell nicht entscheidend, aber die Lauflänge des Garns und die Dicke der Häkelnadel beeinflussen die Endmaße.

HINWEIS

- Zuerst wird der Boden des Kessels gehäkelt, dann die Seiten. Der gefütterte Deckel wird in Rd gearbeitet. Der Deckel wird oben am Kessel befestigt, dann werden die Griffe gehäkelt und an die Seiten des Kessels genäht.

SPEZIALMASCHEN

Popcorn-M: 3 Stb in die gleiche Einstichstelle, die Häkelnd aus dem letzten Stb ziehen und in das 1. der 3 Stb einstechen, die fallengelassene Schlinge wieder auf die Häkelnd nehmen und durch das 1. Stb ziehen.

KESSEL AMORTENTIA

BODEN DES KESSELS

Rd 1: In HF einen Fadenring legen; 6 fM in den Ring, Rd mit 1 Km in die 1. fM schließen, MM für den Rd-Anfang einhängen (= 6 fM).

Hinweis: Ab Rd 2 in Spiral-Rd weiterarb, ohne die Rd zu schließen.

Rd 2: 1 Lm (zählt hier und im Weiteren nicht als M), in jede M 2 fM arb (= 12 fM).
Rd 3: 6x [1 fM, 1 fM zun] (= 18 fM).
Rd 4: 1 fM, 1 fM zun, 5x [2 fM, 1 fM zun], 1 fM (= 24 fM).
Rd 5: 6x [3 fM, 1 fM zun] (= 30 fM).
Rd 6: 2 fM, 1 fM zun, 5x [4 fM, 1 fM zun], 2 fM (= 36 fM).
Rd 7: 6x [5 fM, 1 fM zun] (= 42 fM).
Rd 8: 3 fM, 1 fM zun, 5x [6 fM, 1 fM zun], 3 fM (= 48 fM).
Rd 9: 6x [7 fM, 1 fM zun] (= 54 fM).
Rd 10: 4 fM, 1 fM zun, 5x [8 fM, 1 fM zun], 4 fM (= 60 fM).
Rd 11: 6x [9 fM, 1 fM zun] (= 66 fM).
Rd 12: 5 fM, 1 fM zun, 5x [10 fM, 1 fM zun], 5 fM (= 72 fM).
Rd 13: 6x [11 fM, 1 fM zun] (= 78 fM).
Rd 14: 6 fM, 1 fM zun, 5x [12 fM, 1 fM zun], 6 fM (= 84 fM).
Rd 15: 6x [13 fM, 1 fM zun] (= 90 fM).
Rd 16: 7 fM, 1 fM zun, 5x [14 fM, 1 fM zun], 7 fM (= 96 fM).
Rd 17: 6x [15 fM, 1 fM zun] (= 102 fM).
Rd 18: 8 fM, 1 fM zun, 5x [16 fM, 1 fM zun], 8 fM (= 108 fM).
Rd 19: 6x [17 fM, 1 fM zun] (= 114 fM).
Rd 20: 9 fM, 1 fM zun, 5x [18 fM, 1 fM zun], 9 fM (= 120 fM).
Faden nicht abschneiden, weiter die Seiten des Kessels häkeln.

SEITEN DES KESSELS

Hinweis: Weiter in Spiral-Rd arb.

Rd 1-24: fM häkeln.
Rd 25: fM häkeln, dabei in das hintere M-Glied einstechen.
Rd 26-27: fM häkeln.
Rd 28: Rd 25 wdh.
Rd 29: fM häkeln.
Rd 30: Rd 25 wdh.
Rd 31 (Abn-Rd): 6x [18 fM, 2 fM zus abm] (= 114 fM).

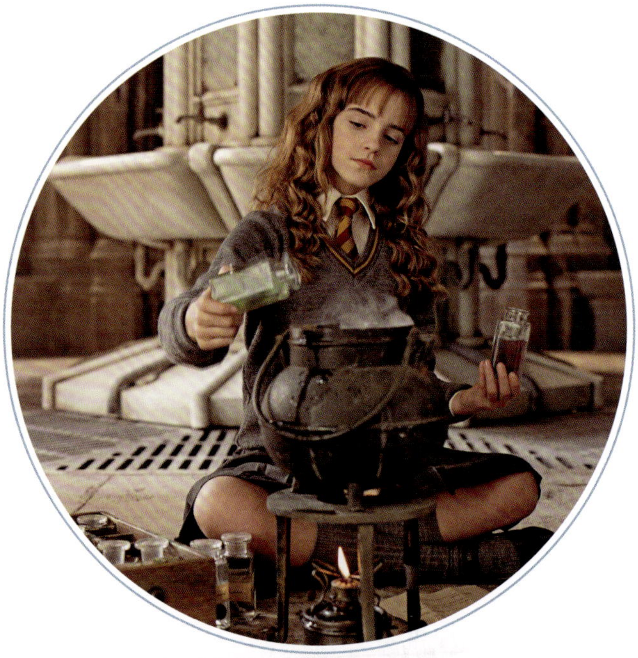

RECHTS: Hermine Granger braut den Vielsafttrank in einem Kessel in der Mädchentoilette, aus *Harry Potter und die Kammer des Schreckens*

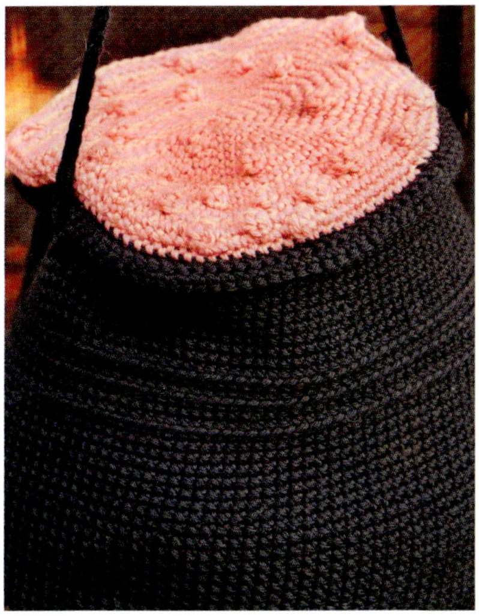

Rd 32 (Abn-Rd): 6x [17 fM, 2 fM zus abm] (= 108 fM).

Rd 33 (Abn-Rd): 6x [16 fM, 2 fM zus abm] (= 102 fM).

Rd 34-37: fM häkeln.

Rd 38: MM entfernen, je 1 Km in die markierte M und die nächsten 2 M, 1 Lm, je 1 fM in jede fM und jede Km, dabei in das vordere M-Glied einstechen, Rd mit 1 Km in die 1. fM schließen, wenden (= 102 M).

Rd 39 (Zunahme-Rd): 6x [16 fM, 1 fM zun], Rd mit 1 Km in die 1. fM schließen (= 108 fM).

Arbeit beenden.

DECKEL

Rd 1: In KF einen Fadenring legen; 6 fM in den Ring (= 6 fM).

Rd 2: In jede M 2 fM arb (= 12 fM).

Rd 3: 6x [1 fM, 1 fM zun] (= 18 fM).

Rd 4: 6x [2 fM, 1 fM zun] (= 24 fM).

Rd 5: 6x [3 fM, 1 fM zun] (= 30 fM).

Rd 6: 2 fM, 1 fM zun, 5x [4 fM, 1 fM zun], 2 fM (= 36 fM).

Rd 7: 6x [5 fM, 1 fM zun] (= 42 fM).

Rd 8: 3 fM, 1 fM zun, 5x [6 fM, 1 fM zun], 3 fM (= 48 fM).

Rd 9: 6x [2 fM, 1 Popcorn-M, 4 fM, 1 fM zun] (= 54 fM).

Rd 10: 4 fM, 1 fM zun, 5x [8 fM, 1 fM zun], 4 fM (= 60 fM).

Rd 11: 6x [9 fM, 1 fM zun] (= 66 fM).

Rd 12: 5 fM, 1 fM zun, 3 fM, 1 Popcorn-M, 6 fM, 1 fM zun, 1 Popcorn-M, 4x [9 fM, 1 fM zun, 1 Popcorn-M], 4 fM (= 72 fM).

Rd 13: 6x [11 fM, 1 fM zun] (= 78 fM).

Rd 14: 6 fM, 1 fM zun, 1 fM, 1 Popcorn-M, 6 fM, 1 Popcorn-M, 3 fM, 1 fM zun, 1 fM, 1 Popcorn-M, 10 fM, 1 fM zun, 3x [12 fM, 1 fM zun], 6 fM (= 84 fM).

Rd 15: 5 fM, 1 Popcorn-M, 7 fM, 1 fM zun, 5 fM, 1 Popcorn-M, 7 fM, 1 fM zun, 4x [13 fM, 1 fM zun] (= 90 fM).

Rd 16: 7 fM, 1 fM zun, 4 fM, 1 Popcorn-M, 3 fM, 1 Popcorn-M, 5 fM, 1 fM zun, 7 fM, 1 Popcorn-M, 4 fM, 1 Popcorn-M, 1 fM, 2x [1 fM zun, 9 fM, 1 Popcorn-M, 4 fM], 1 fM zun, 1 fM, 1 Popcorn-M, 10 fM, 1 Popcorn-M, 1 fM, 1 fM zun, 7 fM (= 96 fM).

Rd 17: 6x [15 fM in das hintere M-Glied, 1 fM zun in das hintere M-Glied] (= 102 fM).

Faden nicht abschneiden; weiter die Rückseite des Deckels häkeln.

RÜCKSEITE DES DECKELS

MM entfernen, je 1 Km in die markierte M und die nächsten 2 M.

Rd 1: 3 Lm, 3 Stb, 2 Stb zus abm, 16x [4 Stb, 2 Stb zus abm], 1 Km in die 3. Lm (= 85 M).

Rd 2: 3 Lm, 3 Stb, 2 Stb zus abm, 13x [4 Stb, 2 Stb zus abm], 1 Stb, 1 Km in die 3. Lm (= 71 M).

Rd 3: 3 Lm, 1 Stb, 2 Stb zus abm, 16x [2 Stb, 2 Stb zus abm], 1 Stb, 2 Stb zus abm, 1 Km in die 3. Lm (= 53 M).

Rd 4: 3 Lm, 1 Stb, 2 Stb zus abm, 12x [2 Stb, 2 Stb zus abm], 1 Stb, 1 Km in die 3. Lm (= 40 M).

Rd 5: 3 Lm, 2 Stb zus abm, 12x [1 Stb, 2 Stb zus abm], 1 Stb, 1 Km in die 3. Lm (= 27 M).

Rd 6: 3 Lm, 2 Stb zus abm, 8x [1 Stb, 2 Stb zus abm], 1 Km in die 3. Lm (= 18 M).

Rd 7: Fortlaufend 2 fM zus abm, um das teil zu schließen.

Arbeit beenden.

DECKEL BEFESTIGEN

Kessel und Deckel rechts auf rechts halten und an einem beliebigen der in Rd 38 unbearbeiteten hinteren M-Glieder des Kessels anschlingen, mit der Häkelnd in dieses M-Glied einstechen, dann in eine beliebige M der 17. Rd des Deckels einstechen und das Garn durch die 2 M ziehen. 1 U durch die 2 Schlingen ziehen. Diese fM-Verbindung für die nächsten 50 M wdh. Arbeit beenden.

KESSELGRIFF

In HF ein langes Fadenende hängen lassen und 108 Lm anschl.

R 1: 1 Km in die 2. Lm von der Nd aus und in jede folgende Lm, dabei in die Lm-Höcker auf der Rückseite der Lm-Kette einstechen, 1 Lm, wenden (= 107 M).

R 2: Km häkeln, wenden, 1 Km in die 9. M, um eine Schlaufe zu formen.

Faden zum Annähen an den Kessel lang abschneiden.

Das andere Ende des Griffs an die 9. M nähen, um eine Schlaufe zu formen.

Eine Griffschlaufe ca. 2,5 cm unterhalb der Verbindung mit dem Deckel an die Seite des Kessels nähen. Das andere Ende des Griffs ebenso an die gegenüberliegende Seite des Kessels nähen.

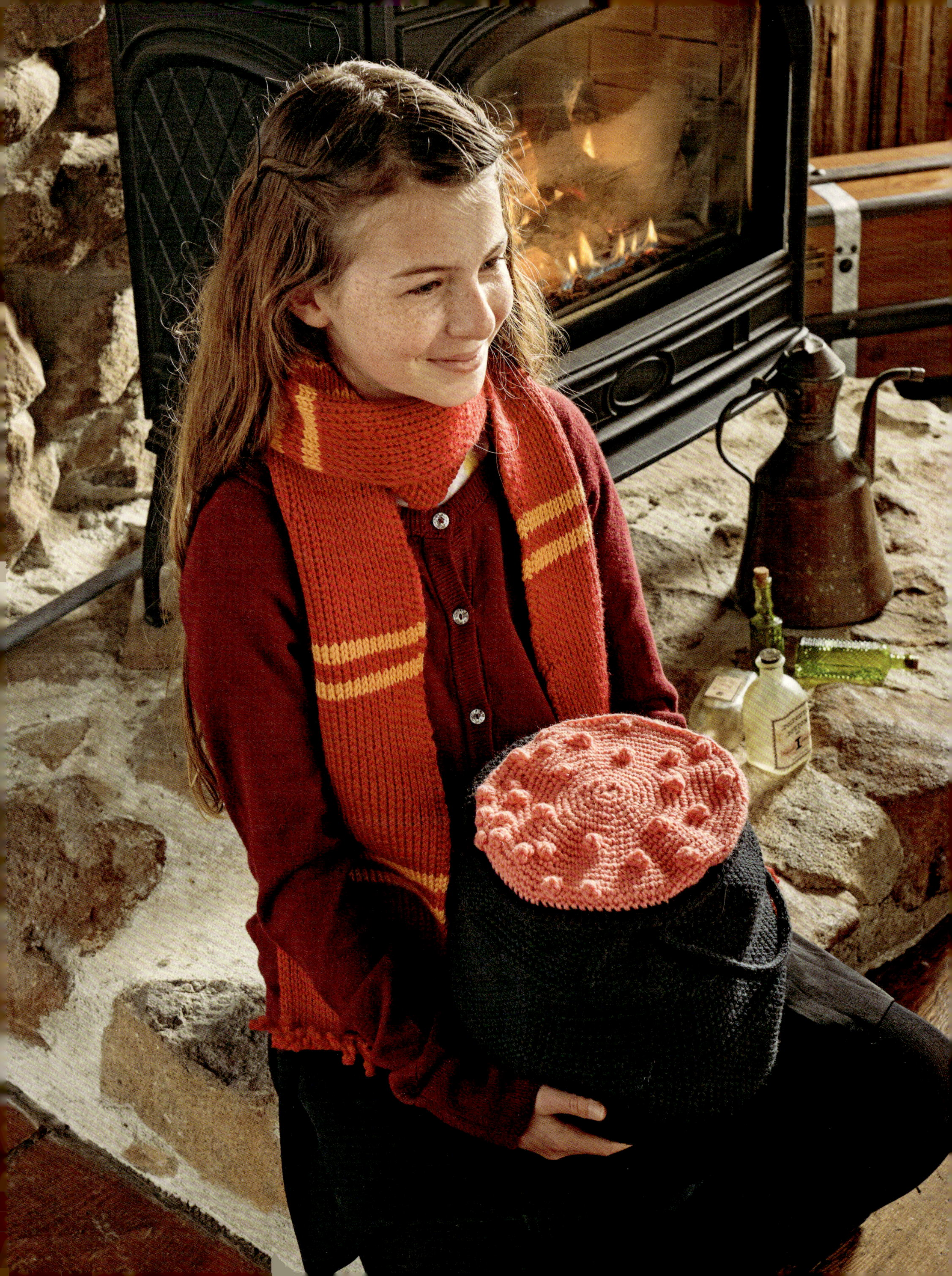

KESSEL FELIX FELICIS

BODEN DES KESSELS

In HF einen Boden wie beim Liebestrank-Kessel Amortentia häkeln.

SEITEN DES KESSELS

Rd 1: fM häkeln, dabei in das hintere M-Glied einstechen (= 120 M).
Rd 2-15: fM häkeln.
Rd 16 (Abn-Rd): 6x [18 fM, 2 fM zus abm] (= 114 fM).
Rd 17-18: fM häkeln.
Rd 19 (Abn-Rd): 6x [17 fM, 2 fM zus abm] (= 108 fM).
Rd 20-21: fM häkeln.
Rd 22 (Abn-Rd): 6x [16 fM, 2 fM zus abm] (= 102 fM).
Rd 23-30: fM häkeln.
Rd 31: hStb häkeln.
Rd 32: fM häkeln, dafür jeweils in das M-Glied auf der Rückseite des hStb einstechen.
Rd 33: fM häkeln.
Rd 34-39: R 31-33 wdh.
Rd 40: fM häkeln.
Rd 41: MM entfernen, je 1 Km in die markierte M und die nächsten 2 M, 1 Lm, je 1 fM in jede fM und jede Km, dabei in das vordere M-Glied einstechen, Rd mit 1 Km in die 1. fM schließen, wenden (= 102 M).

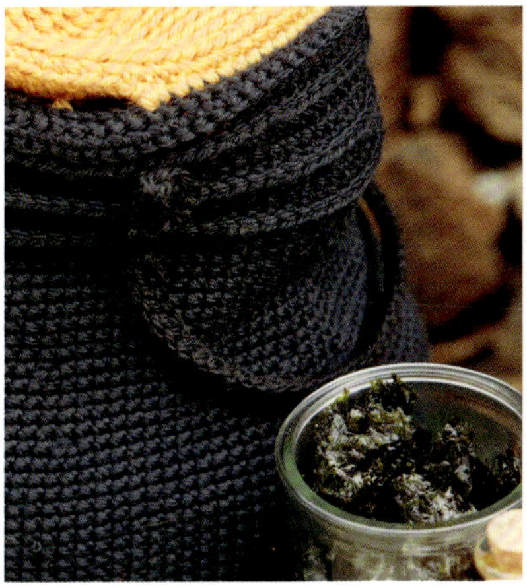

Rd 42 (Zunahme-Rd): 6x [16 fM in das vordere M-Glied, 1 fM zun in das vordere M-Glied], Rd mit 1 Km in die 1. fM schließen (= 108 fM).
Arbeit beenden.

DECKEL

In KF Rd 1-17 wie Rd 1-17 beim Boden des Liebestrank-Kessels häkeln, jedoch immer nur ins hintere M-Glied einstechen, dann die Rückseite des Deckels wie die des Liebestrank-Deckels arb.
Den Deckel in der gleichen Weise wie beim Liebestrank-Kessel befestigen, dabei 51 unbearbeitete hintere M-Glieder von Rd 40 des Kessels mit 51 unbearbeiteten M-Gliedern von Rd 16 des Deckels mit fM verbinden.

KESSELGRIFF

Den Griff ebenso wie den vom Liebestrank-Kessel häkeln und an den Kessel nähen.

KESSEL VIELSAFTTRANK

BODEN DES KESSELS

In HF einen Boden wie beim Liebestrank-Kessel Amortentia häkeln.

SEITEN DES KESSELS

Rd 1: fM häkeln, dabei in das hintere M-Glied einstechen (= 120 fM).
Rd 2-6: fM häkeln.
Rd 7: hStb häkeln.
Rd 8 (Abn-Rd): 6x [18 fM in das hintere M-Glied, 2 fM zus abm in das hintere M-Glied] (= 114 fM).
Rd 9-10: fM häkeln.

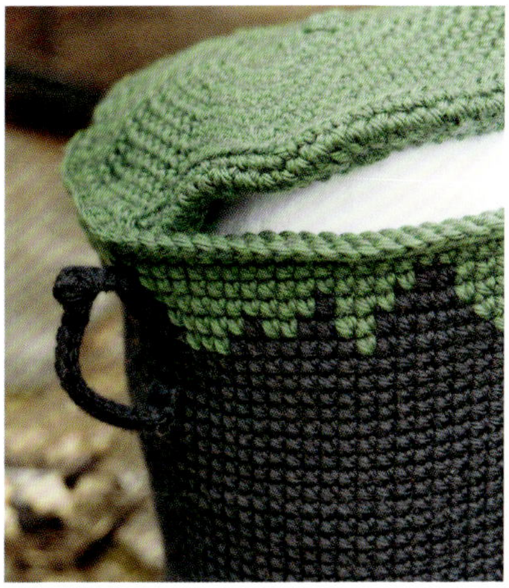

Rd 11 (Abn-Rd): 6x [17 fM, 2 fM zus abm] (= 108 fM).
Rd 12: fM häkeln.
Rd 13 (Abn-Rd): 6x [16 fM, 2 fM zus abm] (= 102 fM).
Rd 14-39: fM häkeln.

Hinweis: Die nächsten 7 Rd werden in Intarsientechnik gehäkelt und jeweils mit 1 Km geschlossen. Mit HF und KF arb.

Rd 40: MM entfernen, je 1 Km in die markierte M und die nächsten 2 M, 1 Lm, * in HF 4 fM, in KF 1 fM, in HF 7 fM, in KF 3 fM, in HF 2 fM, ab * 6x arb, 1 Km in die 1. fM.
Rd 41: 1 Lm, * in HF 4 fM, in KF 2 fM, in HF 2 fM, in KF 2 fM, in HF 1 fM, in KF 5 fM, in HF 1 fM, ab * 6x arb, 1 Km in die 1. fM.
Rd 42: 1 Lm, * in HF 3 fM, in KF 3 fM, in HF 1 fM, in KF 10 fM, ab * 6x arb, 1 Km in die 1. fM.
Rd 43: 1 Lm, * in HF 2 fM, in KF 15 fM, ab * 6x arb, 1 Km in die 1. fM.
HF abschneiden.
Rd 44-45: Nur in KF 1 Lm, fM häkeln, 1 Km in die 1. fM.
Rd 46: Nur in KF 1 Lm, fM häkeln, dabei in das vordere M-Glied einstechen, 1 Km in die 1. fM.
Arbeit beenden.

DECKEL

In KF Rd 1-16 wie Rd 1-16 des Bodens arb (= 96 M).

Rd 17 (nur in die hinteren M-Glieder einstechen): 6x [15 fM in das hintere M-Glied, 1 fM zun in das hintere M-Glied] (= 102 fM).

Faden nicht abschneiden; weiter die Rückseite häkeln.

Die Rückseite des Deckels wie die des Liebestrank-Deckels arb.

Den Deckel in der gleichen Weise wie beim Liebestrank-Kessel befestigen, dabei 51 unbearbeitete hintere M-Glieder von Rd 45 des Kessels mit 51 unbearbeiteten vorderen M-Gliedern von Rd 16 des Deckels mit fM verbinden.

KESSELGRIFF (2X)

In HF ein langes Fadenende hängen lassen und 22 Lm anschl.

R 1 (in die Lm-Höcker auf der Rückseite der Lm einstechen): 1 Km in die 2. Lm von der Nd aus und in die nächsten 6 Lm, 1 Popcorn-M, 13 Km, 1 Lm, wenden (= 21 M).

R 2: Km häkeln.

Faden zum Annähen an den Kessel lang abschneiden.

GRIFFE BEFESTIGEN

Eine Stelle von Rd 43 des Kessels suchen, an der 2 fM in HF liegen. Das Ende des Griffs, das näher an der Popcorn-M ist, umfalten und die ersten 3 M des Griffs an die 2 fM in HF und die Rd darunter nähen. Ungefähr 4 Rd nach unten am Kessel übergehen, das andere Ende des Griffs umfalten und die letzten 2 M des Griffs an den Kessel nähen. Den zweiten Griff an die gegenüberliegende Seite des Kessels nähen.

HINTER DEN KULISSEN

Als der Film *Harry Potter und der Halbblutprinz* gedreht wurde hatte die Requisiten-Abteilung schon über tausend Flaschen, Krüge und Glasfläschchen bereitgestellt, von denen jedes mit einem handgeschriebenen Etikett aus der Grafikabteilung versehen worden war, um das Klassenzimmer für den Zaubertrankunterricht und die Büros auszustatten.

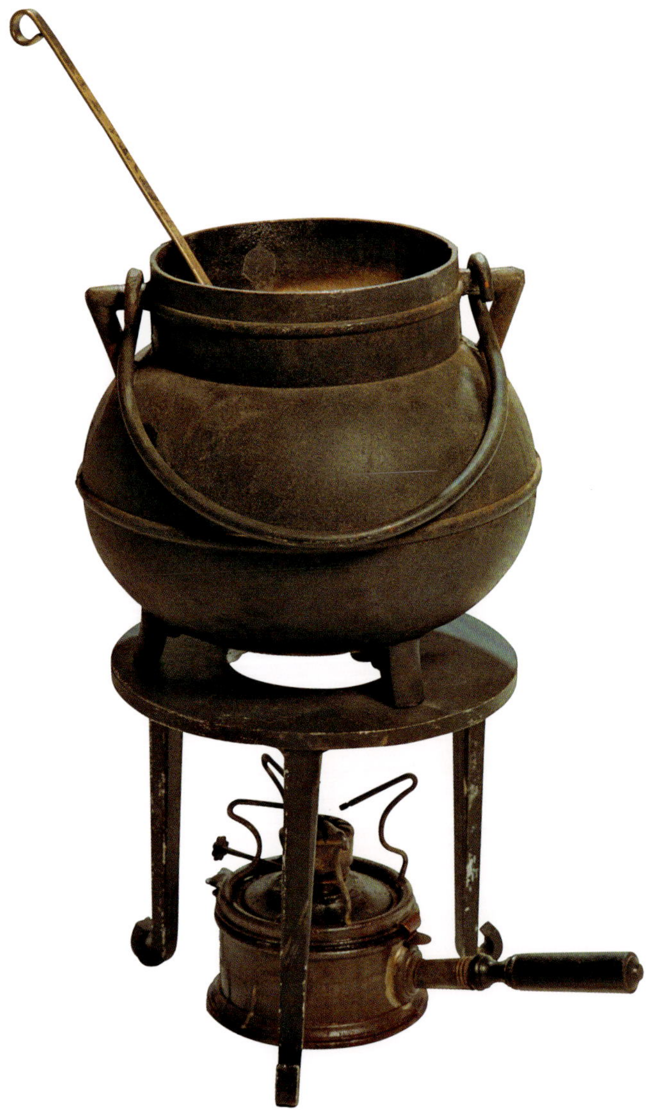

„Albernes Zauberstabgefuchtel und kindische Hexereien wird es hier nicht geben. Daher erwarte ich von den wenigsten Begeisterung für die schwierige Lehre und exakte Kunst der Zaubertrankbrauerei. Aber dennoch, die wenigen Ausserwählten unter euch, die die entsprechende Veranlagung besitzen, die lehre ich in diesem Kurs, wie man den Kopf verhext und die Sinne auf eine Reise schickt, Glanz und Ansehen brodelnd zusammenbraut, wie man Ruhm auf Flaschen zieht und sogar wie man den Tod verkorkt."

Professor Snape in *Harry Potter und der Stein der Weisen*

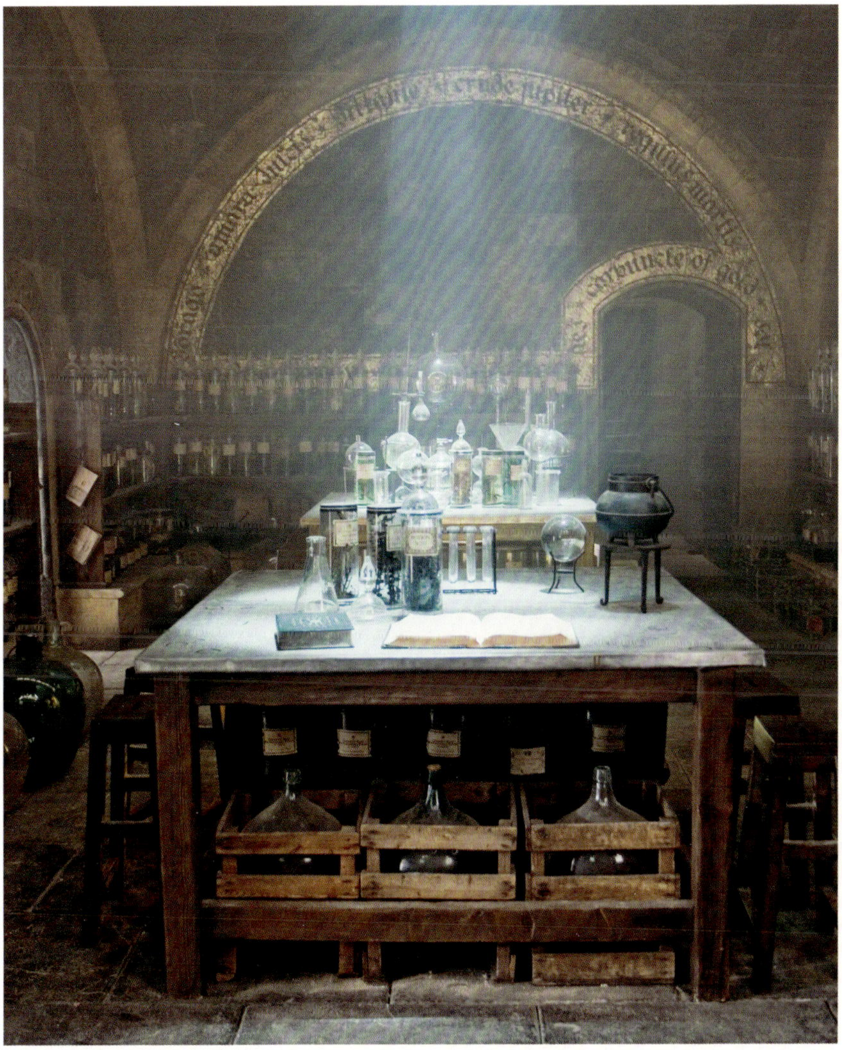

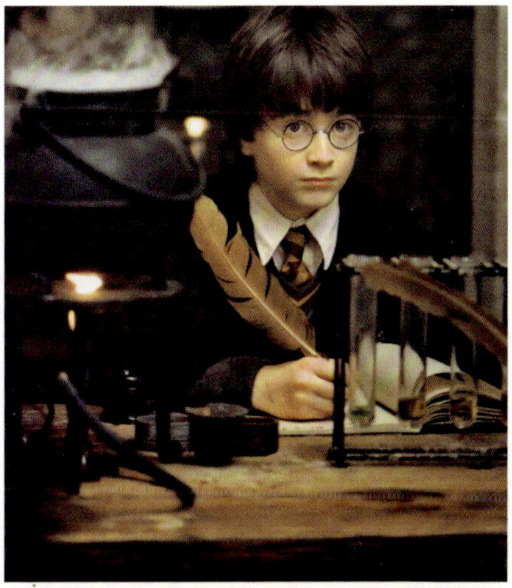

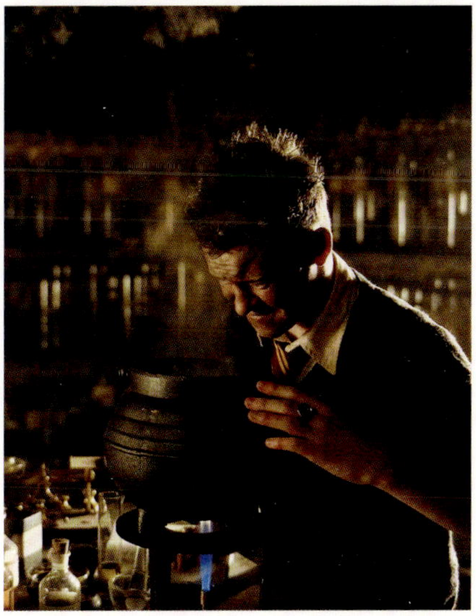

VON LINKS IM UHRZEIGERSINN: Ein Kulissenfoto von Professors Slughorns Klassenzimmer für Zaubertrankunterricht; Harry in seiner ersten Schulstunde Zaubertrankunterricht in *Harry Potter und der Stein der Weisen*; ein weiterer Trank von Seamus Finnigan explodiert in *Harry Potter und der Halbblutprinz*.

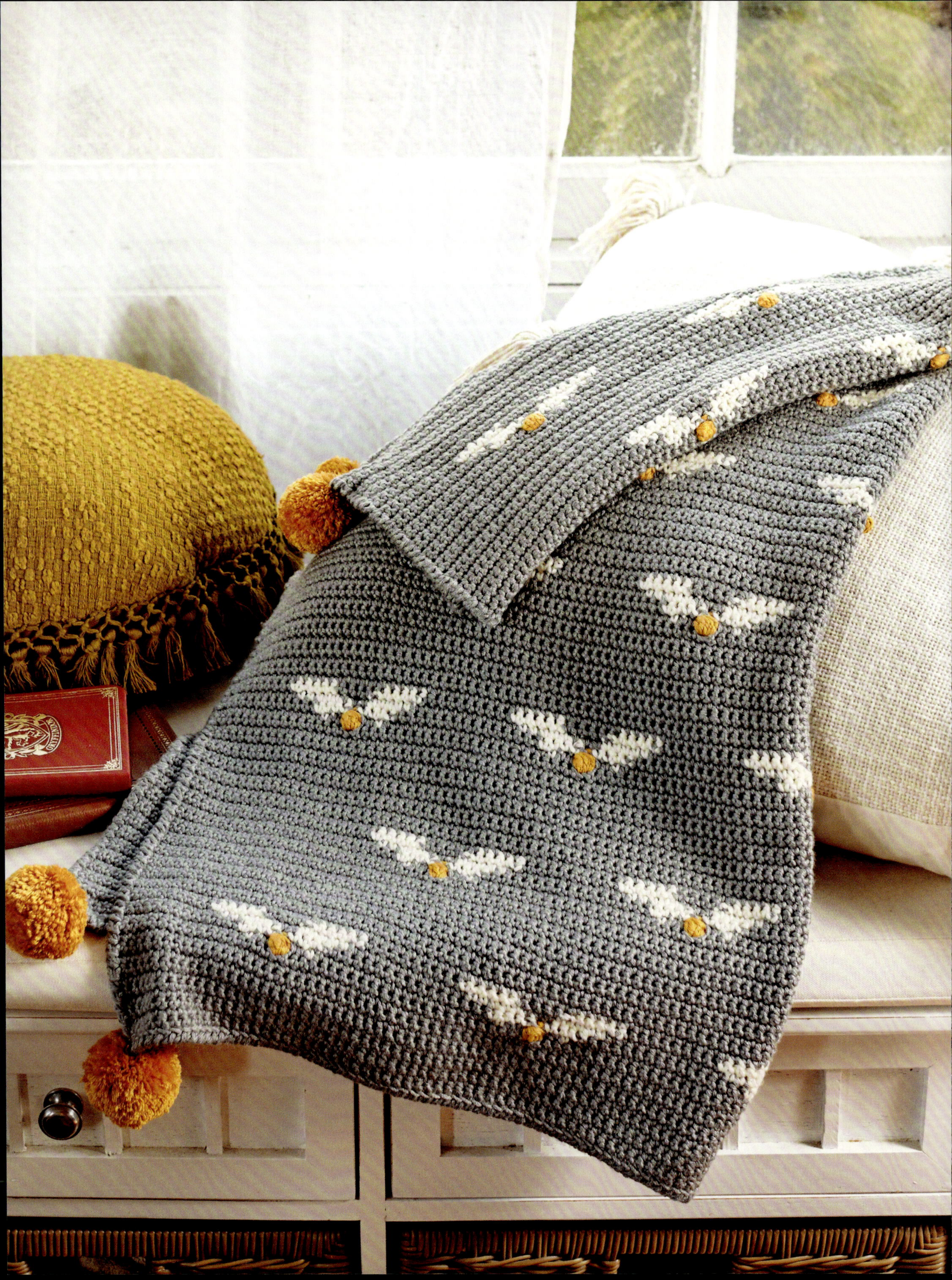

Babydecke „Goldener Schnatz“

Design: **HAILEY BAILEY**

SCHWIERIGKEITSGRAD ⚡⚡

Der goldene Schnatz taucht zuerst in den Harry Potter Filmen auf, als Harry in *Harry Potter und der Stein der Weisen* lernt, wie man Quidditch spielt. Harry ist ein geborener Sucher und der Schnatz wiederum wird ein integraler Bestandteil von Harrys Geschichte bis hin zum Ende, als er ihn in *Harry Potter und die Heiligtümer des Todes – Teil 2* öffnet, um den Stein der Auferstehung herauszuholen, der darin versteckt ist.

Obwohl der Schnatz für die Filme digital gestaltet wurde, gaben sich die Designer große Mühe sicherzustellen, dass der Schnatz korrekt funktionieren würde. Viele unterschiedliche Designs wurden begutachtet und die endgültige Form war dann eine hohle Kugel mit einziehbaren Flügeln, die sich im Innern sanft aufrollen. „Theoretisch“, sagt Produktions-Designer Stuart Craig, „sollten sich die Flügel in die Rillen der Kugel zurückziehen, sodass sie wieder zu einem normalen Ball wird.“

Die Babydecke Goldener Schnatz zeigt ein sich wiederholendes Muster aus Schnatzen, die mit Struktur-Maschen gehäkelt werden, um sie auf der Decke hervorspringen zu lassen. Winzige Flügel flankieren jeden goldenen Ball und alle Schnatze ruhen auf einem kontrastierenden grauen Hintergrund. Da diese Babydecke einen einfachen Rapport hat, kann sie leicht größer gearbeitet werden. Mit einem goldenen Pompon in jeder Ecke ist die Babydecke Goldener Schnatz das perfekte gemütliche Accessoire für das Zuhause von jedem Quidditch-Fan.

GRÖSSE
Einheitsgröße

FERTIGE GRÖSSE
Breite: 91,5 cm
Länge: 81,5 cm

GARN
Mittlere Garnstärke (worsted weight), hier: Berroco Comfort (50 % super fine Acryl, 50 % super fine Nylon; 193 m/100 g Knäuel):
Farbe A: 9770 Ash Grey, 6 Knäuel
Farbe B: 9701 Ivory, 1 Knäuel
Farbe C: 9743 Goldenrod, 1 Knäuel

NADELN
- Häkelnadel 5,0 mm oder passende Größe zum Erreichen der Maschenprobe

ZUBEHÖR
- Wollnadel
- Optional: Pompon Maker, 45 mm

MASCHENPROBE
14 fM und 20 R = 10 cm x 10 cm
Die Maschenprobe ist für dieses Modell nicht entscheidend, aber die Lauflänge des Garns und die Dicke der Häkelnadel beeinflussen die Endmaße.

HINWEISE

- Lm zählen im gesamten Muster nicht als M.
- Für einen Farbwechsel bei einer fM den letzten U einer M schon in der neuen Fb ausführen und durch die letzten 2 Schlingen ziehen. Für einen Farbwechsel bei einer Noppe die Lm um Fertigstellen der Noppe, nachdem die 6 Schlingen abgemascht wurden, in der neuen Fb ausführen.
- Benutzen Sie kleine Garnknäuel für die weißen und goldenen Teile von jedem Schnatz, um die Menge an Garn, die durch das Muster mitgeführt werden muss, zu minimieren. Führen Sie das graue Garn mit, indem Sie es überhäkeln, während Sie den Schnatz häkeln, und nehmen Sie den Faden wieder auf, wenn Sie zu Grau zurückwechseln. Überhäkeln Sie das Garn auf der rechten Seite (die Seite, auf der die Noppen herausragen) und führen Sie es auf der linken Seite vor der Arbeit mit, um das Erscheinungsbild des mitgeführten Garns zu verbessern. Wenn Sie dann die nächste R auf der rechten Seite häkeln, überhäkeln Sie den mitgeführten Faden.

SPEZIALMASCHEN

Noppe: In C * 1 U, mit der Häkelnd in die M einstechen und eine Schlinge durchholen. 1 U durch 2 Schlingen ziehen; ab * noch 4x wdh. Es sollten 6 Schlingen auf der Nd liegen. 1 U durch alle restlichen Schlingen ziehen. In A 1 Lm häkeln.

DECKE

In A 130 Lm anschl.

R 1: 1 fM in die 2. Lm von der Nd aus und in jede folgende Lm, wenden (= 129 fM).

R 2-12: 1 Lm, fM häkeln, wenden.

R 13: 1 Lm, 13 fM; in B 1 fM; in A 2 fM; in C 1 Noppe; in A 2 fM; in B 1 fM; * in A 17 fM; in B 1 fM; in A 2 fM; in C 1 Noppe; in A 2 fM; in B 1 fM; ab * 3x wdh, in A 13 fM, wenden.

R 14: In A 1 Lm, 12 fM; in B 4 fM; in A 1 fM; in B 4 fM; * in A 15 fM; in B 4 fM; in A 1 fM; in B 4 fM; ab * 3x wdh, in A 12 fM, wenden.

R 15: In A 1 Lm, 10 fM; in B 5 fM; in A 3 fM; in B 5 fM; * in A 11 fM; in B 5 fM; in A 3 fM; in B 5 fM; ab * 3x wdh, in A 10 fM, wenden.

R 16: In A 1 Lm, 9 fM; in B 5 fM; in A 5 fM; in B 5 fM; * in A 9 fM; in B 5 fM; in A 5 fM; in B 5 fM; ab * 3x wdh, in A 9 fM, wenden.

R 17-28: In A 1 Lm, fM häkeln, wenden.

R 29: In A 1 Lm, 25 fM; in B 1 fM; in A 2 fM; in C 1 Noppe; in A 2 fM; in B 1 fM; * in A 17 fM; in B 1 fM; in A 2 fM; in C 1 Noppe; in A 2 fM; in B 1 fM; ab * 2x wdh, in A 25 fM, wenden.

R 30: In A 1 Lm, 24 fM; in B 4 fM; in A 1 fM; in B 4 fM; * in A 15 fM; in B 4 fM; in A 1 fM; in B 4 fM; ab * 2x wdh, in A 24 fM, wenden.

R 31: In A 1 Lm, 22 fM; in B 5 fM; in A 3 fM; in B 5 fM; * in A 11 fM; in B 5 fM; in A 3 fM; in B 5 fM; ab * 2x wdh, in A 22 fM, wenden.

R 32: In A 1 Lm, 21 fM; in B 5 fM; in A 5 fM; in B 5 fM; * in A 9 fM; in B 5 fM; in A 5 fM; in B 5 fM; ab * 2x wdh, in A 21 fM, wenden.

R 33-44: In A 1 Lm, fM häkeln, wenden.

R 45-140: R 13-44 noch 3x wdh.

R 141-156: R 13-28 noch 1x wdh.

Rd 157: 1 Km, rund um die Decke Krebs-M häkeln, dabei in jede M 1 Krebs-M, in jede Ecke 1 Krebs-M und an den Seiten der Decke in gleichmäßigen Abständen Krebs-M arb; Rd mit 1 Km in die 1. Krebs-M schließen.

Arbeit beenden.

FERTIGSTELLUNG

Alle Fadenenden vernähen.

Optional: In C mit dem Pompon Maker 4 Pompons herstellen. An jeder Ecke der Decke einen Pompon fest annähen.

„ER HAT DEN SCHNATZ! 150 PUNKTE FÜR HARRY POTTER DAFÜR, DASS ER DEN SCHNATZ GEFANGEN HAT!"

Lee Jordan in *Harry Potter und der Stein der Weisen*

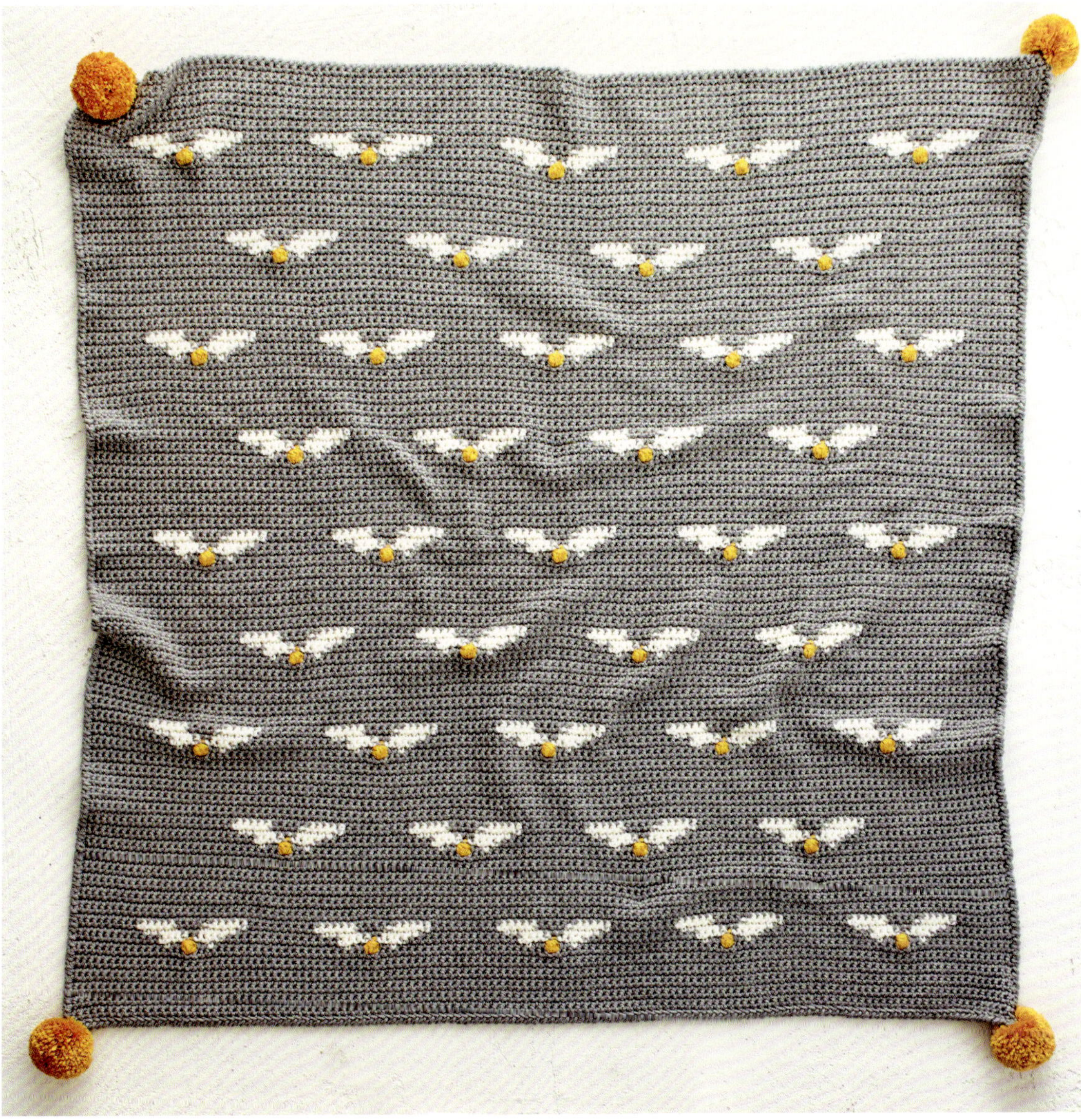

ZÄHLMUSTER

LEGENDE

- ☐ 1 fM in A
- ☐ 1 fM in B
- B 1 Noppen-M in C

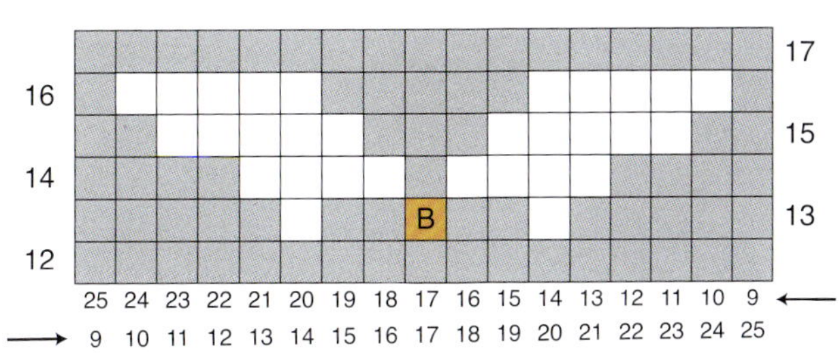

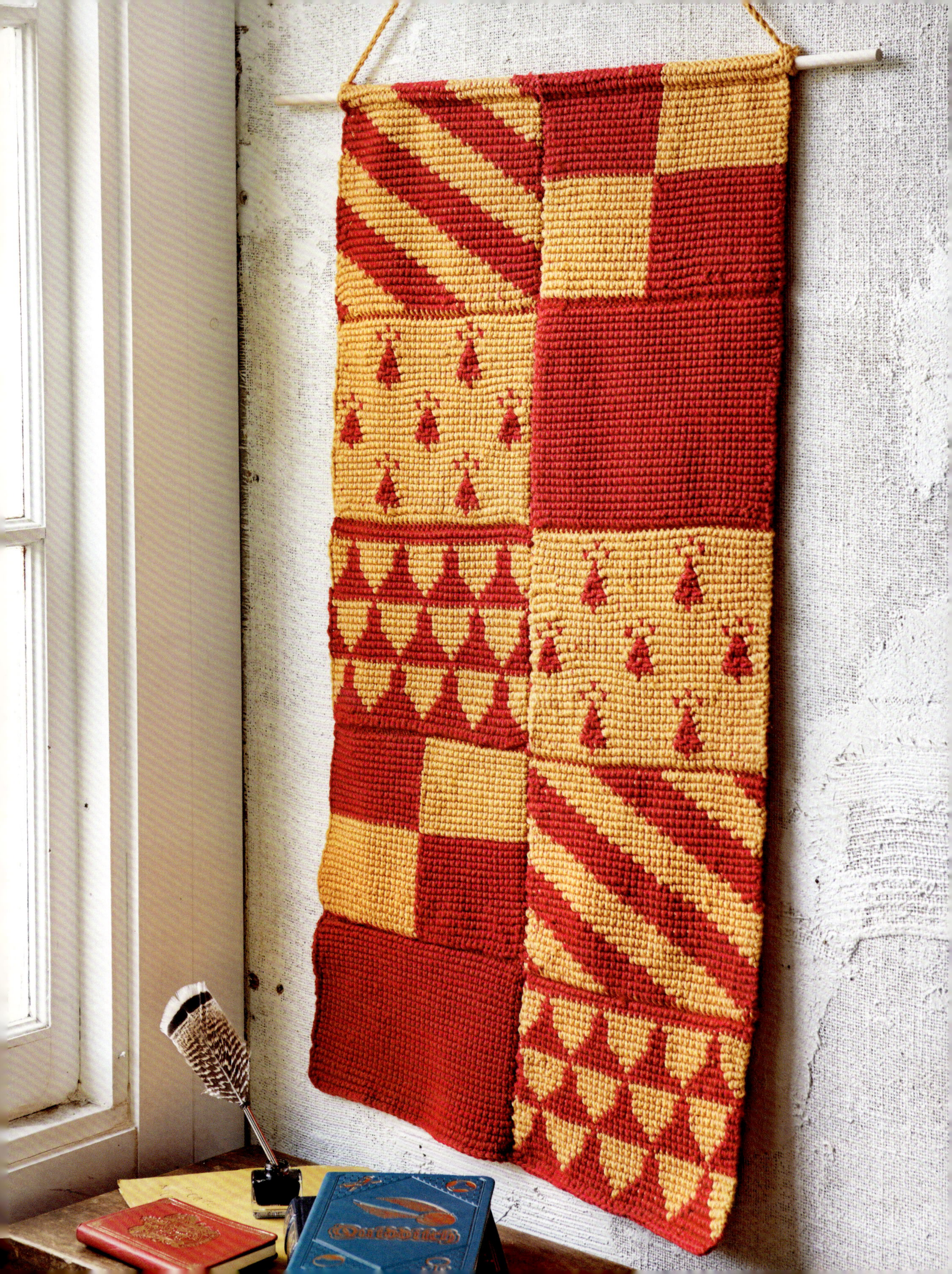

Quidditch Banner

Design: **AMINATA NDIAYE**

SCHWIERIGKEITSGRAD ⚡⚡

Quidditch ist ein Spiel der Zauberer, das hoch oben in der Luft auf Besenstielen gespielt wird, sodass „die Türme die Fans dorthin bringen mussten, wo sie tatsächlich die Action sehen konnten", erklärt Produktions-Designer Stuart Craig. Da die Außenanlagen von Hogwarts hauptsächlich aus üppigem Wald bestehen, fanden die Kulissen-Designer, dass das Quidditch-Feld ein mittelalterliches Flair haben sollte, wie ein altmodisches Turnier. Deshalb wurden die Türme mit langen, wallenden Stoffbannern in den Hausfarben und mit den Wappen der einzelnen Teams geschmückt und mit Flaggen gekrönt. Als die Filme fortschritten, wurden die Türme höher und weitere Türme kamen hinzu.

Dieses Quidditch-Banner ist eine Darstellung in Intarsientechnik, die von den Quidditch-Türmen im Film inspiriert ist. Arbeiten Sie das Muster in Reihen in den Farben Ihres Lieblingshauses und stellen Sie es fertig, indem Sie einen Aufhänger anbringen, um Ihr Hausbanner zur Feier von Quidditch aufzuhängen.

FERTIGE GRÖSSE

Jedes Motiv:
Breite: 24 cm
Länge: 16,5 cm
Zusammengesetztes Banner
Breite: 48 cm
Länge: 82,5 cm

GARN

Mittlere Garnstärke (aran weight), hier: Cascade Yarns 220 Superwash Aran (100 % superwash Merinowolle; 137,5 m/100 g Strang), je Farbe 3 Stränge

GRYFFINDOR

Farbe A: 809 Really Red
Farbe B: 241 Sunflower

HUFFLEPUFF

Farbe A: 821 Daffodil
Farbe B: 815 Black

RAVENCLAW

Farbe A: 813 Blue Velvet
Farbe B: 821 Daffodil

SLYTHERIN

Farbe A: 801 Army Green
Farbe B: 900 Charcoal

NADELN

- Häkelnadel 5,0 mm oder passende Größe zum Erreichen der Maschenprobe

ZUBEHÖR

- Rundholzstab, 1 cm ø, 61 cm lang
- Wollnadel

MASCHENPROBE

Im Muster 17 fM und 17 R
= 10 cm x 10 cm

Die Maschenprobe ist für dieses Modell nicht entscheidend, aber die Lauflänge des Garns und die Dicke der Häkelnadel beeinflussen die Endmaße.

HINWEISE

- Die Motive werden flach, von der rechten Seite der Arbeit, in Intarsientechnik gehäkelt.
- Am Ende jeder R die Arbeit beenden und die Fadenenden vernähen. Die neue R bei der ersten M der vorherigen R beginnen.
- 10 Rechtecke herstellen (2 von jedem Motiv). Für das Banner die 10 Rechtecke nach dem Schema zus-nähen.
- 2 Garn-Fb zus verwenden. Das nicht benutze Garn hinter der Arbeit mitführen.
- Für jede neue R die Garne an der 1. M der vorherigen R anschlingen, 1 Lm (zählt nicht als M), dann nach Zählmuster häkeln.
- Beim Fb-Wechsel immer die letzte M vor dem Fb-Wechsel mit der neuen Fb abmaschen.

BESONDERE ABKÜRZUNGEN

2 fM ins hintere M-Glied zus abm (2 feste Maschen ins hintere Maschenglied zusammen abmaschen): Mit der Häkelnd ins hintere M-Glied der 1. M einstechen, eine Schlinge holen, ins hintere M-Glied der nächsten M einstechen, 1 Schlinge holen, 1 U durch alle 3 Schlingen auf der Nd ziehen.

3 fM ins hintere M-Glied zus abm (3 feste Maschen ins hintere Maschenglied zusammen abmaschen): Mit der Häkelnd ins hintere M-Glied der 1. M einstechen, eine Schlinge holen, ins hintere M-Glied der nächsten M einstechen, 1 Schlinge holen, ins hintere M-Glied der nächsten M einstechen, 1 Schlinge holen, 1 U durch alle 4 Schlingen auf der Nd ziehen.

MOTIV 1 (2X)

In A 42 Lm anschl.

R 1: In A 1 fM in die 2. Lm ab Nd; in B je 1 fM in die nächsten 12 Lm; in A je 1 fM in die nächsten 12 Lm; in B je 1 fM in die nächsten 12 Lm; in A je 1 fM in die nächsten 4 Lm, Arbeit beenden (= 41 fM).

R 2: In A 3 fM; in B 12 fM; in A 12 fM; in B 12 fM; in A 2 fM, Arbeit beenden.

R 3: In A 5 fM; in B 12 fM; in A 12 fM; in B 12 fM, Arbeit beenden.

R 4: In A 7 fM; in B 12 fM; in A 12 fM; in B 10 fM, Arbeit beenden.

R 5: In A 9 fM; in B 12 fM; in A 12 fM; in B 8 fM, Arbeit beenden.

R 6: In A 11 fM; in B 12 fM; in A 12 fM; in B 6 fM, Arbeit beenden.

R 7: In B 1 fM; in A 12 fM; in B 12 fM; in A 12 fM; in B 4 fM, Arbeit beenden.

R 8: In B 3 fM; in A 12 fM; in B 12 fM; in A 12 fM; in B 2 fM, Arbeit beenden.

R 9: In B 5 fM; in A 12 fM; in B 12 fM; in A 12 fM, Arbeit beenden.

R 10: In B 7 fM; in A 12 fM; in B 12 fM; in A 10 fM, Arbeit beenden.

R 11: In B 9 fM; in A 12 fM; in B 12 fM; in A 8 fM, Arbeit beenden.

R 12: In B 11 fM; in A 12 fM; in B 12 fM; in A 6 fM, Arbeit beenden.

R 13: In A 1 fM; in B 12 fM; in A 12 fM; in B 12 fM; in A 4 fM, Arbeit beenden.

R 14-25: R 2-13 wdh.

R 26-27: R 2-3 wdh.

MOTIV 2 (2X)

In A 42 Lm anschl.

R 1: In A 1 fM in die 2. Lm ab Nd und in jede weitere Lm, Arbeit beenden (= 41 fM).

R 2: In A fM häkeln, Arbeit beenden.

R 3: In B 1 fM; * in A 9 fM; in B 1 fM; ab * noch 3x wdh, Arbeit beenden.

R 4: In B 2 fM; * in A 7 fM; in B 3 fM; ab * noch 2x wdh; in A 7 fM; in B 2 fM, Arbeit beenden.

R 5: In B 3 fM; * in A 5 fM; in B 5 fM; ab * noch 2x wdh; in A 5 fM; in B 3 fM, Arbeit beenden.

R 6-8: In B 4 fM; * in A 3 fM; in B 7 fM; ab * noch 2x wdh; in A 3 fM; in B 4 fM, Arbeit beenden.

R 9: In B 5 fM; * in A 1 fM; in B 9 fM; ab * noch 2x wdh; in A 1 fM; in B 5 fM, Arbeit beenden.

R 10: In A fM häkeln, Arbeit beenden.

R 11: In A 5 fM; * in B 1 fM; in A 9 fM; ab * noch 2x wdh; in B 1 fM; in A 5 fM, Arbeit beenden.

R 12: In A 4 fM; * in B 3 fM; in A 7 fM; ab * noch 2x wdh; in B 3 fM; in A 4 fM, Arbeit beenden.

R 13: In A 3 fM; * in B 5 fM; in A 5 fM; ab * noch 2x wdh; in B 5 fM; in A 3 fM, Arbeit beenden.

R 14-16: In A 2 fM; * in B 7 fM; in A 3 fM; ab * noch 2x wdh; in B 7 fM; in A 2 fM, Arbeit beenden.

R 17: In A 1 fM; * in B 9 fM; in A 1 fM; ab * noch 3x wdh, Arbeit beenden.

R 18-25: R 2-9 wdh.

R 26-27: R 2 wdh.

MOTIV 3 (2x)

In B 42 Lm anschl.

R 1: In B 1 fM in die 2. Lm ab Nd und in jede weitere Lm, Arbeit beenden (= 41 fM).

R 2: In B 12 fM; in A 1 fM; in B 15 fM; in A 1 fM; in B 12 fM, Arbeit beenden.

R 3: In B 10 fM; in A 5 fM; in B 11 fM; in A 5 fM; in B 10 fM, Arbeit beenden.

R 4: In B 9 fM, 1 fM zun; in A 2 fM ins hintere M-Glied zus abm, 1 fM, 2 fM ins hintere M-Glied zus abm; in B 1 fM zun, 9 fM, 1 fM zun; in A 2 fM ins hintere M-Glied zus abm, 1 fM, 2 fM ins hintere M-Glied zus abm; in B 1 fM zun, 9 fM, Arbeit beenden.

R 5: In B 11 fM; in A 3 fM; in B 13 fM; in A 3 fM; in B 11 fM, Arbeit beenden.

R 6: In B 10 fM, 1 fM zun; in A 3 fM ins hintere M-Glied zus abm; in B 1 fM zun, 11 fM, 1 fM zun; in A 3 fM ins hintere M-Glied zus abm; in B 1 fM zun, 10 fM, Arbeit beenden.

R 7: In B 12 fM; in A 1 fM; in B 15 fM; in A 1 fM; in B 12 fM, Arbeit beenden.

R 8: In B 10 fM; in A 1 fM; in B 3 fM; in A 1 fM; in B 11 fM; in A 1 fM; in B 3 fM; in A 1 fM; in B 10 fM, Arbeit beenden.

R 9: In B 12 fM; in A 1 fM; in B 15 fM; in A 1 fM; in B 12 fM, Arbeit beenden.

R 10: In B fM häkeln, Arbeit beenden.

R 11: In B 4 fM; * in A 1 fM; in B 15 fM; ab * noch 1x wdh; in A 1 fM; in B 4 fM, Arbeit beenden.

R 12: In B 2 fM; * in A 5 fM; in B 11 fM; ab * noch 1x wdh; in A 5 fM; in B 2 fM, Arbeit beenden.

R 13: In B 1 fM, 1 fM zun; * in A 2 fM ins hintere M-Glied zus abm, 1 fM, 2 fM ins hintere M-Glied zus abm; in B 1 fM zun, 9 fM, 1 fM zun; ab * noch 1x wdh; in A 2 fM ins hintere M-Glied zus abm, 1 fM, 2 fM ins hintere M-Glied zus abm; in B 1 fM zun, 1 fM, Arbeit beenden.

R 14: In B 3 fM; * in A 3 fM; in B 13 fM; ab * noch 1x wdh; in A 3 fM; in B 3 fM, Arbeit beenden.

R 15: In B 2 fM, 1 fM zun; * in A 3 fM ins hintere M-Glied zus abm; in B 1 fM zun, 11 fM, 1 fM zun; ab * noch 1x wdh; in A 3 fM ins hintere M-Glied zus abm; in B 1 fM zun, 2 fM, Arbeit beenden.

R 16: In B 2 fM; * in A 1 fM; in B 3 fM; in A 1 fM; in B 11 fM; ab * noch 1x wdh; in A 1 fM; in B 3 fM; in A 1 fM; in B 2 fM, Arbeit beenden.

R 17: In B 4 fM; * in A 1 fM; in B 15 fM; ab * noch 1x wdh; in A 1 fM; in B 4 fM, Arbeit beenden.

R 18: In B fM häkeln, Arbeit beenden.

R 19-27: R 2-10 wdh.

MOTIV 4 (2X)

Um die gleiche Dichte wie bei den anderen Motiven zu erhalten den Faden hinter der Arbeit mitführen und am Ende jeder R die Arbeit beenden.

In B 42 Lm anschl.

R 1: In A 1 fM in die 2. Lm ab Nd und in jede weitere Lm, Arbeit beenden (= 41 fM).

R 2: In A 21 fM; in B 20 fM, Arbeit beenden.

R 3-14: R 2 wdh.

R 15: In B 21 fM; in A 20 fM, Arbeit beenden.

R 16-27: R 15 wdh.

MOTIV 5 (2X)

Um die gleiche Dichte wie bei den anderen Motiven zu erhalten, den Faden hinter der Arbeit mitführen und am Ende jeder R die Arbeit beenden (= nur in eine Richtung arb).

In A 42 Lm anschl.

R 1: 1 fM in die 2. Lm ab Nd und in jede weitere Lm, Arbeit beenden (= 41 fM).

R 2-27: fM häkeln, Arbeit beenden.

ZUSAMMEN-SETZEN

Alle Fadenenden vernähen.

Unten links im Schema beginnen und nach oben arb. Auf der Rückseite der Motive Motiv 5 mit 4, 4 mit 2, 2 mit 3 und 3 mit 1 mit Km verbinden. Zur Seite legen.

Unten rechts im Schema beginnen und Motiv 2 mit 1, 1 mit 3, 3 mit 5 und 5 mit 4 ebenso verbinden.

Mit der Woll-Nd beide Streifen zusnähen, dabei sollten die Nähte aufeinandertreffen. Fadenenden vernähen.

BANNER AUFHÄNGEN

Man kann das Banner mit Reißnägeln, Bilder-Montage-Strips oder einer Gardinenstange oder einem Rundholzstab an die Wand hängen. Wenn Sie sich für einen Rundholzstab oder eine Gardinenstange entscheiden, müssen Sie einen Aufhängetunnel oben an das Banner häkeln wie folgt:

In A am oberen Rand des Banners entlang 3 R fM häkeln. Dieses Stück nach hinten falten und den Rand an die Rückseite des Banners nähen. Rundholzstab durch den Tunnel schieben.

KORDELN

2 Kordeln wie folgt arb, um sie an den Enden des Rundholsstabs anzubringen:

In B 81 Lm anschl.

R 1: 1 Km in die 2. Lm ab Nd und in jede weitere Lm, wenden, 1 Km in die 6. M, um eine Schlaufe herzustellen.

Arbeit beenden.

Ein Ende des Rundholzstabs durch die Schlaufe der 1. Kordel, dann das andere Ende durch die Schlaufe der 2. Kordel schieben. Die Enden der Kordel verknoten.

MOTIV 1	MOTIV 4
MOTIV 3	MOTIV 5
MOTIV 2	MOTIV 3
MOTIV 4	MOTIV 1
MOTIV 5	MOTIV 2

SCHEMA

Hinter den Kulissen

Um die Quidditch-Szenen zu filmen wurden Besenstiele auf elektronischen Vorrichtungen einige Meter hoch in der Luft aufgehängt. Vor einem blauen Hintergrund wurden die Schauspieler auf dem Aufbau herumgeruckelt, um das Fliegen zu imitieren. Als die Filme fortschritten und die Schauspieler älter wurden, wurden auch die Aufbauten erweitert, sie wurden höher und konnten mehr Gewicht tragen. „Beim letzten Quidditch Match reden wir wortwörtlich von erwachsenen Männern“, sagt Produktions-Designer Stuart Craig, „was andere technische Erfordernisse bedeutet.“

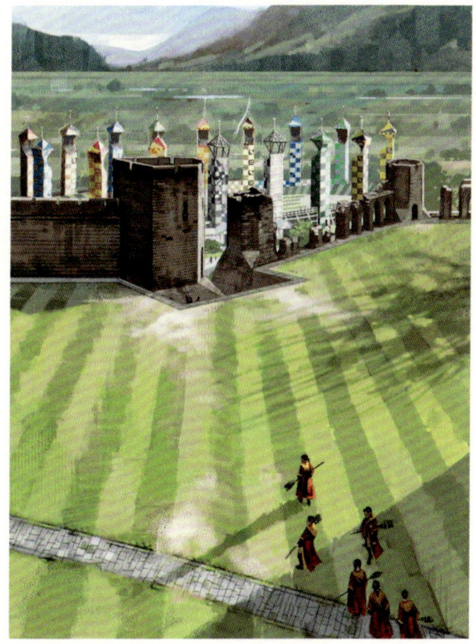

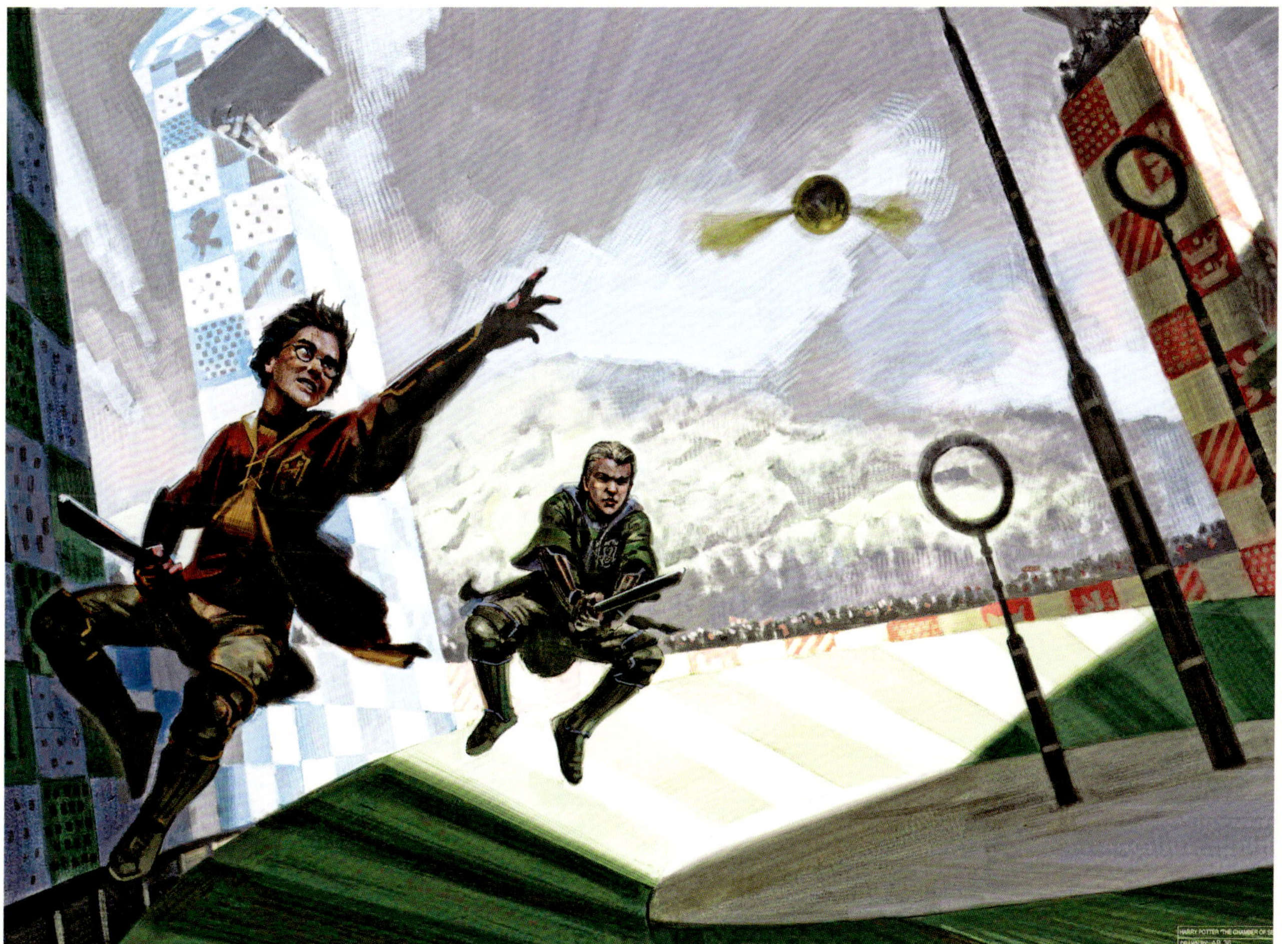

OBEN: Entwurfskizze von Schülern auf dem Weg zum Quidditch-Feld von Adam Brockbank. UNTEN: Entwurfskizze von Harry Potter und Draco Malfoy, wie sie dem goldenen Schnatz hinterherjagen, in *Harry Potter und die Kammer des Schreckens*, auch von Brockbank.

ZÄHLMUSTER

LEGENDE

- [grey square] 1 fM in A
- [white square] 1 fM in B
- / | \ 3 fM ins hintere M-Glied zus abm in A
- / \ 2 fM ins hintere M-Glied zus abm in A
- \/ 1 fM zun in B

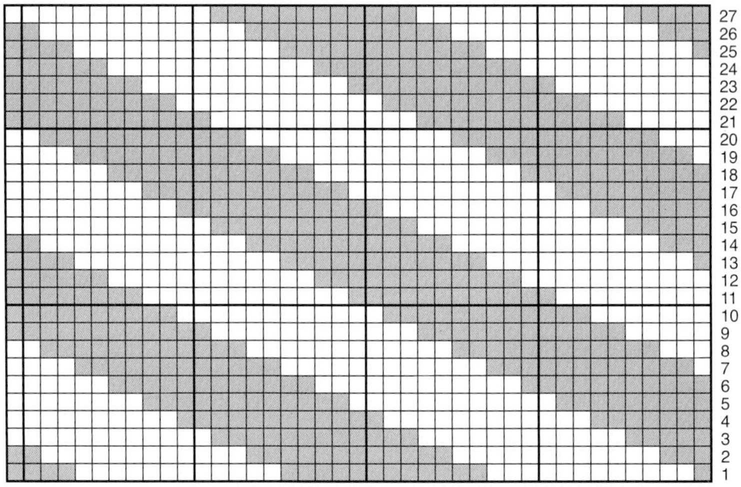

MOTIV 1

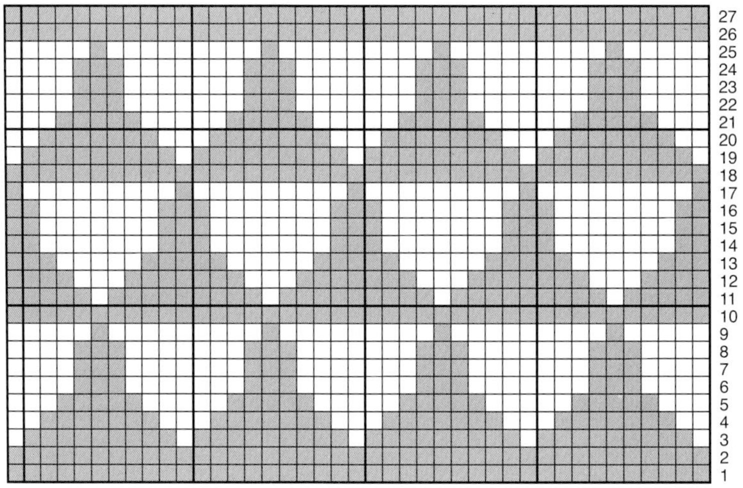

MOTIV 2

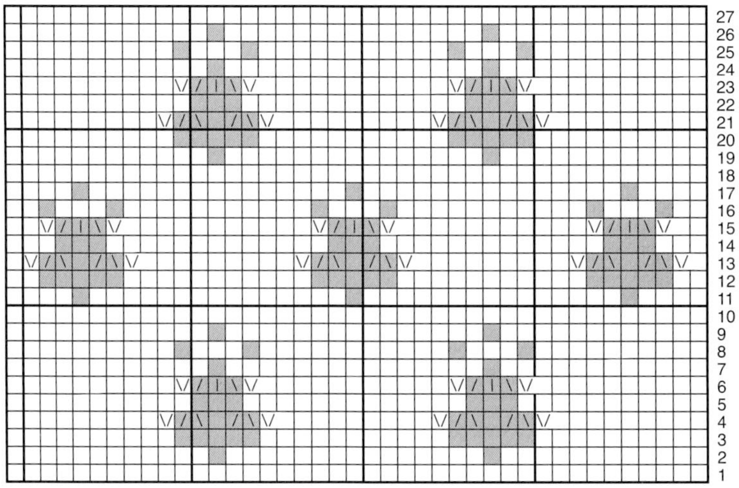

MOTIV 3

„Als Treiber sorgen wir dafür, dass du nicht so übel aufgemischt wirst. Versprechen können wir natürlich nichts. Voll heftiges Spiel, Quidditch."
„Brutal. Aber gestorben ist seit Jahren keiner. Ab und zu verschwindet mal einer. Aber nach ein, zwei Monaten taucht er wieder auf."

Fred und George Weasley in *Harry Potter und der Stein der Weisen*

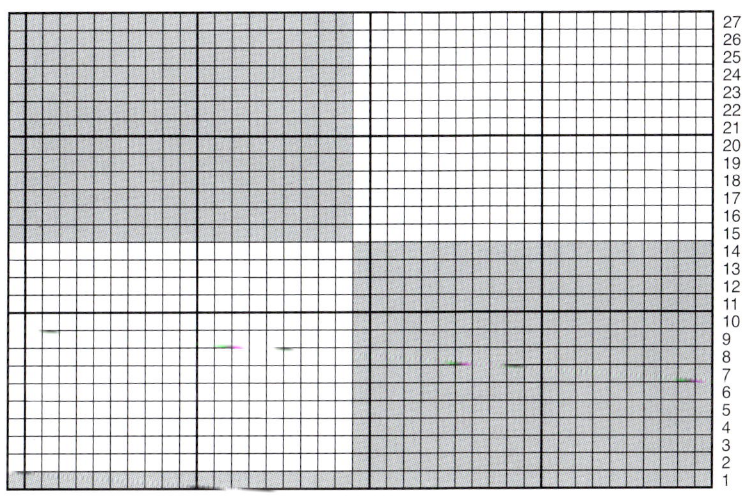

MOTIV 4

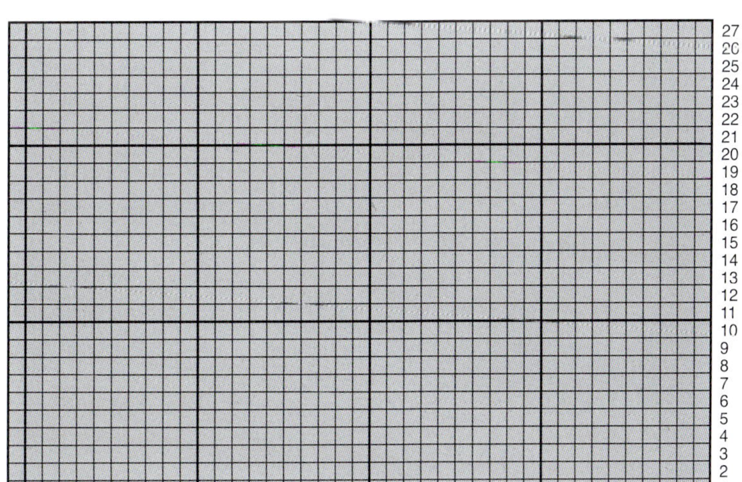

MOTIV 5

Abkürzungen

abm	abmaschen
abh	abhäkeln
Abn	Abnahme
anschl	anschlagen
arb	arbeiten
DStb	Doppelstäbchen
Fb	Farbe(n)
fM	feste Masche(n)
fM mit Fuß-schlinge	verlängerte feste Masche, dabei in die Luftmasche am Fuß der vorhergehenden verlängerten festen Masche einstechen
Hinr	Hinreihe(n)
hStb	halbes Stäbchen
Km	Kettmasche(n)
Krebs-M	Krebsmasche(n), feste Maschen entgegen der üblichen Häkelrichtung (von links nach rechts) arbeiten
Lm	Luftmasche(n)
M	Masche(n)
MM	Maschenmarkierer
mfM	mittig eingestochene feste Masche
Nd	Nadel
R	Reihe(n)
Rd	Runde(n)
Relief-M von vorn	Reliefmasche von vorne, mit der Häkelnd von vorn nach hinten und wieder nach vorn um den Fuß der Masche der Vor-Rd/R einstechen und die entsprechende Grundmasche häkeln
Relief-M von hinten	Reliefmasche von hinten mit der Häkelnd von hinten nach vornen und wieder nach hinten um den Fuß der Masche der Vor-Rd/R einstechen und die entsprechende Grundmasche häkeln
Rückr	Rückreihe(n)
Stb	Stäbchen
TSs	tunesischer Strickstich
TRückr	tunesische Rückreihe
U	Umschlag
vfM	verlängerte feste Masche(n)
vR	verkürzte Reihen
vRd	verkürzte Runden
wdh	wiederholen
zus	zusammen
1 M zun	2 Maschen in eine Masche arbeiten
2 M zus abm	2 Maschen zusammen abmaschen

Die Originalgarne

BERNAT
YARNSPIRATIONS.COM

BERROCO
BERROCO.COM

CASCADE YARNS
CASCADEYARNS.COM

FIBRELYA
FIBRELYA.COM

HAZEL KNITS
HAZELKNITS.COM

HOBIUM YARN
HOBIUMYARNS.COM

LION BRAND YARN
LIONBRAND.COM

MADELINETOSH
MADELINETOSH.COM

PATONS
KNITPATONS.COM

PREMIER YARNS
PREMIERYARNS.COM

SCHEEPJES
SCHEEPJES.COM

SUGAR BUSH YARNS
SUGARBUSHYARNS.COM

WECROCHET
CROCHET.COM

Dank

Danke an Tanis Gray, die ein kleines magisches Licht in mir gesehen hat und es zum Wachsen ermuntert hat. Danke auch an meine Lektorin Hilary VandenBroek. Deine Fähigkeit, die Welt der Zauberer aus jedem Blickwinkel zu sehen, ist beispiellos. Ich bin euch beiden so dankbar.

Unendlich dankbar bin ich den Designern in diesem Buch: Ami, Rohn, Vincent, Julie, Emily, Hailey, Mar, Alysha, Rin, Britt, Emmy, Sara, Kaelyn, Jillian, und Mary. Jeder von euch ist einmalig, speziell und genau so jemand, mit dem ich gerne am Haustisch von Hogwarts sitzen und Kürbissaft trinken würde. Cheers!

Und natürlich möchte ich unbedingt meiner Familie danken. Meiner Tochter Emma-Noel, die selbst ein Lichtstrahl ist. Ich danke euch so sehr für eure Unterstützung und euer stetiges Verständnis, das weit größer ist, als es eurem Alter entsprache. Meinem Sohn Conan, der unnachgiebig jedes neue Design, das ich ihm gezeigt habe, haben wollte. Und meinem Mann Sean. Ich liebe dich um den verbotenen Wald herum und wieder zurück.

Und schließlich dem wunderbaren Team bei Inside Editions, dass sie diese Magie zu HäklerInnen wie mir bringen.

INSIGHT EDITIONS

PO Box 3088
San Rafael, CA 94912
www.insighteditions.com

Finde uns auf Facebook: www.facebook.com/InsightEditions

Folge uns auf Twitter: @insighteditions

Angaben zur Originalausgabe

ISBN: 978-1-64722-260-4

Titel: Harry Potter: Crochet Wizardry: The Official Harry Potter Crochet Pattern Book

Herausgeber: Raoul Goff

VP für Lizenzen und Partnerschaften: Vanessa Lopez

VP Kreativ: Chrissy Kwasnik

VP Herstellung: Alix Nicholaeff

Redaktionsleitung: Vicki Jaeger

Design: Judy Wiatrek Trum

Redakteur: Hilary VandenBroek

Redaktions-Assistenz: Anna Wostenberg

Produktionsredakteur: Jennifer Bentham

Senior Produktionsleiter, Nebenrechte: Lina s Palma

Produktionsleiter: Eden Orlesky

Technische Redaktion: Ashley Little

Fotos: Ted Thomas

Prop Stylist: Elena Craig

Dankeschön an die Models: Amanda, Audrey, Bret, Haidyn, Hilary, Max, Megan, Samara, Sienna, Ted, Violet, and Whitney

Ein besonderes Dankeschön geht an Rusty Hinges Ranch, in Petaluma, Californien, für die Bereitstellung einer wirklich magischen Kulisse auf vielen Fotos in diesem Buch

Angaben zur deutschen Angabe

Übersetzung und Lektorat: Arnhilt Tittes, Rheinfelden

Covergestaltung: Eva Grimme

Satz: Petra Theilfarth

Programmleitung: Dr. Christiane Voigt

Produktmanagement: Mareike Upheber

Druck und Bindung: Elma Basim Yayin ve Iletisim Hizmetleri San. Tic. Ltd.

Veröffentlicht durch eine Übereinkunft mit Insight Editions, LP, 800 A Street, San Rafael, CA 94901, USA, www.insighteditions.com

frechverlag GmbH, Turbinenstraße 7, 70499 Stuttgart

2. Auflage 2021

ISBN der deutschen Ausgabe: 978-3-7724-4866-9

Best-Nr.: 4866

Printed in Turkey by Insight Editions

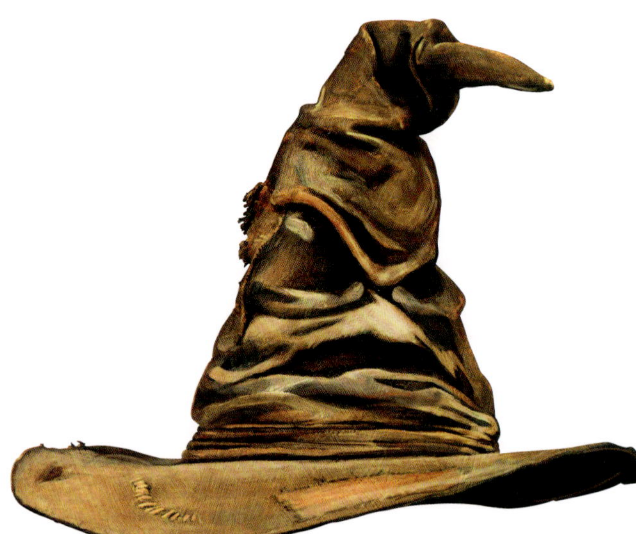

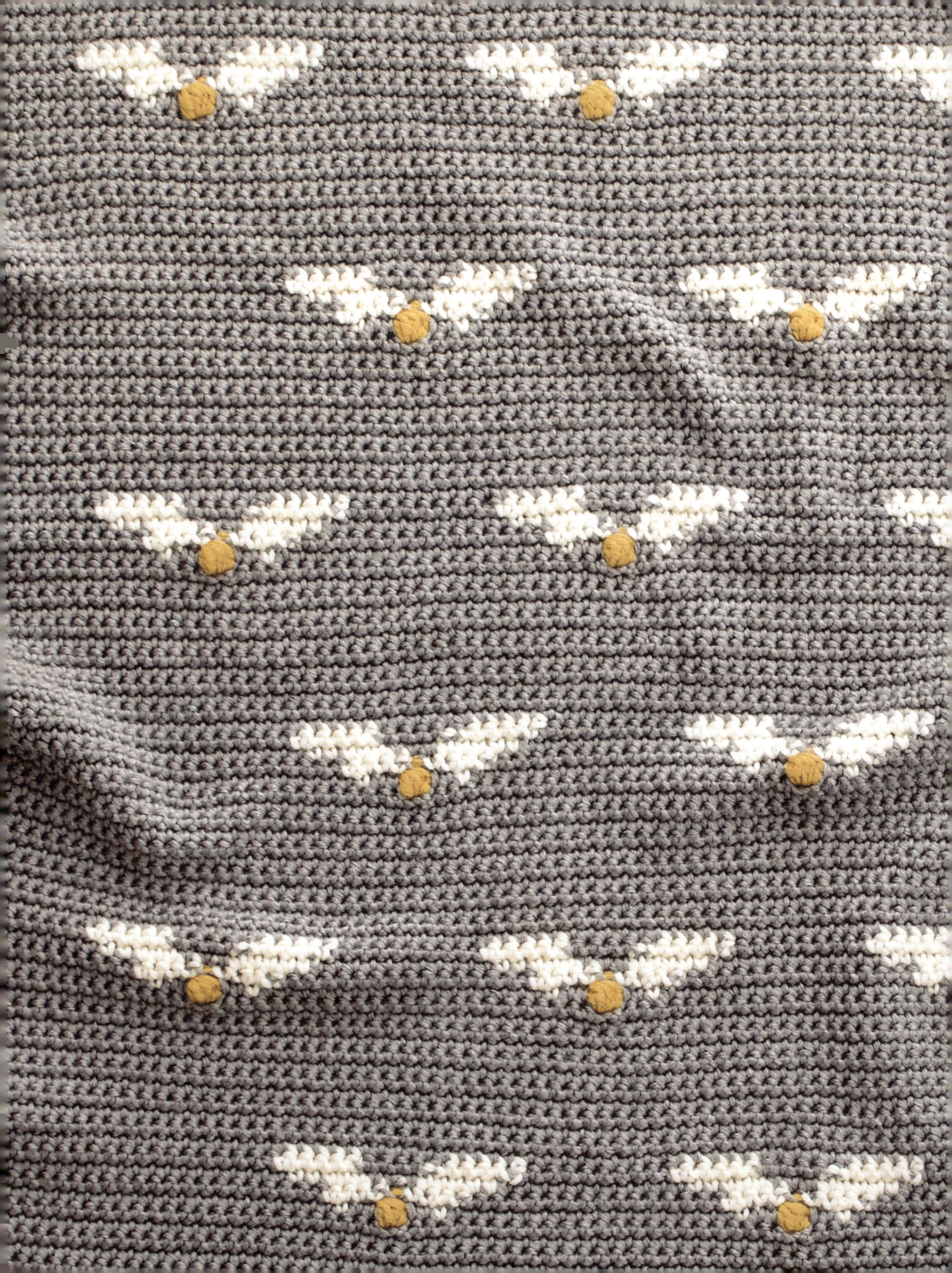